Ernst Zimmermann

Chinesisches Porzellan

Erster Band

Verlag
der
Wissenschaften

Ernst Zimmermann

Chinesisches Porzellan

Erster Band

ISBN/EAN: 9783957005083

Auflage: 1

Erscheinungsjahr: 2015

Erscheinungsort: Norderstedt, Deutschland

Hergestellt in Europa, USA, Kanada, Australien, Japan
Verlag der Wissenschaften in Hansebooks GmbH, Norderstedt

CHINESISCHES PORZELLAN

SEINE GESCHICHTE · KUNST UND TECHNIK

VON

ERNST ZIMMERMANN

·I·

BAND

·LEIPZIG· 1913·

VERLAG VON KLINKHARDT & BIERMANN

CHINESISCHES PORZELLAN

SEINE GESCHICHTE, KUNST UND TECHNIK

VON

PROF. DR. ERNST ZIMMERMANN

DIREKTOR DER KÖNIGL. PORZELLANSAMMLUNG IN DRESDEN

I. BAND: TEXT

1913

VERLAG VON KLINKHARDT & BIERMANN IN LEIPZIG

Vorwort.

Vorliegende Arbeit entstand in dem Wunsche, in Anbetracht der hervorragenden Stellung, welche das wunderbare Produkt des chinesischen Porzellans sowohl in technischer, wie künstlerischer Beziehung nicht nur unter den keramischen Erzeugnissen der gesamten Welt, sondern überhaupt unter den Werken der dekorativen Kunst einnimmt und des infolgedessen in allen Ländern sich ihm gegenüber jetzt stetig mehrenden Interesses wie Sammeleifers, einmal festzustellen und zusammenzufassen, was sich heute bereits in Europa mit Hilfe der schon übersetzten chinesischen Quellenschriften, der so reichlich bei uns vorhandenen Bestände an chinesischem Porzellan und der bisher dies Gebiet betreffenden Vorarbeiten wirklich mit einiger Sicherheit feststellen oder vermuten läßt. Es geschah dies nicht zum wenigsten aus dem Grunde, da es bisher an einem solchen Werk, einerlei, in welcher Sprache, völlig fehlte und daher im allgemeinen auf diesem Gebiete heute noch immer eine Unklarheit, Unkenntnis und Lückenhaftigkeit herrscht, die keineswegs durch das tatsächlich schon bei uns vorhandene Material gerechtfertigt erscheint.

Des Gewagten eines derartigen Unternehmens war sich dabei freilich der Verfasser von Anfang an gar wohl bewußt. Denn mag auch das Gebiet des chinesischen Porzellans unbedingt dasjenige der chinesischen Kunst sein, von dem wir heute in Europa dank der Vorarbeiten und der Tätigkeit unserer Sammler und Museen am meisten zu wissen imstande sind: es wächst doch auch auf diesem beständig das zu einem solchen Versuche benutzbare Material an, es bleiben noch immer genug und übergenug der Lücken, die wir zurzeit noch in keiner Weise auszufüllen imstande sind, und Irrtümer und Mißverständnisse werden genug noch entstehen, wo die noch sicheren Dokumente fehlen und darum Hypothesen, mehr oder weniger gewagt, an ihre Stelle treten müssen. So kann ein völlig abschließendes Werk über dies Gebiet noch in keiner Weise heute schon geschrieben werden. Wenn daher dennoch der Verfasser dieses Wagnis hier unternommen hat, so geschah es eben in der festen Überzeugung, daß wir heute über dieses Gebiet dank dem bereits vorhandenen wissenschaftlichen Material tatsächlich doch etwas mehr zu wissen vermögen, als dies in der Regel der Fall ist, und die Fülle der auf diesem heute noch zu allgemein geglaubten Irrtümern zu groß und auch zu unberechtigt erscheint, um nicht einmal ihre Beseitigung energisch in die Hand zu nehmen. Und schließlich, wird nicht die Wissenschaft nur dann wirklich fortschreiten können, wenn sie von Zeit zu Zeit allgemeine Heerschau abhält über alles, was die Forschung bisher an wirklich Tatsächlichem, an Vermutungen, aber auch an Eingeständnissen des Nichtwissens erbracht hat? Denn erst, wenn dieses geschehen, erkennt man die Stellen, wo weiteres Arbeiten nötig ist, wo sich die Lücken befinden, die zu ergänzen sind, wo das Unklare, Unsichere, das noch einmal zu untersuchen und durch Herbeischaffen neuen Materials aufzuklären notwendig erscheint.

Aber der Verfasser hat diesen Versuch auch deshalb gewagt, weil er gleichfalls davon überzeugt ist, daß, dank dem heute bei uns bereits so reichen wissenschaftlichen Material über die Entwicklung des chinesischen Porzellans, über diese in der Hauptsache kein allzu großer Zweifel mehr bestehen kann. Mag auch in einzelnen und selbst vielen keineswegs ganz unwesentlichen Dingen noch manche bedenkliche Lücke klaffen, noch mancher Irrtum sich breit machen: die Grundzüge seiner Entwicklung werden wohl kaum noch anders erkannt werden, als es hier geschehen, und es werden auch der Lücken und Irrtümer immer weniger sein, je mehr man sich dem Ende dieser Entwicklung nähert, in dem Maße, daß wir über die eigentliche Blütezeit des chinesischen Porzellans heute schon in einer Weise unterrichtet sind, wie keineswegs über alle Gebiete unserer eigenen Keramik.

Hinzugefügt wurde ein Kapitel über die Technik und die Kunst dieses Produktes. Denn auch über diese beiden wichtigen Gebiete desselben hat es bisher noch nichts Abschließendes, Zusammenfassendes gegeben, ja kaum einen Versuch ihrer Darstellung. Und doch mußte beides gleichfalls einmal in dieser Weise behandelt werden, da nur, wer die technischen Vorbedingungen kennt, unter denen dies Erzeugnis entstanden, und wer sich zugleich völlig klar macht, in welcher Weise diese zu künstlerischen Zwecken ausgenutzt worden sind, die große, ja erstaunliche Leistung zu erkennen vermag, die das chinesische Porzellan für jeden, der wirklich künstlerisches Verständnis besitzt, darstellen muß, eine Leistung, der unsere Keramik auch nicht entfernt Gleichwertiges zur Seite zu stellen hat.

Grundlage der Arbeit waren alle uns bereits in Übersetzungen vorliegenden chinesischen Quellen oder Auszüge aus solchen über die Geschichte des chinesischen Porzellans und seine Technik (wobei erwähnt werden muß, daß, um die Zahl der Anmerkungen nicht unnötig zu vermehren, nur dort Hinweise auf solche stattfanden, wo es sich um entlegenere, nicht ohne weiteres zu findende Stellen in ihnen handelt), dann weiter sämtliche bisher in Europa wie Amerika gemachten Vorarbeiten über dies Gebiet und schließlich alle nicht allzu schwer zugänglichen Bestände an chinesischem Porzellan, die in Europa vorhanden sind. Daß dagegen von letzteren nicht auch die in Amerika, in China selber, wie auch in Japan befindlichen benutzt werden konnten. soweit diese nicht bereits in Abbildungen vorliegen, war bedauerlich, doch vielleicht nicht allzusehr, da diese nach allem, was darüber in Erfahrung zu bringen war, doch zurzeit kaum an Umfang noch sonst irgendwie die in Europa befindlichen zu übertreffen scheinen.

Dagegen wurde weniger Wert auf die chinesische oder gar japanische Tradition gelegt, als es durch andere wohl bisher geschehen, einmal da Tradition immer etwas Unsicheres, ein Stützen auf sie auf etwas ganz Unwissenschaftliches ist, dann auch, weil es doch wohl noch erst zu beweisen ist, daß die der Chinesen und Japaner wirklich so viel sicherer ist als die unsrige, oder gar so ganz ohne Irrtum, wie mancher behauptet, daß unsere europäische Wissenschaft ihr gegenüber von der bisher von ihr in solchen Fällen angewandten Methode abzuweichen in der Lage ist.

Zur Illustrierung, die zum ersten Male ein wirklich geschlossenes und vollständiges Bild der Entwicklung des chinesischen Porzellans zu geben versucht, und nicht, wie bisher fast immer geschehen, nur möglichst viele Beispiele der heute in Mode stehenden Porzellane vorführt, wurden in erster Linie die Bestände der Dresdner Porzellansammlung verwandt, einmal, weil diese dem Verfasser naturgemäß am nächsten lagen, dann auch, weil diese Sammlung, obwohl in letzter Zeit nach vielen Seiten hin erweitert, trotz ihres großen Reichtums und ihrer hohen Qualität bisher von der Wissenschaft in merkwürdiger Mißachtung so gut wie ganz ignoriert worden ist. Die vorliegende Arbeit ist dadurch zugleich auch die erste Publikation dieser so wertvollen Abteilung dieser Sammlung geworden. Im übrigen wurden bei der Illustrierung wie auch bei der Anführung von Beispielen im Text zur Erleichterung der Nachprüfung, wo nur irgendmöglich, Stücke aus öffentlichem Besitze gewählt. Daß hierbei nicht alle Abbildungen gleichmäßig gut ausfielen, wird jeder wohl entschuldigen, der weiß, wie schwer es oft ist, Photographen zu finden, die Porzellan gut aufzunehmen imstande sind.

Zum ersten Male erscheinen in dieser Arbeit auch sämtliche chinesischen Worte in deutscher Transkription. Da dadurch manche auch bei uns schon in französischer oder englischer Schreibweise eingeführte chinesische Bezeichnungen in etwas fremdartiger Form erscheinen, so sind von diesen die wichtigsten dem alphabetischen Inhaltsverzeichnisse am Schlusse des Buches mit Hinweisen auf die in deutscher Schreibweise beigegeben worden.

Zum Schluß möchte ich Allen, die mir bei Abfassung dieser Arbeit, ganz besonders aber bei Beschaffung der Abbildungen bereitwilligst geholfen haben, meinen allerbesten Dank aussprechen, besonders aber dem Ministerium des kgl. Hauses, sowie der Generaldirektion der kgl. Sammlungen für Kunst und Wissenschaft in Dresden, durch deren Beihilfe es allein möglich wurde, die farbige Illustrierung derselben in wünschenswerter Weise durchzuführen.

Inhaltsverzeichnis.

I

Quellen und Bestände.

Es kann kein Zweifel darüber herrschen: es gibt heute kaum ein Gebiet der bildenden Kunst, von dem wir trotz mehrfachen Anstrengungen bisher noch so wenig wirklich Brauchbares und Zuverlässiges wissen, wie von dem der chinesischen Kunst, obwohl es sich hier doch um ein solches handelt, das gar wohl eines reicheren Wissens würdig erscheint, und so kann hier ein jeder Tag noch große Überraschungen bringen, die manches bisher auf diesem Gebiete fest Geglaubte gänzlich über den Haufen stürzen werden. Es ist vielfach noch völliges Neuland, was hier betreten werden wird, in demselben Maße, wie man tiefer in das Innere des Landes eindringt und sich mit seinem reichen, uns bisher immer noch verborgen gebliebenen Inhalt vertraut macht.

Von dieser starken Unkenntnis macht eine große Ausnahme allein das chinesische Porzellan, jenes Erzeugnis der chinesischen Kunstfertigkeit, das durch seine wunderbaren Eigenschaften und Schönheiten die Aufmerksamkeit aller Völker, die nur je mit den Chinesen in Berührung gekommen, unwiderstehlich auf sich gelenkt hat, und dem darum auch wir Europäer von allen ihren Kunsterzeugnissen am frühesten unser ganzes Interesse zugewandt haben. Über dies Erzeugnis sind wir heute in Europa in der Tat so gut unterrichtet, daß wir nicht bloß seine volle künstlerische Bedeutung, seine Stellung innerhalb der Kunst und Keramik der ganzen Welt zu erfassen vermögen: auch seine geschichtliche Entwicklung liegt jetzt so klar vor uns, daß wir groben Fehlern auf diesem Gebiete wohl kaum mehr ausgesetzt sind, mag auch über manche Einzelheit noch starke Unklarheit herrschen, die erst die rastlose Weiterarbeit der Zukunft wird ganz beseitigen können.

Dies Resultat verdanken wir in erster Linie der kunsthistorischen Arbeit der Chinesen selber, die in mannigfachen Werken und schon von früh an aufgezeichnet haben, was sie über dies Produkt wußten und über seine Entwicklung in Erfahrung bringen konnten, dann den reichen Beständen, die von diesen Erzeugnissen unser Gefallen an ihnen durch Jahrhunderte hindurch zusammengebracht hat, schließlich auch der noch in China vorhandenen Tradition, die uns zumeist in letzter Zeit von jenen überbracht worden ist, die sich aus irgendeinem Grunde längere Zeit dort aufgehalten und sich für dies Erzeugnis interessiert haben. Das sind die Einzelgrundlagen, die, zusammen genommen und miteinander verarbeitet, für die Erforschung des chinesischen Porzellans einen Boden abgeben, wie ihn leider nicht jedes Gebiet unserer eigenen Kunst aufzuweisen hat.

Was zunächst die literarischen Quellen, d. h. die Berichte der Chinesen selber über ihr Erzeugnis anbetrifft, so ist bekannt, daß die Chinesen eine Kunstgeschichte besitzen, viel älter als die unsrige und wohl auch mindestens ebenso zuverlässig, wenn freilich auch nicht so schwungvoll und so voll der Empfindungen derjenigen, die sie geschrieben. Es liegt dem für gewöhnlich immer so ruhigen, sachlichen Naturell des Chinesen, zu sammeln und aufzuzeichnen, was war und ist und dies mit ziemlicher Genauigkeit und starker Objektivität, und so ist er auch nicht an den Leistungen seiner Kunst vorübergegangen: er hat auch hier, was ihm bedeutend und erhaltenswert erschien, aufgezeichnet und der Nachwelt überliefert. Diese Neigung ist auch der Geschichte seines Porzellans zugute gekommen: es gibt genug Berichte, in denen von seiner Technik, seiner Entwicklung, seiner Kunst die Rede ist. Sie stellen teils ganz selbständige Arbeiten über dies Gebiet vor, teils finden sie sich in solchen über Kunst oder Kunstwerke überhaupt oder auch in den in China so beliebten Ortsgeschichten, in diesem Falle in denen von Orten, an denen Porzellan hergestellt worden ist. Diese Berichte gehen z. T. auch recht weit zurück — der älteste gehört noch jener Zeit an, da China in der Gewalt der Mongolen war (1280—1368), sie stehen so z. T. den Zeiten, über die sie berichten, nahe genug, um in der Hauptsache volle Glaubwürdigkeit zu verdienen. Schade nur, daß eben alle chinesisch geschrieben sind und so dem gewöhnlichen Sterblichen zunächst ein Buch mit sieben Siegeln bleiben müssen.

So kommen für uns in Europa naturgemäß zunächst nur diejenigen dieser Werke und Aufzeichnungen in Betracht, die gefällige Sinologen bereits in eine uns geläufige Sprache übersetzt haben. Da dies zum ersten Male nicht vor der Mitte des 19. Jahrhunderts geschehen ist, so ist bis dahin so ziemlich alles, was man namentlich über die Geschichte des chinesischen Porzellans zu wissen vermeinte, kaum mehr als Irrtum gewesen. Dafür hatte die Phantasie auf diesem Gebiete freies Spiel und hat dies auch in der Tat gründlich ausgenutzt.

Doch gab es von dieser Regel eine Ausnahme und keine unbedeutende. Am Anfange des 18. Jahrhunderts, im Jahre 1717 und 1724, erschienen in der in Paris durch viele Jahrzehnte hindurch herausgegebenen, bekannten Briefsammlung von Missionären, betitelt „lettres édifiantes et curieuses" zwei schon 1717 und 1724 geschriebene Briefe des in China damals sich aufhaltenden Jesuitenpaters Père d'Entrecolles, in denen er in ausführlichster Weise alles berichtete, was er in China nur irgendwie über das chinesische Porzellan hatte erfahren können. Diese beiden Briefe haben damals in Europa ein ungeheures Aufsehen hervorgerufen: ihr Inhalt war das erste, was man dort nach langem Sehnen endlich über das bis dahin so rätselhafte Erzeugnis erfuhr — das von Böttger in Dresden 1709 nacherfundene Erzeugnis war ja damals noch ebenso ein Geheimnis, wie sein Vorbild —; es war zugleich, da d'Entrecolles Gelegenheit gehabt hatte, sich über dies Gebiet aufs eingehendste zu informieren, indem er nicht nur die Schriften der Chinesen über dies Gebiet studierte, sondern auch bis zu seinen Hauptfabrikationsstätten vordrang und mit Porzellanarbeitern selber vertraut wurde, so vollständig und zuverlässig, daß selbst wir heute noch von seinem Gebrauch den größten Nutzen haben, mögen auch seine Darstellungen zunächst fast nur technischer Natur gewesen sein. Je weiter sich aber dann die Zeit verlief, in der d'Entrecolles geschrieben, desto mehr wurden auch seine Briefe die wichtigsten Geschichtsurkunden für diejenige Epoche des chinesischen Porzellans, die, wie wir jetzt mit aller Bestimmtheit wissen, seine allerbedeutendste gewesen ist, und von der wir in Europa auch gleichzeitig immer die allermeisten Erzeugnisse besessen haben, und so sind diese beiden Briefe des Jesuitenpaters für uns nicht bloß die zeitlich ersten chinesischen Quellen für die Geschichte und das Wesen des chinesischen Porzellans, sie sind auch für diese bis in unsere Zeit hinein die allerwichtigsten geworden.

Freilich sind sie dafür auch die einzigen geblieben, die bis zum Jahre 1856 der europäischen Wissenschaft zur Erforschung des chinesischen Porzellans zur Verfügung standen, gewiß für ein so großes und wichtiges Gebiet, wie es das chinesische Porzellan darstellt, wenig genug. In jenem Jahre aber erschien dann sogleich dank den Bemühungen der französischen Regierung jenes Werk, das bis in unsere Zeit die wichtigste Grundlage für alle Erforschung desselben geblieben ist und wohl auch noch für recht lange Zeit bleiben wird: die von dem Ministerium des Ackerbaus und der Industrie veröffentlichte, von dem damals so berühmten französischen Sinologen Stanislas Julien herausgegebene „Histoire et fabrication de la porcelaine chinoise", in der Hauptsache die Übersetzung des wichtigsten chinesischen Quellenwerks über die Geschichte des chinesischen Porzellans, des von Tschêng T'ing Kuei im Jahre 1815 geschriebenen Buches, betitelt „King-tê tschen th'ao lu", auf deutsch Geschichte der Porzellane von King-tê tschen d. h. der Porzellane, die in derjenigen Stadt Chinas hergestellt worden sind, die schon seit über vierhundert Jahren dort der eigentliche Sitz der Porzellanindustrie gewesen ist. Doch enthält diese Übersetzung auch mannigfache Zusätze aus anderen chinesischen Quellen, ferner die Übersetzung eines kurzen japanischen Werkes über japanisches Porzellan, eine äußerst wichtige Abhandlung über die Technik des chinesischen Porzellans auf Grund des hier veröffentlichten Materials der chinesischen Quellen von der Hand des bekannten damaligen Chemikers der Porzellanmanufaktur zu Sèvres A. Salvétat und anderes mehr. Es war dies in der Tat eine überraschende Fülle von Wissensstoff, die sich hier auf einmal gegenüber der bisherigen, so großen Unwissenheit auf diesem Gebiete darbot, die, wenn richtig verwendet, nun auch jedem Nichtkenner der chinesischen Sprache eine weite und eingehende Beherrschung desselben sowie eine vollkommene Erkenntnis seiner geschichtlichen Entwicklung ermöglichte. So konnte man in der Tat Julien für seine verdienstvolle Arbeit nicht dankbar genug sein und muß ihn noch heute für Europa als den Begründer der Geschichte des chinesischen Porzellans feiern.

Doch freilich, es ist ja bekanntlich dafür gesorgt, daß die Bäume nicht in den Himmel wachsen. So ungemein verdienstvoll auch die Arbeit war, die Julien herausgegeben: sie hatte doch ihre großen Schwächen und ihre kleinen Fehler. Sie war vor allem nicht gerade leicht zu benutzen. Sachgemäß, aber trocken und eintönig pflegen in der Regel die wissenschaftlichen Werke der Chinesen zu sein. Das Zusammentragen des Materials, nicht seine Verarbeitung scheint ihnen die Hauptsache der wissenschaftlichen Arbeit zu sein. So muß der Benutzer der Übersetzung Juliens, da dieser sich in ihr eng an den chinesischen Text gehalten hat, sich hier, will er zu wirklichen Tatsachen gelangen, mühsam und geduldig durch eine Fülle von trocken aneinander gereihten Tatsachen hindurch arbeiten, er muß zu diesem Zwecke gleichzeitig die verschiedensten Teile dieses Werkes in Benutzung ziehen und schließlich dann immer selber kombinieren und Schlüsse ziehen. Mit anderen Worten, er muß erst selber ein recht beträchtliches Stück Arbeit leisten, bevor er sich seinen Inhalt nur einigermaßen zunutze machen kann. Eine solche Arbeit aber ist, wie man weiß, nicht jedermanns Sache.

Dann aber war Julien wohl ein verdienstvoller Sinologe, doch kein Keramiker. Er hat sich, trotzdem er diese Übersetzung übernahm, doch ganz ersichtlich nie selber mit der Töpferkunst beschäftigt, und, ist es immer mißlich, sich über dies keineswegs so einfache Gebiet auszulassen, wofern man auf ihm nicht wenigstens ein wenig zu Hause ist, so umsomehr, wenn man es auf Grund der seltsamen Sprache der Chinesen tut, die manchmal ja mehr dazu bestimmt erscheint, den Sinn zu verbergen, als zu enthüllen. So ist auch Julien, zumal er nicht einmal vom chinesischen Porzellan die geringste Ahnung gehabt zu haben scheint, den dem auf dem Gebiet der Keramik Unwissenden drohenden Gefahren keineswegs ganz entgangen: vor allem Übersetzungsfehler haben sich in seine Arbeit eingeschlichen, die einem Kenner dieses Gebietes kaum je begegnet wären, Fehler, die dann lange Zeit hindurch das Bild der Entwicklung des chinesischen Porzellans für uns stark getrübt haben, bis sie schließlich von anderer kundiger Seite widerlegt worden sind. Dies ist in erster Linie durch Friedrich Hirth in seiner 1888 erschienenen Arbeit, betitelt „Ancient Porcelain, a study in Chinese Mediaeval Industry and Trade“ geschehen, in der er vor allem auf den in dieser Beziehung verhängnisvollsten Irrtum Juliens[1]) aufmerksam gemacht und ihn verbessert hat. Durch ihn ist erst die erste Periode der Entwicklung des chinesischen Porzellans dann einigermaßen klar gestellt worden.

Trotz alledem ist das Werk Juliens bis auf unsere Zeit die eigentliche Grundlage für eine Geschichte des chinesischen Porzellans geblieben, der man dann nur noch Ergänzungen, wenn auch oft äußerst wichtige, hat hinzufügen können. Das ist in erster Linie durch den Engländer W. Bushell erfolgt, einen Arzt, der durch einen langen Aufenthalt in Peking dort auch noch ein guter Sinologe und ein ebensolcher Kenner des chinesischen Porzellans geworden ist. Er hat dort selber aufs eifrigste diese Erzeugnisse gesammelt, dann auch durch intimeren Umgang mit chinesischen Sammlern und Kennern einen großen Teil der bei diesen noch vorhandenen Tradition und Kennerschaft uns zu übermitteln gewußt. Sein berühmtes Hauptwerk aber, das 1897 unter dem Titel „Oriental ceramic art“ in New York erschien, ein Prachtwerk allerersten Ranges, das freilich seines ungewöhnlich hohen Preises willen kein gewöhnlicher Sterblicher sich zu leisten vermag, enthält die mannigfachsten Auszüge und Mitteilungen aus bisher noch garnicht oder noch nicht völlig benutzten chinesischen Quellen. Es bildete damit in dieser Beziehung die wertvollste Ergänzung zu der Arbeit Juliens. Aber Bushell erwarb sich dann noch weitere Verdienste: noch kurz vor seinem Tode gab er im Jahre 1908 ein von ihm schon früher in China aufgefundenes, reich illustriertes Album eines chinesischen Künstlers und Sammlers, Hiang-Yüan P'ien mit Namen, der in der zweiten Hälfte des 16. Jahrhunderts gelebt hat, mitsamt seinen farbigen Abbildungen heraus, das in 83 großen Darstellungen die schönsten und interessantesten Porzellane vorführt, die ihr Zusammensteller noch aus der ganzen, vor seiner eigenen Zeit gelegenen Entwicklung des Porzellans hatte auftreiben können und des Abbildens für wert gehalten hatte. Es ist dies für uns ein Quellenwerk ersten Ranges, freilich in seinem vollen Werte dadurch beeinträchtigt, daß schon im chinesischen Originale die Farbengebung der abgebildeten Porzellane, wie der begleitende Text ergibt, nicht immer ganz richtig gewesen zu sein scheint⁹).

So hat es das Unglück gewollt, daß auch diese für die Geschichte des chinesischen Porzellans so wichtige Quellenschrift gleich der Übersetzung Juliens nicht für in jeder Beziehung fehlerfrei zu erklären und darum nur mit einer gewissen Vorsicht zu benutzen ist. Doch auch nach seinem Tode wirkte dann seine für die Geschichte des chinesischen Porzellans so heilsame Tätigkeit noch fort: es erschien in englischer Übersetzung eine weitere, ebenfalls für dies Gebiet ungemein wichtige Quelle, das sogenannte „T'ao schuo" d. h. Beschreibung von Töpfereien, geschrieben von Schu Yen, der in der zweiten Hälfte des 18. Jahrhunderts lebte und mühsam aus allen möglichen Quellen das Material zur Geschichte und Technik des chinesischen Porzellans zusammentrug. Es stellt diese Arbeit eine äußerst dankenswerte Ergänzung zu der von Julien einst geleisteten dar, die es dem der chinesischen Sprache Unkundigen nun nur noch leichter macht als bisher, sich auf Grund der erhaltenen chinesischen Überlieferungen die Geschichte des chinesischen Porzellans aufzubauen.

Mit diesen Arbeiten Bushells ist dann die Beschaffung des bei den Chinesen über ihr Porzellan vorhandenen Quellenmaterials und Übertragung desselben in unsere europäischen Sprachen bisher beendet. Es erscheint auch fraglich, ob in dieser Beziehung, nachdem hier die Hauptarbeit bereits getan, noch so bald ein bedeutender Zuwachs erfolgen wird. Was aber Julien und Bushell auf diesem Gebiete bereits zusammengetragen und durch ihre Übersetzungen allen Nichtkennern der chinesischen Sprache nutzbar gemacht haben, das kann schon ohne Scheu als ausreichend bezeichnet werden, um dem, der es verarbeitet, ein klares und reiches Bild von der Entwicklung des chinesischen Porzellans, seiner Kunst und seiner Technik zu geben. Es sind in dieser Beziehung für uns allem Anscheine nach bisher nur recht wenig Lücken geblieben. Dagegen bleibt fraglich, ob alle diese Übersetzungen auch wirklich richtig sind, ob nicht die Schwierigkeit der chinesischen Sprache die Übersetzer zu manchen Irrtümern verführt hat, wie solche ja dem ersten derselben, Julien, bereits nachgewiesen worden sind. Eine Nachprüfung der bisherigen Übertragungen der chinesischen Quellen bis ins einzelne hinein, das dürfte daher wohl der größte Dienst sein, den heute die Sinologie allen denen leisten könnte, die sich bei uns in Europa heute ernsthaft um die Aufhellung der Geschichte des chinesischen Porzellans bemühen. Doch würde an ihren Grundlagen, wie wir sie heute schon aufzustellen vermögen, dadurch wohl kaum ernstlich gerüttelt werden.

*　　*　　*

Weit reicher jedoch als die literarischen Quellen der Chinesen stehen uns heute für alles Arbeiten auf diesem Gebiete die Erzeugnisse, auf die sie sich beziehen, die Porzellane selber, zur Verfügung. Da eben das chinesische Porzellan zu allen Zeiten und bei allen Völkern, mit denen sein Erzeugungsland in Berührung kam, den größten Beifall gefunden und dann infolgedessen auch die größte Begierde nach seinem Besitz erweckt hat, so ist es schon früh, so oft es nur Chinas politische und ökonomische Verhältnisse gestatteten, fast nach allen Himmelsrichtungen hin ein beliebter Ausfuhrartikel gewesen, der große Reichtümer ins Land gebracht haben muß. Auch Europa hat hier ja keine Ausnahme gebildet, im Gegenteil, es ist als das den Chinesen kulturell am nächsten stehende Kulturgebiet schließlich hinsichtlich dieses Erzeugnisses sein bester Abnehmer gewesen, dem in manchen Jahrhunderten nur das auch sonst mit China so oft in engster Handelsbeziehung stehende Persien in dieser Beziehung nahe gekommen ist. Dies Hinüberströmen des chinesischen Porzellans nach Europa beginnt freilich erst recht spät: das ganze Mittelalter hat bei uns nur ganz vereinzelte Proben dieses Erzeugnisses gesehen, die meist nur durch die Vermittlung des westlichen Asiens zu uns gelangen, dafür aber desto mehr bestaunt und bewundert wurden. So faßte man sie in die edelsten Metalle und schrieb ihnen sogar vielfach Wunder zu. Erhalten hat sich freilich aus dieser Zeit nur ein einziges, bisher in dieser Beziehung noch kaum beachtetes Beispiel, im Museum Friedericianum in Cassel, ein im Vergleich zum übrigen Porzellan dieser Zeit recht unbedeutendes Stück, das aber dennoch damals der prächtigsten Fassung für würdig befunden wurde. Es kann wohl aus mehreren Gründen in die Mitte des 15. Jahrhunderts gesetzt werden[3]) (Taf. 22). Ihr schließt sich als nächstes und am meisten verwandtes Stück die viel genannte, gleichfalls reich gefaßte, aber wieder sehr einfache Warhamschale des New College in Oxford an, die nachweislich Erzbischof Warham 1532 diesem Institute hinterließ[4]). Beide Stücke zeigen deutlich, daß in dieser Zeit nur ganz unbedeutende Porzellane nach Europa gelangten.

Dann aber kam die Entdeckung des Seewegs nach Ostindien, damit auch bald die unmittelbare Berührung Europas mit China und den andern fernen Ländern des Ostens. Bald bildeten sich in Europa große Handelsgesellschaften, um dieser idealen Errungenschaft auch die praktischen folgen zu lassen, und das so reizvolle Erzeugnis der Chinesen wurde hierbei nicht übersehen. Indessen, es mußte allem Anscheine nach noch immer ein halbes Jahrhundert und mehr vergehen, bis es wirklich gelang, zahlreichere Stücke als bisher für uns zu gewinnen. Erst etwa seit der Mitte des 16. Jahrhunderts finden wir Europa, wie die noch bei uns erhaltenen Stücke bezeugen, in etwas häufigerem Besitz dieser Erzeugnisse, die aber damals ob ihrer Reize und ihrer Seltenheit noch immer so geschätzt wurden, daß man sie wiederum vielfach in kunstvolle und oft auch recht wertvolle Fassungen tat (Taf. 52). Deswegen versuchte nun aber auch Europa, da es jetzt selber eine entwickeltere Keramik besaß, dieselben mit allen Kräften nachzubilden. Doch leider vergeblich, und so mußte es jetzt noch immer und noch für lange Zeit wohl oder übel in dieser Beziehung den sonst meist nicht allzu sehr geachteten Chinesen tributpflichtig bleiben.

Und dies jetzt mehr denn je! Denn es steht fest, daß nun zuerst um die

Wende des 16. Jahrhunderts, nachdem außer den Spaniern und Portugiesen nun auch die rührigen Engländer und Holländer mit China in Verbindung traten, das chinesische Porzellan als wirkliche Massenware nach Europa gelangte und hier aus einem seltenen Luxusartikel zu einem häufigeren Gebrauchsartikel geworden ist. Zahllos sind in dieser Zeit die Wiedergaben dieses Produktes auf den Gemälden der damals so blühenden holländischen Schule, noch zahlreicher freilich die Stücke selber, die sich aus dieser Zeit noch heute erhalten haben. Freilich Bedeutendes hat selbst damals China noch nicht den Barbaren des Westens zu überlassen geruht. Als Massen- und Exportware kennzeichnet sich so ziemlich alles, was aus dieser Zeit sich noch bis heute bei uns erhalten hat. Es durfte eben Europa auf diesem Gebiete damals noch keineswegs wählerisch sein, es mußte sich noch mit dem begnügen, was das so überlegen sich fühlende China ihm von seinem Überflusse vergönnte. Doch darf hierbei nicht übersehen werden, daß diese Zeit in China selber keine der Blüte des Porzellans gewesen ist. Es hatte bereits weit bessere Tage gesehen.

Dann aber bricht um die Wende des 17. Jahrhunderts auf diesem Gebiet in China ein völlig neues Zeitalter an. Damals erreicht das Porzellan unter dem hochbedeutenden Kaiser Kang-H'i seine höchste Blüte, es setzt damit zugleich eine Steigerung der Produktion ein, wie China noch keine auf diesem Gebiete gesehen. Gleichzeitig beginnt in Europa im Zeitalter des letzten Barocks — wohl nicht zum wenigsten, weil eben jene Blütezeit dort begonnen und immer schönere Erzeugnisse zuwege brachte — aus einer Liebe zum Porzellan eine Leidenschaft zu werden, die bald keine Grenzen mehr kennt und für die nächste Zukunft hier ein ausgesprochenes Zeitalter des Porzellans heraufbeschwört. Und nun weiß gerade in dieser Zeit auch Europa mit Hilfe seiner Missionen in China sich festzusetzen, wie nie zuvor und niemals wieder. Europäer, bisher so verachtet und kaum geduldet, werden hoffähig, werden Ratgeber und Beamte am kaiserlichen Hofe; sie dürfen sogar in den Porzellanmanufakturen sich umschauen, wenn auch immer noch ein wenig heimlich, ein Fortschritt in den Beziehungen zwischen diesen beiden Kulturländern, wie man ihn sich in Europa vor kurzem noch kaum erträumt haben wird.

Hauptursachen dieser damals in Europa so plötzlich erwachenden Leidenschaft für das Porzellan Chinas, sowie auch gleichzeitig Japans war die Sehnsucht des alternden Barocks nach neuen Emotionen sowie nicht minder das Verlangen der absolutistischen Herrscher, die das Zeitalter Ludwigs XIV. heraufbeschworen, nach Prunk und Glanz, zur äußeren Bekräftigung ihrer nun so erhöhten Stellung. Da kam das Porzellan dieser beiden Länder mit seiner ungewöhnlichen Formenwelt, wie auch seiner Farbenpracht und seinem starken Glanz in der Tat wie gerufen, und so ist es auch kein Wunder, daß sich gerade am Hofe des „Sonnenkönigs" die ersten fanden, die uns als wirkliche Porzellansammler von der Geschichte bezeichnet worden sind: der Dauphin, wie auch der Herzog von Orleans. Damit aber war das Signal für ganz Europa gegeben, das nun nicht verfehlte, diesem so schnell wie möglich zu gehorchen: Porzellansammeln ward jetzt die Parole für alle, die repräsentieren wollten, ein Porzellankabinett zu besitzen, das ringsum auf Konsolen, Kaminen, an Pfeilern u. dergl. mit Porzellan in reicher Fülle besetzt war, das Ziel des

Ehrgeizes aller großen und kleinen Fürsten. Der Bescheidene verlangte daneben wenigstens seine sogenannte „Kamingarnitur", seine Setzstücke für Schränke und Kommoden. Selbst auf das Land hinaus verirrte sich diese Mode, wenigstens dorthin, wo Wohlhabenheit herrschte und man den Einfuhrorten dieses Erzeugnisses nahe genug saß, so vor allem nach Holland, Friesland und Holstein. Alle jedoch übertraf schließlich der über alles prunksüchtige Kurfürst von Sachsen und König von von Polen, August der Starke. Prachtbauten und Porzellane, das sind die Dinge, durch die der Name dieses Monarchen für alle Zeiten weiter leben wird, und wie es in dieser Beziehung jetzt nur einen „Zwinger" auf der Welt gibt, so auch nur eine „Porzellansammlung". Durch diesen Monarchen sollte nicht mehr allein ein einzelnes Porzellankabinett begründet werden gleich vielen anderen: ein ganzes Gebäude sollte in Dresden erstehen, aber von oben bis unten ausgestattet in der reichsten Weise mit den prächtigsten Porzellanen, die damals in Europa aufzufinden waren, es sollte, vorwiegend mit Hilfe des exotischen Produkts, ein Prunkstück werden, so großartig, wie Europa bis dahin noch keins gesehen und auch so leicht nicht wieder sehen würde. Es war der prunkvollste Traum, den wohl je ein europäischer Monarch geträumt hat. Doch was noch mehr sagen will: dieser Traum ist in der Tat fast zur Wirklichkeit geworden. Das zu seiner Erfüllung nötige Porzellan ist damals, wie jedermann weiß, in Dresden zusammen gekommen, in ungezählten Massen, in unbeschreiblichen Qualitäten. Nur das Bauen konnte mit dem Sammeln nicht Schritt halten. Bevor die Umhüllung für diese Schätze fertig war, starb der König, damit sank auch sein Traum dahin. Da ist dann aus jener geplanten Prachtdekoration nur eine Sammlung geworden, die berühmte Dresdner Porzellansammlung, freilich eine solche, der ihr einzigartiger Ursprung auch einen ganz einzigartigen Charakter verliehen hat[5]).

Neben diesem maßlosen Begehr nach Prunk und Luxus erwachte aber damals in Europa dem Porzellan gegenüber, wenn auch in bescheidenem Maße, das Bedürfnis. Es ist jetzt um die Wende des Jahrhunderts die Zeit, da die innigere Berührung mit den exotischen Ländern in Europa auch die Sitte des Trinkens warmer Getränke einführt, vor allem des Kaffees und des Tees. Bald entstehen in allen größeren Kulturstaaten die sogenannten „Kaffeehäuser", in die mit den feineren Getränken dann auch die feinere Gesittung einzog. Für diese Sitte war schon in den Ländern, aus denen sie stammte, das Porzellan fast allein im Gebrauch, es geschah dies, weil es, ein ausgesprochen schlechter Wärmeleiter, das hierfür brauchbarste Material darstellte. Und so erhebt sich nun in Europa auch bald überall eine lebhafte Nachfrage nach Tassen und Töpfen, die vor der Nacherfindung des Porzellans durch Böttger Europa selber in keiner Weise befriedigen konnte, und andere Gebrauchsgeschirre schließen sich, sobald man sich an diese gewöhnt, ihnen an. Das Porzellan war damit ein Bedürfnis weitester Kreise geworden.

In ungezählten Mengen, in ganzen Schiffsladungen, ist daher durch die Holländer, Engländer, Franzosen und Portugiesen in dieser Zeit das chinesische und auch das japanische Porzellan nach Europa gebracht worden und hat sich hier über alle Kulturstaaten verbreitet. Es gab für dasselbe eigene Händler und auch bestimmte Kaufgelegenheiten, darunter namentlich die Leipziger Messe. So groß aber war die

Menge dieses damals nach Europa gelangenden Porzellans, daß wohl noch heute das bei uns vorhandene zum größten Teile aus diesen Zeiten stammt, ja daß wir zuerst an dieses denken, wenn wir von chinesischem Porzellan sprechen.

Indessen der größte Teil der damals aus Ostasien nach Europa gelangenden Porzellane war immer noch Export- und Massenware. Doch ist damals der Unterschied zwischen diesem und dem eigenen Gebrauchsporzellan der Chinesen keineswegs so groß gewesen, wie vordem. Eine besondere, ganz für sich bestehende, nur für Europa bestimmte Gattung gab es jetzt nicht mehr, wenn auch einzelne Formen des chinesischen Porzellans damals ganz den europäischen Bedürfnissen angepaßt wurden. Dafür aber haben die Chinesen auf der anderen Seite damals nicht das geringste Bedenken getragen, den europäischen Händlern auch ihre allerbesten Erzeugnisse auszuliefern, und begierig genug müssen diese, spekulierend auf die in Europa ausgebrochene Leidenschaft, nach ihnen gegriffen haben. Ganz erstaunliche, ja mit die besten Sachen, die überhaupt damals in China auf diesem Gebiete gemacht worden sind, haben sich so bei uns bis auf den heutigen Tag erhalten, Stücke, wie man sie z. T. selbst in China heutzutage nicht mehr zu finden vermag, alles übertreffend — da der König von Polen mit einem uns heute kaum ganz erklärlichen Geschick sich der damals besten in Europa befindlichen Stücke zu bemächtigen gewußt hat — in der eben erwähnten Dresdner Porzellansammlung, die damit die glänzendste Vertreterin der ruhmvollsten Epoche des chinesischen Porzellans geworden ist[6]), ja, eine glänzendere Vertreterin dieses, als wir irgendwo von unserem eigenen Porzellan besitzen. Technisches Geschick und künstlerisches Können der damaligen Porzellankünstler Chinas können in ihr zu gleicher Zeit bewundert werden. Freilich ist es hierbei auffallend, überblickt man die aus dieser Zeit noch in Europa erhaltenen Porzellane, daß gewisse wundervolle Porzellangattungen dieser Epoche, die heute bei uns aufs allerhöchste geschätzt werden, in dieser Zeit so gut wie garnicht nach Europa gelangt sind. Wir haben sie überhaupt erst durch die letzte Berührung mit China kennen gelernt. Hielt diese damals demnach China mißgünstig zurück oder war unser Weltteil für diese noch nicht so reif? Wahrscheinlicher wohl, daß sie nicht mehr gemacht wurden, als Europa mit China damals in die engste Verbindung trat, so daß sie alle, in festen Händen, nicht mehr für jenes zu erwerben waren. Es ist sicherlich in der Hauptsache immer frisch fabrizierte Ware gewesen, die nach Europa gebracht ward.

Dann aber trat in dem Verlauf des 18. Jahrhunderts ein sichtbares Sinken der Porzellaneinfuhr ein. Denn Europa besaß nun sein eigenes Porzellan und Porzellanfabriken mehr als genug; es verrann auch langsam die Porzellanleidenschaft der vorangegangenen Zeit und in China selber hielt sich das Porzellan nicht mehr auf seiner früheren Höhe. Auch waren die Europäer, z. T. bekanntlich durch eigenes Verschulden, stark wieder aus diesem Lande herausgedrängt worden. Weit weniger gute Stücke befinden sich daher aus dieser Zeit noch heute in Europa als aus der vergangenen. Exportwaren, auch diese mäßiger als vordem, überwiegen, und diese Verhältnisse haben sich dann mit dem Sinken des allgemeinen Kulturstandes Chinas nur noch verschlimmert: mit dem Beginne des 19. Jahrhunderts sind, weil China bald kaum noch selber welche besaß, kaum noch gute Porzellane von dort mehr zu uns gelangt. Auch die Exportware blieb für eine Zeit fast ganz aus, was freilich nicht zu bedauern war. Aber dann beginnt nach der Mitte des 19. Jahrhunderts für China eine neue Zeit, wenn freilich auch keineswegs ein neuer Aufschwung. Inniger, wenn auch völlig wider Willen, gerät jetzt China wieder mit Europa in Verbindung. Kaufleute siedeln sich wieder an und Gesandtschaften, Konsuls kommen in deren Gefolge. Da mußte auch die in China so wichtige Kunst des Porzellans von neuem die Augen der europäischen Welt auf sich ziehen. Doch während die Kaufleute, jetzt, wie immer auf schnellen Gewinn bedacht, allein darauf ausgehen, ein neues Exportporzellan wieder aufzubringen, weit scheußlicher als alles, was China und selbst Europa bis dahin auf diesem Gebiete hervorgebracht haben und nur bei uns konkurrenzfähig, weil immer bedeutend wohlfeiler als unsere eigenen Erzeugnisse auf diesem Gebiete, werden feinfühlige Vertreter der Diplomatie und dergleichen von neuem auf die gute, alte, einzigartige Kunst dieses Produktes aufmerksam. Es erwacht in ihnen von neuem eine Lust, sie zu besitzen, und so entstehen hier eine ganze Reihe von Porzellansammlungen, die schließlich mit ihren Besitzern in die Heimat, nach Europa wie auch nach Amerika gelangen. Bald folgen Händler ihnen nach China nach: sie erwerben für diese beiden Erdteile das Schönste, was ihnen von diesem Produkte in die Hände fällt und geben so dort die Möglichkeit, auch ohne das Ursprungsland zu besuchen, sich für dessen Erzeugnisse zu begeistern und sie zu sammeln. Ein neuer Stoß alter Porzellane, bei weitem nicht so umfangreich, wie die früheren, aber dafür weit ausgelesener, flutet so nach jenen beiden Ländern hinüber, beträchtlich den bisher in ihnen befindlichen, schon so reichen Bestand vermehrend. Doch, was in dieser Zeit und auch jetzt noch zu uns kommt, bedeutet keineswegs nur noch eine numerische Bereicherung desselben. In China selber nun unmittelbar mit den Resultaten der ganzen bisherigen Entwicklung des chinesischen Porzellans in Berührung kommend, bringen Sammler wie Händler bisher noch nie in Europa gesehene Porzellane in ihre Heimat, Porzellane der Zeiten, da keine Einfuhr derselben mehr oder noch nicht nach Europa möglich, Porzellane auch, die man früher zurückgelassen, weil sie dem damaligen europäischen Geschmack nicht entsprachen. Wie hat man erst da begriffen, welch eine reiche, welch eine schöne Kunst das chinesische Porzellan im Laufe seiner langen Entwicklung gewesen ist! Wie hat man erst da verstanden, auch auf diesem Gebiete das Gute vom Schlechten, das Wertvolle vom Minderwertigen zu scheiden! Und nun auch erst war es möglich, mit Hilfe der von den Sinologen übersetzten Quellenschriften das chinesische Porzellan geschichtlich einzugliedern, für dieses eine wirkliche Wissenschaft zu begründen. Nun erst bekam dies Produkt für uns das Leben, das wir so gern an allen uns umgebenden Kulturprodukten zu finden suchen: es wurde redend, redend von einem bedeutenden Volke und einer bedeutenden Kunstbegabung, die der unsrigen so fern stand.

So aber hat sich das chinesische Porzellan dank der hellen Begeisterung, die es zu allen Zeiten bei allen Völkern, die für seine Kunst reif waren, fand, allmählich über die ganze Kulturwelt verbreitet, vor allem nach Europa und Amerika und setzt sich in diesen Ländern in erster Linie aus jenen reichen Beständen zusammen, die um die Wende des 17. Jahrhunderts die Porzellanleidenschaft nach Europa entführte, sowie aus jenen, die heutzutage der erweiterte Geschmack unserer Zeit und die Spekulation seinem Ursprungslande entzog und immer noch weiter entzieht. In Europa besitzt jetzt wohl England, alles in allem genommen, den reichsten Gesamtbestand. Von öffentlichen Anstalten sind hier vor allem die reichen Sammlungen des Britischen und des Vict. und Alb. Museums zu nennen, erstere die ehemalige Sammlung des für die Erforschung der ostasiatischen Kunst einst so hochverdienten früheren Mitdirektors dieses Museums Sir Wollaston Franks, letztere vor allem die berühmte Sammlung Salting, die diesem Museum jetzt nach dem Ableben ihres Begründers dauernd zugefallen ist. Große, umfangreiche Privatsammlungen gibt es freilich allem Anscheine nach daneben hier nicht viele[7]). Doch ist es hier ganz allgemein Sitte, einzelne mehr oder weniger schöne Stücke zu sammeln und rein dekorativ zur Aufstellung zu bringen. Die Kunsthandlungen sind daher überreich an chinesischen Porzellanen, die zu solcher Verwendung ihre Käufer suchen. Die beiden erwähnten großen, öffentlichen Bestände aber sind ausschließlich Gründungen unserer Zeit: so sind sie auch schon mehr auf der Grundlage unserer jetzigen, erweiterten Kenntnis vom chinesischen Porzellan entstanden, die ihnen eine weit größere Mannigfaltigkeit, als sie alle früheren besaßen, verschafft hat. Hierbei aber ist der des Vict. und Alb. Museum mehr aus ästhetischen, der des Britischen Museum dagegen aus rein wissenschaftlichen Gesichtspunkten zusammengebracht worden und so stellen beide keine Wiederholung, sonrdern die beste Ergänzung zueinander dar.

Nach England ist dann gleich Deutschland in dieser Beziehung zu nennen, voallem durch die erwähnte Porzellansammlung in Dresden, wohl der umfangreichste und wertvollste Bestand an chinesischem Porzellan, der je an einer Stelle in Europa vereinigt worden ist, der freilich bisher trotz seiner Fülle und seiner Schönheit noch in keiner Weise die allgemeine Beachtung gefunden hat, die er verdient. Diese Sammlung stellt, wie bereits erwähnt, in der Hauptsache noch immer den ungeheuren Bestand dar, den am Beginn des 18. Jahrhunderts König August der Starke von Polen, Kurfürst von Sachsen, als wichtigster Repräsentant der für diese Zeit so charakteristischen Porzellanleidenschaft zur dekorativen Ausschmückung des japanischen Palais in Dresden-Neustadt zusammengebracht hat. Es ist ihm, da seine Entstehungszeit eine nur kurze war, oft genug der Vorwurf der Einseitigkeit gemacht worden. Doch darf eben nicht vergessen werden, daß die Zeit seiner Entstehung ja die der Blütezeit des chinesischen Porzellans gewesen ist, die so in dieser vertreten ist, wie nirgendwo sonst wieder, daß man hier weiter Stücke sieht, die sonst keine andere Sammlung der Welt wieder aufzuweisen vermag und daß auch schließlich hier in letzter Zeit zahlreiche Ankäufe gemacht worden sind, die diese Einseitigkeit schon stark vermindert haben. Zur Orientierung über die historische Entwicklung des chinesischen Porzellans dürfte daher schon jetzt diese Sammlung eine der geeignetsten sein. Ganz einzig aber steht die Sammlung da durch die Größe ihrer Stücke: hier sieht man staunend, daß Porzellankunst auch ohne Zwang eine monumentale sein kann und sich nicht auf die Herstellung nur kleiner Gegenstände zu beschränken braucht. Das sonst meist so zarte Porzellan erscheint hier von einer ganz neuen Seite (Taf. 64, 65).

Neben diesem großen Bestande aus alter Zeit haben sich aus gleicher Zeit dann
verwandte, aber bedeutend kleinere und unbedeutendere in noch manchen Schlössern
in Deutschland erhalten, so vor allem in dem zu Charlottenburg, im Schlosse Mon-
bijou in Berlin, dem von Altenburg und schließlich auch in dem Dresdner Residenz-
schlosse, dessen chinesischer Porzellanbestand freilich einst zu dem jetzt in der
Dresdner Porzellansammlung befindlichen gehört hat. Daneben sind die Museen in
Cassel und Gotha zu nennen, von denen ersteres gleichfalls noch einen alten Schloß-
bestand besitzt, letzteres durch den Ankauf der Sammlung des erwähnten Sinologen
Hirth seinen früheren alten Bestand aufs Vorteilhafteste ergänzt hat. Daneben freilich sind die Museen in Deutschland, die noch immer nicht recht oder doch erst
spät zur Würdigung dieser köstlichen Erzeugnisse des fernen Ostens gelangt sind,
erstaunlich zurückgeblieben. Zu nennen ist hier nur das Hamburger Museum für
Kunst u. Gewerbe, sowie das Kunstgewerbemuseum in Berlin und die für Völkerkunde daselbst und in Dresden. Dagegen besitzt Deutschland einige beachtenswerte
Privatsammlungen, von denen die des Ministers Stübel in Dresden, wie die zurzeit
im Museum zu Hildesheim aufgestellte Sammlung von Ohlmers die bekanntesten
sind. Sie sind in der Hauptsache in China selbst angelegt.

Neben diesen beiden Ländern dürfte dann Frankreich schon ziemlich zurück-
stehen. Reich und interessant ist die von ihrem ehemaligen Besitzer dem Louvre
überwiesene Sammlung Grandidier, interessant besonders durch ihren Reichtum an
verschiedenen Typen, der wohl von keinem andern Bestand der Welt wieder erreicht
wird, freilich in ihrer jetzigen Aufstellung weder künstlerisch genießbar noch wissenschaftlich kontrollierbar. Nicht sehr hervorragend ist die freilich nicht nach künstlerischen Gesichtspunkten zusammengebrachte des Musée Guimet in Paris, sowie auch die
des keramischen Museums zu Sèvres. Daneben besitzt dann noch das Musée Cernuschi einige frühe Stücke. Privatsammlungen sind daneben kaum bekannt. Doch
da das chinesische Porzellan auch in dem stets so geschmackvollen Frankreich, genau
wie in England, ganz allgemein in vereinzelten Exemplaren zur dekorativen Aufstellung verwandt wird, so ist auch über dies Land und vor allem über seine
Hauptstadt eine Fülle des allerbesten chinesischen Porzellans verteilt, dessen wirklicher Umfang nicht abzuschätzen ist.

Sonst sind in Europa noch Holland zu nennen, in welchem Lande es neben
mehreren Privatsammlungen und häufigem, vereinzeltem Besitz noch aus der früheren
Zeit des holländischen Handels mit China eine größere Sammlung im Rijksmuseum
zu Amsterdam gibt, Norwegen und Schweden, die größere Bestände in den Museen zu Christiania und Stockholm bergen, dann auch Österreich, wo jetzt das
k. k. Museum für Kunst und Industrie durch die Überweisung des vor längerer Zeit
zusammengebrachten Bestandes des dortigen Handelsmuseums um eine kleinere
Sammlung chinesischer Porzellane bereichert worden ist, das Musée du Cinquan-
tenaire zu Brüssel usw. Nicht vergessen aber darf werden, daß durch den
letzten, großen politischen Umschwung nun auch in Konstantinopel der alte
Schatz der Sultane ans Tageslicht gekommen ist, enorme, wenn auch freilich
etwas einseitige Bestände von jenen Porzellanen, die noch vor der Überflutung
Europas mit chinesischem Porzellan in China hergestellt worden, dann aller

Wahrscheinlichkeit nach Persien gelangt und hier von den Sultanen als Kriegsbeute zusammengerafft sind, die größten Bestände aus diesen frühen Zeiten, die es überhaupt in der Welt gibt, dabei vieles von in dieser Zeit nie gesehener Qualität und Größe, selbst wenn es sich hier auch vielfach um Produkte handelt, die ausschließlich für den Export hergestellt worden sind. Nur schade, daß von diesen so überaus wichtigen Beständen nur ein kleiner und nicht der beste Teil bisher ins dortige Museum gelangt ist, fast der ganze übrige aber aus Mangel an Aufstellungsräumen vorläufig in jenen tiefen, unterirdischen Gelassen des berühmten Schatzhauses des alten Serails verbleiben muß, wo er wohl schon seit Jahrhunderten geschlummert hat[8]). Ein ganz ähnlicher, aber wohl bedeutend kleinerer Bestand findet sich dann noch in Persien in Ardebil, in der Grabmoschee des Schech Safi, die Schach Abbas der Große um 1600 errichten ließ. In ihr sind die Porzellane, ganz ähnlich, wie in Europa einst dekorativ an den Wänden aufgestellt gewesen. Doch scheint auch dieses Porzellan für gewöhnlich völlig unsichtbar[9]). Daneben kommen im Orient chinesische Porzellane, namentlich der älteren Zeiten, noch gar nicht so selten vor.

Höchst bedeutend sind dagegen die Sammlungen, die sich von diesem Produkt in den Vereinigten Staaten von Nordamerika vorfinden; denn kein anderes Land hat wohl in unserer Zeit so früh so viel Interesse für dies Erzeugnis gezeigt. Eine stattliche Reihe von bedeutenden Privatsammlungen ist hier entstanden, die z. T. schon öffentlich zur Aufstellung gelangt sind, so die Morgankollektion im Metropolitan-Museum zu New York, die Hippisleycollection in Smithonian Institute zu Washington. Daneben ist dann noch das Pensylvaniamuseum in Chicago zu nennen. Unter den Privatsammlungen ist am bekanntesten die Walterscollection in Baltimore geworden durch das oben erwähnte grundlegende Werk Bushells, das zugleich in seinen Abbildungen eine großartige Publikation derselben geworden ist. Im allgemeinen hat Amerika dem chinesischen Porzellan gegenüber einen ganz speziellen Geschmack gezeigt: mit ganz besonderer Vorliebe sind hier jene farbig glasierten Porzellane gesammelt worden, mit denen das chinesische Porzellan seine Entwicklung begonnen, und die dann immer eine besondere Spezialität desselben geblieben sind. In keinem anderen Lande, China ausgenommen, sind daher diese jetzt wohl so angehäuft wie in diesem.

Wie aber steht es nun schließlich in dieser Beziehung mit dem Erzeugungsland des Porzellans, mit China selber? Vermag man es heute auch hier so gut kennen zu lernen, wie bei uns? Kein Mensch ist imstande, bei der noch immer so großen Unzugänglichkeit des Landes wie der Abgeschlossenheit seiner Bewohner zu sagen, wieviel des alten Porzellans hier heute noch wirklich vorhanden ist. Aber man vergesse nicht, daß über dieses Land, das eigentlich immer ein solches der ärgsten Thronstreitigkeiten, der Rebellionen und der beständigen Einfälle barbarischer Nachbarn gewesen ist, zu allen Zeiten schwere Stürme hinweggegangen sind, daß solche Stürme bei Orientalen vernichtender zu sein pflegen als bei uns und daß auch wir hier schließlich zu mehreren Malen ganz kräftig geraubt und geplündert, hierbei nicht einmal die Paläste der Kaiser, für die zu allen Zeiten hier doch das Schönste hergestellt worden war, verschont haben. Kann man sich da wundern, wenn Kenner des Landes und die Chinesen selber vielfach der wenig optimistischen Ansicht sind, daß Europa und Amerika jetzt mehr der Zeugnisse ihrer alten Kunst besitzen, als ihr eigenes Land, so ungeheuerlich dies auch klingt? So ist es vielleicht bis zu einem gewissen Grade China mit seinem Porzellan bereits ergangen, wie Italien mit seinen Majoliken. Als in kaiserlichem Besitz befindlich werden daher zurzeit nur größere und prächtigere Bestände von Porzellanen in dem Schloß zu Mukden ganz im Norden Chinas genannt, von denen auch erst ganz seit kurzem die freilich noch nicht ganz kontrollierbare Kunde[10]) zu uns gelangt ist. Was aber sonst noch in China an Porzellan erhalten, schwimmt dort entweder unsicher im Kunsthandel umher, der dort ein ebenso reges Leben entfaltet, wie bei uns, oder befand sich bis jetzt fast unkontrollierbar, weil fast gänzlich unzugänglich, in den Privatsammlungen reicher Mandarine, für die Kunstsammeln zu allen Zeiten als ein Zeichen höherer Bildung gegolten hat. Öffentliche Sammlungen, zugängliche Tempelschätze, wie bereits in Japan, gibt es hier nicht, und so vermag in der Regel der Europäer, der sich nicht lange in China aufhalten kann, hier weit weniger hinsichtlich des chinesischen Porzellans zu lernen, als in seiner Heimat. Besser schon ist es da, nach Japan hinüber zu gehen, nach jenem Lande, das immer die Kunst des Volkes, von dem es selber am meisten gelernt, weit höher geschätzt hat als seine eigene und dementsprechend auch deren Erzeugnisse gesammelt hat. Museen, Tempelschätze und viele Privatsammlungen sind hier vorhanden und zugänglich. Manch schönes, wertvolles Stück chinesischen Porzellans aus alter Zeit findet sich hier vor. Und gerade jetzt hat Japan, das, wie man weiß, bisher keineswegs für das Porzellan eine besondere Neigung besessen, ein ganz besonderes Gefallen an alten chinesischen Porzellanen gefunden: schon sammelt es eifrig diese Erzeugnisse und droht so für alle bisherigen Liebhaber derselben ein neuer Konkurrent zu werden.

*　　*　　*

So stehen in der Tat dem Erforscher des chinesischen Porzellans schon seit geraumer Zeit reiche Bestände desselben, z. T. recht bequem, zur Verfügung, die nur ihrer Bearbeitung und Einfügung in die uns durch die literarischen Quellen der Chinesen fixierten geschichtlichen Tatsachen des chinesischen Porzellans harren, um uns auch in den Gegenständen selber ein völlig klares Bild seiner Entwicklung vor Augen zu führen. Diese wichtige Arbeit hat freilich spät genug bei uns begonnen. Selbst nachdem im Jahre 1856 Julien seine Übersetzung der wichtigsten chinesischen Quelle für dieses Produkt veröffentlicht hat und damit das für eine solche Arbeit nötige Material einem jeden, der sich derselben unterziehen wollte, zur Verfügung gestellt hatte, stand man den Porzellanerzeugnissen selber für mehrere Jahrzehnte hinsichtlich ihrer Datierung noch ziemlich verständnislos gegenüber: nicht einmal die Erzeugnisse Chinas und Japans auf diesem Gebiete vermochte man damals mit einiger Sicherheit zu trennen. Das ist dann das große Verdienst Sir Wollaston Franks gewesen, zunächst diese Trennung an der von ihm begrün-

deten und dann, wie erwähnt, dem Britischen Museum geschenkten Sammlung ostasiatischer Porzellane mit aller Gewissenhaftigkeit vorgenommen zu haben, so daß
von nun an für den, der seine Arbeit dort gesehen, in dieser Beziehung kein allzu
großes Schwanken mehr möglich war. Dann aber brachte auch er zuerst wirkliche
Klarheit in die wichtigsten Hilfsmittel, die man an den Porzellanen selber zu ihrer
genaueren zeitlichen Bestimmung besitzt, in jene Marken[11]), die unmittelbare Datierungen der Stücke, die sie tragen, enthalten: er veröffentlichte mit großer Klarheit
seine in dieser Beziehung gewonnenen Resultate und gab so jetzt für jeden, der
sie richtig zu nutzen verstand, die erste Möglichkeit einer chronologischen Einordnung des Porzellans. Freilich hat Franks dann selber eine solche noch nicht einmal
an den Stücken seiner eigenen Sammlung versucht. Denn nur zu gut wußte er,
daß diese Marken, weil unausgesetzt in China in späteren Zeiten nachgeahmt, für
sich noch keine allzugroße Beweiskraft besitzen. Sie mußten, sollten sie wirklich
Wahrheit bringen, noch mit anderen Kriterien verbunden werden, für die Franks
damals, wie er wohl selbst empfand, noch nicht die nötige Grundlage besaß.
Dafür haben dies mit um so größerem Mut zwei bedeutende Pariser Sammler
von chinesischem Porzellan versucht, in den reich illustrierten Herausgaben ihrer
eigenen Sammlungen: Du Sartel im Jahre 1881 und der vorher erwähnte Grandidier im Jahre 1895, freilich ohne für die so schwierige Arbeit schon die Erfahrung in ausreichendem Maße zu besitzen. Ihre Arbeit ist daher in dieser Beziehung so gut wie resultatlos gewesen: große Irrtümer sind vielfach an die
Stelle der bisherigen Unwissenheit getreten und es wird sich doch immer noch
fragen, ob letztere oder erstere für die Entwicklung einer Wissenschaft von
größerem Schaden sind. Auf alle Fälle war man nach diesen Arbeiten hinsichtlich der historischen Einordnung der chinesischen Porzellane fast ebenso weit wie
vorher.

Erst durch Bushells fleißige, ungemein verdienstvolle Arbeiten, die sich nun
auch auf große, eigene, in China selber in langen Jahren erworbene Kennerschaft,
wie auch auf die der Chinesen selber stützen konnte, ist endlich in dieser Beziehung
größere Klarheit und Zuverlässigkeit in dies Gebiet gekommen: zum ersten Male
wurden nun in einer eingehenden historischen, auf wirklichem Quellenstudium beruhenden Darstellung der geschichtlichen Entwicklung des chinesischen Porzellans,
wie sie den Hauptteil seines vorher erwähnten (vgl. S. 4) Monumentalwerkes über
dies Gebiet ausmacht, den textlichen Angaben die auf dieselben sich beziehende
Porzellane in z. T. wundervollen farbigen Abbildungen beigegeben, deren Datierungen, aufs sorgfältigste geprüft, darum nach menschlichem Ermessen auch damals als so ziemlich gesichert gelten konnte. Aber freilich auch über dieser im
allgemeinen so grundlegenden Arbeit sollte wie über der gleichfalls so wichtigen Juliens von Anfang an ein Unstern walten. Bushell, der seine Kenntnisse
auf diesem Gebiete durch langjährigen Aufenthalt als Arzt in China erworben
hatte, war zunächst kein Historiker: ersichtlich fiel es ihm schwer, ein so um-
fangreiches Werk, wie es das seine darstellt, ganz einheitlich zu gestalten und
zu ordnen. Widersprüche und Unklarheiten sind daher nicht ausgeblieben. Er
verstand es auch nicht, das historisch Wichtigste so stark zu betonen und heraus-

zuschälen, daß es als solches sofort erkannt wird. Um aus Bushells großem Werke daher den vollen Gewinn zu schöpfen, den es, richtig benutzt, jederzeit gewähren kann, muß man es wieder gleich dem von Julien wirklich durcharbeiten, muß man selber zusammenfassen, was er oft in unnötiger Breite und starker Vermischung von Darstellungsbeschreibungen und Quellenauszügen gegeben hat. Noch bedauerlicher jedoch war (wenn auch Bushell in dieser Beziehung gar keine Schuld trifft), daß er hinsichtlich der Illustrierung seiner Arbeit keine freie Hand hatte: sein Werk sollte ja in erster Linie eine Publikation der von Walters in Baltimore zusammengebrachten, freilich sehr reichen und schönen Sammlung von chinesischen Porzellanen sein, wozu ihm ihr Besitzer die reichsten Mittel zur Verfügung stellte; doch diese Sammlung war keine systematische, und so konnte es in keiner Weise ausbleiben, daß große Lücken entstanden oder auch weniger charakteristische Stücke zur Veröffentlichung gelangten. Die ersten Perioden fehlen daher in den Abbildungen hier fast ganz. Und ebenso erging es ihm, als er einige Jahre später das Handbuch des Vict. und Alb. Museums über chinesische Kunst herausgab: auch hier reichten die in diesem Museum vorhandenen Porzellanbestände zur Illustrierung einer Geschichte des chinesischen Porzellans, die hier in aller Kürze versucht ward, in keiner Weise aus. So aber ist Bushell, der bisher beste Kenner des chinesischen Porzellans leider niemals dazu gekommen, eine wirklich ganz klare und ausreichende illustrierte Geschichte desselben zu schreiben, zu deren Abfassung er bisher der Berufenste gewesen ist.

Doch auch sonst hat dies bisher keiner mit wirklichem Erfolge getan. Was in dieser Beziehung nach Bushells Arbeiten in England versucht worden ist, hat keinen Fortschritt bedeutet: Monkhouse ist in seinem an sich recht guten, kleinen Werke über dies Gebiet nicht über Bushells Resultate hinausgekommen, Gulland aber in seinem zweibändigen, reich illustrierten Werke gar wieder arg zum eben erst überwundenen Dilettantismus zurückgekehrt und hat nur neue Verirrung angerichtet. Die beste Darstellung der Entwicklung des chinesischen Porzellans hat dagegen wohl bis jetzt Hippisley in der freilich kurzen Einleitung des Katalogs seiner eigenen, im Smithonian Institute zu Washington aufgestellten Sammlung von chinesischen Porzellanen gegeben. Er hat die chinesischen Quellen und die europäische Literatur gewissenhaft durchgearbeitet, nur leider in der sehr dürftigen Illustrierung seiner Arbeit die von ihm geschilderte Entwicklung nicht durch genügende Beispiele zu belegen vermocht. Dann aber hat noch in Amerika Brinckley in seinem vielbändigen Werke über China die Geschichte des Porzellans auf Grund der vorhandenen Quellen neu aufzubauen versucht. Ein ganzer Band ist dort ihr gewidmet. Doch, da er hier den Stoff nach technischen Gattungen getrennt hat und jede derselben einzeln behandelt, so ist das Bild der Gesamtentwicklung in keiner Weise klar geworden, ganz abgesehen, daß doch wohl etwas gar zu sehr der Geist der Flüchtigkeit über seiner Arbeit waltet. Und dann kann Brinckley wohl ganz allgemein als eine recht eindringliche Warnung dienen, hinsichtlich der chinesischen Kunst nicht allzu sehr den japanischen Quellen, Traditionen und Kennerschaften zu trauen oder sie gar den chinesischen vorzuziehen. Eine neue Verwirrung und Unsicherheit ist dank ihrer

Benutzung durch ihn in die Geschichte des chinesischen Porzellans hineingebracht worden, die völlig unnötig ist für den, der nicht auf alles, was von Japan ausgeht, schwört. Um die Grundlagen der Geschichte des chinesischen Porzellans festzustellen, genügt völlig, was uns die chinesischen Quellen selber angeben, und diese sind auch, darüber kann für jeden Vorurteilslosen nicht der geringste Zweifel bestehen, weit zuverlässiger als jene anderen, die nur aus diesen geschöpft haben. So hat das Werk von Brinckley viel mehr Schaden gebracht als Nutzen und darum wohl auch nur wenig Beachtung in wissenschaftlichen Kreisen gefunden[12].

Dagegen hat die Geschichte des chinesischen Porzellans wenigstens für einen Teil derselben, der zugleich auch ihr schwierigster ist, nämlich für ihre erste Periode, die mit dem Ende der Sungdynastie (960—1279) schließt, eine ganz beträchtliche Förderung erfahren durch die Arbeiten Hobsons, Assistenten am Britischen Museum in London, der durch eine ganze Reihe von Arbeiten im Burlington Art Magazine (vgl. das Literaturverzeichnis im Anhange), dann durch Veranstaltung einer Ausstellung von in englischem Privatbesitz befindlichen chinesischen keramischen Erzeugnissen aus dieser und der folgenden Zeit im Burlington Art Club, daselbst, sowie durch eine prächtige Publikation derselben nicht nur das hierfür nötige Material zusammengetrageu, sondern auch mit großer Gewissenhaftigkeit bearbeitet hat. Er hat damit, in der Hauptsache wohl immer das Richtige treffend, die Grundlage gelegt, auf der sich jede weitere Bearbeitung dieses Gebietes aufbauen muß, und damit sich um die Erforschung desselben sehr verdient gemacht.

II

Die Entwicklung des chinesischen Porzellans.

A. Von der Sui- bis zur Sungdynastie.

581—1279.

Wann das Porzellan, d. h. jener so edle, feste, tönende, kristallinische, in dünnem Zustande mehr oder weniger durchscheinende, zusammengesetzte und dann keramisch behandelte Stoff, dem wir seit unserer ersten Bekanntschaft mit ihm diesen wenig bezeichneten Namen gegeben, in China erfunden ist, diese Frage vermag der Chinese heute, da weder die Zeit seiner Erfindung in seinen Quellen irgendwo mit Bestimmtheit angegeben worden, noch seine Sprache von Anfang an ein Wort besaß, das diesen Stoff zu allen Zeiten bezeichnet hätte — das heute für Porzellan gebrauchte Wort t'se hatte früher nachweislich einen viel allgemeineren Sinn — ebensowenig mit Bestimmtheit zu beantworten wie wir Europäer. Damit ebensowenig auch die nach seinem Erfinder und der Art seiner Erfindung. Daraus ergibt sich, daß die ersten Anfänge des chinesischen Porzellans zunächst arg im Dunkel liegen und wohl niemals mit gänzlicher Sicherheit aufgeklärt werden können. Das ist recht sehr zu bedauern. Denn war die Erfindung desselben eine Geistestat und kein bloßer Zufall, dann war der Name ihres Urhebers wohl würdig, der Nachwelt für alle Zeiten aufbewahrt zu werden.

Fest steht jedoch, daß die in Europa früher ganz allgemein und auch jetzt noch immer viel zu weit verbreitete Ansicht, daß die Chinesen das Porzellan schon 3000 Jahre vor dem Beginn unserer Zeitrechnung erfunden hätten, völlig auf Irrtum beruht, verursacht durch die falsche Übersetzung eines chinesischen Ausdrucks, der nicht, wie man früher annahm, Porzellan im Besonderen, sondern ganz allgemein Tonware bedeutet. Vielleicht tut man überhaupt gut, das Alter einer höheren Kultur und Kunst für China nicht allzu hoch anzusetzen, da ihre angeblich gewaltige zeitliche Überlegenheit gegenüber der unsrigen, je mehr man deren Entwicklung kennen lernt, doch desto unglaubhafter erscheint. Dagegen läßt sich aus den chinesischen Quellen gar wohl feststellen, wann das Porzellan zuerst in der Geschichte Chinas auftaucht, freilich nur dann, wenn man sich für berechtigt glaubt, keramische Erzeugnisse, die in jenen so geschildert werden, daß man an ihnen die wichtigste äußerliche, nur diesem keramischen Produkte eigentümliche Eigenschaft des Porzellans erkennt, auch für dieses anzusehen. Denn eine genaue, nicht mißzuverstehende Bezeichnung für Porzellan ist auch in dieser Zeit noch nicht vorhanden. Dann aber, wenn man durch die Art der Erwähnung dieser Erzeugnisse den Eindruck gewinnt, als wenn sie damals als etwas ganz Neues auftauchen und nun auch auf einmal in der nächsten Zeit nach all dem Schweigen über dies Gebiet ganz auffallend häufig von verwandten keramischen Erzeugnissen die Rede ist, dann geht man wohl nicht allzu fehl, sieht man jene Zeit der ersten Erwähnung eines solchen Erzeugnisses auch als annähernd die seiner Erfindung an. Es gibt in der Tat Hypothesen in der Geschichte der Kunst, die auf schwankenderen Füßen ruhen [13]).

Diese Zeit der ersten Erwähnung eines porzellanartigen Erzeugnisses ist die um die Wende des 6. Jahrhunderts. Erst damals wird für uns zum ersten Male von der Herstellung von Gefäßen berichtet, die um der ausdrücklichen Erwähnung ihrer Durchscheinbarkeit willen, der augenfälligsten Eigenschaft des Porzellans, die es mit keinem anderen rein keramischen Erzeugnisse teilt, auch nur als solches angesehen werden können.

Wie die chinesische Keramik vor dieser Zeit ausgesehen, und welche Entwicklung sie von ihren ersten Anfängen an genommen, bevor sie in diese ihre eigentliche Spitze auslief, darüber vermögen wir heute freilich nur erst noch wenig zu sagen, hoffend, daß die kaum erst begonnenen, später sicherlich in reicherem Maße erfolgenden Gräberausgrabungen hierüber bald reichere Auskunft geben werden. Die ersten Nachrichten, die uns über die Anfänge der chinesischen Keramik wurden, sind wie in China immer durchaus sagenhafter Natur. Danach wird berichtet, daß unter dem mythischen Kaiser Huang Ti, der um die Mitte des dritten Jahrtausends vor Christi gelebt und mit Hilfe seiner Gemahlin viele der Hauptkünste der Chinesen begründet haben soll, der Leiter einer zum kaiserlichen Hofhalt gehörenden Töpferwerkstatt das wichtigste Instrument der ganzen Töpferkunst, die Töpferscheibe, erfunden hätte. Kurze Zeit darauf soll gar ein Töpfer, als Kaiser Schun genannt, den Thron bestiegen und die Töpferkunst noch bedeutend verbessert haben. Damals wären bereits Weinbecher und sogar Särge aus Ton gebildet worden, ja unter ihm soll sogar bereits die Kunst des Glasierens erfunden worden sein. Diese Nachrichten scheinen alle (was, vergleicht man sie mit den Anfängen der Töpferei an anderen Punkten der Erde, nicht weiter Wunder nehmen kann) den Schluß zuzulassen, daß auch in China die Töpferkunst eine recht alte ist, vielleicht aber auch weiter den (was ihre weitere Geschichte bestätigen würde), daß sie, da ihre erste Entwicklung unmittelbar mit den großen Herrschern dieser Zeit in Verbindung gebracht wird, schon früh eine sehr geachtete Kunst gewesen ist. Dem entspricht auch die zunächst berichtete Tatsache, daß im 12. Jahrhundert v. Chr., mithin über 1000 Jahre später, der Begründer der äußerst langlebigen Dynastie der Tschou, Wu wang einen Nachkommen des vorher erwähnten Kaisers Schun hätte suchen lassen, dann ihm seine Tochter zur Gemahlin und ein Stück Land zu Lehen gegeben hätte. Er sollte zugleich Leiter einer Töpferwerkstätte werden und die Traditionen seiner Ahnen fortsetzen.

Aus der Zeit dieser Dynastie, die bis zum Jahre 255 vor Christi Geburt herrschte, erfahren wir dann, daß nun auch schon das Pressen in Formen angewandt ward und bereits Opfergefäße, also heilige Geräte, trotz der in China sonst zur Anfertigung dieser zu allen Zeiten bevorzugten, alten heiligen Bronzekunst hergestellt wurden. Auch scheinen sich aus dieser Zeit nun endlich die ersten Proben der chinesischen Keramik erhalten zu haben. Es sind zunächst einfach gebrannte Ziegel, deren Stempel und Inschriften sie mit ziemlicher Sicherheit in diese frühe Zeit verweisen; dann aber auch bereits Gefäße, die teils rein keramische Arbeiten, teils Nachbildungen alter Bronzen darstellen und z. T. durch ihren Fundort datierbar[14]) sind. Fast alle diese Erzeugnisse geben sich noch als recht primitive keramische Arbeiten, die kaum höher als prähistorische einzuschätzen sind. Allein ein vor wenigen Jahren in China aufgefundener, wie es scheint, spätestens in das Jahr 500 vor Christi zu setzender Topf[15]) (Berlin, etnographisches Museum) bildet hier eine bedeutsame Ausnahme: er ist bereits hart gebrannt, auf der Töpferscheibe ganz sauber aufgedreht, mit kleinen gerillten Henkeln versehen und, was das Allerwichtigste ist, auch mit einer Glasur überzogen, die ja, wie eben erwähnt, schon vor Jahrtausenden in die chinesische Töpferkunst eingeführt worden sein soll. Sie beweist so, wofern dieser Topf wirklich das obengenannte Alter besitzt, daß dieses Dekorationselement, das später in der chinesischen Keramik wie überhaupt der ostasiatischen eine so überaus wichtige Rolle spielen, ja ihr ihre ganz besondere Signatur geben sollte, in der Tat schon jenes hohe Alter besitzt, das ihr die sagenhafte Überlieferung, wenn auch wohl in stark übertreibender Weise, hat zuschreiben wollen. Das läßt auf einen allgemeineren frühen Hochstand der chinesischen Keramik schließen, wie dies ja ebenfalls die sagenhafte Überlieferung der Chinesen anzunehmen geneigt ist. Ebenso wichtig aber ist auch die Art der Glasur: von schöner, chokoladenbrauner Farbe bedeckt sie auf der Außenseite nur die Hälfte des Topfes. um dann nach unten zu sich verdickend, völlig unregelmäßig abzutropfen, eine Anwendung derselben, die geradezu typisch werden sollte für einen großen Teil der folgenden frühen chinesischen und dann auch der gesamten ostasiatischen Keramik. So aber enthält dieser anscheinend frühe Topf schon einen überraschenden Teil der Grundelemente der späteren chinesischen Keramik und dürfte damit zu einem höchst bedeutungsvollen Dokument ihrer Geschichte werden.

Bald aber, d. h. um die Wende unserer Zeitrechnung, in den ersten Jahrhunderten vor und nach Christi Geburt, da hier die Dynastie der Han (206 vor Chr. bis 221 nach Chr.) regierte und China — vielleicht zum ersten Male — mit seinen näheren und ferneren Nachbarn in nähere Verbindung trat, erscheint, wie wir jetzt durch jene reichen, völlig überraschenden Grabfunde, die in der jüngsten Zeit in der im Nordosten Chinas gelegenen Provinz Schensi, dem damaligen kulturellen Mittelpunkte Chinas, gemacht worden sind, nun aber in immer größeren Mengen zu uns gelangen, und schon in mehreren Museen, vor allem aber in Privatsammlungen reichlich vertreten sind, erfahren, die Keramik hier in einem ganz neuen und weit reicheren Gewande[16]). Schon technisch bedeuten diese Grabbeigaben, die z. T. kleine Nachbildungen häuslicher Geräte, z. T. größere Gefäße für Vorräte, wie deren alle der Tote zu seinem ruhigen Eintritt ins jenseitige Leben bedurfte — erstere durften ihm aber nach einem alten Gesetz nur in verkleinertem Maßstabe beigegeben werden[17]) — dann weiter auch kleine, z. T. merkwürdig groß aufgefaßte, Menschen- und Tierstatuetten darstellen, für uns nicht geringe Fortschritte. Zwar scheinen alle diese Gefäße nur schwach gebrannt zu sein; aber der anscheinend durchsichtigen, dünnen Glasuren, die sie bedecken, sind jetzt schon mehrere: es kommt am häufigsten eine kräftig blattgrüne vor, daneben aber auch braune, gelbliche, weißliche und blaugrüne, die vielfach infolge des hohen Alters dieser Gefäße eine wundervolle Irisierung erhalten haben. Vor allem aber finden wir an diesen Erzeugnissen jetzt eine ganz andere formale Durchbildung als an den bisherigen keramischen Chinas, fast ausschließlich mittels jener Technik, die, wie die erwähnten sagenhaften Berichte erzählen, schon so früh während der Tschoudynastie aufgekommen sein soll: des Pressens in Formen. Diese Technik ist einmal angewandt, um die ganzen Gegenstände, dann auch um Reliefschmuck für diese zu gewinnen. Denn nun sind die keramischen Erzeugnisse Chinas wirkliche Kunstwerke geworden: nicht nur offenbart sich an ihnen ein wirklich feines Empfinden für Proportionen und Umrisse: die Keramik ist jetzt auch in das Gebiet der plastischen sowie der dekorierten Kunst eingetreten und hat sich hier schon zu sehr reizvollen und beachtenswerten Leistungen erhoben, die auf uns um so erstaunlicher wirken, da bis jetzt noch alle Vorstufen zu ihnen fehlen (Taf. 1 oben).

Dieser Fortschritt ist unzweifelhaft zunächst die Folge des Wunsches, Gegenstände des praktischen Lebens als Grabbeigaben in Ton zu gewinnen, dann aber vor allem auch des Einflusses der uralten, in China immer so hoch gehaltenen Bronzekunst, die auch später niemals ganz ihren Einfluß auf die chinesische Keramik verloren hat. Schon zur Zeit der Tschoudynastie waren, wie bereits erwähnt, Opfergefäße, die früher fast ausschließlich aus Bronze hergestellt wurden, durch keramische ersetzt worden, und tatsächlich haben sich ja unter den wenigen bisher aus dieser Zeit aufgefundenen Erzeugnissen solche Bronzeimitationen aus gebranntem Ton erhalten. An Bronzegefäße aber erinnern jetzt so gut wie alle Gefäße dieser Zeit, sofern sie nicht als unmittelbare Nachbildungen von Hausgerät aus anderem Material anzusehen sind; sie erinnern daran sowohl durch ihre Grundformen, wie auch durch ihre Profilierungen und ihren meist reichlich aufgelegten Reliefschmuck mit seinen von Ringen durchzogenen Tierkopfgriffen. Aber was von noch größerer Wichtigkeit ist, sie erinnern für gewöhnlich auch nur daran: die meisten scheinen, da man bisher unter den erhaltenen oder schon frühzeitig abgebildeten Bronzen dieser Zeit die genauen Vorbilder kaum gefunden, doch mehr oder weniger freie keramische Arbeiten gewesen zu sein, deshalb aber auch solche, die keramisch so gut wie einwandsfrei erscheinen, d. h. weder dem Material noch der Technik

der Keramik Gewalt antun. Dadurch aber erscheint ihre Abhängigkeit vom Bronze-
stil nur umso merkwürdiger: es ist, als wenn die Keramik damals noch gar keinen
Mut zur Ausbildung einer völlig eigenen Kunst besessen und darum sich noch an
eine andere, schon ausgebildetere angelehnt hätte, wie sie es später in diesem
Maße nie wieder getan hat. Doch ist diese eigenartige frühe Entwicklungsstufe der
chinesischen Keramik für ihre spätere Entwicklung nicht ganz ohne Einfluß geblieben:
einige der damals für uns zuerst auftauchenden Grundformen sind doch der späteren
Keramik erhalten geblieben und haben so die Kunst jener Zeit bis in unsere Tage
fortleben lassen.

Höchst merkwürdig aber ist ihre Ornamentik, die meist Jagdszenen und dergl.
darstellend und dabei Tiere in jener eigenartigen, weit ausgreifenden Bewegung,
die man als „fliegenden Galopp" bezeichnet hat, unverkennbar auf Einflüsse der
benachbarten sibirischen Kunst hinweist und damit, da die gleichen, in anderen
Kulturgebieten sich kaum jemals findenden Motive u. a. auch in der sogenannten
Mykenischen Kunst vorkommen, auf Beziehungen zu einer Kultur, die der hier vorliegenden zeitlich wie räumlich gleich weit entfernt lag. So werden sie zu wichtigen historischen Dokumenten für diese Zeit der vielleicht ersten Berührung der
chinesischen Kultur mit der anderer Völker, die zugleich, wie so manche andere der
in letzter Zeit aufgefundenen, den bisherigen Glauben an die völlige Selbständigkeit
der chinesischen Kunst und Kultur von Anfang an stark ins Wanken bringen.

Jahrhunderte vergehen dann wieder, ohne daß wir aus den chinesischen Quellen
viel über Töpferei erfahren, ohne daß wir imstande sind, Erzeugnisse diesen zuzuschreiben. Nur bestimmte Fabrikationsorte werden jetzt zum ersten Male namhaft
gemacht, so in den Provinzen Honan und Tschekiang, sowie charakteristischerweise auch
in der von Schensi, in der die eben beschriebenen Erzeugnisse der Handynastie gefunden worden sind. In einigen derselben soll damals nur für den Kaiser gearbeitet
worden sein. Doch genauere Angaben über die damaligen Arbeiten fehlen, nur ist
einmal wieder von grünen[18]) die Rede. Die grüne Glasur der vergangenen Zeit hat
demnach damals ihre Fortsetzung gefunden.

Dann aber um die Wende des 6. Jahrhunderts zur Zeit der nur sehr kurzlebigen
Dynastie der Sui (581—617) und ganz am Beginne der folgenden, der der T'ang
(618—906), die fast 300 Jahre lang über China herrschen sollte, hören wir zum
ersten Male von der Herstellung keramisch wertvollerer Erzeugnisse und gleich auch
von solchen, die man ohne allzuviel Kühnheit durchaus als porzellantig bezeichnen
kann, mit denen für uns somit die Geschichte des chinesischen Porzellans beginnt.
Und es sind gleich drei Nachrichten auf einmal, die hier über diesen Fortschritt berichten. Zunächst soll da um die Zeit der Suidynastie ein gewisser Ho Tsch'ou auch
Ho Kuei genannt, gelebt haben, der Vorsitzender des Arbeitsministeriums war und
zugleich auch ein großer Altertumskenner gewesen sein soll. Dieser wäre, gewiß
weil seine antiquarischen Neigungen ihn, den Arbeitsminister, zur Wiederbelebung
einer verloren gegangenen Industrie reizten — damit umgegangen, die vor noch gar
nicht langer Zeit aus Indien oder durch syrische Werkleute in China eingeführte,
aber damals bereits wieder völlig vergessene Kunst, Glas zu machen, von neuem
zu erfinden. Hierbei gelang es ihm nun, eine Art „undurchsichtiges Glas", das aber

von wirklichem Glas kaum zu unterscheiden gewesen wäre, mittels eines grünen „Porzellans" lu t'se genannt, herzustellen. Ersichtlich haben wir es hier mit einem keramischen Produkte zu tun, das, obwohl nicht durchsichtig, doch, da es mit Glas verglichen ward, zumindest durchscheinend gewesen sein muß, und damit mit einer Art Porzellan, da unter den rein keramischen Erzeugnissen nur dies allein eine solche Eigenschaft zu besitzen pflegt. Dann aber wird weiter berichtet, daß kurze Zeit darauf, ganz am Beginne der T'angdynastie und charakteristischerweise gerade an jenem Orte [19]), an dem sich später wegen der so besonders reichen Lager von jenem Stoffe, der den eigentlichen Hauptbestandteil des Porzellans ausmacht, d. h. von Kaolin, fast die gesamte Porzellanfabrikation Chinas konzentrieren sollte (vgl. S. 76), d. h. in Tch'ang-nan tchen, dem späteren Kin-tê tschen in der Provinz Kiangsi, ein geschickter Arbeiter, T'ao Yü mit Namen, beachtenswerte keramische Erzeugnisse hergestellt hätte, die als Gefäße aus „künstlichem Jade" bezeichnet wurden, mithin jenen köstlichen, meist hellgrünen, sonst weißlichen, selbst bei ziemlicher Dicke durchscheinenden Halbedelstein nachahmten, der sich bekanntlich neben dem ihm verwandten Nephrit in China immer einer ganz besonderen Wertschätzung zu erfreuen gehabt hat und aus dem die Chinesen trotz seiner großen Härte zu allen Zeiten mit unendlicher Mühe die wunderbarsten Sachen herauszuschneiden verstanden haben. Dieser Mann soll seine Produkte dann selber nach der damaligen Hauptstadt des chinesischen Reiches gebracht haben, wo sie alle dem Kaiser geschenkt wurden. Und dann wiederum nur wenige Jahre später, d. h. im Jahre 621, erfahren wir weiter, daß ein in demselben Orte lebender geschickter Fabrikant, Ho Tschung-Tsch'u mit Namen, gleichfalls keramische Erzeugnisse zuwege gebracht hätte, die wiederum mit Jadearbeiten verglichen, daneben aber auch als weiß und glänzend bezeichnet wurden. Sie müssen damals wirklich etwas ganz Besonderes dargestellt haben; denn es ward dann ihrem Verfertiger durch ein besonderes kaiserliches Dekret die hohe Ehre zuteil, seine Erzeugnisse künftig nur für den Kaiser anfertigen zu dürfen. Von nun an aber, d. h. seit den Arbeiten T'ao Yü's seien, so wird dann ausdrücklich berichtet, die Erzeugnisse dieses Ortes, an dem auch vorher schon keramisch gearbeitet wurde, durch ganz China berühmt eworden.

Was geht aus allen diesen Nachrichten hervor? Unzweifelhaft zunächst, daß damals ein ganz ungewöhnlicher Aufschwung auf dem Gebiet der chinesischen Keramik stattfand, ein Aufschwung, der zur Herstellung von keramischen Erzeugnissen führte, die nichts mehr mit den bisherigen Chinas zu tun gehabt haben, vielmehr sie alle völlig hinter sich ließen. Denn niemals vorher hat ja, wie man gesehen, die Geschichte der chinesischen Keramik Erzeugnisse zu erwähnen gehabt, die jemals mit den kostbarsten Materialien, die China damals kannte — zu denen damals auch das Glas zählte — verglichen worden sind. Alle diese damals so kostbaren Stoffe aber, sowohl der Jade wie das Glas besaßen drei Haupteigenschaften gemeinsam, die nicht zum wenigsten ihre eigentlichen Vorzüge ausmachten: sie waren als Masse fest und geschlossen, sie waren weiter an ihrer Oberfläche von vollendeter Glätte und sie waren schließlich durchscheinend, wenn nicht gar durchsichtig. Auf diese Vorzüge allein konnte sich daher auch damals nur ein solches Vergleichen erstrecken, das bei den Chinesen niemals ein ganz oberflächliches zu sein pflegt. Diese Vorzüge besitzt aber unter allen keramischen Erzeugnissen, wie man weiß, allein das echte Porzellan, das edelste Erzeugnis der gesamten Keramik: auch dieses hat einen festen, fast ganz kornlosen Scherben, die Glasur, die man ihm zu seiner Veredlung beifügt, erscheint so gut wie immer glatt und glänzend, und seine Durchscheinbarkeit bei nicht zu großer Dicke ist so bekannt, daß diese bei uns immer für sein Haupterkennungszeichen gegolten hat. Ist da aber wohl der Schluß zu kühn, daß die hier durch diese Vergleiche charakterisierten keramischen Erzeugnisse schon wirklich dieses schöne Produkt dargestellt haben, zumal auch die denselben damals beigelegten Farben weiß und grün einmal auf die gewöhnliche, das andere Mal auf die in den ersten Zeiten des chinesischen Porzellans gewöhnlichste (vgl. S. 55) Farbe desselben hinweisen? Dann aber liegt auch, da wir von einem derartigen Produkte erst jetzt zum ersten Male vernehmen, die Herstellung desselben aber damals auch ganz ersichtlich ein größeres Aufsehen hervorrief, in einer Weise, wie sonst nie wieder die von irgendeinem keramischen Erzeugnisse in China, der Schluß nicht allzufern, daß dies Produkt auch damals erst erfunden ward. Besitzen wir doch auch aus dem Jahre 650[20]), also aus einer Zeit, die kurz auf die hier vorliegende folgte, ausdrücklich die Nachricht, daß die Porzellanerde, d. h. das Kaolin, seit der letzten Generation nun auch zur Herstellung von „weißem Porzellan" verwandt werde! Wie aber hätte man vor dieser Zeit dies Erzeugnis ohne seinen wichtigsten Stoff zustande bringen sollen? Ist aber diese ganze Annahme richtig, dann glaubt man nun auch fast zu erkennen, wie diese Erfindung damals vor sich gegangen: ein kluger, unterrichteter Mann wollte damals Glas machen, doch es gelang ihm nicht. Dafür aber erfand er, weil er dies, wie er damals gar nicht anders konnte, auf dem Gebiete der Keramik versuchte, einen Stoff, der äußerlich dem Glase verwandt schien, innerlich es aber den keramischen Erzeugnissen war: das Porzellan. Er erfand es vielleicht durch einen Zufall, aber erfunden konnte es eigentlich nur auf die hier geschilderte Weise werden: nur indem man die Keramik dem Glase näherte, nicht umgekehrt, wie dies dann später die ersten Nacherfinder desselben in Europa versucht haben, die darum auch niemals zum Ziele gelangten. Das macht die Möglichkeit der Annahme der damaligen Erfindung fast zur Gewißheit. Dann aber hätte als Erfinder desselben Ho Tsch'ou, der Arbeitsminister aus der Zeit der Suidynastie zu gelten, ein Mann, der, ohne es vielleicht damals zu ahnen, sich dadurch die größten Verdienste um die Entwicklung der Keramik erworben hat, die ihm freilich dann bisher noch niemals zugerechnet worden sind[21]).

Fest scheint aber nach allem diesen zu stehen, daß das Porzellan zuerst als eine Nachahmung von Glas oder Jade d. h. von einem Kunst- oder Naturprodukt erstand. Es war damit auf alle Fälle zunächst ein Surrogat, das, wie seine weitere Entwicklung zeigen wird, anfangs seinen Ursprung als solches nicht ganz hat verleugnen können, das aber dann später immer mehr seine eigenen Wege ging, um schließlich so weit zu gelangen, daß man seinen ersten Ursprung völlig vergaß.

Wie freilich das Porzellan damals in seinem Anfangsstadium ausgesehen, das vermag man auf Grund der genannten Nachrichten nur ganz im allgemeinen zu sagen. Es war durchscheinend, ein Beweis zugleich, daß die aus ihm damals hergestellten Gegenstände nicht allzu dickwandig gewesen sein können, es war weiter glänzend und glatt an seiner Oberfläche und entweder weiß von Farbe oder lichtgrün. Hierbei wird erstere, wie dies beim Porzellan ja immer geschieht, durch eine weiße, durch eine dünne Glasur hindurchscheinende Masse erzielt worden sein, letztere wieder durch eine grüne Glasur[23]), die aber nun aller Wahrscheinlichkeit nach bereits eine Scharffeuerglasur, d. h. eine solche gewesen ist, die mit dem Porzellan zugleich gebrannt ward. Sie muß in diesem Falle ihre lichtgrüne Farbe durch Eisenoxyd empfangen haben und erscheint so bereits als Vorläuferin jener bekannten „Seladon"glasuren, die zu allen, ganz besonders aber in diesen frühen Zeiten, eine so große Rolle gespielt haben (vgl. S. 55). Damit ist aber dann für das Porzellan gleich vom Beginn an die Grundlage gelegt worden für die Ausbildung seiner beiden Haupttypen, des durch seine natürliche Farbe weiß und des durch die Farbe seiner Glasur farbig erscheinenden, über die das chinesische Porzellan dann später niemals ganz hinausgekommen ist.

Damit ist alles gesagt, was sich heute noch über diese frühen Erzeugnisse feststellen läßt. Sie selber, wie auch noch die der nächsten Jahrhunderte haben sich selbst in China nicht mehr erhalten. Die Anfänge der Porzellankunst sind so dauernd für uns verloren.

Von nun aber, was ungemein wichtig ist, fehlt es nicht mehr an Nachrichten über die Weiterentwicklung der chinesischen Keramik, und sie handeln nun auchalle ersichtlich von weit feineren, edleren keramischen Produkten als vordem. Es ist jetzt die große Zeit der T'angdynastie (618—906) gekommen, jener Dynastie, unter der China vielleicht das zivilisierteste Land der damaligen Welt war, unter der alle Künste, voran die Malerei und die Poesie blühten, so sehr, daß sie dort immer als ein klassisches, als ein wahrhaft augustäisches Zeitalter gegolten hat. Eine künstlerisch so rege Zeit konnte naturgemäß für die Weiterentwicklung der jetzt zu so großer Höhe gelangten Keramik nur ungewöhnlich günstig sein. Tatsächlich ward jetzt deren Verbreitung allgemein: an vielen Orten ward ihre Fabrikation aufgenommen und edlere Produkte überall hergestellt, wozu wohl nicht zum wenigsten die seit der Mitte des 8. Jahrhunderts aufkommende Sitte des Teetrinkens beitrug, die bald das ganze Volk durchdrang und so neue keramische Bedürfnisse schuf. Auch soll damals zuerst die Vase, dies wichtige Objekt chinesischer Kultur und Gesittung aus „Porzellan" hergestellt worden sein, ein Zeichen, daß dieses Material bereits anfing, dem geheiligten Kunstmaterial der Chinesen, der Bronze, Konkurrenz zu machen.

Von Wichtigkeit war, daß die weitere Ausbreitung dieser Fabrikation jetzt über eine ganze Reihe von Orten zur Schaffung ganz neuer Gattungen führte, indem jetzt fast jeder derselben eine Spezialität besaß, in der er sich besonders auszeichnete. So hören wir von gelbfarbigen Erzeugnissen, die in Schou-tschou in der alten Provinz Kiang-nan, sowie von „schwarzgelben", die im Distrikt Hung-tschou (Kiangsi) hergestellt wurden, während in Yotschou in der Provinz Hunan und z. T. auch in Yüe-tschou in der von Tschekiang wieder grüne sowie in Ta-yi in Ssetschuan, in Ts'ing-tschou in Kansu und wieder in Yüe-tschou schneeweiße angefertigt wurden. Letztere zeigten bisweilen auch schon Reliefs, die Fische dar-

stellten, und zugleich auch ein Geäder, das die Wellen des Wassers andeuten
sollte. Dagegen erfahren wir noch nichts Näheres über die damals zu Ting-Tschou
in der Provinz Tschili hergestellten Erzeugnisse, die bald darauf (vgl. S. 40) einen
so bedeutenden Ruf erhalten sollten. Die Wertschätzung aller dieser Gattungen der
Fabriken dieser Zeit aber war sehr verschieden. Einige galten für recht minderwertig. Am meisten geschätzt wurden die als weiß bezeichneten, darunter am
höchsten die von Jüe-tschou und Tsing-tschou, von denen die ersteren wieder mit
Jade und dann auch mit Eis, die letzteren mit Silber und Schnee verglichen wurden, Vergleiche, die mit Sicherheit darauf schließen lassen, daß erstere kristallinischer, durchscheinender, mithin porzellanartiger waren, als letztere. Daher erstere
auch bald für kurze Zeit, als das zweite keramische Produkt, dem solche Ehre
widerfuhr (vgl. S. 23), als sogenanntes pi-sê-Porzellan, d. h. Porzellan mit „verbo-
tener“ Farbe nur für den Kaiser gemacht werden durfte (vgl. S. 23). Doch hatten
beide Gattungen bereits einen solchen Klang beim Anschlage, daß man aus ihnen
Musikinstrumente machen konnte. An den in Ta-yi hergestellten wurde vor allem
auch noch ihre Graziösität, dann ihre Dünnheit und Festigkeit gerühmt, auch sie
gaben beim Anschlagen ein klares Tönen von sich.

Aus allen diesen Berichten geht deutlich hervor, daß es damals noch immer in
der Hauptsache nur weiße und farbige Erzeugnisse gab, zu denen dann allem Anscheine nach als ein neuer Typus zweifarbige hinzutraten. Kein Zweifel kann
hierbei namentlich im Hinblick auf die weitere Entwicklung des chinesischen Porzellans bestehen, daß fast alle die hier als farbig bezeichneten Erzeugnisse ihre
Farbe wieder durch farbige Glasuren erhielten, wobei manche, so namentlich die,
welche das bereits traditionelle Grün aufwiesen, schon wieder auf später sehr bekannte Typen (vgl. S. 55) hinzuweisen scheinen. Andrerseits aber werden aus gleichem Grunde (vgl. S. 41) die als gelb charakterisierten ihre Färbung wohl durch den
gelblichen Ton ihrer Masse erhalten haben, der durch eine mehr oder weniger dick
aufliegende, durchsichtige Glasur hindurchschimmerte. Hierbei lag dann bei den als
schwarzgelb beschriebenen vielleicht über einer derartig gelblichen Masse noch eine
schwarze Glasur oder sie waren gefleckt, wie es tatsächlich Erzeugnisse aus dieser
Zeit gewesen zu sein scheinen (vgl. S. 28).

Äußerst schwierig aber, ja unmöglich ist es heute, festzustellen, wie weit alle
diese Erzeugnisse damals wirklich schon Porzellan und nicht nur Steinzeug oder ein
noch geringeres keramisches Erzeugnis gewesen sind. Denn noch immer hat die
chinesische Sprache kein Wort gehabt, das ausschließlich jenes edle Erzeugnis bedeutete, und auch die Beschreibungen der damaligen Erzeugnisse reichen zu dieser
Feststellung nicht immer aus, zumal der Chinese auf die augenfälligste Eigentümlichkeit des Porzellans, seine Durchscheinbarkeit, nie einen besonderen Wert gelegt und
darum ihre besondere Erwähnung auch nicht immer für notwendig gehalten hat.
Ein starker Zweifel jedoch, daß viele dieser damaligen Erzeugnisse schon wirklich
Porzellan gewesen sind, dürfte durchaus am Platze sein, umsomehr, da in der folgenden Zeit, aus der uns zum ersten Male wieder keramische Erzeugnisse der Chinesen erhalten zu sein scheinen, viele derselben und selbst der besseren sich durchaus nicht als solches, sondern z. T. als recht schwach gebrannte Produkte enthüllen.

Dagegen kann für viele derselben der Porzellancharakter wieder ganz außer Frage stehen. Das beweisen schon die hier wiederkehrenden Vergleiche mit Jade, die neu auftauchenden mit Eis, die Erwähnung ihres Klanges und einmal auch ihrer Festigkeit bei aller Dünnwandigkeit, mithin von Eigenschaften, die für das Por-zellan wieder ganz besonders typisch sind, ja gerade seine edelsten Eigenschaften ausmachen. Doch besitzen wir auch aus dieser Zeit ein Zeugnis, das ausdrücklich von der Durchsichtigkeit damaliger keramischer Erzeugnisse redet. Es ist dies der aus der Mitte des achten Jahrhunderts stammende Reisebericht des Arabers Soleyman, der von chinesischen Gefäßen redet, die durchsichtig wie Glas wären, und zwar so sehr, daß man Wasser hätte hindurchsehen können[23]). Wir haben, im Grunde genommen, mit dieser Aussage überhaupt das erste völlig bestimmte Zeugnis für die Durchsichtigkeit, besser gesagt Durchscheinbarkeit dieser frühen keramischen Erzeugnisse Chinas in Händen, das darum für die Geschichte der chinesischen Keramik von unschätzbarer Bedeutung ist. Daß aber dann diese Porzellane schon eine gewisse Vollkommenheit, ja Delikatesse besessen haben müssen, das beweisen dann weiter die Lobpreisungen damaliger Dichter, die sie nicht nur wiederum mit Eis und Jade verglichen, sondern sogar mit auf Wasser schwimmenden Lotosblumen, ein Vergleich, der, mag er auch für noch so dichterisch überspannt angesehen werden, dennoch als Grundlage wohl eine ganz beträchtliche Zartheit und Dünnwandigkeit der verglichenen Gegenstände voraussetzt, bei der uns fast schon die sogenannten „Eierschalenporzellane" einer viel späteren Zeit vor Augen zu schweben scheinen. Das läßt schon für diese frühe Zeit auf eine gewisse Höhe der Technik schließen, die man meist einem solchen Anfangsstadium kaum zutraut, doch aber wieder begreiflich erscheint in einem Zeitalter, das für ein klassisches der Kunst gilt. Das läßt aber auch erkennen, daß man schon früh die besonderen Reize des erst so jungen Stoffes erkannte und zu reichlicher Ausnutzung zu bringen suchte.

Erhalten hat sich freilich von diesen feineren Erzeugnissen, eben wohl, weil sie so fein und darum zerbrechlich waren, heute garnichts mehr, ebensowenig wie — aus dem gleichen Grunde — von denen der folgenden Periode, weder bei uns noch in China. Sie werden wohl auch schwerlich irgendwo noch einmal wieder zutage kommen. Die Anfänge der chinesischen Porzellankunst sind damit dauernd verloren gegangen.

Dagegen wird jetzt seit einiger Zeit der Kunstmarkt geradezu überschwemmt von meist recht einfachen keramischen Erzeugnissen, die angeblich aus Gräbern stammend, mit großer Bestimmtheit in diese Zeit gesetzt werden. Ein Beweis frei-lich fehlt für diese immer; auch handelt es sich hier nie um wirklich feststellbares Porzellan, höchstens um eine steinzeugartige Masse. Sie stehen aber sonst technisch wie künstlerisch in keiner Weise über den erwähnten Erzeugnissen der Han-Zeit, nur daß sie weniger von der Bronze beeinflußt erscheinen und auch die Glasuren, die, jetzt bisweilen wieder nur einen Teil der Wandung bedeckend, nach untenzu un-regelmäßig abtropfen, mannigfaltiger sind: es kommen vor allem gefleckte vor, weiße mit braunen, grünen und blauen Flecken, schwarze mit weiß und dergl. In dieser Art tauchen auch plastische Werke auf[24]). Wichtiger jedoch für die Geschichte des

Porzellans als alle diese bisher chronologisch unkontrollierbaren Stücke sind einige
im Britischen Museum befindliche: es sind dies zwei spitz nach unten zulaufende,
rot glasierte Teeschalen und ein tiefschwarz glasierter Topf aus weißer Masse, die
in einem Grabe in Schensi mit einem dieser Zeit angehörenden Metallspiegel gefunden
worden sind (Taf. 1 unten). Sie zeigen Glasuren, die man bisher weder in dieser
noch in der nächsten Zeit hat feststellen können, sind aber dadurch von nicht geringer
Bedeutung, daß sie im übrigen den Erzeugnissen der folgenden Zeit durchaus nahe
stehen. Schon ihre Masse ist feiner und fester als die der Han-Zeit, die Glasuren
sind dicker und durchsichtiger und bedecken z. T. die Gefäße nicht ganz. Auch ihre
Formen hat die folgende Zeit wieder aufgenommen, und so erscheinen sie in der
Tat, als unmittelbare Vorläufer derselben. Weitere Stücke, deren chinesischer Ursprung freilich in letzter Zeit etwas zweifelhaft geworden ist[25]), sind dann in
dem berühmten, alten japanischen Schatzhause zu Nara aufgefunden worden,
dessen Inhalt bekanntlich gänzlich unberührt dem achten Jahrhundert entstammt.
Sie stellen wieder schwach gebrannte Tonwaren dar mit hellgrünen oder grauen,
z. T. auch grün und gelb gestreiften oder gefleckten Glasuren. Sie scheinen auch
den Stücken verwandt zu sein, die heute noch von chinesischen Kennern dieser
längst vergangenen Zeit zugeschrieben werden[26]), die sie freilich seltsamerweise
dann mit den klangvollsten Namen belegen. Alle diese Stücke jedoch vermögen
uns von den besten Erzeugnissen dieser Zeit, wie sie uns die chinesischen Quellen
beschreiben, nicht die geringste Vorstellung zu geben. Sie können nur minderwertige gewesen sein, mit denen sich die Geschichte des Porzellans nicht weiter
zu beschäftigen hat.

Auf die T'angdynastie folgte dann jene kurze Epoche, die in der chinesischen
Geschichte als die der „fünf Dynastien" bezeichnet zu werden pflegt (907—959).
So kurz und unbedeutend sie auch an sich gewesen ist, so nimmt sie doch in der
Geschichte des chinesischen Porzellans eine ganz besondere Stellung ein: in ihr
ward das gefeiertste und schönste keramische Produkt der ganzen ersten Epoche
desselben geschaffen: das so hoch berühmte, auf kaiserlichen Befehl hergestellte
Yü yao, das „kaiserliche" Porzellan, auch nach dem Familiennamen des damaligen
Herrschers Schi Tsung (954—960) Tsch'ai-yao genannt, ein Erzeugnis des Bezirks von
Pien-leang (jetzt K'ai-fêng) in der Provinz Honan. Das Lob dieses Produktes kennt
bald keine Grenzen: es wird als dünn wie Papier, als klingend wie ein Instrument,
als glänzend wie ein Spiegel geschildert, ja es soll nach einer anderen Schilderung
die Augen wie Edelsteine geblendet, ja sogar Wunder getan haben, indem es
Pfeile abzuwehren vermochte. Bedauerlich nur, daß immer sein Boden durch
Ankleben des Sandes, auf den es im Brennofen gestellt ward, geschändet wurde.
Sein schönster Schmuck aber war seine Glasur: hellblau von Farbe, ward sie auf
Grund des ausdrücklich diese Farbe für alle für den kaiserlichen Palast herzu-
stellenden Gegenstände fordernden kaiserlichen Befehls nach der in solchen
Fällen oft differenziert poetischen Ausdrucksweise der Chinesen als „blau wie
der Himmel nach dem Regen" Yü kuo t'ien ts'ing[27]) geschaffen. Sie war aber
außerdem schon, wie das spätere chinesische Porzellan dann so oft, durch feine
Risse, bei uns Haarrisse oder Krakelüre genannt, belebt. Dies Porzellan ist

immer die stille Sehnsucht aller Chinesen gewesen, die sich mit dem Sammeln der Porzellane der Vergangenheit befaßt haben. Doch schon zu den Zeiten seiner Herstellung sehr kostbar, ist es dann wegen seiner großen Zerbrechlichkeit immer seltener geworden, so daß bald selbst Scherben ungeheuer hoch geschätzt und, wenn gefunden, nach ostasiatischer Sitte den Halsbändern und Amtsmützen, die man trug, gleich Edelsteinen angeheftet wurden. Schon im 16. Jahrhundert aber mußte man bekennen, daß trotz allen Suchens kein Stück mehr aufzutreiben gewesen wäre, weshalb man sogar fast seine einstige Herstellung für Sage halten wollte. Was daher heute in China mit dieser poetischen Bezeichnung belegt zu werden pflegt und oft sogar sie als Stempel in der Glasur trägt, sind nichts als Nachahmungen aus neuester Zeit, die naturgemäß keine Vorstellung von den früheren Erzeugnissen und ihrer Qualität zu geben vermögen. Und so ist auch dieses einst so ungewöhnlich geschätzte Produkt für uns wohl dauernd verloren.

Durch seine blaue Farbe aber, die wohl nur durch Kupferoxyd erzielt sein kann, erscheint dies Erzeugnis wie der Ausgangspunkt aller jener lichtblau glasierten Erzeugnisse, die dann die folgende Zeit geschaffen und meist als ihre schönsten verehrt hat, durch sein Verglichenwerden mit Papier und Jade, sowie durch seine Fähigkeit zu klingen aber wieder als echtes Porzellan, an dem Durchscheinbarkeit wohl nur deshalb niemals erwähnt ward, weil die farbige Glasur sie, wie dies immer zu geschehen pflegt, nicht recht zuließ. Waren aber die in ihm ausgeführten Gegenstände wirklich so dünnwandig, daß jener Vergleich mit Papier keine lächerliche Übertreibung war, dann hätte man es damals auch zu ganz erstaunlicher Dünnheit auszugestalten gewußt, die spätere Zeiten nicht mehr hätten übertreffen können. Dann glaubt man auch hier bereits jenes Porzellan erstehen zu sehen, das später wegen seiner Dünnwandigkeit bald als „Eier" — bald als körperloses bezeichnet zu werden pflegte (vgl. S. 81). Nur bleibt dann freilich etwas rätselhaft, wie ein so dünnes Porzellan auch noch eine blaue Glasur hat tragen können. Spätere Zeiten haben darum auch auf dies Produkt nie bei Erwähnung so dünnwandiger Erzeugnisse hingewiesen.

Neben diesem herrlichen Produkt wird dann in dieser Zeit nur noch das bereits früher erwähnte (vgl. S. 26) zu Yüe-tschou für den damaligen Kaiser hergestellte pi-sê-yao, das Porzellan der „verbotenen Farbe" genannt. Es wird freilich kaum als ein besonders prächtiges Erzeugnis gerühmt, hat aber vor allem wohl dadurch seine Bedeutung gehabt, daß es die schon in der früheren Zeit aufgekommene, für die ganze folgende Entwicklung des chinesischen Porzellans so wichtige grüne Glasur bewahrt zu haben scheint[28]). So stellt es ein Bindeglied zwischen beiden dar.

Damit ist alles gesagt, was wir über die erste Entwicklungsstufe der chinesischen Keramik seit der Erfindung des Porzellans und über dieses selber heute noch feststellen können. Faßt man es zusammen, so tritt letzteres zuerst in der Geschichte der Keramik auf als ein durchscheinender und z. T. auch sehr dünnwandiger Stoff, der bald durch seine eigene, schöne Farbe, bald durch seine farbigen Glasuren die Augen der Beschauer entzückte. Besondere Schmuckmittel werden kaum erwähnt, nur steht fest, daß damals bereits das später im chinesischen Porzellan so beliebte Schmuck- und Belebungsmittel der Haarrisse bekannt und mit bewußter Absichtlichkeit angewandt ward. Und so war das Porzellan dieser Zeit ein Erzeugnis von schlichter, ruhiger Farbenwirkung, dessen farbiger Einfachheit auch sicherlich eine formale entsprochen haben wird. Daneben aber hat es damals wohl ebenso sicher eine ganze Reihe von Erzeugnissen gegeben, die noch kein wirkliches Porzellan darstellten, im günstigsten Falle dagegen ein Steinzeug, die sich, so lehrt es die folgende Zeit, aber in ihrem ganzen Wesen stark an das gleichzeitige Porzellan angelehnt haben dürften, indem sie ihre Farbe ebenfalls entweder durch farbige Glasuren erhielten, oder wenn sie gelblich waren, durch den Ton der Massen.

*   *   *

In dieser doppelten Gestalt ist dann die chinesische Keramik in dasjenige Zeitalter eingetreten, aus dem uns zum ersten Male wirkliche Porzellane erhalten sind, und überhaupt keramische Erzeugnisse, die sich mit den Beschreibungen der chinesischen Quellen decken. Damit aber gerät das chinesische Porzellan zum ersten Male in den Bereich sinnlicher Anschauung, und wir vermögen uns nun wenigstens für einen Teil desselben, wenn auch leider keineswegs für seinen besten ein wirklich klares Bild zu machen, das uns bisher so völlig versagt war. Die praktische Geschichte des chinesischen Porzellans beginnt daher eigentlich erst jetzt.

Auf die kurze Zeit der fünf Dynastien folgte die der Sungdynastie (960 bis 1279), die fast drei Jahrhunderte über China herrschte. Auch sie gilt allgemein noch für ein goldenes Zeitalter der Kunst und Wissenschaften: sie erscheint in dieser Beziehung nur wie eine Fortsetzung des der T'angdynastie. Während diese aber in erster Linie schöpferisch war und so die Grundlage legte für den größten Teil der weiteren Entwicklung der chinesischen Kultur, erscheint jene mehr als ein zusammenfassendes, bewahrendes, als ein Zeitalter des Sammelns und Zusammentragens, des Auslegens und auch dank der eben jetzt erfundenen Buchdruckerkunst des Publizierens. Große Enzyklopädien, zu deren Anfertigung die Chinesen zu allen Zeiten so sehr geneigt gewesen sind, wurden damals herausgegeben, Kommentare zu den alten klassischen Schriften verfaßt; daneben Bücher gesammelt, Bronzen und alte Jadearbeiten zusammengetragen, Abdrucke von Inschriften genommen und gleichfalls in großen Werken veröffentlicht. Bei allem diesen gingen die Kaiser stets mit gutem Beispiel voran, die hohen Beamten folgten, und so wurden damals die gesamten Resultate der bisherigen Kulturentwicklung Chinas festgelegt und zur Richtschnur ihrer Weiterentwicklung gemacht, in dem Maße, daß dann China in der Folgezeit nicht allzu weit mehr von diesen sich zu entfernen gewagt hat. Der chinesische Geist wurde damals, wie man gesagt hat, „kristallisiert."

Für das chinesische Porzellan und die verwandten Erzeugnisse bedeutete eine solche Zeit die Weiterverbreitung und Ausarbeitung des bisher Erreichten, wie es damals mit der gesamten überlieferten Kultur geschah, aber nicht eine allgemeine Weiterentwicklung oder Veränderung von Grund aus, wie eine solche dann nach dem Untergang dieser Dynastie unter der dieser folgenden der Ming geschehen sollte. So vermehrte sich jetzt die Zahl der Fabriken ganz bedeutend: in mindestens neun Provinzen gab es damals welche, in einigen, die besonders reich an Kaolinlagern waren, sogar mehrere. Der größte Teil der Fabriken dieser Zeit, vor allem aber gerade der berühmtesten, scheint sogar damals erst ihren Anfang genommen zu haben. Das Porzellan aber blieb in der Hauptsache bei den festgestellten Grundtypen, die sich aber bisweilen — so lehren es die alten chinesischen Beschreibungen — nicht nur zu ganz besonderer Schönheit, sondern auch wieder ganz erstaunlicher Feinheit und Zartheit erhoben haben müssen. Hauptschmuck ward daher auch jetzt wieder Farbe und Glanz der Grundmaterialien oder der farbigen Glasuren, deren Zahl sich jedoch bedeutend vermehrte und nun bald alle Farben des Spektrums umfaßte. Doch blieben diese fast alle noch ganz matt im Ton, da, soweit uns die erhaltenen Erzeugnisse dies noch zu lehren vermögen, bei den wirklichen Porzellanen ausschließlich Scharffeuerglasuren angewandt wurden, die in der Regel zu keinen kräftigen Tönen führen, die übrigen keramischen Erzeugnisse dieser Art sich aber wieder ganz eng an die damaligen Porzellantypen anschlossen. So lassen die Erzeugnisse der ersten Periode des chinesischen Porzellans noch in keiner Weise seine spätere wunderbare Farbenpracht ahnen. Daneben aber gab es Fabriken genug, deren Erzeugnisse der farbigen Glasur entbehrten, dafür aber mehr oder weniger den natürlichen Ton der Masse zeigten, ja es hat den Anschein, wenn man die für diese Zeit genannten Fabriken überschaut, als wenn quantitativ, doch durchaus nicht qualitativ, derartige Produkte schon damals im Mittelpunkt der keramischen Produktion gestanden hätten. Merkwürdig jedoch, wie schwer allem Anscheine nach damals noch das reine Weiß des Porzellans gelang. Nur zwei Fabriken werden genannt, in denen in dieser Zeit ein wirklich rein weißes Porzellan hergestellt worden zu sein scheint, das sich eines besonderen Rufes erfreute. Häufiger dagegen fiel die Masse leicht gelblich aus, wahrscheinlich meist als eine Folge des zu stark oxydierenden Feuers des Brennofens, was ihr aber, wie uns heute noch erhaltene Erzeugnisse aus dieser Zeit beweisen, oft einen äußerst warmen, angenehmen Ton verlieh und zu einem ganz besonderen, niemals wieder verlorenen Typus des chinesischen Porzellans führen sollte. Sie erhielten alle, wie es scheint, nur eine dünne Glasur, die die Farbe der Masse prächtig hindurchscheinen ließ, indes die farbigen Glasuren, so weit wir heute urteilen können, immer sehr dick aufgetragen wurden und, das Gefäß nur zum Teil bedeckend, nach unten zu so unregelmäßig abflossen, wie dies ja schon bei manchen der bisher erwähnten Erzeugnisse zu beobachten gewesen war.

Als etwas ganz Neues erscheint aber jetzt das Bestreben nach reicherer dekorativer Belebung, sei es durch das natürliche, ja bereits bei dem gefeierten Tsch'ai-yao (vgl. S. 28) angewandten Mittels der jetzt sehr allgemein werdenden Glasurhaarrisse oder durch wirkliche Ornamentik, die für uns damit im Porzellan zum ersten Male auftritt als ein Zeichen des nun auch auf diesem Gebiet immer reger erwachenden Kunstgefühls. Die Ornamentik ist damals fast ausschließlich plastischer Natur, dabei mehr negativer als positiver Art, d. h. sie besteht mehr aus Vertiefungen als Erhöhungen. In ersterem Falle wurden die Ornamente flach und meist in äußerst flotter, großzügiger Weise in den Scherben geritzt oder vertieft in denselben hinein modelliert, über die sich die Glasur aber, die Vertiefungen alle wieder ausfüllend, glatt und eben legte. Es sind beides Verzierungsarten, die dem chinesischen Porzellan nie wieder verloren gegangen sind. Die plastisch erhabenen Belebungen zeigen jetzt wieder aufs deutlichste, wie einst zur Zeit der Han-dynastie, den Einfluß der Bronzekunst, die nun auf diese Epoche des chinesischen Porzellans wieder den größten Einfluß ausüben sollte. Doch auch die Dekorations-weise, die später für das Porzellan die allerwichtigste werden sollte, die Bemalung, tritt schon in dieser Zeit auf, wenn auch anscheinend nur erst in ganz vereinzelten Fällen und in der einfachsten Form, vor allem aber immer nur in einer Farbe. Stets aber gibt sich alle Ornamentik dieser Zeit noch sehr einfach und großzügig: ihre Zeichnung zeigt immer jenen kühnen, flotten, nur auf einfachste Charak-teristik ausgehenden Schwung, der für die Malerei dieser Zeit, wie vor allem für die der diese begründenden T'angdynastie, der klassischen Malerei der Chinesen so charakteristisch gewesen ist, in der Malen eigentlich immer nur ein einfarbiges, aber ungemein ausdrucksvolles Zeichnen mit dem Pinsel war, das keine andere Epoche derselben je wieder in dieser Vollendung zu erreichen gewußt hat. Die Porzellan-dekorierung aber steht so schon damals in demselben Zusammenhange mit der eigentlich führenden Kunst der Chinesen, der Malerei, wie dies dann auch in den späteren Epochen des chinesischen Porzellans stets der Fall sein sollte.

Die Ornamentik aber zeigt jetzt fast nichts mehr von jenen eigenartigen, fremden Elementen, die in den Töpfereien der Han-Zeit so sehr überraschten und so merkwürdige Schlüsse ziehen ließen auf bisher kaum geahnte, kulturelle Verbin-dungen zwischen räumlich so ungemein weit voneinander getrennten Völkern. Sie erscheint rein chinesisch und enthüllt so dasjenige Element, das man wohl als das typisch chinesische für diese und alle folgenden Zeiten, als den wichtigsten Beitrag dieses Volkes auf diesem Gebiete betrachten kann, das meist auch erst von diesem die übrigen Kulturvölker erhalten haben: das rein naturalistische. Pflanzen, Blumen stehen hier an erster Linie, sie werden auch am natürlichsten und frischesten wieder-gegeben. Dagegen erscheinen Tiere und Menschen schon seltener, diese meistens in gebundeneren, mehr stilisierten, auf ältere Normen zurückgehenden Formen. Daneben aber kommt auch in dieser Zeit bereits die gleichfalls für die chinesische Kunst so charakteristische geometrische Musterung vor, vor allem der Mäander, das sogenannte „Donnerornament" der Chinesen. Sie tritt meist nur sekundär auf, als Bänder oder dergl., bildet bisweilen aber auch schon Grundmuster, die die Gefäße fast ganz überziehen und erinnert in ihrer Verwendung dann wieder stark an die Bronzen dieser Zeit.

Auch in der formalen Ausgestaltung der Gefäße hat damals für gewöhnlich noch eine große Einfachheit und Schlichtheit geherrscht: was wir heute noch aus dieser Zeit besitzen, zeigt meistens Formen, die lediglich aus der Technik des Aufdrehens entstanden sind und noch keine große Neigung zu reicherer Gliederung verraten. Auch erscheinen sie meist recht dickwandig und plump. Doch gibt es daneben auch wieder dünnwandigere. Wo jedoch dennoch damals eine reichere formale Ausge-staltung versucht wird, da steht auch diese fast ausschließlich wieder unter dem Einfluß der Bronzekunst, z. T. noch immer durch die erdrückende Vorbildlichkeit ihrer alten, geheiligten Formen, dann aber auch, weil damals infolge des stets wach-

senden Mangels an Kupfer und der dadurch drohenden Unmöglichkeit, ausreichend
Geld prägen zu können, gesetzlich der Besitz von bronzenem Gerät untersagt ward,
das, nun in keramischen Materialien nachgebildet, wie in solchen Fällen immer, seine
alten Formen beibehielt[29]). Bald ward dann auch eine derartige Nachbildung von
Bronzeformen in Porzellan geradezu für ein besonderes Verdienst gehalten, weshalb
diejenigen Gattungen dieser Zeit, die sich einer solchen hingegeben, schon allein aus
diesem Grunde höher geschätzt wurden, als die, die Eigenes erstrebt hatten. Doch
blieb diese Bronzenachbildung an den uns heute noch erhaltenen Stücken aus dieser
Zeit (vgl. S. 45, 54, 60) durchaus in den Grenzen des Erlaubten. Dem keramischen
Material ist hier niemals besonderer Zwang angetan worden. Daneben aber zeigt
jenes bereits früher erwähnte (S. 4) Sammleralbum des Hiang-Yüan P'ien, des gelehrten Sammlers des 16. Jahrhunderts, das nun für die Geschichte der chinesischen
Keramik eine der wichtigsten Quellen zu werden beginnt[6"]), daß es von dieser allgemeinen Regel damals recht merkwürdige und allem Anscheine nach keineswegs
immer erfreuliche Ausnahmen gegeben hat, Ausnahmen, die auf die Nachbildung
schon recht komplizierter, meist aber sehr wenig keramisch empfundener Vorbilder
ausgegangen sind, und zwar in Bronze sowohl, wie auch in jenem Stoffe, der
wie gezeigt, bei der Erfindung des Porzellans eine so große Rolle gespielt hat, in
Jade, wodurch das sonst so feine keramische Gefühl der Chinesen bisweilen arg
ins Schwanken geraten ist. Hierbei sind vor allem die damals durch das antiquarische Streben dieser Zeit zuerst aufkommenden illustrierten Sammelwerke von
alten Bronzearbeiten benutzt worden, die für uns heute eine so wichtige Quelle für
deren Geschichte darstellen, so in erster Linie das berühmteste dieser Art, das im
12. Jahrhundert herausgegebene Po ku t'u lu, das immer das eigentlich klassische
derselben geblieben ist. Doch scheinen zum Glück für die chinesische Keramik diese
Ausnahmen damals auch wirklich nur Ausnahmen geblieben zu sein. Doch darf hier
nicht übersehen werden, daß auch in den folgenden Perioden das chinesische Porzellan, sobald es reichere formale Bildungen anstrebte, immer auffallend stark
unter dem Einfluß der Bronze stand, so stark sogar, daß es zu einem eigenen,
plastisch reicheren Stil eigentlich niemals so recht gelangt ist. Nur daß es sich dann
hierbei meist besser, als in der Zeit der Sungdynastie, in den ihm durch die Natur
seines Materials und seiner Technik gestellten Grenzen zu halten verstanden hat.

Daneben, vielleicht aber ebenfalls durch den Einfluß der Bronzekunst, stellt sich
bereits in dieser Zeit auf dem Gebiete der formalen Ausbildung wieder jener starke
Naturalismus ein, der überhaupt die ganze Kunst der Ostasiaten durchzieht und
vielleicht ihr wichtigstes, ganz aus eigener Kraft gewonnenes Kunstelement darstellt.
Es ist dem Porzellan dann nie mehr verloren gegangen. Jetzt lesen wir zunächst
in den alten Schriften von Gefäßen in Form von Blumen und Früchten, von Bambus,
von allerhand Tieren u. dergl.; es wurden weiter Fässer, Körbe und Ähnliches nachgebildet. Auch diese müssen alle reicher gestaltete Gegenstände gewesen sein, die
heute freilich gleichfalls nicht mehr vorhanden zu sein scheinen. Ebenso erstaunlich
ist aber auch die Fülle von Gegenständen, die damals bereits aus Porzellan hergestellt gewesen sein müssen. Wir selber besitzen heute freilich aus dieser Zeit
zunächst nur noch Schalen, Töpfe, Becher, Vasen und Räuchergefäße, mithin ein-

fachere und gewöhnlichere Dinge des Alltags. Doch auch hier wird in den alten Quellen schon von raffinierten, ganz besonderen Zwecken dienenden Gebrauchsgegenständen berichtet, die für uns erst viel später unter den erhaltenen Porzellanen auftauchen. So gab es damals im Porzellan bereits Tuschreiben, Pinselhalter und Pinselwascher, Siegel und Farbbüchsen für diese und für Räucherwerk, Papierbeschwerer, Lampen, Pfeifen zum Blasen, Schlafstützen, Gartensitze usw. Das Porzellan war demnach damals schon recht tief in die täglichen Bedürfnisse eingedrungen, z. T. wohl wieder infolge des Ausgehens des Kupfers.

Ganz besonders wichtig aber ist diese Zeit dann dadurch geworden, daß sich in ihr im Rahmen des eben Geschilderten allmählich ganz bestimmte und deutlich abgerundete Typen gebildet haben, die, zuerst an einem der vielen Fabrikationsorte dieser Zeit entstanden und schon an manchen anderen zu gleicher Zeit nachgebildet, dann später, meist freilich, von unmittelbar getreuen Kopien abgesehen, in freier und selbständiger Weise in großer Zahl nachgebildet worden sind. Es sind dies die eigentlich klassischen Porzellane der Chinesen, zu allen Zeiten von ihnen stark bewundert und vielfach begehrt, in ihren schönsten, gefeiertsten Stücken aber auch hier wieder, wohl wegen ihrer relativen Zartheit, wie die Chinesen selber und z. T. schon sehr früh zugeben müssen, schon ziemlich bald verschwunden[31]) nur den unerschütterlichen Glauben an ihre einstige hohe Schönheit zurücklassend, die freilich heute nicht mehr nachzuprüfen ist. Was dagegen sich jetzt noch aus dieser frühen Zeit erhalten zu haben scheint, kann daher, falls ihm wirklich immer das hohe Alter zukommt, das man ihm zuschreibt, sicherlich nur das einfachere, reizlosere Durchschnittserzeugnis dieser Zeit darstellen, das sich aber ersichtlich an die berühmten Typen dieser Periode angelehnt hat: es sind meist ziemlich dickwandige, ziemlich plumpe, ungegliederte Arbeiten, in der Regel Schalen von meist altertümlichen Formen, daneben, wenn auch bedeutend seltener, Vasen, Töpfe, Räuchergefäße und dergl., deren Masse auf die Bezeichnung Porzellan freilich durchaus nicht immer Anspruch erheben darf. Durchscheinbarkeit ist nur in den seltensten Fällen festzustellen. Trotzdem gewinnt das Bild, das wir von den Erzeugnissen dieser Zeit aus den literarischen Quellen gewinnen, durch sie ein wirkliches Leben: ihr Grundcharakter bleibt in der Hauptsache nun nicht mehr reine Vorstellung, er wird Anschauung. Ein völliges Irren kann auf diesem Gebiet jetzt für ausgeschlossen gelten.

Allzu umfangreich ist freilich bis jetzt der Bestand der dieser Zeit mit Sicherheit zuzuschreibenden keramischen Erzeugnisse noch nicht, obwohl der keramische Betrieb damals durchaus nicht immer klein gewesen sein kann. Denn nicht nur wird uns von einer bedeutenden Fabrikationsstätte dieser Zeit berichtet, daß sie damals nicht weniger als 300 verschiedene Anstalten besaß (vgl. S. 48): es muß auch der Umfang der Produktion, schon allein durch das erwähnte Verbot alltäglicher Bronzeverwendung - derartige Einschränkungen des Metallverbrauchs haben bekanntlich immer die Keramik sehr gefördert — sehr sich erweitert haben: es ward jetzt auch, wie später gezeigt werden wird, genug Porzellan hergestellt, um nun auch schon das Ausland damit beglücken zu können. Nach Korea und Japan nicht nur, auch nach den Sundainseln, nach Persien, ja sogar bis nach Afrika und selbst Europa sind damals diese Erzeugnisse gelangt, vor allem durch die Araber, die in dieser

Zeit in China mehrere Handelsniederlassungen hatten, dann aber durch die Chinesen selber, deren Kauffahrteiflotten damals weithin die Meere befuhren. Nur eine wirklich große Produktion hat damals dieser Weltnachfrage entsprechen können.

Heute finden sich keramische Erzeugnisse, die mit der Sungzeit irgendwie in Verbindung zu bringen sind, in öffentlichem Besitze in größerer Zahl nur im Britischen Museum zu London, in der Sammlung Grandidier im Louvre, im Herzoglichen Museum zu Gotha (Sammlung Hirth) und in der Dresdner Porzellansammlung und dem dortigen ethnographischen Museum. Dazu kommen einige Privatsammlungen in England, vor allem die von Eumorfopoulos, Alexander Benson, sowie die Sammlung Macomber in Boston[32]), die freilich alle wirklichen Porzellane auszuschließen scheint. Auch in Japan haben sich noch Erzeugnisse aus dieser Zeit und viele recht interessante erhalten, während aus China derartige Produkte gerade jetzt immer häufiger und immer mannigfaltiger zu uns gelangen, vieles dort noch in den Sammlungen vorhanden sein soll, vor allem auch, wenn man den Angaben der Chinesen glauben will, noch in den kaiserlichen Palästen[33]). Die größte Übersicht über die Erzeugnisse dieser Zeit hat bisher die bereits erwähnte (vgl. S. 17) im Jahre 1910 in London vom Burlington Art Club veranstaltete Ausstellung der frühen keramischen Erzeugnisse Chinas gegeben. Sie hat unsere Kenntnis über dies so schwierige Gebiet, wenn sie auch noch keineswegs über alles völlige Klarheit zu verbreiten vermocht hat, bedeutend erweitert.

Allen derartigen Stücken gegenüber aber darf niemals vergessen werden, daß die Chinesen bekanntlich das konservativste Kulturvolk der Welt und darum auch zu allen Zeiten geneigt gewesen sind, ihre früheren Kunsterzeugnisse, sofern sie eine allgemeinere Billigung gefunden hatten, mit Eifer nachbilden. So ist es denn kein Wunder, daß dies auch mit den berühmten keramischen Typen dieser Zeit geschehen ist und zwar z. T. schon in der für die weitere Entwicklung des chinesischen Porzellans so wichtigen Zeit der Mingdynastie (1368—1643), dann aber vor allem im 18. Jahrhundert unter dem dritten Kaiser der bis vor kurzem noch regierenden Dynastie der Ts'ing, Yung-Tchêng (1723—1735), unter dem man geradezu ausging, alle diese alten Typen der Sungzeit wieder zu neuem Leben zu erwecken (vgl. S. 150). Viele dieser Nachbildungen, ja wohl die allermeisten sind nur ganz allgemeine, nur den Grundtypus wiedergebende gewesen. Sie können daher wohl kaum jemals für Stücke der Sungzeit gehalten werden (Tafel 123). Andere dagegen sollten bewußt ganz getreue werden und sollen bisweilen nach den Berichten der chinesischen Quellen dies Ziel erstaunlich erreicht haben. Dadurch aber ist auf diesem Gebiet, wie aus gleichem Grunde auf so vielen anderen der chinesischen Kunst, eine Verwirrung eingetreten, die hinsichtlich der Zeitbestimmung zur äußersten Vorsicht mahnt, und nur durch Münzfunde, die in Verbindung mit keramischen gemacht wurden (vgl. S. 46, 61), durch Fundstellen (vgl. S. 43) sowie auch besondere Kombinationen (vgl. S. 61), zu denen sich dann vielfach die hier bisweilen so merkwürdig sichere Tradition der Chinesen gesellt, die sich meist überraschend gegenseitig ergänzen, ist es gelungen, eine ganze Reihe von Stücken festzustellen, die nicht nur mit den für diese Zeit von den chinesischen Quellen beschriebenen Typen in engster Verbindung stehen, sondern auch mit vollstem Rechte in diese selber gesetzt werden können. Sie sind dann der Ausgangspunkt für weitere Zuschreibungen gewesen.

Auf Grund der chinesischen Quellen lassen sich nun für diese Zeit folgende Hauptfabrikationsstätten feststellen.

1. Ju-yao.

An der Spitze aller keramischen Erzeugnisse dieser Zeit, nicht zeitlich, aber umsomehr dem inneren Werte nach, stand damals unbedingt das zu Ju-tschou in der Provinz Honan hergestellte Ju-yao, das die Tradition des besten bisherigen keramischen Erzeugnisses der Chinesen, des Tsch'ai-yao (vgl. S. 28) fortgesetzt zu haben scheint. Ward es doch in derselben Provinz hergestellt wie dieses und zwar in einer Fabrik, die auf den ausdrücklichen Befehl des damaligen Kaisers begründet ward, da das bisher für den kaiserlichen Hof verwandte Erzeugnis, das später zu erwähnende Ting-yao, anfangs ein ganz vortreffliches Produkt, in seiner Qualität für diesen nicht mehr genügte, zumal es nur zu leicht zerbrach. Das Ju-yao. das als das geschätzteste Produkt seiner Zeit nur Porzellan gewesen sein kann, wird hinsichtlich seiner Masse als sehr fein und als ganz ungewöhnlich zart bezeichnet[34]). Es fiel bald dünn-, bald dickwandig aus, wurde aber in ersterem Fall am höchsten bewertet. Sein schönster Schmuck jedoch war wieder seine Glasur, die durch Einfügung von Karneol, d. i. fast reines Silicium, besonders glänzend wurde: sie war entweder so weich und glatt, daß sie von den Chinesen in der barocken Ausdrucksweise dieses Volkes, wie auch später die anderer Porzellane, mit gefrorenem Speck verglichen ward, oder, wie dies sich gleichfalls an späteren Porzellanen noch oft wiederholen sollte, mit kleinen Erhöhungen dicht überstreut, was man entweder mit genarbtem Leder oder mit der Schale der Orange oder schließlich auch mit den Knospen eines Baumes, Tsung mit Namen, d. i. unser Raphis flabelli formis, verglich. Oftmals war sie dann auch wieder mit Haarrissen überzogen, die bald so engmaschig ausfielen, daß man sie mit Fischrogen verglich, bald mehr ein Netz einzelner Linien bildeten, das man als Palmblattgeäder oder Krabbenfüße zu bezeichnen pflegte, Vergleiche, die man dann später auch anderen gleichartigen Porzellanen zuteil werden ließ und die so für die chinesische Keramik stehende geworden sind. Doch wurden damals die Stücke mit glatter Glasur, wofern deren Farbe rein war, vorgezogen. Fast immer aber lag die Glasur dick auf und tropfte wieder nach unten zu unregelmäßig ab. Auch fand sich unter ihr bisweilen, wenn auch nicht oft, die bereits oben erwähnte, in dieser Zeit allem Anscheine nach zuerst aufkommende, vertieft eingegrabene Ornamentik. Herrlich aber war ihre Farbe. Sie kann nach allem, was man über dieselbe hört, in der Hauptsache nur ein mehr oder weniger lichtes Blau gewesen sein, jener Ton, den der Chinese als „mondweiß" (yüe-pai), der Franzose als clair de lune zu bezeichnen pflegt. Sie wird einmal auch mit dem vergißmeinnichtartigen Blau der in China viel vorkommenden Vitex incisa verglichen[85]). Damit aber setzte sie eben die Farbe des berühmten Tsch'ai-yao fort und ward zugleich das Vorbild für viele spätere mehr oder weniger gelungene, gleichfarbige Nachbildungen. Eine besondere Eigentümlichkeit dieser Erzeugnisse waren dann noch die am Boden derselben befindlichen kleinen, feinen „Nägel" und „Blumen in Form von Sesamblüten", von denen letztere aufgemalt sein sollen, recht rätselhafte Dinge, wofern letztere nicht vielleicht schon eine Art Marke dargestellt haben, erstere

die Überbleibsel von Stützen waren, mit denen man, wie dies später ganz allgemein
die Japaner tun sollten, den in der Glut des Brennofens weich werdenden Boden
der Gefäße hat stützen wollen.

* * *

Daß sich von diesem schönen Erzeugnisse heute noch Beispiele erhalten haben,
erscheint kaum wahrscheinlich. Schon Hiang, der Verfasser des mehrfach erwähnten Sammleralbums des 16. Jahrhunderts berichtet ausdrücklich, daß zu seiner
Zeit von ihm eigentlich nur noch gewöhnlichere Sachen, wie Schalen, Tassen und
dergl., die fast alle die haarrissige Glasur besaßen, vorhanden gewesen wären.
Dennoch hatte er noch drei besondere Exemplare zu sehen bekommen, die er auch
in seinem Album hat abbilden können, von denen aber das eine seinem glücklichen
Besitzer damals bereits schon sehr viel Geld gekostet hatte. Alle diese Stücke er-
weisen sich als Bronzenachbildungen und zwar alle nach dem erwähnten klassischen
Verzeichnis des Po ku tu lu, woraus vielleicht hervorgeht, daß alle diese Stücke,
da dies Verzeichnis erst im 12. Jahrhundert zusammengetragen ward, auch erst
dem Ende der Sungdynastie angehört haben können. Von diesen Stücken stellt
das wertvollste eine schlanke „trompetenartige" Vase dar mit eingravierten, stilisierten
Ornamenten unter der Glasur; das zweite, eine mehr zylindrische Vase (Tafel 3),
zeigt die gleiche Ornamentik, während das dritte in jener stark barocken Weise,
die so oft in der frühen chinesischen Porzellankunst wiederkehrt, die Gestalt einer
auf sehr dünnen Füßen stehenden, den Kopf gekrümmt vorstreckenden Ente wiedergibt (Taf. 3), eine Arbeit, die bereits eine große technische Geschicklichkeit und ein
bedeutendes Beherrschen der Brandtechnik für diese Zeit voraussetzen läßt. Letzteres
Stück allein hat weitmaschige Haarrisse. Diese Abbildungen aber allein vermögen
uns heute noch eine ungefähre Vorstellung von diesem einst so gefeierten und gesuchten Erzeugnis zu geben. Denn nur kurze Zeit darauf spricht ein anderer Bericht-
erstatter bereits von seinem völligen Verschwundensein[36]. Dennoch kennt der
moderne europäische Sammler noch heute durchaus den Begriff des clair de lune-
Porzellans, der sich aber naturgemäß nun nur auf spätere Nachahmungen solcher
Erzeugnisse beziehen kann. Derartige Nachahmungen gehören z. B. zu denen, die
zuerst auf ausdrücklichen Befehl des Kaisers Yung-Tchêng am Anfange des
18. Jahrhunderts hergestellt worden sind, nachdem es damals doch noch gelungen
war, zwei Stücke dieses altehrwürdigen Porzellans als Vorbilder aufzutreiben
(vgl. S. 150), dann allem Anscheine nach auch noch am Beginne des 19. Jahrhunderts[37]. Alle diese Stücke jedoch kennzeichnen sich schon durch ihre zu ele-
gante, zierliche Form und gute Erhaltung als neuere Arbeiten, die mit den alten
ursprünglich nicht verwechselt werden können.

2. Kuan-yao.

Nach dem Ju-yao war das bei weitem berühmteste dieser Zeit das sogenannte
Kaiserliche oder Regierungsporzellan, das Kuan-yao, später die Bezeichnung für

jedes Porzellan, das für die Regierung oder den kaiserlichen Hof in der kaiserlichen
Porzellanmanufaktur angefertigt ward, damals allein sich beziehend auf dasjenige,
das während der Epoche von Ta-Kuan und Tschëng-Ho auf kaiserlichen Befehl
zuerst in den Jahren 1107—1117 zu Pien-king, dem heutigen K'ai-fêng fu in der
Provinz Honan hergestellt ward. Dies Erzeugnis machte gleichfalls einen sehr feinen
und eleganten Eindruck: es wird vor allem stets wieder als sehr dünnwandig, ja
wiederum als so dünn wie Papier geschildert und da seine unmittelbaren, gleich zu
erwähnenden Nachbildungen, die keineswegs ihre Vorbilder in irgend etwas übertroffen haben sollen (vgl. S. 39), ausdrücklich als durchscheinend in ihrer Masse beschrieben werden[8]), so kann hier wiederum über den Porzellancharakter dieser Erzeugnisse kein Zweifel herrschen. Auch wird seine Masse als sehr feinkörnig,
leuchtend und fest beschrieben, nur daß sie, wie die mancher anderen Erzeugnisse
dieser Zeit, eisenhaltig war, wodurch sie dort, wo sie zutage lag, d. h. an den Füßen
und oberen Rändern der aus ihr gefertigten Gefäße im Brande, da hier das Eisen
oxydierte, rot ward. Die Glasur aber wird immer als dick und fettig bezeichnet,
daneben auch ihre Transparenz gerühmt, soll aber weniger glänzend als die des
Ju-yao gewesen sein. Hinsichtlich der Farbe gab es hier eine ganze Reihe von
Spielarten, die bald wieder als mondscheinfarbig, d. h. als zart lichtblau[89]) (clair
de lune, yüe-pai) — dies scheint die Hauptfarbe gewesen zu sein — bald als blaß
purpurn (fen-ts'ing), bald aber auch als smaragdgrün (ta-lü), oder als schwarz (hei-se)
bezeichnet werden. Doch scheint auch hier wieder wie beim Ju-yao (vgl. S. 36)
die blaue Farbe ziemlich lebhaft aufgetreten zu sein, da sie gleichfalls wieder mit
dem Himmelblau der Vitex incisa verglichen wird[40]). Eine ganz besondere Eigentümlichkeit dieser Glasur aber war, daß sie im Feuer, wie es dann auch noch
anderen in dieser Zeit geschah (vgl. S. 51), durch besondere Einwirkungen desselben oft gelbe, braune oder rote Flecke erhielt[41]), die die Chinesen sich damals
nicht zu erklären und darum auch nicht zu verhindern wußten. Ihre stets natura-
listisch empfindende Phantasie aber sah in ihnen dann bald vielfach animalische
Gebilde, wie Schmetterlinge, Vögel, Fische, selbst Einhörner und Leoparden. Man
hat dann derartige Stücke, obwohl sie doch eigentlich nicht völlig gelungen waren,
darum nur um so höher geschätzt. Im übrigen war die Glasur dieser Stücke auch
oft wieder von Haarrissen überzogen, die entweder wieder mit geborstenem Eis
oder auch mit den Blumenblättern der Pflaumenblüte verglichen wurden. In ersterem
Falle erschienen sie, wohl durch die Farbe der darunter liegenden eisenhaltigen
Masse, rot, in letzterem wurden sie, zur deutlicheren Kenntlichmachung, wie dies in
China in solchen Fällen oft geschieht, mit Tusche schwarz eingerieben.

Dies Erzeugnis wurde dann, nachdem die Sungherrscher kurz darauf im Jahre
1127 vor eindringenden mongolischen Stämmen nach dem Süden hatten weichen müssen,
auch in der neuen Hauptstadt des Reiches, dem heutigen Hang-tschou fu durch den
Intendanten des „Nordparks" hergestellt und zwar zunächst in einem zum kaiserlichen Palast gehörenden Gebäude am Fuße der Phönixhügel. Es wurde jetzt auch
Nei-yao, d. h. Porzellan aus dem Innern genannt und soll der früheren, bläulich
glasierten Gattung sehr nahe gekommen sein. Nur daß ihre Haarrisse jetzt wieder
„Krabbenfüßen" glichen. Dies Erzeugnis aber wird ausdrücklich als durchscheinend

bezeichnet[17]). Schließlich aber ward dann das Kuan-yao hier später noch in einer dritten Fabrik nahe dem „Altar des Weichbildes" fabriziert. Doch konnten sich diese Erzeugnisse mit den vorhergegangenen durchaus nicht mehr messen.

*   *   *

Auch von diesem Erzeugnis haben sich allem Anscheine nach keine Stücke mehr bis in unsere Zeit erhalten. Sie waren gleichfalls im 16. Jahrhundert in China bereits recht selten. So müssen wir auch hier jetzt wieder zu dem Sammleralbum unsere Zuflucht nehmen, in dem nicht weniger als zehn derselben abgebildet sind. Auch diese bilden meistens wieder alte Bronzegefäße (Taf. 4 oben) nach, andere zeigen bereits naturalistische Formen. So stellt ein Pinselhalter ein kleines Felsengebirge dar, wäh‑ rend ein Becher die bekannte, dort als Buddhas Hand bezeichnete Frucht nachbildet. Alle diese Stücke scheinen recht saubere Arbeiten gewesen zu sein. Die Farbe ihrer Glasuren wird bald als mehr oder weniger lebhaft blau, bald als bleich violett angegeben. Daneben aber hat man dennoch auch einige wenige der bei uns vor‑ handenen Stücke mit diesem Erzeugnis in Verbindung zu bringen gesucht. Zunächst solche, die sich durch eine schöne, mehr oder weniger haarrissige, meist ziemlich dick und nicht immer eben aufliegende, türkisblaue Glasur auszeichnen. Es handelt sich hier um Schalen und Vasen einfacher Form, von denen sich einige Bei‑ spiele in englischen Privatsammlungen (Sammlung Eumorfopoulos, Davies, Bushell[18])) daneben vielleicht auch in der Sammlung Grandidier im Louvre befinden. Es sind in der Tat ebenso reizvolle wie eigenartige Stücke. Ihnen schließen sich eine Schale und eine Vase im Britischen Museum sowie in der Sammlung Alexander zu London an, die durch eine sehr glatte, weiche, einmal auch haarrissige Glasur von hell‑ blauer, schwach violetter Färbung auffallen, weiter — wieder in englischem Privat‑ besitz (Sammlung Eumorfopoulos (Taf. 4 unten) und Alexander) — einige Schalen und ein Topf mit clair-de-lune-Glasur. Und schließlich gibt es gelegentlich auch solche mit sehr tiefer, blauer Glasur, die einen durchaus altertümlichen Eindruck machen, ja nicht einmal auf der Töpferscheibe aufgedreht zu sein scheinen (London: Vict. und Alb. Museum, Sammlung Salting). Alle diese Stücke stellen jedoch mehr ein Steinzeug oder ein noch geringeres keramisches Erzeugnis dar; sie geben sich auch keines‑ wegs so delikat, wie dies die alten Kuan-yao-Stücke nach den Beschreibungen getan haben müssen. So mag uns in ihnen der Typus derselben in vielleicht schon recht alten, wenn auch den Originalen keineswegs ganz gleichkommenden Nachbil‑ dungen erhalten sein, indes wir auf das Wiederauftauchen eines wirklich alten Stückes wohl immer noch vergeblich warten.

Denn auch bei diesem Produkt hat es später keineswegs an Nachbildungen ge‑ fehlt. Schon in der Mingzeit begann diese zuerst durch einen Töpfer namens Ngou, dessen Nachbildungen dem alten Kuan-yao in der Farbe sehr nahe gekommen sein sollen, dann am Ende dieser Zeit von einem in Kin-tê tschen arbeitenden Töpfer, Hu Kung genannt, Hu-yin-tao-jen (d. h. der in der Verborgenheit lebende Taoist Hu), dessen Arbeiten aber nicht die Haarrisse nach Art geborstenen Eises gezeigt hätten. Später im 18. Jahrhundert hat vor allem wieder die Zeit des Kaisers

Yung-Tchêng seine Nachbildung versucht — in diese Zeit sind wohl die meisten noch erhaltenen Stücke im Kuan-yao-Charakter zu setzen (Taf. 123) — und auch in Japan muß (Düsseldorf, Sammlung Oeder) Ähnliches versucht worden sein, wie gelegentliche Beispiele zeigen, die sich aber durch besondere technische Eigentümlichkeiten, vor allem durch die Bodenbehandlung sofort als solche kennzeichnen.

In späterer Zeit aber hat sich dann, wie bereits erwähnt, der Begriff des Kuan-yao erweitert. Seinem Sinne „Regierungsporzellan" gemäß bezeichnete es von nun an nicht mehr allein das alte Erzeugnis der Sungzeit, sondern überhaupt alle diejenigen Porzellane, die so schön hergestellt wurden, daß sie von einem Regierungsbeamten benutzt werden konnten. Dieser Name war damit aus einer Gattungs- eine Qualitätsbezeichnung geworden.

3. Tung-yao.

Doch auch in der Sungzeit selber gab es ein Erzeugnis, das dem Kuan-yao verwandt war, ihm freilich an Feinheit durchaus nicht nahe kam. Es wurde damals in mehreren Töpfereien in der Nachbarschaft von K'ai-fêng fu in der Provinz Honan hergestellt und, da dieser Ort die östliche Hauptstadt der Sungdynastie, so lange diese noch im Norden herrschte, darstellte, Tung-yao, d. h. östliches Porzellan, genannt wurde. Dies Erzeugnis bestand aus einer feinen, aber schwarzen Masse, die im Feuer oft wieder an den frei liegenden Stellen rot ward, war dick und fest und mit einer bläulichen, aber, wie es scheint, immer der Haarrisse entbehrenden Glasur, von bald hellerer, bald dunklerer Tönung überzogen, die bisweilen mit dem türkisfarbenen Gefieder des Königsfischers verglichen ward. Dies Erzeugnis wird beständig in den chinesischen Quellen mit dem Kuan-yao zusammengestellt, doch jedesmal bedeutend zu seinen Ungunsten. Dennoch findet sich ein mehrfach eingezogenes, topfartiges, mit in einzelnen Feldern einzeln eingravierten, stilisierten Blumen verziertes Gefäß im Sammleralbum abgebildet. Erhalten hat sich anscheinend kein Stück, das mit diesen Erzeugnissen in Verbindung gebracht werden könnte.

In späterer Zeit hat dann der Name Tung-yao sich zum Tung-ts'ing-yao erweitert, d. h. östliches grünes oder auch immergrünes Porzellan und ist die Bezeichnung eines ausgesprochen seegrünen, also wohl seladonartigen Porzellans geworden. Es scheint mit dem ursprünglichen Tung-yao nicht viel mehr gemein gehabt zu haben als seinen Namen.

4. Ting-yao.

Neben den beiden zuerst erwähnten Erzeugnissen ward in dieser Zeit dann noch ganz besonders berühmt das Ting-yao, d. h. das Porzellan, das anfangs zu Ting-tschou in der Provinz Tschili, die reich an Kaolinlagern war, dann später, als die Sungdynastie durch die Einfälle der Tataren nach dem Süden abgedrängt worden war und nur diesen noch im Besitz hatte, zu Nan-tsch'ang in der Provinz Kiangsi hergestellt ward. Darnach unterschied man zunächst ein Tingporzellan des Nordens (Pei-ting) und ein solches des Südens (Nan-ting). Ersteres aber war das bei weitem geschätztere, das eigentlich berühmte. Es soll unter den Kaisern Tschêng-Ho und Süan-Ho (1111—1125) seinen Höhepunkt gefunden haben. Die Manufaktur, in der es hergestellt ward, war kaiserlich. Bis zur Begründung der erwähnten (vgl. S. 36) zu Ju-tschou, die, wie erwähnt, erfolgte, lediglich weil das Ting-yao damals zu minderwertig und zerbrechlich ausfiel, ward es daher auch nur für den kaiserlichen Hof angefertigt.

Das Ting-yao hatte damals bereits eine ganze Reihe von Spielarten. Es gab zunächst eine, die als glänzend weiß geschildert wird, dann eine solche von gelblicher Tönung, die nun (vgl. S. 31), wie die anscheinend noch erhaltenen Stücke beweisen, durch Oxydation von Eisenbeimengungen im oxydierendem Feuer des Brennofens erfolgte[44]). Ihnen schlossen sich eine braune und schwarze und schließlich auch eine rote an. Die Hauptgattungen jedoch waren die beiden zuerst genannten, von denen die weiße diejenige gewesen zu sein scheint, die man als Fen-ting oder Pai-ting, d. h. Mehl- oder weißes, zu bezeichnen pflegte, während die gelbliche sich wohl mit dem Namen T'u-ting, d. h. irdenes Ting deckte. Die eigentlich berühmte aber war die erstere, die glänzend weiße. Kein Zweifel, daß in dieser die eigentliche Fortsetzerin jenes weißen Porzellans zu sehen ist, das gleich am Beginn der Entwicklung, wie gezeigt (vgl. S. 23), zur Zeit des Anfanges der T'angdynastie als eine besondere Gattung erfunden und dann während dieser Dynastie an einigen Orten weiter fortgebildet worden war. Kein Zweifel aber auch — das gestehen die Chinesen selber zu[45]) —, daß sie der Ausgangspunkt für die ganze weitere Entwicklung dieses Porzellans gewesen ist und damit, da hierbei das weiße schließlich über alle übrigen triumphierte, die Grundlage für die Ausbildung jenes Porzellans, das wir heute fast allein als wirkliches Porzellan anzusehen pflegen. Ihre historische Bedeutung kann daher nicht hoch genug angeschlagen werden: in ihren Folgen erscheint diese Gattung des Ting-yao als die wichtigste dieser ganzen Zeit.

Dagegen ward die zweite, die leicht gelbliche dazu berufen, den Namen dieses frühen Produkts für die ganze folgende Zeit aufzubewahren: vielfach nachgeahmt, wie gezeigt werden wird, hat sie das gelblich getönte Porzellan innerhalb der chinesischen Keramik zu einem feststehenden Typus erhoben, dem dann in der Regel der Name Ting-yao verblieben ist.

Daß aber unter diesen Umständen das weiße Ting-yao der Sungzeit als wirkliches Porzellan anzusehen ist, kann keinem Zweifel unterliegen, auch wenn von demselben keine Eigenschaften berichtet werden, die dies unmittelbar zu beweisen scheinen Doch wird es wieder mehrfach mit Jade verglichen. Im übrigen wird es als von feiner Masse, dünnwandig und mit glänzender, wie polierter, aber weicher Glasur bedeckt geschildert, die bisweilen wieder mit gefrorenem Hammelfett verglichen ward. Als besondere Kennzeichen der Echtheit aber galten später die Abtropfungen der Glasur am unteren Rande, die als „Tränen" bezeichnet wurden.

Dagegen war das gelbliche Produkt, das T'u-ting, von grobkörniger Masse Es wird daher wohl, wie schon sein Name zu besagen scheint, kein Porzellan gewesen sein.

Beide Gattungen waren im übrigen entweder glatt oder ornamentiert. In letzterem Falle war die Ornamentik in die Masse teils eingegraben, teils mittelst Formen eingedrückt, teils als Reliefs aufgelegt. Auch Bemalung wird bereits erwähnt, freilich ganz ohne Angabe, in welcher Weise diese erfolgte. Hauptornamente waren

Blumen, vor allem Lilien und Päonien, daneben aber auch fliegende Phönixe. Besonders gerühmt aber wurden die Stücke mit den eingravierten Zeichnungen.

Neben diesen beiden Hauptgattungen traten die übrigen stark zurück. Sie wurden bedeutend weniger geschätzt und anscheinend auch viel seltener angefertigt, am häufigsten noch die braunglasierte, deren Farbe in Wahrheit wohl ein Violett gewesen zu sein scheint, da sie bald mit der violetten Auberginenfrucht, bald mit der reifer Trauben verglichen ward. Doch scheint es daneben auch von Teetrinkern in späterer Zeit ganz besonders bevorzugte Teeschalen gegeben zu haben, deren gefleckte Glasur mit der Struktur von Hasenpelzen verglichen ward[16]), wie solche jedoch damals noch von einer andern Manufaktur weit häufiger hergestellt ward (vgl. S. 63). Die Glasur aller dieser Erzeugnisse aber ward häufig lackartig genannt. Sie war demnach wohl etwas stumpf und dick, vor allem aber undurchsichtig. Schon dadurch werden sie den Hauptgattungen nachgestanden haben.

*   *   *

Beispiele der besten Gattung des Ting-yao, der glänzend weißen, dürften sich auch hier wieder kaum erhalten haben. Wird doch bereits wieder aus der folgenden Periode, der der Mingzeit, berichtet, daß damals solche nur noch recht schwer zu erlangen gewesen wären, vor allem unzerbrochene. Ihre Zahl muß sich in der folgenden Zeit nur noch bedeutend vermindert haben. Wir müssen daher auch für diese Gattung zunächst unsere Zuflucht zum Sammleralbum nehmen, in dem sich glücklicherweise mehrere Stücke derselben abgebildet finden, die in der Tat sehr wenig mit den anscheinend noch erhaltenen Vertretern des Ting-yao gemeinsam haben. Alle diese Erzeugnisse erscheinen wieder als ausgesprochene Nachahmungen alter Bronzen und sind als solche z. T. wieder erstaunlich komplizierte Gebilde. Da zeigt ein Weinbecher die Form eines auf seinen vier Füßen stehenden Elefanten, ein anderer die Form eines geflochtenen Weidenkorbes, indes ein für drei Kerzen bestimmter Leuchter gar aus einer dünnen, in einen Phönixkopf endigenden Stange besteht, an der an einer Kette als Rauchfänger ein großes Lotosblatt befestigt ist, von dem drei Lotosblumen zur Aufnahme von Kerzen herabhängen. Es ist dies ein Stück, so kompliziert und zerbrechlich, daß man es sich kaum in Porzellan ausgeführt vorstellen kann (Taf. 5 oben rechts).

Um so mehr Erzeugnisse gibt es dagegen in China wie bei uns und nicht zuletzt auch in Japan, deren ausgesprochen gelbliche Masse sie mit der zweiten Hauptgattung dieses Produktes, dem T'u-ting in nähere Verbindung bringt, ja so viele, daß, wie wir hier bereits von festumrissenen, besonderen Typen reden können. Doch darf hierbei wieder nicht vergessen werden, daß kaum irgendein anderes Erzeugnis der Sungzeit so sehr zur Nachbildung gereizt hat, wie gerade dieses. Schon in der Sungzeit selber geschah diese in weitestem Umfange: nicht weniger als acht Fabrikationsstätten, die dieses taten, lassen sich nachweisen, darunter die zu Ts'e-tschou, Ki-tschou und Kin-tö schen von denen weiter unten (vgl. S. 46, 48, 60) die Rede sein wird, ein Beweis, wie beliebt damals das Ting-yao und damit überhaupt das durch seine natürliche Farbe wirkende Porzellan damals war. Auch nach dem Nachbarlande Korea gelangte damals dies Erzeugnis und fand hier gleichfalls seine Nachbildner. Ein Teil der an diesen Stellen hergestellten Fabrikate wird auch als sehr gut und mit dem echten Ting-yao wohl verwechselbar hingestellt. Sie wurden daher schon frühzeitig, d. h. zur Zeit der Mingdynastie, als das echte Ting-yao immer seltener wurde, getrost für dieses gekauft, so vor allem die von Su-tschou und Siao-tschou in der Provinz Kiangnan. An letzterem Ort soll es sogar in der Sungzeit nicht weniger als 30 Öfen und hunderte von Arbeitern gegeben haben, die nichts weiter taten, als diese Ware nachbilden. Auch ward an einer anderen Stelle die violette Gattung kopiert[47]). Der größte Teil aller dieser Erzeugnisse jedoch wird als ziemlich roh, vor allem hinsichtlich der Masse geschildert. In der folgenden Periode, der der Fremdherrschaft der Mongolen, war es dann vor allem der berühmte Pêng kün-p'ao, von Haus eigentlich ein Goldarbeiter, der das alte Ting-yao so trefflich imitierte, daß man seinen Arbeiten, obwohl sie von einigen als recht zerbrechlich und auch mit noch anderen Mängeln behaftet geschildert werden, den Namen neues Ting-yao (sin Ting) gab. Dann kam noch am Ende der Mingdynastie zur Zeit des Kaisers Wan-Li (1573—1619) der berühmte Töpfer Tschou Tan ts'üan hinzu, der aus Kin-tê schen stammend, u. a. ein altes Weihrauchbecken aus altem Ting-yao so gut imitiert haben soll, daß selbst die größten Kenner der Zeit getäuscht wurden. Doch bis in unsere Zeit hinein sind dort immer wieder verwandte Produkte hergestellt worden, so daß der Spielarten inzwischen unendlich viele geworden sind, wodurch die Datierung derjenigen Stücke, die heute um ihrer gelben Masse willen mit dem Ting-yao in Verbindung gebracht werden können, nicht eben erleichtert wird.

Erhalten haben sich von derartigen Erzeugnissen, wie aus dieser Zeit immer, in erster Linie kleine Schalen, teils flache, teils tiefere, daneben, wenn auch bedeutend seltener, Vasen, Kannen, Flaschen, Becher, Räuchergefäße u. dgl., gelegentlich auch einmal eine plastische Darstellung, ein Tier oder eine Gottheit. Unter diesen lassen sich nun bereits folgende Hauptgruppen unterscheiden: zunächst eine Reihe von freilich noch recht seltenen, nach unten zu meist spitz zulaufenden Schalen aus porzellanartiger, z. T. schwach durchscheinender, bald weißlicher, bald gelblicher Masse, die alle mit einer ganz glatt aufliegenden, nach unten zu „Tränen" abgetropften Glasur bedeckt sind, indes ihre oberen Ränder glasurfrei blieben, ein Zeichen, daß sie einst umgestülpt im Ofen gebrannt worden sind. Doch sind diese Ränder jetzt meist, um das Fehlen der Glasur zu verdecken, auch wohl um Stöße abzuschwächen, mit Metallbändern eingefaßt. Die Verzierungen sind, wofern diese Stücke nicht ganz undekoriert geblieben sind, stets ganz ungemein flott und groß eingeritzt; sie stellen fast immer Blumen dar, meist Lilien und Lotus (London, Brit. Museum; Dresden, Porzellanslg., Taf. 5 u. 7 unten; Berlin, etnograph. Museum). Alle diese Stücke aber entsprechen so sehr den Beschreibungen der alten Sungware, daß wir in ihnen wohl wirklich echte Vertreter der Sungzeit zu sehen haben, zumal eins derselben (London, Britisches Museum) angeblich aus einem Grabe stammt, das, wie man ziemlich sicher weiß, bereits im 12. Jahrhundert geschlossen ward[48]) (Taf. 6 oben). Sie tragen auch alle die Spuren hohen Alters an sich.

Diesen Stücken am nächsten steht eine andere kleine Gruppe von Schalen (Dresden, Porzellansammlung, Hamburg, Museum für Kunst und Gewerbe und Museum für Völkerkunde) von verwandten Formen, verwandter Ornamentik und Herstellungstechnik. Auch die erwähnten Tränen finden sich gelegentlich. Doch sind diese Stücke bedeutend dünnwandiger, stark durchsichtig, dazu von wärmerem, gelblichem Ton. Auch ist ihre Formgestaltung viel reizvoller, die Ornamentik reicher, ihre Mache ungemein sauber und delikat, daneben ihre Erhaltung oft erstaunlich gut. Sie stellen unzweifelhaft die schönsten Stücke dar, die man dieser ganzen Gruppe zuschreiben kann (Taf. 2, oben links). So möchte man sie nur zu gern, zumal sie ja auch das Alterskennzeichen der Tränen aufweisen, in die Sungzeit setzen, obwohl ihre gute Erhaltung vielfach dagegen zu sprechen scheint. Merkwürdig aber ist, daß dieser Gruppe eines der schönsten der als Sungporzellane anzusprechenden Stücke ungemein verwandt ist, eine große Kanne der Sammlung Eumorfopoulos in Nr. Guildford, aus weißer porzellanartiger Masse, die ganz und gar mit der gleichen, fein eingeschnittenen Ornamentik überzogen ist, wie diese Schalen. Nur daß über derselben eine dünne, durchsichtige, blasse grünliche, stellenweise auch bläuliche Glasur liegt, die mit der farblosen des gewöhnlichen Ting-yao nichts zu tun hat (abgebildet: Burlington-Ausstellung Pl. XI) und daher dieses Stück zunächst aus dieser Gruppe ausscheidet.

Diesen beiden Gruppen ist dann noch eine dritte verwandt, die gleichfalls nur Schalen aufweist, von ganz undurchsichtiger und fast immer ziemlich gelblicher Masse, sowie gleichfalls zuweilen abgetropfter Glasur (Taf. 8). Diese Schalen haben ihre vertiefte Ornamentik stets durch Eindrücken in Formen erhalten. Sie ist aber im Gegensatz zu der großzügigen der vorher besprochenen ziemlich klein gehalten, dafür aber um so reicher und geistreicher in der Zeichnung. Auch erscheint sie vielfach in einzelne Felder abgeteilt, sowie mit geometrischer, hier Randmusterung, d. h. vor allem mit dem Mäander versehen. Als ihr Inhalt sind bisher entweder einzelne Pflanzen oder Fische und Vögel zwischen Wasserpflanzen oder auch sonstige Tiere nachgewiesen worden (Dresden, Porzellansammlung; London, Britisches Museum; Hamburg, Mus. f. Kunst u. Gewerbe). Schwerlich jedoch dürfte dieser Typus noch der Sungzeit angehören: zu klein und zierlich erscheint hier die Ornamentik gegenüber derer, die wir aus dieser Zeit kennen, zu nahe verwandt ihr Inhalt wie auch ihre Form der der sicheren Porzellane der Mingzeit, vor allem der späteren. Und so dürfen diese Schalen wohl auch erst in diese gesetzt werden, müssen aber als äußerst reizvolle keramische Gebilde anerkannt werden.

Schließlich gibt es dann noch als vierten Typus Schalen und daneben auch Vasen, die, wieder recht dünnwandig und zugleich stark durchscheinend, eine sehr gelbliche Tönung besitzen, die an Wärme alle die bisher genannten Gruppen übertrifft. Was diese Stücke aber zu einem besonderen Typus erhebt, ist ihre Ornamentik, die, wieder großzügig und, wie es scheint, meist aus sich windenden Drachen bestehend, durch leicht erhobene, aber ziemlich unklare Relieflinien gebildet wird, über die sich eine, durch die unter ihr liegende, erhabene Zeichnung sehr wellig ausgefallene, durch ihre relative Dicke diese Zeichnung noch mehr verschleiernde Glasur zieht. Alle Straffheit und Klarheit der Formengebung ist so verloren gegangen (London, Vict. und Alb.

Museum und Sammlung Alexander [Taf. 7 ob.]). Ihre genaue Zeitbestimmung jedoch ist kaum möglich. Für die Sungzeit spricht zunächst nur der große Stil der Ornamentik, für die Mingzeit die Technik der Relieflinien, die, wie sich herausstellen werden wird (vgl. S. 88), in dieser besonders häufig ausgeübt worden ist. Ihre Abnutzung ist meist nicht allzu groß.

Neben diesen vier Gruppen von vorwiegend Schalen gibt es dann noch eine ganze Reihe von einzelnen Stücken, meist Vasen, Kannen und dergleichen von altertümlicher Form und Gestaltungsweise wie auch ersichtlichem Alter, deren Verzierungen z. T. deutlich wieder an Bronzevorbilder erinnern, die sich mit jenen in keine rechte Verbindung bringen lassen und auch selber keine geschlossene Gruppe darstellen. Bald erscheint ihre gelbliche Masse mehr wie Steinzeug, bald mehr wie Porzellan, daneben gibt es sogar solche, deren schmutzige körnige Masse erst durch eine Auflage weißlich gelblicher Erde jenen Ton erhält, den jene schon durch sich selber besitzen. Fast alle diese Stücke sind weniger fein hergestellt, als die meisten der bisher erwähnten, auch ist ihr Ton gelblicher, die Glasur, die fast immer ein wenig uneben ist, liegt dicker auf. Neu aber ist, daß vielfach letztere Haarrisse zeigt, oft nur sehr feine und dicht beieinander stehende, die bisweilen eine ausgesprochen parallele Richtung zeigen (Taf. 2 oben, Mitte u. Taf. 5 oben links). Allein hierdurch schon stehen diese Stücke in einem auffallenden Gegensatz zu allen vorher genannten (London, Vict. und Alb. Museum und Sammlung Alexander, Dresden, Porzellansammlung). Sicherlich ist unter allen diesen Stücken manches, das zu den echten Ting-yao-Stücken der Sungzeit gehören kann. Doch haben wir wohl gerade unter diesen einfacheren und z. T. minderwertigen Stücken die Überbleibsel der vielen Nachahmungen des Ting-yao in der Sungzeit zu suchen. Wo sollten sonst alle diese geblieben sein?

Eine besondere Gattung für sich aber bilden dann noch einige, freilich recht seltene Gefäße, deren Glasur eigenartig stumpf und gerunzelt erscheint, so daß sie von den Chinesen mit der Schale von Straußeneiern verglichen wird. Sie werden vielfach mit den oben genannten (vgl. S. 43) Erzeugnissen von Kiang-nan in Verbindung gebracht[49]), z. T. freilich, da ihre Masse nicht der Beschreibung der alten Schriftquellen entspricht, wohl schwerlich mit Recht (Nr. Guildford, Samml. Eumorfopoulos und London, Pye; Gotha, Herzogl. Museum)[50]).

Damit dürfte die Aufzählung derjenigen Stücke vom Typus des gelbmassigen Ting-yao beendet sein, denen man wohl ein größeres Alter zuschreiben kann und die man entweder in die Zeit der Sung- oder doch wenigstens der Mingdynastie setzen darf. Von ihnen wieder leicht zu unterscheiden sind dagegen die späteren, etwa seit dem 18. Jahrhundert in diesem Stil gemachten Arbeiten, deren größere Eleganz, modernerer Stil, Sauberkeit in der Mache und auch viel bessere Erhaltung sie nur zu leicht als solche kennzeichnen. Sie sind z. T. wieder treffliche Arbeiten, die vielen Beifall verdienen, den bisher genannten jedoch an Größe des Stils nicht nahekommen und so neben diesen stark verlieren (Taf. 123 Mitte).

Hinsichtlich der übrigen Spielarten des alten Ting-yao, den braun, schwarz und vielleicht auch rot glasierten sind wir dann wieder allein auf das Sammleralbum angewiesen. Sie waren aber auch zu der Zeit seiner Abfassung schon sehr selten, vor allem die schwarz glasierte. Die drei hier in demselben abgebildeten Stücke mit purpurner Glasur sind alle wieder Nachbildungen alter, ehrwürdiger Bronzevorbilder. Das Violett ihrer Glasur erscheint ziemlich trübe und ernst, es wird wieder mit der Farbe reifer Trauben oder der Eierpflanzen (Auberginefrucht) verglichen. Dagegen zeigt das schwarz glasierte Stück, ein Weinbehälter, die Form einer Kugelflasche, deren umgebogener Hals wunderlich in den Kopf einer Ente ausläuft. Hierbei sind Kopf und Hals allein mit schwarzer Glasur bedeckt, indes alles übrige weiß geblieben ist.

Dann aber darf nicht vergessen werden, daß es schließlich auch noch, wenn auch selten, anscheinend aus recht alter Zeit stammende Gefäße, meist Schalen, doch auch kleine Töpfe gibt, deren blauschwarze, rötlich braun gestrichelte Glasur durchaus dem entspricht, was noch jetzt die Chinesen als Hasenfellglasur zu bezeichnen pflegen. Doch sind derartige Erzeugnisse, wie weiter unten gezeigt werden wird (vgl. S. 63), in der Sungzeit die ausschließliche Spezialität einer anderen Fabrik gewesen, als deren Arbeiten sie darum wohl mit größerem Rechte anzusprechen sind, zumal ihre unreine Masse durchaus nicht der entspricht, die man sonst an den Stücken zu sehen gewohnt ist, die man mit dem alten Ting-yao irgendwie in Verbindung bringen kann.

5. Ts'e-tschou-yao.

Unter den vielen Nachahmungen des Ting-yao in der Sungzeit wurden diesem fast gleich, ja bisweilen noch höher geschätzt Erzeugnisse, die zu Ts'e-tchou in der Provinz Honan hergestellt wurden. Die besten derselben waren gleichfalls weiß, zeigten aber in der Glasur nicht jene von den Chinesen mit Tränen verglichenen Tropfen, die für jenes immer als Zeichen der Echtheit angesehen wurden. Auch waren viele von ihnen gleichfalls mit eingravierten Blumen versehen. Daneben gab es auch solche, die mit Blumen bemalt waren. Dadurch aber stellen sie mit den gleich zu erwähnenden von Ki-tschou (vgl. S. 50) sowie auch denen des Ting-yao zusammen diejenigen Gattungen der chinesischen Keramik dar, die am frühesten die Dekorationsweise zeigten, die später die hauptsächlichste des Porzellans werden sollte.

Diese Gattung der Sungzeit hat dann aber ein ganz ungewöhnlich langes Leben geführt: noch jetzt werden an gleicher Stelle auf ganz gleicher Technik beruhende Erzeugnisse hergestellt, die aber freilich sich mit den früheren Erzeugnissen an Qualität in keiner Weise mehr messen können. Schon am Beginne der Mingdynastie bezeichnete man die hier hergestellten Stücke als künstlerisch völlig wertlos.

Ganz weiße Stücke, die sich als Erzeugnisse dieses Ortes aus der Zeit der Sungdynastie ansprechen lassen, gibt es bis jetzt nicht. Um so größer ist dafür die Zahl gelblicher und bemalter, die mit dieser Ware jetzt in Verbindung gebracht werden, von denen ein großer Teil nach Angaben der Chinesen erst kürzlich alten Sunggräbern in der benachbarten Provinz Schansi entnommen sein sollen, einige wenige andere aber von einem Europäer -- es ist dies die erste wissenschaftliche Ausgrabung gewesen, die bisher in China gemacht worden ist -- ebenfalls in Gräbern mit Münzen des 10.—12. Jahrhunderts in der gleichfalls benachbarten Provinz

Schantung ausgegraben worden sind[51]). Sie stellen alle im Gegensatz zu den übrigen Töpfereien der Sungzeit in erster Linie Vasen, Töpfe, Kopfstützen und dergleichen dar, Schalen dagegen nur äußerst selten. Alle diese Stücke bestehen aus bald rötlicher, bald bräunlichschwarzer, steinzeugartiger Masse, über die sich zu ihrer Verdeckung meist ein weißer Überzug, dann eine oft anscheinend undurchsichtige, bisweilen auch schwach haarrissige Glasur von bald hellerem, bald dunklerem, rahmfarbenem Ton legt, die bisweilen auch durch eine schwarze, einmal auch durch eine blaue ersetzt wird. Ganz eigenartig und äußerst charakteristisch aber ist ihre Bemalung. Sie besteht zu einem Teil aus ungemein flott und einfach, vielfach nur ganz andeutend, aber immer sehr breit hingeworfenen naturalistischen Motiven, fast ausschließlich solchen von Blättern und Blumen, ganz selten auch von Tieren, die in einem „trockenem" d. h. ohne Schmelz aufgetragenem und darum glanzlosem Rot- oder Schwarzbraun aufgetragen sind (Taf. 2 oben Mitte). Innen jedoch sind diese Gefäße immer braun glasiert. Daneben gibt es aber auch solche mit einer viel reicheren, detaillierteren, z. T. mehr linear gehaltenen Ornamentik, die bisweilen sogar — und dann vielfach in Umrahmungen — ganze Naturszenen, Landschaften oder auch figürliche Darstellungen zeigt (Taf. 9 unt.). Und nun tritt auch eine rote und grüne, ganz selten auch eine blaue Farbe hinzu, ja es kommt jetzt auch eine Art Sgraffitotechnik vor, bei der, wie bei den bekannten frühen Majoliken Italiens, zur Abhebung der Ornamentik der Grund bis zur dunklen Masse ausgehoben ist.

Von allen diesen Erzeugnissen entspricht die zuerst genannte im einfachsten Stil gehaltene Gruppe so sehr den mit Münzen der Sungzeit ausgegrabenen Stücken aus der Provinz Schantung, daß man sie wohl unbedenklich in diese setzen darf, zumal ihre Formen im Gegensatz zu denen der übrigen weit gedrungener und kräftiger erscheinen und auch ihre Ornamentik denselben flotten Stil zeigt, wie die ganze übrige dieser Zeit. Auch ist die Glasur dieser Stücke immer glatter und undurchsichtiger als die der reicher dekorierten. Dagegen dürften letztere eben um ihres reicheren und schon kleinlicheren Dekors willen, wohl frühestens der Mingzeit angehören, in der, wenn nicht alles täuscht, erst ein solcher auf dem Porzellan wie auch auf anderen Kunstarbeiten aufgekommen ist. Dieser Zeit entspricht dann aber auch durchaus die Vielfarbigkeit dieser Arbeiten (vgl. S. 72). Doch muß hier gleich erwähnt werden, daß feststeht, daß ganz verwandte, ja fast gleiche Erzeugnisse noch heute in diesen Gegenden hergestellt werden[52]), wodurch eine feste Datierung solcher Arbeiten im einzelnen fast zur Unmöglichkeit wird.

Ebenso schwierig aber ist die Lokalisierung dieser Arbeiten, da eben glaubwürdig berichtet wird, daß heute noch ähnliche Erzeugnisse sowohl zu Ts'e-tschou[53]) hergestellt werden, wie die jener älteren Gruppen, die nach den Angaben der Chinesen in Schansi gefunden sein sollen, sowie auch in Po-schan in der Provinz Schantung, in der die mit den Münzen zusammen gefundenen Stücke ausgegraben worden sind[54]). Dazu kommt, daß für die Provinz Schansi ausdrücklich für die Sungzeit eine ganze Reihe von Töpferwerkstätten erwähnt wird[55]), deren Erzeugnisse freilich nirgends weiter beschrieben werden. Feststeht daher bis jetzt nur, daß ein großer Teil dieser Stücke mit Sicherheit der Sungzeit angehört und zwar die erste der beiden eben charakterisierten Gruppen, die sich noch durch einfachere aber groß-

zügigere Formen- und Farbengebung auszeichnet, wodurch diese, da die zu ihr
gehörenden Stücke damit die ersten bemalten keramischen Erzeugnisse Chinas darstellen, die wir kennen, eine ganz besondere Bedeutung erhalten. Über den Her-
stellungsort derselben sind wir dagegen zur Zeit noch ganz im Unklaren. Nur
daß man in ihnen doch wohl schwerlich Erzeugnisse aus Ts'e-tschou-yao sehen,
darf, die, wie oben erwähnt, nach den Berichten der chinesischen Quellen hinsichtlich
der Qualität es durchaus mit dem so gefeierten Ting-yao aufgenommen haben sollen.

Doch es gibt noch ein merkwürdiges Stück, das mit den eben beschriebenen
verwandt ist, doch unter diesen eine ganz besondere Stellung einnimmt. Es ist ein
kleines Deckelväschen, wieder von rahmfarbener, aber sehr lichter Tönung, das sich
in der Dresdener Porzellansammlung (Taf. 9 ob.) befindet und das sich dadurch von
allen soeben genannten Stücken völlig unterscheidet, daß es sich durch seine leichte
Durchscheinbarkeit als wirkliches Porzellan dokumentiert. Ganz eigenartig, ja bis jetzt
wohl einzig dastehend aber ist seine Bemalung: sie ist wiederum breit und flott in
Braun durchgeführt, doch dies Braun ist lichter und wärmer, als das der vorher erwähnten Stücke, die Zeichnung auch fester, daneben mehrfach konturiert oder gestrichelt, die Farbe auch schon in verschiedenen Stärken aufgetragen. So gibt sich
dies merkwürdige Stück in jeder Beziehung schon als ein feineres Kulturerzeugnis.
Ebenso seltsam aber ist die Ornamentik: hier steht im Mittelpunkt ein großes
Tier mit vier schlanken, rehartigen Beinen und einem einem gleichfalls ganz schlanken
Halse aufgesetzten, ganz altertümlich stilisierten Kopfe, zu dem bis jetzt in der
ganzen uns bekannten chinesischen Kunst kein Gegenstück aufzufinden ist. Und
so vereinigt sich hier Qualität und Stil um dieses Stück mehr als wohl irgend ein
anderes der bisher besprochenen den besseren Erzeugnissen des Ting-yao-Typus
nah zu bringen, die damals bereits durch das Mittel der Farbe ihren ornamentalen Schmuck erhalten haben.

6. Kin-tê-yao.

(Jao-tschou-yao).

Von besonderer Bedeutung aber war, daß das Ting-yao damals vor allem
auch an jenem Orte nachgeahmt wurde, an dem in der T'angzeit die eigentliche
Porzellanindustrie ihren Ausgang genommen hatte (vgl. S. 23) und an dem sie sich
später (vgl. S. 76), wenigstens so weit sie künstlerisch war, fast ganz allein konzentrieren sollte, in dem sie hierbei vor allem auf die weitere Ausbildung des
durch sein natürliches Weiß wirkenden Porzellans ausging, in dem in der Prä-
fektur von Jao-tschou, in der Provinz Kiangsi gelegenen Orte Kin-tê tschen
Jetzt aber scheint sich hier bereits eine überraschend rege Porzellanindustrie entwickelt zu haben: nicht weniger als dreihundert Fabriken sollen damals hier bestanden haben, eine für diese Zeit erstaunliche Zahl, die schon auf das spätere
einzig dastehende Aufblühen dieses Ortes hinzudeuten scheint und sicherlich die
Folge der hier so reichen Kaolinlager gewesen ist. Auch ihre Erzeugnisse wurden
damals schon recht geschätzt. Auch sie glichen der weißen Hauptart des Ting-yao

und sollen dieser nur wenig an Qualität nachgestanden haben. Sie wurden als Jade von Jao-tschou überall hin verkauft, und werden als aus feiner Masse bestehend, rein weiß von Farbe und ohne Flecke, von glänzender Glasur und ausgezeichnet hinsichtlich der Formen geschildert, ausdrücklich aber auch als transparent bezeichnet[36]) und damit zur Genüge als wirkliches Porzellan charakterisiert. Sie sollen dann schließlich auch schon „blau dekoriert" gewesen sein, wobei freilich nicht gesagt wird, in welcher Weise dies geschah.

Auch jetzt ward hier wie früher (vgl. S. 23) für den Kaiser gearbeitet; ja es scheint hier schon damals eine kaiserliche Manufaktur bestanden zu haben, da es zur Beaufsichtigung der für jenen herzustellenden Arbeiten nicht nur einen besonderen kaiserlichen Beamten gab, sondern auch die Fabrik, die diese auszuführen hatte, nur so lange arbeitete, als solche Aufträge vorlagen, zu anderer Zeit aber ganz still lag. Es ist nicht unmöglich, daß diese von dem am Beginn des elften Jahrhunderts herrschenden Kaiser King-tê (1004—1007) begründet ward, da wir nicht nur unter ihm zum erstenmal von der Absendung eines solchen Aufsichtsbeamten erfahren, sondern der Ort, der bis dahin Tsch'ang-nan tschen hieß, jetzt ausdrücklich nach ihm den Namen King-tê tschen erhielt, der ihm dann bis in unsere Zeit verblieben ist. Und so sehr trat dieser Kaiser mit dieser Fabrik in Verbindung, daß er sogar befahl, den dort für ihn hergestellten Erzeugnissen die Aufschrift Kin-tê nien tschi, d. h. hergestellt in der Periode King-tê, beizugeben Es ist dies anscheinend der Beginn jener später beim chinesischen Porzellan ganz allgemeinen, sogenannten „Kaisermarken", chinesisch Nien-haos genannt, die für dasselbe dann eine so große Bedeutung gewinnen sollten und für uns das Hauptmittel seiner Datierung geworden sind. Damit aber hätte schon damals jene kaiserliche Manufaktur ihren Anfang genommen, die später hier zur größten Berühmtheit gelangt ist und durch das glänzende Vorbild, das sie gab, in Verbindung mit den sonst für die Porzellanfabrikation an diesem Orte so günstigen Vorbedingungen in erster Linie Veranlassung gewesen ist, daß sich in späterer Zeit gerade hier fast die gesamte künstlerische Porzellanproduktion Chinas bis in unsere Tage konzentriert hat (vgl. S. 76).

Erhalten hat sich freilich auch von diesen frühen Porzellanen dieser wichtigsten Porzellanfabrikationsstätte Chinas heute allem Anscheine nach nichts mehr. Denn alle Porzellane, die heute das Nien-hao des obengenannten Kaisers zeigen, können nur ihrem ganzen Äußeren nach für spätere Nachbildungen oder Fälschungen angesehen werden.

Ganz dicht bei diesem Hauptorte aber befand sich damals in Siang-hu noch eine zweite Fabrik, deren Erzeugnisse auch nicht ganz schlecht gewesen sein müssen: sie werden wieder als ziemlich dünnwandig und glänzend gerühmt, hierbei die Farbe ihrer haarrissigen Glasur bald als weiß, bald als gelblich, bald als reisfarben (mi sê), dann auch als grünlich oder bläulich bezeichnet. Doch hatte diese Manufaktur keine so große Dauer: schon am Beginn der Mingzeit lag sie völlig in Trümmern. Ihre Erzeugnisse aber wurden später in Kin-tê tschen wieder nachgebildet, ein weiterer Beweis, daß sie einst nicht so ganz schlecht gewesen sein können.

7. Ki-tschou-yao.

Auch an das Ting-yao haben sich zunächst die Erzeugnisse von Yung-ho tschen im Distrikt Ki tschou der Provinz Kiangsi angelehnt. Es gab hier fünf Töpfereien, die sowohl dessen weiße wie auch braune (violette) Gattung imitierten, wenn auch, da das Material wieder recht roh war, ohne besonderen Erfolg. Doch gab es auch hier Stücke, die bemalt waren und zwar anscheinend zum ersten Male in jener Farbe, die später eine so große, ja von allen Farben die allergrößte Rolle im chinesischen Porzellan spielen sollte: in Blau, das kaum etwas anderes als das zu allen Zeiten in der Keramik so viel verwandte, aus Kobalterzen gewonnene Kobaltblau gewesen sein kann. Sie waren wie auch sonst viele dieser Erzeugnisse mit Haarrissen versehen, ja es ist sogar später behauptet worden, daß von dieser Fabrik aus das haarrissige Porzellan seinen Ausgang genommen hätte. Derartig haarrissige Porzellane wurden dann oft besonders wegen ihrer Form gerühmt. Zu größerer Bedeutung jedoch erhob sich diese Gattung durch eine besondere Künstlerfamilie, Schu mit Namen, von der der Vater Schu wêng schöne ornamentierte Stücke herstellte, die aber bei weitem durch die haarrissigen Vasen seiner Tochter, genannt die „schöne Schu" (Shu kiao), übertroffen wurden. Sie sollen dem später zu erwähnenden (vgl. S. 56) Ko-yao an Form und Farbe geglichen haben, nur ward der Ton im Feuer nicht rot.

Diese Fabrikation zu Ki tschou soll dann aber ein höchst seltsames Ende gefunden haben durch ein ganz mysteriöses Ereignis: als damals ein Staatsminister mit Namen Wên durch Yung-ho kam, da soll sich alles Porzellan im Brennofen in Jade verwandelt haben, was solchen Eindruck auf die Arbeiter gemacht hätte, daß sie schleunigst den Ort verließen und sich nach Kin-tê tschên begaben, wodurch sich der dortige Betrieb bedeutend vergrößert hätte.

Auch mit dieser Manufaktur sucht man heute bereits einige der bei uns vorhandenen Stücke in Verbindung zu bringen, so einen steinfarbigen, haarrissigen Topf des Britischen Museums und einige grünlich glasierte, gleichfalls haarrissige in der Sammlung Benson in London. Sie sehen in der Tat wieder recht altertümlich aus und gleichen hinsichtlich der Haarrisse sehr dem, was wir heute unter Ko-yao verstehen. Nur ist ihre Masse, wo sie frei liegt, in der Tat niemals rot, weshalb man sie eben nicht für Ko-yao, vielmehr für Ki tschou-Ware ansehen möchte. Doch auch recht altertümlich aussehende Erzeugnisse mit äußerst breiter, kobaltblauer Unterglasurmalerei kommen vor, von denen freilich viele, die auf den Sunda- und benachbarten Inseln gefunden sind (Dresden, etnograph. Mus.), wohl nur eine rohere Exportware aus späterer Zeit darstellen. Daneben aber gibt es doch einige Stücke, z. B. eine kleine, topfartige Vase in der Dresdner Porzellansammlung (Taf. 21), die sich als ersichtlich feinere Gebilde geben. Unter ihnen ist das Dresdner, unmittelbar aus China selber stammende Stück reisfarben und seine Glasur haarrissig. Die Ornamentik aber zeigt wieder, wie bei den eben erwähnten Erzeugnissen von Ts'e-tschou (vgl. S. 47) ganz ungewöhnlich flott und breit hingesetzte Blumen und Bambusgebüsche in sehr dunkler, schwärzlicher, doch nicht sehr ausgelaufenen Malerei. So kann wohl auch für derartige Stücke mit ziemlicher Sicherheit ein recht beträchtliches Alter angenommen werden, so daß sie als Erzeugnisse dieser Fabrik nicht völlig undenkbar erscheinen.

8. Kūn-yao.

Als eins der interessantesten, aber bei den Chinesen früher keineswegs besonders geschätztes Erzeugnis dieser Zeit kann das zu Kūn tschou (dem heutigen Yü-tschou) in der Provinz Hunan schon vom Beginn der Sungzeiten hergestellte Kūn-yao bezeichnet werden, interessant deshalb, weil es einerseits Glasuren von fast allen Farben zeigte, dann aber auch, weil seine durch Kupferoxyde gefärbte Glasur wieder (vgl. S. 38) jene durch die Verschiedenartigkeit der Einwirkung des Feuers im Brennofen erfolgende, starke farbige Veränderlichkeit zeigte, die, bei uns Transmutation genannt, in China als yao pien bezeichnet ward, wie eine solche sich ja bereits auch beim Kuan-yao bisweilen gezeigt hatte, später aber im chinesischen Porzellan zu großer Bedeutung gelangen sollte. Sie führte hier bereits zu den mannigfachsten, farbigen Nuancen, Fleckungen und Abschattierungen, die nicht ohne besonderen Reiz gewesen sein können, damals jedoch, weil sie für technische Mängel galten, gar nicht besonders angesehen wurden, so daß die Sammler alter Porzellane derartig gefärbte später noch lange Zeit verschmähten, wofern die Flecke nicht wieder, wie bei denen des Kuan-yao ganz bestimmte, mehr oder weniger deutlich erkennbare Gegenstände darzustellen schienen. Nicht weniger als acht verschiedene Sorten unterschieden die Chinesen von diesem Erzeugnis. Am geschätztesten jedoch waren die rot glasierten, von denen mehrere als pyrus japonica-rot, als Karmoisinrot und als rot wie Schminke, wie Schweinsleber oder gar als rot wie „Mauleselleber, vermengt mit Pferdelunge“ bezeichnet wurden, Ausdrücke, die z. T. wieder so barock sind, daß sich selbst die Chinesen später über dieselben bisweilen lustig gemacht haben. Nächst dieser Glasur kam der Wertschätzung nach eine grüne, die mit Zwiebelsprossen, dann eine purpurne, die bald wieder mit der Farbe der Eierpflanzen-(Aubergine)-Frucht, bald mit Tusche verglichen ward. Weiter werden noch genannt: eine nasenschleimfarbene, eine wieder himmelblaue (t'ien lan), eine reisfarbene (mi sê), wiederum eine wie Hasenfell gezeichnete usw. Ihnen schlossen sich dann durch die Launen des Feuers gefleckte oder in verschiedenen Farben spielende an, deren Abschattierung manchmal nicht gerade geschmackvoll mit Speichel verglichen ward. Viele dieser Glasuren galten für zu glänzend und waren deshalb auch später nicht beliebt. Daneben gab es aber auch der Masse nach verschiedene Qualitäten: es fanden sich solche von sehr feinkörnigem und solche aus gelblichem, sandigem Ton. Ob aber auch diese Stücke alle schon wirkliches Porzellan dargestellt haben, vermag man auf Grund der alten Beschreibungen derselben heute nicht zu sagen. Besondere Eigenschaften, die darauf schließen lassen, werden niemals erwähnt und so muß diese Frage für dies Erzeugnis wohl noch vorläufig offen bleiben.

Eine besondere Eigentümlichkeit aber war, daß die besten dieser Arbeiten Marken am Boden trugen, die die Zeichen der ersten Zahlen wiedergaben. Es sind mit die ersten Marken der chinesischen Keramik, von denen wir hören (vgl. S. 49, 54 und Anm. 173).

Besonders gerühmt wurden damals unter diesen Erzeugnissen Blumentöpfe und kleine Schüsseln; daneben gab es vierkantige Vasen und Töpfe, ja auch recht große Gegenstände wurden bereits in diesem Erzeugnis hergestellt, so tonnenartig gebildete Sitze, wie der Chinese sie besonders für seine Gärten liebt, dann auch schon Figuren. Wenigstens soll sich noch heute in dem Tempel Pao-kuo sse zu Peking ein derartiges Bildnis der Kuan-yin, der Göttin der Barmherzigkeit befinden, das sogar mit verschiedenfarbigen Glasuren bedeckt ist, unter denen auch eine schwarze und gelbe vorkommen.

Doch auch das Kün-yao, wenn es auch niemals sich früher eines so großen Ansehens erfreut hat wie die übrigen berühmten Gattungen der Sungzeit, hat seine späteren Nachahmungen gefunden. Zunächst wieder in der Zeit des Kaisers Yung-Tscheng, als fast alle Erzeugnisse dieser Epoche kopiert wurden. So findet man heute in der Tat bisweilen (z. B. in der Dresdner Porzellansammlung) Porzellane von altertümlicher Form, die ganz mit hellbläulicher, mehr oder weniger gefleckter oder gestreifter Glasur bedeckt sind, eine bräunliche, aber unverkennbar Porzellan darstellende Masse zeigen, die aber, da ihre Mache sich äußerst sauber und elegant gibt und auch alle Spuren längerer Abnutzung fehlen, nur als solche späteren Nachbildungen anzusehen sind. Doch auch schon am Ende der Mingzeit, im 17. Jahrhundert, sollen derartige Nachahmungen zu Yi-hing in der Provinz Kiangsu hergestellt worden sein, mittels desselben Tons, aus dem damals hier seit einiger Zeit das bekannte, später noch zu erwähnende (vgl. S. 78), meist rotbraune, unglasierte Steinzeug, bei uns Boccaro genannt, fabriziert wurde. Trotz mancher Vorzüge sollen sie sich jedoch mit den alten Vorbildern nicht haben messen können. Und dann darf nicht vergessen werden, daß gerade das Kün-yao in seinen lichtblauen oder grauen Nuancen dasjenige Produkt der Sungzeit gewesen ist, das neben den Seladonen (siehe S. 55), auch in der der Sungzeit zunächst folgenden Periode der Mongolenherrschaft am meisten noch weitergebildet worden zu sein scheint. Die meisten derartigen, heute noch erhaltenen Stücke werden sogar von den Chinesen merkwürdigerweise dieser Zeit zugeschrieben, obwohl sie doch viel kürzer war, als die der Sungzeit. So ist auch hier die Trennung zwischen den ursprünglichen Stücken und ihren Nachahmungen nicht eben leicht.

*   *   *

Erhalten haben sich aus der Sungzeit allem Anscheine nach fast ausschließlich Erzeugnisse mit mehr oder weniger vielfarbigen Glasuren, mithin nur solche, die der Chinese früher nicht gerade am höchsten bewertet haben wird. Sie sollen auch im 17. Jahrhundert noch keineswegs zu den Seltenheiten gehört haben. So muß man für die einfarbigen Stücke auch hier wieder zunächst zu dem Sammleralbum seine Zuflucht nehmen, in dem freilich nur Beispiele der ganz tiefvioletten Glasur sich abgebildet finden. Sie zeigen wiederum, daß auch für dies Erzeugnis oft genug die alten Bronzen die Vorbilder abgegeben haben. Namentlich eine Lampe in Form eines altertümlichen, sich windenden Drachen ist in dieser Beziehung besonders zu erwähnen. Sie stellt auch kein ganz kleines Stück dar. Unter den aus dieser Zeit anscheinend erhaltenen, mehr einfarbigen Stücken hat man dagegen erst sehr wenige mit diesem Erzeugnis in Verbindung zu bringen gewagt. Es sind dies vor allem ein purpurnes Räuchergefäß (London, Britisch. Museum) und zwei feurig rot glasierte Schalen mit aufrecht stehenden Wandungen (London, Vict. u. Alb.-Museum u. Nr. Guildford Slg. Eumorfopoulos), deren etwas wolkig gefleckte Glasur auffallend an die spätere, bekannte Rakuware der Japaner erinnert. Sie scheinen in der Tat recht alte Stücke zu sein, die wohl mit dem alten Kün-yao in Verbindung gestanden haben mögen.

Unter den übrigen in größerer Zahl noch erhaltenen und in vielen Sammlungen sich schon vorfindenden, mehrfarbigen oder gefleckten Stücken, die heute als altes Kün-yao angesehen werden, lassen sich aber etwa schon folgende vier durch zahlreichere Beispiele belegbare Typen feststellen: zunächst eine Gattung aus mehr oder weniger schmutzig braunem, oft nicht sehr fest gebranntem und dann porösem Ton, der mit einer mehr oder weniger glatten, lichten Glasur bedeckt ist, die bald grauer, bald bläulicher, daneben auch wieder mehr violett oder grünlich erscheint, am Grunde von Schalen aber auch oft ganz blaue Töne aufweist. Fast immer zeigen diese Stücke, vor allem die Schalen, auf ihrer Glasur einen oder mehrere rote, bräunliche oder violette, mehr oder weniger große Flecke, die vielfach in der Tat an gewisse Gebilde wie Fische, Libellen, Drachen, Blumen und dgl. erinnern (Taf. 2 oben rechts und unten Mitte; Taf. 11 unten). Sie werden darum auch jetzt von den Chinesen besonders geschätzt. Sehr oft aber ist die Glasur mit ganz feinen, freilich wohl erst nachträglich entstandenen Haarrissen überzogen; auch ist sie meist im Brande so stark herabgeflossen, daß sie am oberen Rande der Gefäße die in der Regel bräunlich gelbliche Masse hindurchscheinen läßt, indes sie unten wieder, meist ziemlich hoch über dem Fuß, ganz unregelmäßig dick abgetropft erscheint. Dieser Typus wird vor allem durch Schalen repräsentiert, dann auch durch Töpfe, Vasen und Räuchergefäße, die bisweilen auch durch etwas plumpe Reliefverzierungen belebt werden (Dresden, Porzellanslg.; London, Brit. Mus. [Taf. 11 oben]). Er ist der bei weitem häufigste, zu dem auch ein ganz besonders interessantes Stück der Sammlung Hirth im Herzoglichen Museum zu Gotha gehört, interessant, weil es ganz ungewöhnlicherweise unmittelbar datiert erscheint: es trägt die Marke des Kaisers Tschen Tsung, der in der Zeit von 1023—1064 regiert hat (Taf. 12 unten).

Mit Recht werden daher wohl derartige Stücke, wofern sie ein altertümliches Aussehen haben und auch genügend vom Alter mitgenommen erscheinen, von den chinesischen Kennern auf Grund von Grabfunden und dergl. in diese frühe Zeit oder auch, und zwar vor allem die weniger guten unter ihnen, in die folgende Zeit, die der Mongolen mit großer Entschiedenheit gesetzt, und so haben wir wohl keinen Grund, skeptischer zu sein als jene.

Diesem Typus reiht sich dann als zweiter ein bedeutend reizvollerer, aber auch viel seltener an mit wieder schmutziger, gelblicher oder bräunlicher, mehr oder weniger fest gebrannter Masse, die aber diesmal mit einer dicken, fettigen, zähen, unebenen Glasur von türkis- oder himmelblauer Farbe bedeckt ist, die stets rötliche oder dunkelblaue Flecken aufweist. Sie ist wieder nach unten zu unregelmäßig abgetropft. Dieser Typus wird vor allem dargestellt durch einen wundervollen Henkel-

lopf im Britischen Museum zu London (Taf. 11 oben), sowie andere Stücke in der
Sammlung Eumorfopoulos und Falck daselbst.   Sie gehören entschieden zu den
reizvollsten Stücken, die wir aus dieser Zeit besitzen oder mit ihr in Verbindung
bringen können.

Ganz anders als diese beiden Gattungen, deren Stücke sich noch sehr einfach
und meist auch recht plump in Form und Mache geben, erscheint dann die dritte,
die heute als altes Kün-yao angesprochen wird, so sehr, daß man sie kaum alle als
derselben Zeit und demselben Fabrikationsort angehörig ansehen möchte.   Sie sind
z. T. weit zierlicher und eleganter, straffer in der Formengebung und auch ungemein
sauber in der Arbeit.   Sie werden vor allem durch einige prächtige, große, unten
kugelige, oben sich trichterförmig erweiternde Vasen, die man für Blumentöpfe ansieht (Nr. Guildford, Slg. Eumorfopoulos Taf. 12 oben, London, Slg. Alexander; Baltimore, Sammlung Walters), dann durch wieder an Bronzevorbilder erinnernde Räuchergefäße, die denen der später zu erwähnenden (vgl. S. 60) Seladone verwandt
sind (Dresden, Porzellansammlung Tafel 10, London, Sammlung Eumorfopoulos;
Baltimore, Sammlung Walters), dargestellt, dann auch durch kleinere Schalen.   Sie
bestehen meist aus fester, rotbrauner Masse, sind aber meist dünnwandiger, als alle
vorhergenannten Arbeiten des Kün-yao und von z. T. sehr ausdrucksvoller, ge-
gliederter Form.   Ihr schönster Schmuck aber ist ihre eigenartige Glasur, die, in der
Grundfarbe ein bläuliches Grau oder Dunkelrot — wieder durch die launenhafte
Einwirkung des Feuers — dicht bei dicht völlig mit unregelmäßigen, kleinen, rötlichen
und violetten, bandartigen, sich schlängelnden Streifen durchzogen ist, die sie ganz
in ein feines, fröhliches, reiches Farbenspiel auflösen, wobei das Innere der Gefäße
oft eine andere Farbstimmung erhielt als das Äußere.   Es ist eine ganz ähnliche
Farbverteilung wie sie durch gleiche Einwirkung des Feuers dann später so viele
farbig glasierte Porzellane der letzten Jahrhunderte zeigen sollten (vgl. S. 152), die
gerade auf diesem Gebiete Großes geleistet haben, weshalb es wohl bis jetzt noch
keineswegs für ganz ausgemacht gelten kann, daß alle jene keineswegs sehr
schwerfällig und altertümlich erscheinenden Porzellane auch wirklich noch aus der
Zeit der Sungdynastie stammen und nicht vielmehr wieder spätere Nachahmungen
aus der des 18. Jahrhunderts darstellen, in der auch dieses Produkt gleich den übrigen
der Sungzeit nachweislich seine Nachahmung gefunden hat[17]).

Interessant aber ist, daß unter allen den bisher genannten, noch erhaltenen
Stücken des Kün-yao sich in der Tat eingedrückt als Marken vielfach die Zeichen
der ersten Zahlen finden, die nach der Angabe der chinesischen Quellen die alten
Stücke der Sungzeit einst besessen haben.   Sie scheinen zunächst für das hohe
Alter der betreffenden Stücke zu sprechen, können natürlich aber auch auf Nachbil-
dungen angebracht worden sein (vgl. Anm. [178]).

Daneben besitzen wir noch als vierten Typus einige Schalen von viel gröberer
Struktur, bei denen bei weitem breitere, hellfarbige, meist bläuliche, fadenförmige
Streifen im Innern in einer dunklen, unansehnlichen Glasur herabgeflossen sind, um
meist den Grund derselben glasartig durchsichtig, bisweilen auch mit lebhaft blauer
Farbe zu bedecken (Gotha, Herzogl. Museum, Nr. Guildford, Slg. Eumorfopoulos und
London, Benson).   Es sind bedeutend rohere und primitivere Erzeugnisse, als die zuletzt

genannten, die darum auch wieder weit besser in diese frühe Zeit hineinzupassen scheinen als jene, mit den übrigen jedoch heute als Kün-yao angesprochenen Stücken nur wenig zu tun haben.

9. Lung-ts'üan-yao.

Die bekanntesten, heute noch unter allen Sungporzellanen am häufigsten vorkommenden und darum wohl auch damals am zahlreichsten hergestellten Porzellane sind jedoch die meist etwas wäßrig grün glasierten, deren Scharffeuerglasur ihre charakteristische Farbe durch Eisenoxyd erhalten hat. Sie werden bei uns bekanntlich seit dem 18. Jahrhundert Seladone genannt, nach der Lieblingsfarbe eines damals in Paris besonders beliebten, einem Moderoman entnommenen Bühnenhelden. Sie stellen, nach den vielen erhaltenen Stücken zu urteilen, unzweifelhaft wieder Porzellane vor und sind es vor allem auch, nach denen wir uns heute zunächst für gewöhnlich unsere Vorstellung von den Erzeugnissen dieser Zeit zu machen pflegen, obwohl sie doch nur einen ganz bestimmten und keineswegs den besten Typus derselben repräsentieren. Grün glasierte Erzeugnisse hat es, wie oben bereits dargestellt (vgl. S. 23), schon vom Beginn des chinesischen Porzellans an gegeben. Dann ward, wie gleichfalls gezeigt (vgl. S. 25), ein solches Erzeugnis auch während der T'angdynastie hergestellt. Nun aber in der Sungzeit ward es ein bei weitem häufigeres Produkt, das auch gleich an einer ganzen Reihe von Orten fabriziert ward. Im Mittelpunkte dieser aber und alle anderen hinsichtlich der Güte seiner Erzeugnisse überragend, stand der Ort Liu-t'ien, in der Nähe von Lung-ts'üan in der Provinz Tschekiang gelegen, weshalb die hier hergestellten Waren meist den Namen Lung-ts'üan-yao erhielten. Diese bestanden aus einer ursprünglich weißen Masse die sich aber wieder im Feuer, weil stark eisenhaltig, genau wie beim Kuan-yao, vielfach, wenn auch durchaus nicht immer, rot zu färben pflegte; und waren mit einer bald heller, bald dunkler grünen, oft auch etwas bläulichen Glasur (ts'ing tze) bekleidet, die am häufigsten wieder mit den Sprossen junger Zwiebeln, daneben auch mit nassem Moos, der Schale junger Gurken oder auch wieder mit Jade und frischem Weidenlaub verglichen wurde. Doch war die Zwiebelgrüne die bei weitem häufigste und geschätzteste. Sie ward vielfach der grünen Gattung des Kün-yao gleichgesetzt. Alle diese Erzeugnisse werden weiter als dickwandig und fest geschildert. weshalb sie gegenüber den berühmteren dieser Zeit auch nicht so leicht zerbrachen, Doch führte dies naturgemäß zu einer gewissen Derbheit und Plumpheit der Formbehandlung und, weil man damals in ihnen auch keine berühmten Bronzevorbilder zu kopieren pflegte, so war ihre geringere Wertschätzung nur zu erklärlich. Porzellan aber muß auch ihre Masse gewesen sein. Dies bezeugen zwar nicht die Quellen ausdrücklich, um so mehr aber die heute noch so zahlreich erhaltenen Beispiele derselben. Nur daß freilich bei der Dicke des Scherben die besonderen Eigenschaften dieses Stoffes, seine relativ große Härte allein ausgenommen, in keiner Weise zur Geltung kommen konnte.

So war das gewöhnliche Erzeugnis von Lung-ts'üan beschaffen. Daneben aber erhielt es zu einer bestimmten Zeit — es scheint im 12. Jahrhundert gewesen zu sein — eine starke Veredlung durch zwei Brüder Tschang mit Namen, die, beide für sich

arbeitend, verwandte, aber doch nicht ganz übereinstimmende Typen schufen, von
denen die des älteren (Scheng-yi) Ko-yao d. h. „des Älteren Porzellan", die des
jüngeren (Scheng-ör) Tschang Lung-ts'üan-yao oder auch nur Tschang-yao genannt
wurden. Diese Veredlung bestand zunächst in einer Verbesserung der Masse, die
bei ersterem als eine feine, braune, bei letzterem als eine feine, weiße, fette Erde
geschildert wird, in beiden Fällen aber wieder eisenhaltig war, so daß sich auch
an ihren Erzeugnissen Füße und Ränder im Brande wieder rot färbten. Dann in
einer Verbesserung der Glasur, die bei beiden bald heller, bald dunkler grün ausfiel,
ganz besonders aber an den Erzeugnissen des jüngeren Bruders gerühmt ward. Sie
ward wieder mehrfach um ihrer Reinheit willen mit Jade verglichen. Doch scheinen
sich bisweilen an ihr kleine Erhebungen befunden zu haben, die Tautropfen glichen.
Alle diese Erzeugnisse aber waren mehr oder weniger dünnwandig und viel hübscher
und feiner ausgestattet als die gewöhnlichen Erzeugnisse aus Lung-ts'üan-yao.
Der Hauptunterschied zwischen ihnen jedoch war, daß das des älteren, d. h. das
Ko-yao immer haarrissig war, indes das des jüngeren ganz oder fast ganz glatt
blieb. Diese Haarrisse waren der schönste Schmuck des Ko-yao; sie traten jedoch
meist ziemlich schwach, wie „versteckt" auf, wurden aber fast immer wieder mit
„Fischlaich"[68]) verglichen. So ward es auch wohl „hundertfach gekracktes" Porzellan genannt. Der ältere Bruder soll daneben aber auch noch einige andere Glasuren verwandt haben, so wieder eine reisfarbene (mi sê), eine steinfarbene und
eine bleichviolettblaue (fen ts'ing). Am meisten geschätzt jedoch wurde immer
die grüne sowie die reisfarbene. Doch soll die Glasur des Ko-yao nicht immer
geglückt sein: auch sie erhielt im Feuer bisweilen (vgl. S. 38) dunklere, farbige
Flecke, die dann wohl wieder an tierische Gebilde erinnerten, oder ward braun,
gelb oder rot. Die gelungenen Erzeugnisse der beiden Brüder aber gehörten immer
zu den berühmten, geschätztesten dieser Zeit. Sie sind daher auch stets sehr gesucht
gewesen, da sie aber meist nicht so dünnwandig waren, wie die übrigen, auch meist
in späterer Zeit noch häufig aufgefunden worden.

Die Herstellung dieser besseren Erzeugnisse hat jedoch innerhalb der Gesamt-
fabrikation von Lung-ts'üan nur eine kurze Periode dargestellt. So groß aber war
hier die Fabrikation der gewöhnlicheren Ware, daß sie bald das erste Porzellan
ward, mit dem man dann auch das Ausland beglücken, mit dem man einen flotten
Exporthandel beginnen konnte und gleich auch in dem erstaunlichen Maße, daß
dieser sich, wie heutige Funde zeigen, nicht nur auf die Nachbarländer Chinas,
auf Japan, Indien und die Philippinen sowie die Sundainseln, sondern auch bis
Persien, dann sogar bis Afrika: bis Ägypten und Marokko, ja selbst bis Zanzibar
erstreckte und überall dem Anscheine nach nicht gerade unbeträchtliche Mengen ab-
setzte[59]). Ja auch die beiden Stücke, die bisher als die frühesten von allen erhaltenen, nach Europa gelangten zu betrachten sind, die bereits erwähnten, in schönen
alten Fassungen befindlichen Schalen im Museum Fridericianum zu Cassel (Taf. 22)
wie im New Colleg in Oxford gehören dieser Gattung an, wenn sie auch wohl
ziemlich späte Vertreter derselben darstellen (vgl. S. 71). Daneben soll aber damals
auch „weißes" Porzellan ausgeführt sein[60]) und graues, mit Haarrissen findet sich
gleichfalls vielfach auf den Inseln des Indischen Archipels[61]). Ersichtlich ging damals

das chinesische Porzellan aus, sich als ein völlig konkurrenzloses Produkt die ganze
zivilisierte Welt zu erobern. Das Seladon ist aber dadurch das wichtigste Dokument
zur Feststellung des damaligen Außenhandels der Chinesen geworden.

*　　*　　*

Groß ist so in der Tat die Zahl der Seladone, die heute sich noch erhalten
haben, nicht zum wenigsten wohl auch infolge ihrer Dickwandigkeit und der daraus
hervorgehenden Unzerbrechlichkeit. Der alles übertreffende Bestand derselben aber
befindet sich heute in dem berühmten, früher so unzugänglichen Schatzhause des
alten Serais zu Konstantinopel, bis jetzt hier freilich zum größten Teil noch in unterirdischen Depots magazinartig aufgestapelt und daher so gut wie unbesehbar[62]).
Bis zu einem Tausend kann man wohl ihre Zahl schätzen, worunter sich die wunderbarsten und größten Stücke befinden, die man bisher von ihnen gesehen, und
auch die mannigfachsten Spielarten, die dies Produkt bei weitem reicher und bedeutender erscheinen lassen, als man dies wohl bisher anzunehmen geneigt war. Sie
stellen sicherlich die reiche Kriegsbeute dar, die einst die türkischen Sultane im
westlichen Asien auf ihren Eroberungszügen zusammengebracht haben, und können so
z. T. wohl auch als eine Auslese dessen, was damals von ihnen dort aufgefunden
wurde, betrachtet werden. Ihre erstaunlich große Anzahl jedoch beweist zusammen
mit dem Umstande, daß auch im Konstantinopler Kunsthandel derartige Produkte
heute noch gar nicht so selten sind (weshalb sie dort auch gar nicht so sehr bewertet
werden), wie enorme Quantitäten von ihnen einst nach Persien und weiter hinaus
gelangt sein müssen. Sie werden hier auch noch immer, wie in alter Zeit, mit dem
etwas seltsamen Namen Martabani bezeichnet, nach dem bekannten Hafenplatz in
Birma, an dem vielleicht meistens die Umladung dieser Waren auf ihrer Reise nach
dem Westen stattfand. Einen gleichfalls beträchtlichen, aber freilich nicht entfernt
so reichen und kostbaren Bestand besitzt dann dort weiter das kaiserliche Museum.
Bei uns findet sich die größte Anzahl, die aber in China in unserer Zeit zusammengebracht worden ist, als Sammlung Hirth im Herzoglichen Museum zu Gotha, weitere
Stücke als Funde von den Inseln des indischen Archipels im etnographischen Museum
zu Dresden, im Britischen Museum und in den englischen Sammlungen Kirk und
Poyser, sowie im Museum Cernuschi zu Paris und dem keramischen in Sèvres,
vereinzelte Stücke in vielen anderen Museen. Auch sollen sich wundervolle Stücke
im Kreml zu Moskau erhalten haben[63]). Dann aber ist auch Japan noch voll von
solchen Produkten: es gibt hier kaum einen Tempel, der nicht eins oder mehrere
derartige Stücke besäße und auch auf dem Kunstmarkt spielen sie darum, zumal die
Japaner für sie noch heute eine große Neigung besitzen, eine ziemliche Rolle[64]).
Wahrscheinlich sind sie hierher schon ziemlich früh durch die einst so üblichen
Plünderungen der chinesischen Küsten gelangt. So aber liegt hier in der Tat ein
Bestand vor, so reich, wie wir ihn von keiner anderen Gattung von Sungporzellanen
heute noch besitzen.
Doch sind diese Erzeugnisse auch wirklich wieder alle Arbeiten der Sungzeit?
Sind sie ferner auch alle damals in Lung-ts'üan selber hergestellt worden? Fest

steht, daß kein Erzeugnis dieser Zeit so viel und bis in so späte Zeit nachgebildet worden ist, daß keiner der damals geschaffenen Typen eine so starke Lebenskraft bewiesen hat, wie gerade dieser. Bis in die jüngste Zeit sind in China „Seladone" fabriziert worden. Doch schon zur Sungzeit selber taten sich mehrere derartige Fabriken auf, die alle verwandte Produkte schufen. So vor allem wieder an jenem Orte, der später der Hauptsitz der gesamten Porzellanindustrie Chinas werden sollte, in Kin-tĕ tschen[65]. Dort soll es am Beginn dieser Zeit Arbeiter gegeben haben, die allein dies Erzeugnis nachahmten, freilich unbekannt, mit welchem Erfolge. Doch werden sicherlich deren Erzeugnisse, da das dort sich findende Kaolin keinen besonders starken Eisengehalt besitzt, nicht jene roten Füße und Ränder besessen haben, die für die in Lung-ts'üan hergestellten charakteristisch gewesen sind. Dann aber wagte man zu dieser Zeit, da mit diesen Erzeugnissen der chinesische Außenhandel in Porzellan begann, dieselben sogar schon außerhalb Chinas in den Nachbarländern nachzubilden. Zunächst in Korea selber, wo das Seladonporzellan damals sehr geschätzt war, und schon mit ziemlich großem Erfolg. Die dort hergestellten Seladone sollen dünnwandig, aber etwas bleich im Ton gewesen, nach den Formen des Ting-yao gestaltet und z. T. auch verziert, sonst aber auch mit weißen Blumen dekoriert gewesen sein. Letztere wurden aber am Ende dieses Zeitraums nicht besonders geschätzt. Dann weiter zu Sawankalok in Siam[66]), wenn auch hier noch recht ungeschickt. Dann aber wurde auch die in Lung-ts'üan betriebene Fabrikation durch den Sturz der Sungdynastie am Ende dieser Periode keineswegs unterbrochen: sie ward auch in der Mingzeit ununterbrochen fortgesetzt und zwar, wie es scheint, bis zu deren Ende; nur daß jetzt — man weiß nicht aus welchem Grunde — die Herstellung derselben nach K'ü-tschou fu in der Provinz Tschekiang verlegt ward. Doch galten die hier hergestellten Erzeugnisse für recht minderwertig, namentlich hinsichtlich der Farbe der Glasur wie auch der ganzen Mache und des Brandes. Im übrigen waren auch sie aus weißer, aber grober Erde hergestellt, die, da deren Rotwerden im Brande nirgends erwähnt wird, diese Farbe wohl auch nach demselben noch beibehielt. Dann aber ist seit der diese ablösenden Dynastie der Ts'ing (1644—1912) seladongrünes Porzellan bis in unsere Zeit hinein ein ständiger Fabrikationsartikel in Kin-tĕ tschen gewesen, vor allem in großer Zahl, zur Zeit des Kaisers K'ang-Hi (1662—1722), daneben auch seit dem Kaiser Yung-tscheng (1723—1736) in der Provinz Fukien, wenn auch mit weniger Erfolg[67]). Und schließlich hat auch noch Japan, das immer eine gewisse Vorliebe für dies Erzeugnis besessen, seit Jahrhunderten dasselbe hergestellt. So muß die Gesamtsumme der an allen diesen Orten im Laufe der Jahrhunderte hergestellten Seladone in der Tat einst eine ganz ungeheure gewesen sein, die für uns daher auch ihre Trennung nach ihren verschiedenen Fabrikationsstätten und Zeiten ganz außerordentlich erschwert.

Eins steht jedoch auch hier fest: daß auch wieder von den allerfeinsten Erzeugnissen dieser Gattung, d. h. von jenen Arbeiten, die einer der obengenannten Brüder Tschang geschaffen haben, und die sich dann immer des größten Rufes erfreut haben, sich kaum irgendeins diesen mit voller Sicherheit zuzuschreibendes Beispiel erhalten hat. Wir müssen daher auch hier wieder zunächst unsere Zuflucht zu dem Sammleralbum Hiang's, nehmen, in dem freilich keins der dort abgebildeten Stücke mit den

Arbeiten des jüngeren Bruders unmittelbar in Verbindung gebracht wird. Aus ihm aber geht hervor, daß auch hier wieder die besten Stücke Nachbildungen alter Bronzearbeiten gewesen sind. So sehen wir z. B. einen Weinbehälter in Gestalt eines ganz altertümlich stilisierten Rhinozeros, eine Öllampe in Form eines kahlen Zweiges mit Klauenfüßen; an einem anderen Weinbehälter erblickt man den Deckel mittels Porzellanketten befestigt u. dergl. m. Daneben aber gibt es gerade hier schon mehrere Gefäße, die rein keramisch erdacht sind, darunter als schönstes Beispiel ein kleines Wassergefäß mit Deckel auf hohem, schlankem Fuß, das mit recht feinen, einzelne Blumen und Pflanzen darstellenden Reliefs verziert ist (Taf. 13 links). Alle diese Stücke werden ganz allgemein als Lung-tsüan-yao bezeichnet. Als Ko-yao dagegen wird nur ein einziges Stück abgebildet, ein Pinselhalter in Form eines zackigen Felsengrats. Es ist ganz mit Haarrissen überzogen, aber nicht mit jenen feinmaschigen, die dies Produkt nach den chinesischen Quellen meist gehabt haben soll und die mit Fischlaich verglichen zu werden pflegten, sondern mit jenen langlinigen, die als gebrochenes Eis bezeichnet wurden. Fast alle diese Stücke erscheinen ein wenig plumper und auch einfacher, als die hier abgebildeten Stücke der bisher erwähnten, geschätztesten Gattungen dieser Zeit. So entsprechen sie durchaus den Beschreibungen, die die alten chinesischen Schriftquellen von ihnen gegeben haben.

Von den bei uns noch erhaltenen Stücken hat man dagegen bisher nur ganz wenige um ihrer ungewöhnlicheren Qualität willen als Arbeiten eines der beiden Brüder anzusprechen gewagt, so als solche des jüngeren eine buddhistische Opferschale (Patra) im Herzoglichen Museum zu Gotha, die, tiefer grün glasiert, innen mit ganz altertümlichen, in breiten Linien gezeichneten Figuren und Schriftzeichen, außen mit Mäandermustern und Pflanzenornamenten verziert ist, ein in der Tat sehr schönes und eigenartiges Stück (Taf. 15 ob.), dann eine flache auf drei Füßen stehende Schale der Sammlung Eumorfopoulos in Nr. Guildford, die in der Mitte eine unglasierte, im Brande rot gewordene Rosette zeigt, und sich durch eine ganz ungewöhnlich schöne, blaugrüne Glasur auszeichnet. Das schönste Stück der Ko-yao-Art aber besitzt vielleicht die Dresdner Porzellansammlung in einer dünnwandigen, blumenkelchartig leicht eingezogenen Schale aus bräunlicher Masse mit einer wundervoll blaugrünen, glatten und weichen Glasur, die ganz mit rötlichen Haarrissen überzogen ist, die aber wieder nicht die „Fischlaich"form, sondern, wie das im Sammleralbum abgebildete, solche von „geborstenem Eis" zeigen (Tafel 2 unten links). Es ist unzweifelhaft eins der schönsten Stücke, die uns aus der Sungzeit erhalten sind, zugleich auch eins der wenigen, deren Glasur uns den von den Chinesen den Erzeugnissen dieser Zeit gegenüber so oft gebrauchten[66]) Vergleich mit Jade verstehen lassen. Ihm kommt wohl nur eine ähnliche Schale der Sammlung Eumorfopoulos in Nr. Guildford (Taf. 20 unten) einigermaßen nahe.

Doch darf auch hier nicht vergessen werden, daß auch das Ko-yao vielfach nachgeahmt worden ist, so schon in der Sungzeit zu Yung-ho tschen in der Provinz Kiangsi (vgl. S. 50), dann während der Mongolenherrschaft. Doch erzielte man damals zwar immer noch eine schöne Farbe, bediente sich aber dabei einer groben Erde. Dann in der Mingzeit, wo es jedoch gar nicht gelingen wollte, Stücken aus sich rot brennender Erde eine haarrissige Glasur zu geben Es ist vor allem wieder der

bereits erwähnte (vgl. S. 39) Hu-Kung in Kin-tê tschen gewesen, daneben auch
ein gewisser Ngou zu Yi-hing in der Provinz Schantung, die dies mit großem
Erfolge versucht haben. Dann aber ist schließlich der Name Ko-yao die Bezeichnung für alle Porzellane geworden, die mit einer grauen oder graugrünlichen, haarrissigen Glasur überzogen wurden. Sie haben, wie allein schon der reiche Bestand
an derartigen Erzeugnissen im Museum in Sèvres zeigt, mit dem alten Ko-yao
nicht viel mehr zu tun und zeigen auch wieder meist die feineren und zierlicheren
Formen der neueren Zeit (Taf. 20 oben).

Diesen wenigen Ausnahmestücken treten dann aber als Hauptmasse die übrigen
oben erwähnten, noch so zahlreich erhaltenen seladongrünen Porzellane gegenüber,
die sich durch ihren besonderen Charakter als eine ganz fest zusammengehörende
Gruppe charakterisieren. Es sind dies in überwiegendem Maße große, flache Schalen,
bisweilen sogar von erstaunlicher Größe — fast $^3/_4$ Meter beträgt der Durchmesser
der bisher bekannten größten — daneben aber auch tiefe, dann solche mit doppeltem
Boden (Chu-ko-wan), Becher, kelchartige Weinschalen oder Opfergefäße, Flaschen,
Dreifüße, Räuchergefäße, Gartensitze, ja selbst Figuren (Taf. 2 unt. Mitte u. rechts, Taf. 14,
15 unt., 16, 17). Sie bestehen sämtlich aus aus einer festen, im Feuer meist wieder an
den freiliegenden Stellen rot gewordenen porzellanartigen Masse[49]), die besonders
deutlich an den für diese Stücke typischen breiten, glasurlosen Ringen an der Unter-
seite der größeren Schalen zutage tritt, unter denen einst die Stützen für den Brand
gestanden haben. Diese Ringe sind glasurlos, damit letztere nicht anbrannten und
immer — sicherlich um das Einsinken des breiten, flachen Bodens zu verhindern —
zwischen Mitte und Rand angebracht. Fast alle diese Stücke sind von ansehnlicher
Größe, was schon auf eine sehr gewandte Feuerbeherrschung schließen läßt, zugleich
aber auch dickwandig und machen so einen etwas plumpen Eindruck. Doch fällt
bei sehr vielen gegenüber den bisher besprochenen erhaltenen Porzellanen dieser Zeit
schon eine reichere Formengebung auf: schon ist die Silhouette der Gefäße belebter,
vielfach durch scharf sich absetzende Füsse oder angesetzte, ringförmige oder fratzen-
artige Griffe. Auch besitzen die Schalen meist schon einen für sich ausgebildeten
Rand, der mit Vorliebe eingezogen oder zur Mitte hin gerippt ist. Mehrfach auch
wird man wieder an Bronzevorbilder erinnert, ja einige scheinen unmittelbare Kopien
von diesen zu sein (Taf. 16 unt.). Dann sind sie auch vielfach mit aufgelegten, z. T.
unglasierten und darum wieder rot gewordenen Reliefs verziert, so einmal mit
Rosetten, weiter mit Fischen (Tafel 18), wie dies schon die chinesischen Quellen
von diesen Arbeiten berichten, dann auch mit großen oder kleinen Drachen. Alle
diese Gefäße bestätigen damit noch einmal die bisher schon gegenüber den Erzeugnissen der Sungzeit ausgesprochene Ansicht, daß auch in dieser Zeit die chinesische Keramik ihre reichere Formgebung in erster Linie noch der alten Bronzekunst verdankte. Hauptschmuck aber dieser Stücke ist auch hier wieder, wie bei
den besten Erzeugnissen des Ting-yao, die unter der Glasur in die Masse vertiefte
Ornamentik, die bald linear eingeritzt, bald — und dies ist das bei weitem Häufigere — leicht schräg eingeschnitten oder auch mit Formen eingedrückt worden ist,
wodurch sie sich infolge der nun in verschiedener Dicke darüber glatt lagernden,
immer durchsichtigen grünen Glasur dunkel und in feinen Abschattierungen von dieser

abhebt. Sie erhalten dadurch eine ungemein weiche und dezente Belebung, die aber
niemals weichlich wirkt. Denn nicht nur bleibt die Ornamentik stets groß im Maßstabe: ungemein kühn und schwungvoll sind bei dem einen Teil die die Motive nur
andeutenden Linien in den Grund eingeritzt, groß und ausdrucksvoll bei dem anderen
die Ornamente in die Tiefe modelliert. Gleichzeitig tritt die Ornamentik niemals
überladen auf; sie fehlt vielfach auch ganz. Alles an Reichtum und Kühnheit der
Ornamentik aber übertreffen einige gewaltige Schalen des Schatzhauses in Konstantinopel: hier bedecken wild bewegte Pflanzenmotive mit vielen Einzelheiten Boden
wie Ränder und geben so noch heute ein beredtes Zeugnis ab von jener meister-
haften Linienkunst, durch die die Malerei dieser, wie auch der T'angzeit ihre
höchsten Triumphe gefeiert hat. Die Ornamentik aber dieser Stücke hält sich hinsichtlich ihrer Motive in erster Linie wieder an die Pflanzenwelt — vor allem ist
es die dann auch später im chinesischen Porzellan so beliebte Päonie mit ihren
großen, deckenden Blättern, die alle übrigen Pflanzenmotive an Häufigkeit der Verwendung übertrifft — daneben erscheinen Drachen und, wenn auch sehr selten,
menschliche Figuren, letztere in sehr altertümlicher, fremdartiger Darstellung.
Auch geometrische Musterung, darunter der Mäander, tritt auf, z. T. auch schon als
Grundmusterung.

Hinsichtlich der Farbe der Glasur kann man dann ganz deutlich zwei Gruppen
unterscheiden. Zunächst als hauptsächlichste eine solche mit mehr blattgrüner Glasur, die sich aber heller oder dunkler, wärmer oder kälter geben kann, bisweilen
auch stark ins Olive oder Bläuliche fällt und so die verschiedensten Nüancen zeigt,
dann — wenn auch, wie es scheint, als eine gegenüber dieser nur ganz kleine —
eine solche mit lichter, fast mehr hellgrau als grün erscheinender (Schatzhaus Konstantinopel), die aber, da sie genau dieselbe bereits oben beschriebene, flott eingeritzte
Ornamentik zeigt, wie erstere, auch derselben Zeit angehören muß. Immer jedoch
liegt die Glasur wie bei den meisten uns bekannten Erzeugnissen der Sungzeit dick
auf, erscheint aber an den besten Stücken ungemein glasig, durchsichtig, rein und glatt,
bei minderwertigeren Stücken dagegen manchmal etwas trüb, wie leicht geronnen.

Unbedenklich kann man diese ganze Gruppe zum größten Teil als wirkliche Erzeugnisse der Sungzeit ansprechen, dann auch wohl der folgenden Zeit, der der Fremdherrschaft der Mongolen (Yüanzeit), nach welcher erst diese Fabrikation nach K'ü-
tschou fu verlegt ward. Denn einmal kann ein so altertümlicher und noch so ungemein großzügiger Charakter durchaus einer so frühen Zeit angehören, dann auch weil
die Vorzüglichkeit ihrer ganzen Mache und nicht zum wenigsten ihrer Glasur in gar
keiner Weise den so abfälligen Kritiken entsprechen, die die chinesischen Quellen, wie
erwähnt, ihren späteren Nachahmungen zu K'ü-tschou fu in der Mingzeit haben zuteil
werden lassen. Müßten wir doch sonst, da diese Stücke die schönsten Seladone aus
alter Zeit darstellen, die wir überhaupt kennen, annehmen, daß von denen der Sungzeit trotz ihrer gerühmten Festigkeit sich auch nicht ein einziges Beispiel heute mehr
erhalten hätte. Doch diese frühe Datierung wird völlig bewiesen durch die Münzen,
die mit ihnen bisweilen gefunden worden sind, so in Zanzibar, Singapore [70]) und
dann auch in China selber, so daß ein Zweifel in der Tat nicht mehr möglich sein
kann. Ebensowenig aber darf man wohl auch Bedenken tragen, diese Porzellane

in der Hauptsache als Erzeugnisse von Lung-ts'üan anzusprechen und nicht als solche der Fabriken, die schon damals verwandte Produkte herstellten. Denn wiederum müßte man dann ohne allen Grund annehmen, daß die der Hauptfabrik dieser Zeit heute bereits sämtlich verschwunden wären. So aber geht aus der Fülle der heute noch erhaltenen derartigen Stücke hervor, daß die Produktion an diesem Orte eine ganz ungeheure gewesen sein muß, nicht minder aber auch, daß, da die Stücke, die außerhalb Chinas gefunden sind, meist in keiner Weise den in China auftauchenden nachstehen, und auch sonst sich völlig gleichen, man damals für den Export keineswegs eine besondere, minderwertigere Exportware angefertigt hat. Nur daß damals das Ausland, wie es scheint, ganz besonders die mehr oder weniger großen Schalen begehrt hat.

Für die Mingzeit, d. h. für die damals in der nach K'ü-tschou fu verlegten Fabrik hergestellten, so bedeutend minderwertigeren Erzeugnisse bleibt dann noch eine große Anzahl von Seladonen übrig, deren ganze Arbeit, deren Masse, die bald wieder rötlich, bald weißlich ist, sie in der Tat als eine ganz andere Art von Erzeugnissen kennzeichnen. Auch ihre Formgebung und ihre Ornamentierung erscheint viel kleinlicher, viel weniger schwungvoll. Doch scheint man jetzt auch, wie dies damals auch sonst beim chinesischen Porzellan geschah (vgl. S. 88), Gefäße mit durchbrochenen Wandungen hergestellt zu haben. Besonders mäßig aber ist auch ihre Glasur: es fehlt ihr immer, sei sie auch jetzt wieder mehr blattgrün oder, was die Regel zu sein scheint, wieder ganz licht graugrün, der Glanz und vor allem die durchsichtige Klarheit der der Sungzeit zuzuschreibenden Stücke. So sind viele von diesen Arbeiten in der Tat recht minderwertige Leistungen. Derartige Stücke scheinen jedoch bisher vor allem nur außerhalb Chinas gefunden zu sein, so wieder in Zanzibar und auch auf den Sundainseln (Tafel 19). Es gehören dazu auch einige ganz bleich grün glasierte Schalen des Schatzhauses zu Konstantinopel, die, schon recht dünnwandig und äußerst flüchtig und unsauber fabriziert, mit einigen flüchtig in weißer, leicht erhabener Masse über die Flächen gestreuten Zweigen verziert sind, d. h. in jener Technik, die man heute als pâte-sur-pâte-, Barbotine-, oder Slipdekoration zu bezeichnen pflegt und die gerade für die Mingzeit ganz besonders charakteristisch zu sein pflegt. Sie scheinen durch deren Anwendung von neuem die Entstehung dieser Porzellangruppe in der Mingzeit zu beweisen.

Die Seladone, die dann in der letzten Periode des chinesischen Porzellans, der der Ts'ingdynastie (1644—1912) in Kin-tê tschen angefertigt worden sind, unterscheiden sich dann wieder aufs deutlichste von den bisher genannten durch die Feinheit ihrer Formen, der Mache, und dem Reichtum und der Kleinlichkeit der Ornamentik. Auch ist die Glasur immer lichter, als die der lebhafter grünen Seladone der alten Zeit und wird dies nur um so mehr, je weiter man sich dem Ende dieser Periode nähert. Die Chinesen selber haben sie damals z. T. als besser als die der Sungzeit angegeben und so ist eine Verwechslung mit jenen so gut wie ausgeschlossen [71]).

Eine besondere Stellung für sich nehmen dann die Seladone ein, die in Korea z. T. in alten Gräbern vor allem nach dem letzten japanisch-chinesischen Krieg gefunden worden sind und die so ziemlich den Beschreibungen entsprechen, die die

alten chinesischen Quellen von den koreanischen Nachbildungen der chinesischen
Seladone gegeben haben. Zwei stark voneinander abweichende Gruppen kann
man hier unterscheiden: zunächst eine solche mit steinzeugartigem, rotbraunem Scherben, daneben aber auch aus porzellanartiger Masse, die mit einer grauen, grünlichen
oder bläulichen dünnen Glasur überzogen sind, unter der in weißer, schwarzer oder,
wenn auch sehr selten, bläulich roter Masse oft die zierlichsten, stark stilisierten
Naturmotive, vor allem aus der Pflanzenwelt eingelegt sind. So scheinen sie jenen
von den chinesischen Quellen erwähnten Erzeugnissen Koreas, die mit weißen Blumen
dekoriert gewesen sein sollen, zu entsprechen; nur versteht man gegenüber der
Feinheit ihrer Ornamentik nicht ganz die geringe Wertschätzung, die ihnen damals
in China zuteil geworden ist (Hamburg, Mus. für Völkerkunde: Sammlung H. C. E.
Meyer; London, Sammlung Pye; Seoul, koreanisches Museum). Die andere Gruppe
dagegen scheint jenen koreanischen Erzeugnissen zu entsprechen, die nach den Erzeugnissen des Ting-yao sowohl geformt wie dekoriert gewesen sein sollen. Es
sind spitz nach unten zulaufende Schalen, wie solche gerade für das Ting-yao der
Sungzeit charakteristisch sind, mit einer meist bedeutend kräftiger grünen Glasur überzogen, unter der sich eine sehr feine, z. T. auch schon ungewöhnlich reiche Pflanzen-,
seltener Tierornamentik auf vertieftem Grund befindet (Nr. Guildford, Sammlung
Eumorfopoulos; London, Sammlung Alexander; Dresden, Porzellansammlung usw.)[72]).
Diese Erzeugnisse scheinen alle, vor allem aber die feinsten unter ihnen, aus
der Zeit bis zum Ende des 14. Jahrhunderts zu stammen, seit welcher Zeit den
Toten keine Grabbeigaben mehr mitgegeben sein sollen, und stellen so ausgeprägte
Typen dar, daß sie mit den chinesischen Seladonen kaum je verwechselt werden
können[73]).

10. Kien-yao.

Kien-ngan und Kien-yang in Fukien und damit in einer Provinz gelegen, die
später ein bleibender Sitz der Porzellanindustrie werden sollte, an dem eine ganz
besondere Spezialität derselben hergestellt ward (vgl. S. 77), waren dann ausschließlich berühmt durch die Fabrikation von Erzeugnissen mit bläulich schwarzer, glänzender, über und über braun gestrichelter Glasur, die der Chinese als „Hasenfell"-
glasur zu bezeichnen pflegt, die, wie erwähnt (vgl. S. 42, 51), vielleicht auch bisweilen
in Ting-chou und Kün-chou hergestellt ward. Über die künstlerische Wertschätzung
dieser Arbeiten ist man in China immer sehr geteilter Ansicht gewesen. Darin aber
war man sich einig, daß von keiner anderen Gattung dieser Zeit sich Schalen so
gut zum Teetrinken eigneten, als gerade von diesen, einmal weil man empfand, daß
hellfarbiger Tee am besten in schwarzen Gefäßen sich ausnähme, dann auch, weil
deren Dicke ihn am längsten warm erhielt. Teeschalen waren daher in diesem
Material immer ganz besonders gesucht. Teeschalen dieser Art haben sich daher
(London, Brit. Museum und Sammlung Benson), bisweilen auch kleine Töpfchen
(Dresden, Porzellansammlung) erhalten, die mit diesen Erzeugnissen vielleicht in Verbindung stehen mögen (Taf. 21 unten). Daneben werden ganz verwandte Schalen
vielfach auch in Japan gefunden, hier als Temmoku bezeichnet und fast noch mehr

geschätzt als in China selber. Weshalb sie auch mit Meisterschaft in Seto, dem berühmten Töpferorte jenes Landes, vielfach nachgeahmt worden sind, so daß es heute nicht leicht ist, auf diesem Gebiete chinesische von japanischen Fabrikaten zu unterscheiden. Ihre Masse stellt aber niemals Porzellan, sondern nur ein hell- oder dunkelbraunes Steinzeug dar.

*   *   *

Damit dürfte die Aufzählung der wichtigsten Fabrikationsstätten dieser Zeit beendet sein, damit auch die der Typen, die sich heute noch mit diesen in Verbindung bringen lassen. Daß es daneben noch manche gibt, bei denen dies noch nicht möglich ist, erscheint selbstverständlich. Doch handelt es sich hier nie um unverkennbare Porzellane, auch meist um wenig künstlerische Erzeugnisse. Unter diesen soll hier noch der Vollständigkeit halber auf jene in letzter Zeit so zahlreich aufgetauchten, aber dann gleich stark überschätzten, großen, säulenartigen, ganz schwach und vielfach leicht grün glasierten Vasen hingewiesen werden, die in seltsamer Weise ringsum mit frei stehenden, kleinen Figuren, Tieren und dergl. besetzt sind. Sie sollen wieder Grabbeigaben gewesen sein, deren Bedeutung man freilich bisher nicht kennt, können jedoch z. T. einer noch früheren Zeit als der hier vorliegenden, z. T. aber auch einer bedeutend späteren angehören. Auf den Namen von Kunstwerken können sie jedoch wohl schwerlich Anspruch erheben (abgebildet z. B. Bushell, Chinese Art Bd. II S. 7).

———

B. Zeit der Yüan- und Mingdynastie.

1280—1643.

Auf die Sungperiode, die im Jahre 1279 erlosch, nachdem sie zuletzt doch nur noch über die südliche Hälfte Chinas zu herrschen vermocht hatte, folgte die der fremden Eroberer aus dem Norden, der Mongolen, die zuerst unter dem schrecklichen Tschingis-Khan ganz Asien und einen großen Teil von Europa in Erschütterung gebracht hatten, dann aber unter seinem nicht minder gewaltigen Enkel Kublai-Khan, der die Eroberung Chinas vollendete und dann auch in dieses Land den Schwerpunkt seiner Macht verlegte, die eroberten und z. T. gänzlich zerstörten Reiche wieder zu geordneten Zuständen zurückzuführen strebten. Hierbei zeigten sie sich, nachdem sie anfangs so ziemlich alles, was ihnen in den Weg gekommen in tollem Fanatismus zerstört hatten, später, wie derartige Eroberer in der Regel zu tun pflegen — man denke nur an die Germanen, die zur Zeit der Völkerwanderung in das römische Imperium eindrangen — durchaus nicht mehr als Feinde von Kultur und Gesittung und sonstiger geordneter Zustände; im Gegenteil, sie erkannten deutlich genug deren große Segnungen, die ihnen eine bedeutende Steigerung ihres Wohllebens und ihres Glanzes zu verheißen schienen. So ist auch Kublai-Khan einer der besten Organisatoren gewesen, die China je besessen, der mit erstaunlicher Großzügigkeit Städte errichtete, Straßen baute, den berühmten „Großen Kanal" vollendete und ähnliche weit ausschauende Dinge verrichtete. Er fand hierin in seinem Enkel Timur-Khan einen würdigen Nachfolger.

So aber kam es, daß die Kunst, die seit der T'angzeit in China so kräftig aufgeblüht war, unter den Fremdherrschern keineswegs zu leiden hatte: sie war ihnen durchaus nicht ein Gegenstand der Verachtung oder auch nur der Gleichgültigkeit. Nur freilich waren von einer solchen Zeit, in der sich eine kulturell minderhoch stehende aber herrschende Rasse erst in eine ihr in dieser Beziehung bedeutend überlegene hineinleben mußte, nicht gerade allgemeine große Qualitätssteigerungen zu erhoffen. Es war wohl schon mehr, als man zunächst erwarten konnte, wenn überall der geistige und kulturelle Besitzstand ungefähr gewahrt ward.

Dafür hatte die Fremdherrschaft, so kurz sie auch immer war, für China doch ein Gutes, das nicht zu gering angeschlagen werden darf: dadurch, daß unter dieser ganz Asien ein einziges gewaltiges Reich ward unter einem einzigen mächtigen Herrscher, dadurch traten seine einzelnen Teile so eng miteinander in Verbindung, wie niemals vor- oder nachher wieder. Ein allgemeiner Austausch von geistigen wie materiellen Gütern war die Folge, von dem sie alle Vorteil gewannen, und China, als das damals am höchsten stehende Kulturvolk dieses Weltteils, wie der Welt überhaupt, war davon keineswegs ausgeschlossen. Es war in dieser Beziehung sowohl der gebende wie auch der empfangende Teil. Auf dem Gebiet der Kunst sehen wir daher, wie chinesische Kunsthandwerker, wie chinesische Ingenieure zu hunderten im Westen des großen Reiches angesiedelt werden. Andrerseits ziehen in dieser Zeit ganz neue Kunsttechniken in China ein, so als die wichtigste die Emaillierkunst auf Metall, die aller Wahrscheinlichkeit nach aus dem fernen Byzanz damals zu den Chinesen gelangte[78]).

So kann es kein Wunder nehmen, daß nun auch die gesamte chinesische Kunst anfing, sich stark zu verändern, daß sie in einen merkbaren Gegensatz zu ihrer ganzen bisherigen Entwicklung trat. Diese Veränderung beruhte wohl in erster Linie auf der nun erwachenden Neigung zur Farbigkeit, zur Dekoration. Sie zeigt sich zunächst in der hier immer führenden Kunst der Malerei, die, früher in der Hauptsache mehr eine rein formale, allein durch das Mittel der Linie, den Ausdruck des Pinselstrichs wirkende Kunst, sich jetzt immer mehr auch des Elementes der Farbe zu bedienen beginnt, um in der folgenden Periode, der der Mingdynastie, zu einem ausgesprochenen Stil der Farbe und der Ornamentik sich umzuwandeln. Sie zeigt sich weiter in der farbigen Weiterausbildung der Metallkunst, einmal durch das jetzt so häufig angewandte Mittel des Einlegens mit anders gefärbten Metallen, dann aber vor allem durch die eben erwähnte Emaillierkunst, durch die die alte geheiligte, ernste, strenge Bronzekunst der Chinesen auf einmal zu einer weit fröhlicheren, farbigen sich gestaltet. Sie offenbarte sich schließlich und nicht zum wenigsten auch in der weiteren Ausbildung des Porzellans, das nun eine neue und äußerst fruchtbare Entwicklung beginnt, die zu einem ganz neuen, bisher kaum geahnten Stile führt, der dann demselben dauernd verblieben und überhaupt zum Hauptstil des chinesischen Porzellans geworden ist. Westasiatisches Kunstgut, z. T. damit auch europäisches, floß so in das ostasiatische ein, befruchtete dasselbe und führte so in der folgenden Zeit, der der Mingdynastie, eine neue Entwicklung herbei, die dann als die letzte der chinesischen Kunst anzusehen ist und in ihren letzten Folgen, wenn auch in völligem Verfall, bis in unsere Zeit besteht.

Unter diesen Umständen ist auch für das Porzellan die Periode der Mongolenherrschaft, die die Chinesen als die der Dynastie der Yüan zu bezeichnen pflegen, zunächst keine eigentliche Blütezeit gewesen, in mancher Beziehung vielmehr eine solche des Stillstandes, des Rückschritts. So hört man z. B. jetzt kaum noch etwas von den früheren, so berühmten Werkstätten der Sungzeit, gerade als wenn der Sturm, der über ganz Asien soeben hinweggetobt war, sie alle hinweggeblasen hätte. In Kin-tê tschen freilich, der späteren Hauptfabrikationsstätte des chinesischen Porzellans, an der, wie gezeigt (vgl. S. 48), in der Sungzeit ein so ungewöhnlich reger Betrieb eingesetzt hatte, und auch schon seit langem für den kaiserlichen Hof gearbeitet worden war, blieb die Porzellanfabrikation unvermindert bestehen. Sie ward auch jetzt wieder, wie damals, einem besonderen Beamten mit dem Titel t'ï-ling, der zugleich auch Zolleinnehmer war, später dem Gouverneur von Kiangsi, der Provinz, in der dieser Ort lag, unterstellt. Doch hat es hier ersichtlich in dieser ganzen Zeit keine eigentlich kaiserliche Manufaktur gegeben, wie vielleicht schon in der Sungzeit (vgl. 49). Vielmehr handelte es sich jetzt um Fabriken, die, wenn sie vom kaiserlichen Hof Aufträge erhielten, für diesen arbeiteten, im übrigen aber auf eigene Rechnung schaffen durften, wofür sie freilich Abgaben zu entrichten hatten. Sie sollen darum auch nie recht auf ihre Kosten gekommen sein. Daneben scheint auch in Lung-ts'üan-yao die Fabrikation der Seladone fortgesetzt zu sein, da diese nach den Berichten der Chinesen erst in der Zeit der Mingdynastie nach K'ü-tschou fu verlegt sein soll (vgl. S. 58). Dagegen mußten andere Betriebe damals verlegt werden, da ihre Besitzer sich vor den Erpressungen der zur Einziehung der gesetzlichen Abgaben beorderten Beamten retten wollten. Daneben aber kamen eine ganze Reihe von neuen auf, z. T. durch die Gunst der Herrscher, so zu Ho-tschou und Süan-tschou in der Provinz Kiangnan, zu Lin-tsch'uan und Nan-fêng in der von Kiangsi und zu Hu-t'ien in der Nähe von Kin-tê tschen. Und so war die Produktion auf diesem Gebiet in dieser Zeit schließlich so groß, daß nach den Angaben eines arabischen Reisenden aus dem Ende dieser Periode das Porzellan in China so allgemein verbreitet war, wie die gewöhnliche Töpferware in Arabien. Die während der Sungzeit begonnene Ausfuhr fand daher ihren unbehinderten Fortgang, ganz besonders begünstigt durch die jetzt doppelte Verbindung mit dem Westen, den bisherigen Seeweg und den neu hinzukommenden Landweg, den die Unterwerfung fast des ganzen Weltteils unter ein einziges Volk während des größten Teils dieses Zeitraums erschlossen hatte. Ihn hat damals auch bekanntlich der Venezianer Marco Polo beschritten, der erste Europäer, der in dieses Land eindrang und uns von seinem Porzellan zu berichten gewußt hat.

Was aber in diesen Fabriken hergestellt wurde, das scheint vielfach schon etwas ganz Neues, bisher im chinesischen Porzellan noch kaum Gesehenes gewesen zu sein, das scheint der Ausgangspunkt zu einer ganz neuen, bisher kaum geahnten Entwicklung des chinesischen Porzellans geworden zu sein, die den in der Hauptsache auf der Wirkung farbiger Glasuren beruhenden Stil der Sungzeit energisch verließ, um an dessen Stelle jenen neuen, fruchtbareren, reicheren und auch feineren zu setzen, der dann für alle Zeiten der hauptsächlichste des chinesischen Porzellans geworden ist und dann durch dieses auch fast ausschließlich des unsrigen. Weiß, z. T. auch gänzlich ohne Fehler werden nun schon alle besseren Erzeugnisse — von den bereits früher erwähnten Nachahmungen der gelblichen Ting-yao-Gattung (vgl. S. 43) abgesehen — geschildert. Ausdrücklich wird hierbei berichtet (vgl. S. 69), daß für den besten Typus dieser Zeit, wie dann auch der folgenden, die feinste Gattung des alten Ting-yao, die weiße, der Ausgangspunkt gewesen ist, die damit über alle übrigen der Sungzeit völlig triumphierte und zugleich der eigentliche Träger der weiteren und wichtigsten Entwicklung des chinesischen Porzellans geworden ist. Ganz auffallend selten werden in dieser Zeit dagegen Erzeugnisse erwähnt, die ihren Schmuck durch farbige Glasuren erhalten haben müssen: die von Hu-t'ien in der Nachbarschaft von Kin-tê tschen, die wieder als schwarzgelb bezeichnet werden, und einige der noch zu erwähnenden, in Kin-tê tschen selber hergestellten Gattungen. Sie haben aber in dieser Zeit gar keine besondere Rolle gespielt und galten für durchaus minderwertig.   Die weißen oder leicht gelblichen Porzellane wurden jedoch auch damals wiederum vielfach als dünnwandig und durchscheinend gerühmt.   Auch wird ausdrücklich berichtet, daß sie ganz neue Formen zeigten, sowie daß damals überhaupt ganz neue Gefäßgattungen aufkamen, z. B. Teetöpfe und Weinkannen mit Ausgüssen.   Doch zeigte im übrigen auch diese Zeit noch die bisherige Neigung, Bronzen oder Naturgebilde nachzubilden.

Die wichtigste Neuerung der damaligen Zeit, die eine fast unvermeidliche Folge des soeben charakterisierten, neuen Grundcharakters des Porzellans war jedoch, daß nun der weiße Grund desselben schon viel häufiger als vorher zur Entfaltung einer farbigen Ornamentik benutzt ward.   So befanden sich unter den Porzellanen von Nan-fêng in der Provinz Kiangsi solche mit blauen, unter denen von Lin-tsch'uan solche mit grobgemalten Blumen; auch auf farbige Glasuren muß man damals schon welche gemalt haben, da einmal von schneeweißen Blumen die Rede ist, die sich doch nur von einer solchen haben abheben können.   Hier kann man bereits an eine Technik, die sogenannte Barbotine oder Pâte-sur-pâte-Technik denken, die später in der Ming-zeit häufig angewandt ward (vgl. S. 93, 103).   Unter den für die Kaiser in Kin-tê tschen hergestellten gab es aber gar solche, die mit Blumen in Schmelzfarben geschmückt und mit Gold gehöht, ja sogar mit Silbermalereien verziert waren.   Es entstanden mithin schon damals Malereien auf Porzellan, die erst nachträglich demselben nach seinem Garbrande in schwächerem Brande, im Muffelfeuer, aufgebrannt wurden und wahrscheinlich auch schon welche in jener Farbe, die immer die wichtigste der gesamten Keramik gewesen ist und allem Anscheine nach auch schon, wie erwähnt, in der Sungzeit (vgl. S. 50) zur Anwendung gelangt war, dem aus Kobalterzen gewonnenen Unterglasur- oder Kobaltblau, das bald im chinesischen Porzellan eine so große Rolle spielen sollte.   Damit aber beginnt nun die Zeit, da das Porzellan in erster Linie jenes feine, weiße, kristallinische Gebilde mit dünner, glatter, durchsichtiger Glasur wird, das für uns Europäer, die bis vor kurzem eigentlich nie ein anders-artiges gekannt haben, überhaupt erst das richtige Porzellan zu sein scheint.   Zu-gleich aber hebt jetzt auch jener Stil des Porzellans an, der dessen weiße, glän-zend glasierte Masse als einen wundervollen Malgrund zu Entfaltung wirkungs-voller farbiger Ornamentik benutzt und damit aus dem bisher so einfachen, farbig noch so unentwickelten Produkt eine dekorative Farbenkunst macht, die, mit der Zeit, sich immer reicher und raffinierter gestaltend, zu den schönsten Schöpfungen geführt hat, die es jemals in dem Gebiet der Keramik gegeben.   Dadurch hat diese Zeit der Mongolenherrschaft für die Entwicklung des Porzellans eine ganz beson-dere Bedeutung gewonnen, mögen ihre Erzeugnisse selber sich in China auch nie einer besonderen Wertschätzung erfreut haben.

Woher im Besonderen der Anstoß zu dieser neuen Entwicklung des Por-zellans damals gekommen, ist unschwer zu sagen.   Schon seit Jahrhunderten besaß Persien wie auch andere Länder des Westens nachweislich eine bemalte Keramik, für die in der Regel das weiße Zinnemail der Fayencen den Untergrund bildete.

Auch das Kobaltblau ward hierbei schon verwandt: persische Fayencen mit Blaumalerei kennt man schon aus dem 12. Jahrhundert[74]). Die Schmelzfarbentechnik aber
konnte für die Keramik mit ziemlicher Leichtigkeit der des Emails auf Bronze entnommen werden, die, wie soeben erwähnt, ja eben um dieselbe Zeit aus dem
Westen nach China gelangte. Tritt sie doch damals auch, wie später gezeigt werden wird (vgl. S. 73), in einer Technik auf, die mit der des damals allein geübten
Zellenemails die merkwürdigste Übereinstimmung aufweist, und ward doch auch viel
später noch einmal, im 18. Jahrhundert zur Zeit der Malereien der sogenannten
„Rosagruppe" völlig erweisbar eine solche Entlehnung wiederholt (S. 146).

Ganz ohne Mühe wird man freilich damals diese Techniken nicht auf das neue
Material übertragen haben. Müssen schon die Schmelzfarben auf ihm beträchtlich
anders behandelt worden sein, als die Emaillen auf Bronze, so wird vor allem die
kobaltblaue, im Scharffeuer mit dem Porzellan zugleich zu brennende Farbe zunächst recht bedeutende Schwierigkeit gemacht haben. Auch zeigt die mittels
dieser Farbe hergestellte Ornamentik von Anfang an, soweit wir dies heute
schon zu beurteilen vermögen, eine ganz andere Form, wie die der früheren persischen Arbeiten: bei diesen meist in breiten, oft verschwommenen Strichen auftretend, bildet sie am chinesischen Porzellan bald zarte, reiche und feine Ornamente. Das setzt eine ganz andere, viel bedeutendere Beherrschung dieser Technik voraus.

Neben diesen neuen, sich auf Farben stützenden Verzierungsmethoden jedoch blieben die alten noch durchaus bestehen; es gab auch damals noch Porzellane mit geformten und mit eingravierten, mithin mit plastischen Dekoren.
Diese Verzierungsarten sind überhaupt niemals im chinesischen Porzellan aus-
gestorben.

Das berühmteste Porzellan dieser Zeit war das für den Kaiser in Kin-tê
tschen hergestellte, das also damit schon damals die Führung auf diesem Gebiete
übernahm. Es ward Schu-fu-yao genannt, nach dem Palast, für den es bestimmt war, und trug auch die Bezeichnung Schu-fu in seinem Innern aufgemalt.
Auf seine Herstellung ward die allergrößte Sorgfalt verwandt: von hundert Stücken
soll man nur immer eins des Kaisers für würdig befunden haben. Dies Porzellan
war eine ausgesprochene Nachbildung des früheren Ting-yao. Es wird als weiß
und dünnwandig und vor allem auch zum ersten Male als mit einem kleinen Fuß
versehen gerühmt, der wohl zu den im allgemeinen in dieser Beziehung noch plum-
peren Bildungen der Sungzeit in einem gewissen Gegensatz stand. Vor allem
wichtig aber war, daß sich gerade unter diesen Porzellanen die bereits erwähnten
mit Gold gehöhten und mit Schmelzfarben bemalten befanden. Man glaubt so deutlich zu erkennen, wie gerade an den für den kaiserlichen Hof verfertigten Porzellanen in dieser Zeit sich jener große Fortschritt vollzieht, der für die ganze folgende Entwicklung des chinesischen Porzellans von so großer Bedeutung werden
sollte. Daneben aber wurden — freilich bedeutend seltener — in Kin-tê tschen
auch allerlei farbig glasierte Erzeugnisse hergestellt, so seladongrün glasierte,
ferner solche mit „Betelnußglasur", dann wieder mit verschiedenfarbig abge-
tönten, schließlich auch mit schwarzer und blauer Glasur, die wieder durch Gold-

malerei belebt war.   Doch ward von diesen nur die letztere Gattung besonders gerühmt.

*   *   *

Erhalten hat sich freilich auch aus dieser Zeit noch kein Erzeugnis, das ihr mit voller Sicherheit zuzuschreiben wäre. Wir müssen daher auch hier unsere Zuflucht wieder zu alten Zeichnungen nehmen. Zunächst wieder zu denen des viel genannten Sammleralbums. Hier findet sich ein treffliches Beispiel des eben erwähnten „Palastporzellans", des Schu-fu-yao, ein kleines, weißes Väschen von fast schon elegant zu nennenden Umrissen, dessen ganzer Grund mit eingeritzten, gewundenen Wolkenbändern und sich hindurch schlängelnden Drachen verziert ist, von so feiner Zeichnung, wie sie sich kaum an einem der erhaltenen oder abgebildeten Porzellan der früheren Zeit gezeigt hat (Taf. 22 ob. links). Dasselbe aber läßt sich auch von einer gleichfalls weißen, reich in gotischem Stil gefaßten nud zur Kanne umgewandelten Porzellanflasche sagen, von der sich eine alte Abbildung in der Manuskriptenabteilung der Pariser Nationalbibliothek erhalten hat (Taf. 22 oben rechts), die aller Wahrscheinlichkeit nach in die Mitte des 14. Jahrhunderts zu setzen ist[76]). Diese Flasche ist allem Anscheine nach mit geformten Reliefs verziert. Sie zeigen am Fuße Lambrequins, am Hals schriftartige Linien, an der Leibung dagegen einzelne Chrysanthemen und Lotoszweige in medaillonartigen Einfassungen. Doch auch hier tritt die Ornamentik, vor allem die Blumendarstellung in viel zarterer Form, vor allem auch in viel kleinerem Maßstabe auf als in der Regel bisher. So scheint sie der folgenden Zeit eher näher zu stehen als der vergangenen und man gewinnt an diesen beiden Beispielen den Eindruck, daß auch in rein künstlerischer Beziehung damals, in der Yüanzeit, die erste Grundlage gelegt ward für jene Weiterentwicklung des chinesischen Porzellans, die in der Mingzeit dann ihre volle Ausbildung finden sollte.

Was dagegen sich wirklich heute aus dieser Zeit erhalten zu haben scheint und mit merkwürdiger Übereinstimmung aller chinesischen Kenner in diese versetzt wird, sind vor allem dickwandige Schalen aus mehr steinzeugartiger Masse, die vor allem im nördlichen China, wie es scheint, in Gräbern gefunden worden und, wie erwähnt, ganz dem oben erwähnten (vgl. S. 53) Typus der Sungzeit entsprechen, der heute als Kün-yao bezeichnet zu werden pflegt. Sie sind z. T. mehr violett, noch häufiger aber blaugrau glasiert und zeigen z. T. auch wieder rötliche Flecken sowie mehr oder weniger reichliche Haarrisse (Dresden, Porzellansammlung; Berlin, etnograph. Museum; Gotha, herzogl. Museum; London, Britisch. Museum; Baltimore, Sammlung Walters usw.). Sie sind jedoch von denen der Sungzeit kaum zu trennen; nur pflegt man in der Regel die ganz graublau glasierten dieser späteren Zeit zuzuschreiben (Taf. 2 oben rechts und unten Mitte), daneben naturgemäß vor allem auch alle, die eine rohere Mache zeigen, wie man denn überhaupt geneigt ist, alle unvollkommneren Arbeiten im Stil der Sungzeit jener oder der folgenden zuzuschreiben.

Aus dieser Zeit schon mögen dann auch vielleicht die beiden einzigen seladongrün glasierten Stücke stammen, die sich aus alter Zeit in Europa erhalten haben,

als fast die einzigen [76]) Erzeugnisse im Charakter der Sungzeit, mag ihre reiche
gotische Fassung, in der sie sich noch jetzt befinden, auch einer etwas späteren
Zeit angehören: zwei ziemlich kleine, tiefe Schalen mit recht einfacher, eingeritzter
Ornamentik, von denen sich die eine mit mehr blaugrüner Glasur im Museum zu
Cassel [Taf. 22 unten [77])], die andere mit schmutziggrüner, die sogenannte Warhamschale, im New College in Oxford befindet [76]). Es sind beides im Vergleich zu den
uns heute aus diesen frühen Zeiten bekannten Porzellane recht unbedeutende nichts-
sagende Stücke, deren prächtige Fassung jedoch beweist, daß sie damals noch bei
uns für etwas ganz Besonderes galten (vgl. auch Taf. 2 unten rechts).

*   *   *

Indessen die Mongolenherrschaft dauerte in China nicht allzulange. Auf die
Periode höchster Tatkraft folgte hier, wie in solchen Fällen so oft, durch die ver-
derblichen Einflüsse der so plötzlich und unvermittelt aufgenommenen, höheren
Kultur die der äußersten Üppigkeit und Verweichlichung, und da ist es bald mit
der Herrschaft der Fremden in China zu Ende. Schon im Jahre 1368 wurden die
Mongolen wieder aus China vertrieben und die einheimische Dynastie der Ming bestieg in der Person eines ungewöhnlich großen Herrschers, eines ehemaligen
Priesters, der sich als Kaiser Hung-Wu nannte, den Thron, um ihn dann für etwa
drei Jahrhunderte zu behaupten.

Die Mingdynastie gilt im allgemeinen für die beste, die gesittetste Dynastie,
die in historischer Zeit über China geherrscht hat. War sie vielleicht auch nicht so
reich an kraftvollen Charakteren, wie manche andere, so doch auch nicht an jenen
Scheusalen, die unter den chinesischen Herrschern sonst niemals ganz gefehlt haben.
Groß ist der Sinn dieser Zeit für Kunst und Wissenschaft gewesen. Auf letzterem
Gebiete freilich begnügte man sich auch jetzt wieder damit, zu sammeln, was einst
die Vorväter geschaffen: kein origineller Geist erblickte damals auf diesem Gebiet
das Licht der Welt. Auf dem der Kunst aber blüht jetzt das neue Leben nur um
so reicher auf; bedeutende Werke werden geschaffen, die immer sich einer allgemeinen Wertschätzung erfreut haben und niemals auch später wieder von der chinesischen Kunst übertroffen worden sind, vor allem auf dem Gebiet der Malerei und
der Bronze- sowie der Emailkunst. So war diese Zeit wieder ein ausgesprochenes
Zeitalter bedeutender Kunstentfaltung, wenn es sich freilich nach chinesischer Einschätzung auch nicht mit dem der T'angdynastie, der eigentlich klassischen Zeit
Chinas hat messen können.

In einer solchen Periode konnte die noch junge Kunst des Porzellans nicht zu-
rückbleiben.

Vor allem aber ist jetzt auch, wo der Chinese wieder Herr ist in seinem Hause,
die Zeit, da er völlig Gebrauch machen kann von dem, was ihm die Mongolenherrschaft, d. h. die so innige Berührung mit den übrigen Teilen seines Weltteils
Neues und Anregendes gebracht hat. Jetzt erst bildet sich in der Malerei der für
China so neue koloristische, in der Zeit der Mongolenherrschaft zuerst aufgekommene Stil recht eigentlich aus, finden die neu eingeführten Techniken ihre volle Ver-

wendung, und im Porzellan tritt nun der alte, von der T'angzeit geschaffene, von der Sungdynastie weiter entwickelte Stil fast ganz in den Hintergrund, um jenen neuen weiter zu entwickeln und auszubilden, für den die Mongolenzeit die erste Grundlage gelegt hatte. Vor allem aber dürfte die Mingzeit diejenige sein, in der nun gegenüber den vorwiegend mattfarbigen Erzeugnissen der Sungzeit eine wirkliche Farbenfreude in das Porzellan einzieht, in der das schimmernde Weiß desselben benutzt wird, um den jetzt unter dem Einfluß der gleichzeitigen Malerei lebhaften, reinen Farben einen bisher niemals gesehenen Glanz und eine nie gesehene Tiefe zu verleihen, das Porzellan selber aber eine immer reichere, feinere, persönlichere und wirkungsvollere Kunst wird, die mit viel zahlreicheren Mitteln auf uns wirkt, als die bisherige. Es ist die Bahn der Entwicklung, die jegliche Kunst in ihrem Fortschritt einzuschlagen pflegt.

Doch hat diese Zeit gegenüber diesen Neuerungen keineswegs völlig vergessen, was die frühere geschaffen. Man weiß, daß der Chinese, ganz im Gegensatz zu den meisten Kulturvölkern der Welt, auf dem Gebiet der Kultur mehr einen rück- als vorwärts gewandten Blick besitzt, wie er stets das Alte, Vergangene höher schätzt, als das Neue, Werdende und darum von diesem beständig so viel zu retten strebt, wie er nur irgend vermag. In der Tat ist dieses Volk wohl das konservativste, das es je auf Gottes Erdboden gegeben. Diese Eigentümlichkeit durchzieht auch die ganze Geschichte seiner Kunst und damit auch die des Porzellans. Wertschätzung des Früheren, Sammeln und schließlich auch Nachbildung desselben, so oft es nur ging, ist hier die beständige Parole gewesen, mochte auch im übrigen die Kunst noch so ruhig und sicher ihre naturgemäße Entwicklung weiter schreiten, noch so eifrig auf Neuerungen ausgehen. Nach dem Alten, sofern es Ruf besaß, hat man hier immer Sehnsucht gehabt; es fand zu allen Zeiten, oft, eben weil es nur alt war, die vollste Bewunderung, und so ist vielfach die Wertschätzung des alten Porzellans in China auch mehr eine antiquarische als eine ästhetische gewesen.

So besaß auch das Zeitalter der Mingdynastie, wie alle folgenden, die größte Hochachtung vor den Porzellanen der T'ang- und Sungdynastie. Es hat alles, was es von jenen oben genannten, berühmten Typen dieser Zeit nur immer finden konnte, gesammelt und voll der höchsten Ehrfurcht gehegt und aufbewahrt. Aus gleichem Empfinden entstanden auch jene mehr oder weniger gelungenen Nachahmungen derselben, die früher so oft erwähnt worden sind (vgl. S. 39, 43, 52, 60). Dann aber hat es auch beständig im alten Sinne weiter zu arbeiten gesucht. Es hat den bisherigen Typus des farbig glasierten Porzellans keineswegs ganz aufgeben wollen. Nur daß auch schon hier der neue Geist, das neue Empfinden der Zeit zum Durchbruch kam: es sind wirklich reine und lebhafte Farben, die nun im Gegensatz zu den bisher meist so stumpfen, matten in den Glasuren auftauchen, es ist wirkliche Farbenfreude, was auch auf diesem Gebiete jetzt durchbricht und von ihm nicht wieder verschwindet (Taf. 41, 42). Freilich, um dieses Ziel zu erreichen, war die Anwendung neuer, bisher kaum angewandter, komplizierterer Techniken von nöten. Es reichten die bisherigen Scharffeuerglasuren der Sungzeit, die, wie erwähnt, in der Regel nur matte, schwächliche Farbtöne ergaben, nicht mehr aus; es mußten Glasuren erfunden werden, die man erst nach dem Garbrande den Porzellanen auftrug, um sie dann in einem schwächeren Feuer demselben aufzubrennen. Dadurch wurde die Porzellantechnik bedeutend komplizierter. Aber alle diese farbig glasierten Porzellane haben im Gesamtbilde des Porzellans dieser Zeit keine allzu große Rolle gespielt: sie stellen nicht dasjenige dar, in dem die Kunst dieser Zeit ihre höchste Kraft entfaltet, ihre bedeutendsten Schöpfungen zuwege gebracht hat. Sie sind sogar aller Wahrscheinlichkeit nach von denen der späteren Zeit bedeutend übertroffen worden und scheinen auch noch nicht entfernt so mannigfaltig gewesen zu sein. Hauptsache blieb doch das ornamentierte, das mit Malereien versehene Porzellan, auf dem in erster Linie die künstlerische Bedeutung dieser Entwicklungsstufe des Porzellans beruht.

Hierbei ist es ganz erstaunlich, mit welcher Energie damals schon die neue Kunstweise auftrat, wie viele Mittel sie sogleich besaß, um sich zu voller Wirkung zu bringen. Mit voller Bestimmtheit kann behauptet werden, daß alle Mittel, die jemals das chinesische Porzellan zu diesen Zwecken besessen, in der Hauptsache schon am Beginn der Mingzeit vorhanden waren und mit Erfolg angewandt worden sind. Zunächst als das unbestreitbar wichtigste dieser ganzen Zeit, die unter der Glasur aufgetragenen, im Scharffeuer mit dem Porzellan zugleich gebrannten Scharffeuer- oder Unterglasurfarben, darunter an erster Stelle, das Kobaltblau, das ihm ja aller Wahrscheinlichkeit nach schon in der Mongolenzeit zukam, wenn nicht noch früher (vgl. S. 68). Neben dieser fand die zweite Unterglasurfarbe, die einzige, die überhaupt neben jener die Chinesen für ihr Porzellan besessen haben, das durch Kupferoxyd gewonnene, weinrote Kupferrot eine viel geringere Anwendung, sicherlich schon wegen der viel größeren Schwierigkeit seiner technischen Beherrschung. Ihnen schloß sich dann die viel reichere und lebhaftere Palette der erst nach dem Garbrande dem Porzellan im schwächeren Feuer des Muffelofens aufgebrannten Schmelz- (Email-) oder Muffelfarben genannten Überglasurfarben an. Sie stellte die sogenannte „Drei"- oder „Fünffarben"malerei (San-t'sai oder Wu-t'sai) der Mingzeit dar, so benannt nach der hierbei verwandten Anzahl der Farben, die aber durchaus nicht eingehalten zu werden brauchte. Hier aber kannte diese Zeit bald zwei ganz verschiedene Methoden der Verwendung: entweder setzte man diese Farben auf Grund einer mehr oder weniger reichen Ornamentik auf die die weiße Masse des Porzellans durchscheinen lassende Glasur so aber, daß diese als Grund ringsum sichtbar blieb — hierbei ward meist das Blau, das als Schmelzfarbe erst ziemlich spät gelingen sollte, stets durch das Unterglasurblau des Kobalts ersetzt — oder das Porzellan wurde ganz ohne Glasur belassen und die verschiedenen Farben in mehr oder weniger großen Flecken mosaikartig aneinander gesetzt, daß sie dasselbe völlig mit einem vielfarbigen Kleide überzogen (email sur biscuit). Es ist letztere Technik diejenige, die, wie erwähnt (vgl. S. 69), fast unmittelbar den Emailarbeiten auf Bronzen (email cloisonné) entnommen zu sein scheint, zumal man hierbei zur Verhinderung des Ineinanderlaufens der einzelnen Farben, genau wie bei diesen aufgelötete Metalldrähte, vielfach leicht erhabene Ränder, sogenannte Stege verwandt hat. Alle diese Techniken sind dann die ganze Mingzeit hindurch zur Anwendung gelangt; sie sind als das wichtigste Erbteil dieser Zeit der folgenden übermacht worden, die sie meist noch viel reicher und viel künstlerischer auszubilden verstanden hat.

Dann aber ist die Mingzeit vor allem diejenige Epoche des chinesischen Porzellans gewesen, die Hand in Hand mit ihren farbigen Bestrebungen zuerst energisch darauf ausging, das Porzellan ganz allgemein zu einem feineren, delikateren Stoffe zu machen, wie dies die Sungzeit dem Anschein nach doch nur bei ihren besten Erzeugnissen versucht hatte. Nun wird auch das geringere Erzeugnis immer jenes kristallinische, weiße, durchsichtig glasierte Erzeugnis, das für uns erst das wirkliche Porzellan darzustellen scheint, die Wandungen der Gefäße werden dünner, ja es entstehen jetzt immer häufiger jene ungemein zarten, dünnwandigen Gebilde, die bisher, wofern sie früher überhaupt wirklich schon vorhanden gewesen sind (vgl. S. 29), doch nur als ganz seltene Ausnahmen anzusehen sind, jene „Eierschalen"- oder wie der Chinese sagt, „körperlosen" Porzellane (t'o-t'ai ts'e), deren Herstellung sogar schon in den Beginn dieser Epoche fällt. Sie haben vielleicht schon das Äußerste an Dünnwandigkeit dargestellt, was die chinesische Porzellankunst, von der unsrigen ganz zu schweigen, jemals erreicht hat. Aber auch die Anzahl der kleineren Gegenstände ward damals allem Anschein im Porzellan größer: so viele kleine Schalen, Becher u. dergl., wie damals, sind in der Sungzeit sicherlich noch nicht hergestellt worden, auch wenn man annimmt, daß uns die feinsten und zierlichsten Erzeugnisse aus dieser Zeit fast alle verloren gegangen sind. Doch ging man daneben damals ersichtlich auch auf die Herstellung besonders großer Gegenstände aus, die eine stark gesteigerte Technik zur Voraussetzung hatten: den Gartensitzen und größeren Schalen der früheren Periode schlossen sich jetzt gelegentlich größere Vasen und auch jene großen Kübel an, in denen der Chinese in seinem Heim Fische und Wasserpflanzen zu halten pflegt, die später noch viel zahlreicher in diesem Material hergestellt werden sollten. Doch sind derartige Stücke gegenüber den eben erwähnten wohl nur Ausnahmen gewesen.

Durch die häufigere Herstellung kleinerer und feinerer Gegenstände aber ward jetzt auch die Ornamentik immer delikater, vor allem aber auch kleiner im Maßstab, daneben komplizierter und reicher, wie dies gleichfalls der damaligen Malerei entsprach. Formal wie koloristisch geht so die Verfeinerung des Porzellans ihren naturgemäßen Gang, in dieser Beziehung beständig in Harmonie bleibend. Doch wird bei allem diesen für gewöhnlich ein gewisses Maß noch nicht überschritten: verglichen mit den Erzeugnissen der folgenden Periode und denen der vergangenen stehen sie durchaus in der Mitte. Sie erscheinen als Ganzes genommen noch vielfach etwas plump und schwerfällig, in ihren Formen gedrungen und kräftig, in ihrer Ornamentik großzügig und stark dekorativ, hinsichtlich der Masse weniger kristallinisch und durchscheinend, auch weniger weiß und glänzend als die der folgenden Zeit. Und so geben sie sich in der Regel als Übergangsstücke von der Schwere und Einfachheit der Vergangenheit zu dem Reichtum und der Zierlichkeit der Zukunft. Es vollziehen sich eben Entwicklungen immer nur in Etappen.

Vielfach machen sich jedoch noch gewisse technische Mängel an den erhaltenen Stücken und selbst den besseren auffallend bemerkbar. So findet man häufig an den größeren, flachen Schalen den Boden in der Mitte mehr oder weniger stark eingesunken, was in der späteren Zeit kaum noch geschah. Desgleichen sind viele und nicht immer die schlechtesten Stücke auffallend schief gebrannt. Und schließlich bleibt an Stücken, die aus mehreren größeren Teilen zusammengesetzt sind, so an Vasen, Räuchergefäßen u. dgl. die Ansatzstelle nach außen zu meist ganz deutlich bemerkbar (z. B. Taf. 39 oben), Mängel, die geradezu als Kennzeichen für die Echtheit von Mingstücken angesehen werden können und wohl die unausbleibliche Folge des zu starken Erweichens der damals verwandten Masse im Brennofen gewesen sind. Desgleichen finden sich auch viele Stücke aus dem Ende dieser Zeit, denen am Fuße noch viel von dem Sande anhaftet, auf den sie in dem Brennofen gesetzt worden sind. Dazu gesellen sich Unreinlichkeiten in der Glasur, die freilich das chinesische Porzellan niemals hat ganz zu vermeiden gewußt. Auch scheint man zu gewissen Zeiten nur recht mühsam mit der kobaltblauen Unterglasurmalerei zustande gekommen zu sein, und vollends die Überglasurmalerei hat, so weit wir heute darüber urteilen können, niemals die Schmelzfarben in solcher Klarheit und Reinheit hervorzubringen gewußt, wie dies der folgenden gelang. Daneben aber gibt es manches besonders komplizierte Stück, vor allem solche, die wiederum älteren Bronzevorbildern nachgebildet erscheinen oder kühne Durchbrechungen aufweisen (Taf. 30), die auch jetzt wieder dieselbe Beherrschung der Technik verraten wie zur Sungzeit.

Unmittelbare Bronzenachbildungen scheinen freilich in dieser Zeit schon bedeutend seltener geworden zu sein. In ihrer plastischen Belebung eigneten sie sich auch wohl nicht allzu sehr für den neuen Stil, der zur Entfaltung farbiger Ornamentik vor allem großer, ruhiger Flächen bedurfte. So erhalten jetzt auch die besseren Erzeugnisse in der Regel ausgesprochen keramische Formen, die oft in großer Originalität und von bedeutendem Ausdruck sind. Ein großer Teil derselben und nicht gerade die schlechtesten gehört ausschließlich dieser Zeit an und wird dann später niemals wieder aufgenommen. Ihre künstlerische Hauptkraft aber entfaltet diese Zeit doch in der Ausbildung der Ornamentik. Hier herrscht bereits eine ganz erstaunliche Mannigfaltigkeit, die nicht bloß allen Einzelepochen dieser Zeit ihre besonderen Typen, ihren besonderen Charakter gibt, sondern auch innerhalb einer jeden eine wahrhaft bewundernswerte Abwechslungsfähigkeit offenbart, selbst an den weniger bedeutenden Erzeugnissen, wie eine solche für gewöhnlich in der Kunst der Chinesen kaum erwartet wird, später aber in noch überraschenderer Weise auf diesem Gebiete zutage treten sollte. Deutlich erkennt man so, wie der chinesische Kunstgeist sich der in dieser Zeit gewonnenen großen, weißen Flächen freut und seine Phantasie auf diesen zu spielen beginnt.

Groß und schwungvoll ist aber dann auch in dieser Zeit für gewöhnlich die Zeichnung des gemalten, sowie auch des noch mehrfach wieder unter der Glasur eingeritzten Schmucks. Die alte Pinselkunst der Chinesen zeigt sich noch nicht erloschen. Sie schafft jetzt nur in kleineren Formen. Daneben aber entwickelt sich auch bisweilen im vollen Gegensatz dazu eine Miniaturkunst von solcher Feinheit und Kleinheit der Darstellung, und solcher Zartheit und solchem Esprit des Pinselstriches (vgl. S. 86, 91), wie sie das chinesische Porzellan nie wieder gesehen. Es entstehen dabei wahre Wunderwerke der Zeichnung, die aber doch nie — und das ist das Bewundernswerte an ihnen — ganz ihren dekorativen Charakter verlieren.

Dabei war diese neue Ornamentik an sich durchaus nicht frei. Gerade wie einst die plastische Formensprache des Porzellans zunächst von der älteren und geheiligten Kunst, der der Bronze, ganz ungewöhnlich stark beeinflußt ward, so jetzt auch diese Ornamentik durch die gleichfalls so alte und gefeierte der Seidenweberei, deren Flächenstil sich ja auch recht gut für dasselbe eignete. Fast zwei Drittel aller damaligen Ornamentik des Porzellans sollen alten Seidengeweben entnommen sein, und nur ein Drittel der Natur unmittelbar oder anderen alten Kunstgegenständen, und die aus dieser Zeit noch erhaltenen wenigen Proben derselben machen dies auch durchaus glaublich[79]). Doch diese Nachbildung empfindet man kaum: sie ist dank dem feinen dekorativen Gefühl dieses Volkes zu freier Umbildung geworden, und nur das häufige Auseinanderfallen der ornamentalen Motive in lauter ganz gleichmäßig über die Fläche gestreute, einzelne, mehr oder weniger kleine Teile läßt hier die ursprünglichen Vorbilder ahnen.

Wahrhaft bewundernswert aber ist, wie diese Zeit die neu aufkommende farbig so lebhafte Ornamentik den jedesmaligen Formen der Gefäße anzupassen verstanden hat. Dies große beneidenswerte Können durchzieht ja so ziemlich die ganze Kunst der Chinesen, wie auch ihres Porzellans: doch kaum jemals läßt sich wohl wieder auf dem Gebiet des letzteren eine mit so ungezwungener Folgerichtigkeit durchgeführte Übereinstimmung zwischen beiden feststellen, wie an so vielen der noch erhaltenen Gegenstände. An diesen verschwimmen immer Form und Schmuck zu eins, letzterer, obwohl oft lebhaft genug, wirkt nie für sich allein. Und so ist hier oft eine in der Tat erstaunliche Harmonie erreicht, die diesen Gegenständen selbst bei großem Reichtum des Schmucks etwas so ungemein Ruhiges Vornehmes gibt, wie dieses sich nicht allzu oft an anderen Gegenständen der Keramik wiederfinden dürfte.

Verwandt ward das Porzellan in dieser Zeit zur Gewinnung aller jener Gegenstände, die schon die vorhergehende Periode aus ihm hergestellt hatte, zu denen jetzt noch eine ganze Reihe neuer hinzugekommen zu sein scheint. So hört man jetzt wohl nicht zufällig zum ersten Male von Waschschalen, Honigtöpfen, Käfigen für die zu Wettkämpfen verwandten Grillen, Schminkdosen, Fischbehältern, Brettspielen, Leuchtern, Windschirmen und dann vor allem von Dosen für Eßwaren, Handtücher, Hüte, Parfüm usw. Vor allem aber wurden jetzt aus Porzellan auch ganze Speiseservice hergestellt, die alle, genau wie bei uns in späteren Zeiten, in gleicher Weise verziert waren. So scheinen sich damals hier ganz allgemein Sitten und Gebräuche stark verfeinert und hierzu der edle Stoff des Porzellans seine hilfreiche Hand gereicht zu haben.

Von höchster Bedeutung jedoch für die ganze damalige Ausbildung dieses Materials ward, daß jetzt auf diesem Gebiete eine allgemeine Konzentration der gesamten Produktion stattfand und zwar in jenem Kin-tê tschen, dem früheren Tsch'angnan tschen, in dem ja schon wegen der trefflichen Kaolinlager seiner Umgebung seit der Zeit der T'angdynastie ein ununterbrochener keramischer Betrieb geherrscht hatte, das dann in der Entwicklung des chinesischen Porzellans eine so große Rolle gespielt hatte (vgl. S. 23, 48) und bereits während der letzten Dynastie an die erste Stelle unter den Porzellan produzierenden Orten Chinas gerückt war (vgl. S. 69). Von nun an aber ward es dauernd der Mittelpunkt der gesamten künstlerischen Porzellanindustrie Chinas. Schon der erste Kaiser der Mingdynastie Hung-Wu (1368- -1398) ließ hier jetzt wieder eine Manufaktur errichten, die ausschließlich für ihn und seinen Hof zu arbeiten hatte. Sie ist dann ständig gewachsen, so sehr, daß sie in der ersten Hälfte des 16. Jahrhunderts bereits über 300 Arbeiter besaß, zu denen dann noch die Künstler kamen, die das Porzellan bemalten. Auch zerfiel sie in nicht weniger als 23 Abteilungen für alle die verschiedenen Verrichtungen, die zur endlichen Vollendung des Porzellans von der Bearbeitung der Masse an bis zu seiner Versendung erforderlich waren. Um sie gruppierten sich dann aber bald zahllose Privatanstalten, die sich beständig vermehrten, und so entsteht hier schließlich eine Töpferstadt, so groß und ausschließlich, wie die Welt nie eine zweite gesehen. Diese Konzentration an einem einzigen Punkte ist dann dem chinesischen Porzellan, so weit es wirkliche Kunstarbeit war, bis in unsere Zeit verblieben, bis in jene Tage, da durch die Greuel der T'aip'ingrebellion (1853—1864) die kaiserliche Manufaktur zugrunde gerichtet ward und damit auch die ganze übrige Industrie hier versiegte. Während dieser ganzen Zeit hat es in China eigentlich nur noch einen einzigen anderen Ort gegeben, an dem gleichfalls beständig künstlerisches Porzellan hergestellt ward[60]); spätestens am Beginn der Mingzeit wurden zu Tĕ-hua hien in der Provinz Fukien, in dessen Nähe gleichfalls Kaolinlager lagen, Töpfereien gegründet, in denen man nach der Weise der Sungzeit fortfuhr, einfarbiges, undekoriertes Porzellan herzustellen, dem man wieder wie einst dem Ting-yao, im Oxydationsfeuer des Brennofens einen wundervoll elfenbeinfarbenen Ton, daneben jedoch auch eine leuchtende, glatte und doch weiche, immer aber dick aufliegende Glasur verlieh. Es ist das blanc de Chine unserer Sammler, bei den Chinesen wieder (vgl. S. 63) Kien ts'e genannt, das, dann die ganzen Jahrhunderte hindurch bis in unsere Zeit hinein hergestellt, damals ausschließlich wie auch später zur Anfertigung von z. T. sehr künstlerisch durchgeführten Statuetten von Gottheiten sowie auch berühmten Männern und „Schmuckgegenständen" von phantastischer Form, dagegen noch nicht zu Gebrauchsgegenständen verwandt worden ist, die freilich heute aus den zahllosen Arbeiten gleicher Art aus späterer Zeit kaum schon herauszufinden sind. Dies Porzellan hat immer als ein hinsichtlich der Masse dem von Kin-tĕ tschen völlig gleichwertiges gegolten (vgl. S. 103).

Daneben wäre dann noch einmal (vgl. S. 58) darauf hinzuweisen, daß in dieser Zeit in K'ü-tschou fu in der Provinz Tschekiang die Herstellung der Seladonporzellane von Lung-ts'üan der Sungzeit fortgesetzt wurde, nachdem die Fabrikation derselben, man weiß nicht aus welchem Grunde, dorthin verlegt worden war. Doch galten diese ja namentlich hinsichtlich der Farbe der Glasur, wie auch der ganzen Arbeit und vor allem auch des Brandes, für recht minderwertig, so daß sie sich mit den Erzeugnissen der eben genannten Fabrikationsstätte aus dieser Zeit in keiner Weise haben messen können. Vielleicht geschah ihre Herstellung auch nur zu Exportzwecken, indem die einmal eingeführte Ware, wie dies in solchen Fällen so oft geschieht, immer weiter verlangt wurde, und so darf man wohl dann als Erzeugnisse dieser Fabrik einen großen Teil jener meist recht mäßig getöpferten, blaugrün oder grau glasierten, noch ziemlich plump gestalteten Erzeugnisse ansehen, die in unserer Zeit vielfach auf den Sundainseln und den Philippinen aufgefunden worden sind (Dresden, etnographisches Museum; London, Brit. Museum, Taf. 19)[61]).

Doch auch auf den anderen Gebieten der Keramik hat in dieser Zeit gegenüber der Sungdynastie die Vielheit der wirklich künstlerisch produzierenden Werkstätten so gut wie aufgehört. Nur in einer einzigen Provinz, in der Provinz Kiangsu wurde damals zu Yi-hinghien ein meist schön rot gefärbtes Steinzeug hergestellt, das Yi-hing-yao, bei uns lange Zeit unter der portugiesischen Bezeichnung boccaro bekannt, das dort dann bis in unsere Zeit hinein immer weiter fabriziert worden ist. Es ist zu allen Zeiten fast ausschließlich plastisch verziert worden, oft in ziemlich reicher und komplizierter Weise und hat sich immer einer ganz besonderen Beliebtheit beim Teetrinken erfreut. Dann aber lebte in Ji-hing in der Provinz Kiangnan damals auch einer (vgl. S. 39) der bereits erwähnten Töpfer, die während der Mingzeit die berühmten Erzeugnisse der Sungzeit nachzubilden suchten, Ngou mit Namen, der aber daneben auch selbständige Arbeiten ausgeführt hat, die aber nicht alle Porzellan gewesen zu sein scheinen.

Und dann ist es möglich, daß damals in der Provinz Kuangtung auch schon jenes farbig glasierte Steinzeug hergestellt wurde, das sogenannte Kuangtung-yao, das heute noch dort fabriziert wird, ein Erzeugnis aus meist schmutzig braunem Ton, das in der Regel mit dunkelblauer, grünlich oder weißlich gefleckter Glasur, bisweilen aber auch mit violetter, apfelgrüner, blutroter oder steinfarbener überzogen war. Sie schmückt meist ziemlich plumpe, dickwandige Gefäße.

Ebenso wichtig für die weitere Ausbildung des Porzellans wurde dann aber, daß nun die Kaiser der neuen Dynastie ersichtlich inniger mit seiner Herstellung in Verbindung traten als vorher. Oft genug hören wir jetzt von personlicher Anteilnahme, von persönlichen Wünschen, Befehlen und Anordnungen derselben. Wir hören weiter nicht selten von enormen Bestellungen, so groß und schwierig, daß den Manufakturen ihre Ausführung bisweilen völlig unmöglich war. Doch noch mehr! Vom Beginn der Mingdynastie an teilt sich die Entwicklung des chinesischen Porzellans, wie dies bisher noch nie geschehen, deutlich nach den Regierungszeiten der einzelnen Kaiser in einzelne Epochen. Der Chinese selber trennt sie nach diesen, und je nach der Bedeutung und dem Interesse des jedesmaligen Herrschers steigt oder fällt auch quantitativ wie qualitativ die Porzellanproduktion in Kin-tê tschen. Jetzt gibt es hier Höhen und Tiefen dicht nebeneinander, ein richtiges Bergauf und Bergab der Entwicklung, das das Bild des Porzellans dieser Zeit unendlich bereichert hat.

Dies enge Verhältnis der Herrscher zur künstlerischen Porzellanproduktion ihrer Zeit hat dann aber ihr sichtbares, äußeres Zeichen erhalten dadurch, daß nun von Beginn dieser Zeit an bis zur Gegenwart es Sitte wird, daß auf viele der in Kintê tschen hergestellten Porzellane, doch auch auf jene, die nicht für die Kaiser hergestellt wurden, ihr Name und der ihrer Dynastie angebracht wurden. Es sind dies die schon erwähnten (vgl. S. 49) Kaisermarken, chinesisch Nien-hao genannt, die sich heute noch auf so vielen alten Porzellanen Chinas finden und immer der naturgemäße Ausgangspunkt zu ihrer Datierung geworden sind[82]). Doch wird leider ihr wissenschaftlicher Wert dadurch stark vermindert, daß spätere Zeiten sich ganz unbedenklich, meist wohl um ihren Erzeugnissen die größere Weihe des Alters zu geben, sich der Nien-hao früherer Zeiten bedient haben, durch welche Unsitte die sonst so klare Chronologie der chinesischen Porzellane wieder arg ins Wanken gerät.

So müssen zur wirklichen Feststellung der Stücke dieser Zeit noch andere Hilfsmittel hinzukommen: neben gelegentlichen Datierungsmöglichkeiten, vor allem durch europäische Fassungen, die an Stücken mit gleichen Kaisermarken immer wiederkehrenden Besonderheiten der Masse, der Mache, der Form, der Zeichnung, wie auch der Farben und deren Abweichungen von denen der Porzellane, die nachweisbar früher oder später geschaffen sind, was alles bald so sehr den Charakter des Typischen annimmt, daß man darnach unschwer auch recht viele nicht datierte Stücke als Erzeugnisse der Mingzeit erkennen kann. Vor allem rein technische Merkmale, von denen bereits oben (vgl. S. 75) mehrere den Mingporzellanen besonders eigentümliche angegeben worden sind, sind hier von größter Bedeutung, da diese sich vielfach unbeabsichtigt einstellen und immer nur sehr schwer zu einer anderen Zeit nachgeahmt werden können.

Auf diese Weise aber ist bereits ein ganz beträchtlicher Bestand von Porzellanen der Mingzeit zusammengekommen, weit umfangreicher als der jener Stücke, die man mit der vorhergehenden Periode hat in Verbindung bringen können, nur daß er freilich bis jetzt fast ausschließlich der mittleren und letzten Periode derselben angehört, indes ihr Anfang uns heute in dieser Beziehung noch erstaunlich unbekannt ist.

Die größten derartigen Bestände finden sich heute in Konstantinopel, in der Schatzkammer sowohl wie im Museum. Auf Tausende muß ihre Zahl berechnet werden, doch scheint ihr Bestand nicht allzu abwechslungsreich zu sein. Weiter in der schon erwähnten (vgl. S. 13) Schatzkammer zu Ardebil in Persien. Dann wäre die Dresdner Porzellansammlung zu nennen, weiter das Britische und Vict. und Alb. Museum in London, die Sammlung Grandidier im Louvre und die Morgancollection im Metropolitanmuseum zu New York, schließlich auch noch das Berliner Kunstgewerbemuseum und das keramische Museum in Sèvres, unter den Privatsammlungen nur die zur Zeit im Museum zu Hildesheim aufgestellte Sammlung Ohlmers. Daneben hat die mehrfach erwähnte Ausstellung des Burlington Art Club in London im Jahre 1910 auch die in englischem Privatbesitz vorhandenen Stücke dieser Zeit der Öffentlichkeit bekannt gemacht. Doch vermehrt sich dieser Bestand, da jetzt diese früher kaum beachteten Erzeugnisse in immer größeren Mengen zu uns aus China gelangen, von Jahr zu Jahr, so daß wir allmählich ein immer größeres Material zur Feststellung der damaligen Typen bekommen und damit ein immer klareres Bild der Entwicklung dieser für die Ausbildung des Porzellans so wichtigen Periode des chinesischen Erzeugnisses gewinnen.

Auf Grund dieser Bestände und der Berichte der Chinesen ergibt sich nun für die Entwicklung dieser Zeit folgendes Bild[68]):

Zeit des Kaisers Hung-Wu.
1368—1398).

Der erste Kaiser der Mingdynastie, der große Hung-Wu, der Befreier Chinas von dem Joche der Mongolen, war auch zugleich sein großer Reorganisator, der, gestützt auf die bisherige Entwicklung des Landes, von neuem die Grundlage zu einer ruhigen, gesunden Weiterentwicklung legte. Freilich war er, wie es die Zeit damals in erster Linie verlangte, ausschließlich ein Mann der Praxis: nur das wirklich Nötige, unmittelbar Erforderliche fand durch ihn Pflege. Den Luxus verabscheute, die Künste vernachlässigte er. Die köstlichsten Gefäße aus Edelmetall schmolz er, wie dies so viele europäische Herrscher in gleicher Lage getan haben, ein, um Geld für seine Armeen zu erhalten. Es war dies ein völlig zielbewußtes, wenn auch sehr einseitiges Handeln, dem China aber damals sehr viel zu verdanken gehabt hat.

Das Porzellan aber war damals in China schon Sache des Bedürfnisses: so tat Hung-Wu bereits 1369, d. h. im zweiten Jahre seiner Regierung, auf diesem Gebiet einen wichtigen Schritt: trotz des Protestes der damaligen Bewohner von Kin-tê tschen, die sich wohl nicht ohne Grund fürchteten, dadurch zu unfreiwilligen Arbeiten gezwungen zu werden, ließ er am Fuß des sogenannten „Juwelenhügels" eine Manufaktur errichten, die ausschließlich für seinen Hof arbeiten sollte. Sie ward dem Tao t'ai von Kiu-kiang unterstellt, der jedes Jahr die für den Hof fertiggestellten Sachen nach Nanking zu senden hatte, das damals zur Hauptstadt der neuen Dynastie erhoben worden war. Damit aber war hier jene berühmte kaiserliche Porzellanmanufaktur, Yü yao-tsch'ang genannt, begründet, die fast ohne Unterbrechung bis in unsere Zeit bestand, damit auch die erwähnte Konzentration der ganzen chinesischen Porzellankunst an einem einzigen Orte, das Ansammeln zahlloser Fabriken um jene wichtigste, die, allein für die höchste Person des Reiches arbeitend und darum immer zum Höchsten strebend, für alle übrigen ein leuchtendes Vorbild ward, das zu ähnlichen Taten antrieb. Kein Wunder, daß von nun an ein ganz anderes Leben auf diesem Gebiete beginnt. So aber hat Hung-Wu, ohne im übrigen ein besonderer Förderer der Porzellankunst gewesen zu sein, dennoch auch auf diesem Gebiete, wie auf so vielen anderen, die Grundlage zu einer kräftigen Weiterentwicklung gelegt, die dann, wie die weitere Geschichte des chinesischen Porzellans beweist, nicht ausgeblieben ist.

Die neubegründete kaiserliche Manufaktur muß aber damals bereits ziemlich umfangreich gewesen sein. Es gab in ihr schon viele Öfen und je nach den besonderen Zwecken, denen sie dienten, auch ganz verschiedenartige. So werden solche für große, „mit Drachen geschmückte" Krüge, für vielfarbige sowie auch für blau und gelbe Porzellane erwähnt, wie solche uns aus der späteren Mingzeit gar wohl bekannt sind. Die Erzeugnisse selber haben sich freilich nie eines besonderen Rufes erfreut. Doch werden sie gleichfalls bereits wie in der Yüanzeit als aus feiner Masse bestehend und ziemlich dünnwandig geschildert. In farbiger Beziehung gab es zunächst „blaue" und „schwarze", von denen erstere entweder blau glasiert oder mit Kobaltblau bemalt gewesen sein müssen. „Blauschwarze" werden bisweilen als mit Gold gehöht erwähnt. Auch vielfarbige Porzellane, darunter auch blau und gelbe, wie solche später vielfach unter den Porzellanen der Mingzeit auftauchen, müssen, wie eben gezeigt, hergestellt worden sein, wenn freilich nirgends berichtet wird, in welcher der oben genannten Techniken. Für die schönsten Porzellane in dieser Zeit galten jedoch charakteristischerweise auch jetzt wieder die „weißen", auf deren Herstellung große Sorgfalt gelegt ward. Alle diese in der kaiserlichen Manufaktur hergestellten Erzeugnisse wurden nun Kuan-yao d. h. wieder kaiserliches oder Palastporzellan genannt, das aber nicht mit dem der Sungzeit (vgl. S. 37) zu verwechseln ist, welcher Name von nun an den Arbeiten der kaiserlichen Manufaktur zum Unterschied von den in den Privatanstalten hergestellten verblieben ist. Die Herstellung der weißen Porzellane scheint aber damals noch keineswegs ganz leicht gewesen zu sein: ausdrücklich wird berichtet, daß derartige Porzellane damals nur in der kaiserlichen Manufaktur hergestellt wurden; die privaten, die sich schon damals um diese sammelten, wären dazu nicht imstande gewesen. Und so glauben wir deutlich zu bemerken, wie von dieser Anstalt aus schon unter dem ersten Herrscher der neuen Dynastie das Porzellan sich verbessert und veredelt und damit wohl auch jener neue Stil beginnt, der, auf das schimmernde Weiß der Masse sich stützend, es zum Malgrund einer mehr oder weniger reichen Malerei gemacht hat. Dadurch hätte dann auch in kunsttechnischer Beziehung diese Zeit eine große Bedeutung gewonnen.

Erhalten hat sich freilich aus dieser Zeit wieder so gut wie gar nichts. Nur in Japan sollen sich gelegentlich mit dem Nien-hao dieses Kaisers versehene, blau bemalte Porzellane geringer Qualität finden, die dort seiner Regierungungszeit zugeschrieben werden. Sie lassen freilich die ganze Entwicklung, die bald das chinesische Porzellan nehmen sollte, noch in keiner Weise ahnen.

Zeit des Kaisers Yung-Lo.
(1403—1424).

Unter dem zweiten Nachfolger des Kaisers Hung-Wu, dem Kaiser Yung-Lo, der gleichfalls ein tüchtiger Herrscher war, daneben auch ein Beschützer der Wissenschaften sein wollte, finden wir dann bereits so ziemlich die ganze Grundlage gelegt, auf der sich das Porzellan dieser Zeit dann weiter entwickelt hat, so daß den übrigen Perioden dann eigentlich nur noch die weitere Vervollkommnung des Überkommenen übrig blieb. Vor allem muß man damals technisch recht weit gewesen sein. Denn nicht nur ward jetzt in Nanking die berühmte sogenannte „Porzellanpagode" errichtet, die Jahrhunderte ein Hauptschmuck dieser Stadt gewesen ist, bis sie im 19. Jahrhundert während der T'aip'ingrebellion (1853—1864) zerstört wurde, ein Bauwerk freilich, dessen schlicht weiße Ziegel allein aus Porzellan bestanden zu haben scheinen, indes aller farbiger Schmuck doch nur farbig glasierte Tonware gewesen sein dürfte: bereits aus dieser Zeit hören wir auch von der Ausbildung von sogenanntem „Eier"- oder „körperlosen" Porzellan, das freilich nach wenigen Jahrzehnten so sehr übertroffen ward, daß man jenes dann nur noch als Porzellan mit „halbem Körper" (pan-t'o-t'ai) bezeichnete[64]).

Auch wird ausdrücklich berichtet, daß man damals den Fuß der Gefäße vielfach viel kleiner und feiner gebildet hätte als vorher. Doch scheinen merkwürdigerweise die dickwandigen Porzellane viel geschätzter gewesen zu sein. Auf eine weitere Verfeinerung deutet dann hin, daß man damals zuerst anfing, gegenüber den früheren breiteren Vertiefungen unter der Glasur ganz feine Ornamente mit der Nadel einzuritzen. In koloristischer Beziehung aber wurden neben ganz weißen jetzt ausdrücklich blau bemalte erwähnt, deren Kobaltblau damals mit dem nicht mehr verständlichen Namen Su-ma-li bezeichnet ward und nach den Angaben der Quellen, wie in dieser Zeit so oft, charakteristischerweise aus dem „Westen“ nach China gebracht sein soll, mithin noch nicht mittels einheimischer Materialien gewonnen ward. Daneben gab es aber damals auch wieder vielfarbig bemalte Porzellane, deren besondere Technik freilich wiederum nicht festgestellt werden kann. Das Kobaltblau aber soll damals bereits nicht selten recht tief und glänzend ausgefallen sein. Doch ist die Blaumalerei dieser Zeit niemals von den chinesischen Kennern besonders geschätzt worden: sie nahm in deren Augen gegenüber der übrigen der Mingzeit immer nur die dritte Stelle ein. Unter ihren Motiven waren außer den in der chinesischen Kunst immer wiederkehrenden Blumen das mit dem Wollknäuel spielende Löwenpaar (Hunde des Foh) sowie auch die beiden die eheliche Treue symbolisierenden Mandarinenenten die beliebtesten.

Dann kam in dieser Zeit auch eine neue Glasur auf von wundervoll leuchtendem Rot, das röter gewesen sein soll als „frisches Blut“. Rote Glasuren sind mehrfach in der Mingzeit berühmt gewesen. Hier hat es sich ersichtlich um jene schöne eisen- oder zinnoberrote Glasur gehandelt, die die Mingzeit später so häufig zur Anwendung gebracht hat (vgl. S. 102, 110), damit zugleich um die erste jener schon so lebhaften Glasuren der Mingzeit, die durch das schwächere Feuer des Muffelofens (vgl. S. 73) gewonnen wurden (Taf. 41, 42).

So aber ist die keineswegs lange Regierungszeit dieses Kaisers dennoch eine Periode großen Fortschritts gewesen, wenn sie auch von den immer wenig entwicklungsgeschichtlich empfindenden Chinesen niemals besonders eingeschätzt worden ist.

Von Wichtigkeit aber ist, daß wir aus dieser Zeit schon einige Stücke, die zugleich Typen darzustellen scheinen, zu besitzen vermeinen, deren Zahl freilich noch recht gering ist. An erster Stelle sind hier eine ganze Reihe z. T. mit der Marke dieses Kaisers versehener, unbemalter weißer Schalen und Becher zu nennen, die sich in mehreren Sammlungen (London, Britisches Museum; Washington, Smithonian Institute; New-York, Metropolitan Museum: Morgancollection; Baltimore, Sammlung Walters), die, äußerst dünnwandig, von herrlicher Masse und altertümlicher, nach unten spitzzulaufender Form, unter der glänzenden Glasur jene meist ganz fein eingravierten, am häufigsten Drachen darstellende Ornamente zeigen, wie sie in dieser Feinheit eben erst diese Zeit hergestellt haben soll (Taf. 23 unt.). Vielleicht daß wir in diesen Stücken wirklich einige wenige Proben des damals zuerst hergestellten „Eierschalenporzellans“ vor uns haben, wenn freilich doch kaum anzunehmen ist, daß unter den wenigen anscheinend aus dieser Zeit erhaltenen Stücke, gerade die dünnwandigsten in mehreren Exemplaren auf uns gekommen sein sollten zumal derartige Porzellane später wieder vielfach nachgebildet worden sind. So haben wir vielleicht in ihnen nur den damaligen Typus in Händen, von dem sich ein ganz verwandtes Beispiel, ein zylindrischer Becher von gleichfalls altertümlicher Form auch im Sammleralbum abgebildet findet, sowie auch einige andere, den oben beschriebenen ganz verwandte Schalen an anderer Stelle (Nn. Guildford, Slg. Eumorfopoulos und Alexander), einmal auch von wieder ganz gelblicher Masse (Dresden, Porzellansammlung) sich erhalten haben (vgl. Anm. 50).

Neben diesen Stücken finden sich dann eine ganze Reihe gleichfalls datierter, tiefer Schalen, die uns den Typus der damaligen kobaltblauen Unterglasurmalerei vorzuführen scheinen (Dresden, Porzellansammlung, Berlin, Kunstgewerbemuseum, London, Britisch. Museum, Konstantinopel, Schatzhaus), jedoch im Gegensatz zu den eben erwähnten Erzeugnissen noch einen recht derben Eindruck machen (Taf. 23 ob.). Seltsamerweise sind sie sämtlich Wiederholungen eines und desselben Vorbildes, wenn freilich auch in verschiedener Größe: dickwandig und von unreiner Masse wie Glasur, zeigen sie alle in flüchtiger Zeichnung und trübem, reizlosem, ausgelaufenem Blau auf der äußeren Wandung die Darstellung der sehr bekannten chinesischen Prosadichtung von der „Fahrt nach der roten Wand", dargestellt durch ein über das Wasser dahingleitendes, von Menschen angefülltes Boot, neben der in breiter Ausdehnung auch der Text dieser Novelle gesetzt ist. Das Seltsamste aber an diesen Schalen ist ihr Fuß, der fast immer noch so breit und flach gebildet erscheint, wie der vieler Sungstücke. So geben sie sich wie Übergangsstücke von einer derberen zu einer feineren Kunst, wie solche in dieser Zeit wohl noch geschaffen sein können. Gleichzeitig aber wären sie für uns, wofern sie wirklich aus dieser frühen Zeit stammen, die ersten Proben der kobaltblauen Unterglasurmalerei der Chinesen, Proben, die freilich dann der damaligen geringen Einschätzung der Blaumalerei dieser Periode völlig Recht geben würden. Die häufige Wiederkehr immer desselben Typus dürfte jedoch auch hier wohl wieder auf spätere, freilich wohl einen Typus dieser Zeit festhaltende Nachbildungen schließen lassen.

Dann aber gibt es eine ganze Reihe von eisenrot glasierten Stücken, die alle wieder den gleichen Typus zeigen und vielfach auch mit dem Nien-hao dieses Kaisers versehen sind (Konstantinopel, Schatzhaus und Museum; Dresden, Porzellansammlung; London, Brit. Museum usw.): es sind kleinere und größere Schalen, die innen mit kobaltblauer Malerei verziert, außen dagegen mit einer korallenroten Glasur bedeckt sind, die stets von einem dichten Rankengewinde mit großen stilisierten spitzen Blumen von fast persischem Charakter in leichtester, vielfach jetzt fast ganz verblichener Goldmalerei überzogen ist. Doch kommt daneben auch eine rot glasierte Vase vor (Nr. Guildford, Slg. Eumorfopoulos). Daß wir in diesen Stücken den Typus der rot glasierten Schalen der Yung-Lo-Zeit vor uns haben, das leidet wohl wieder keinen Zweifel. Hat doch auch der bekannte japanische Töpfer, der sich die japanische Bezeichnung für diesen Kaiser Eiraku beilegte, vor etwa hundert Jahren gerade sie zum Ausgangspunkt seiner Kunst gemacht. So können vielleicht einige wenige derselben auch wirklich dieser Zeit angehören. Im übrigen finden sich hinsichtlich der Stärke und Kraft der Glasuren sowie auch des Charakters der Zeichnung und des Blaues an diesen Schalen so große Unterschiede, daß man sie wohl schwerlich alle in eine und dieselbe Zeit setzen darf, vielmehr einen Teil derselben, wenn nicht alle, in eine der folgenden Perioden der Mingzeit, vor allem wohl in eine ihrer letzten, zumal solche Stücke, zusammen mit andern ganz ähnlichen, nur andersfarbig glasierten sich nicht nur mehrfach in Europa unter den älteren Beständen aus dieser Zeit befinden, sondern immer nur in europäischen Fassungen aus dem 16. Jahrhundert erscheinen (vgl. S. 103, 110).

So aber besitzen wir aus dieser Zeit kein einziges Stück, das wir mit voller Sicherheit derselben zuschreiben können, wohl aber eine ganze Reihe von Typen, durch die wir uns eine klare Vorstellung von den Erzeugnissen dieser Zeit und damit auch von den Anfängen der Mingporzellane überhaupt machen können.

Zeit des Kaisers Süan-Tê.
(1426—1435).

Mit der Regierung des Kaisers Süan-Tê betritt man dann in der chinesischen Geschichte eine kurze friedliche Zeit, in der ein kluger, für chinesische Verhältnisse ungewöhnlich friedliebender Monarch sein großes Reich mit vieler Weisheit regierte. Sie gilt zugleich als das Zeitalter einer allgemeinen Kunstblüte, während welcher vor allem die alte, ehrwürdige Kunst der Bronze sich wieder zu einer Höhe erhob, wie diese sie lange nicht gesehen und dann auch kaum wieder erreicht hat. Ihr schloß sich das Porzellan würdig an, so sehr, daß diese Epoche neben der des bald folgenden Kaiser Tsch'êng-Hua von den Chinesen ganz allgemein als ihr eigentlicher Höhepunkt während der Mingzeit angesehen wird. Daher auch die Kaisermarken dieser beiden Dynastien die ersten gewesen zu sein scheinen, die spätere Zeiten immer wieder auf ihren eigenen Erzeugnissen angebracht haben. Unzweifelhaft hat dieser Kaiser selber am Porzellan ein ganz besonderes Gefallen gefunden gehabt. Er ernannte einen eigenen Beamten zum alleinigen Direktor der kaiserlichen Manufaktur und ließ die Zahl der für ihn arbeitenden Öfen auf fünfzig erhöhen, die z. T. merkwürdigerweise gar nicht innerhalb des Bezirks der kaiserlichen Manufaktur gelegen waren. Aus ihnen sollen damals, so berichten die Quellen, nur wirklich ganz reizvolle Stücke hervorgegangen sein, und daß man damals in der Tat vor allem nach Delikatesse und Feinheit strebte, beweist die weitere Nachricht, daß unter diesen die kleineren als die reizvollsten bezeichnet werden, eine Nachricht, die ihre volle Bestätigung durch die Porzellane erhält, die sich in dem Sammleralbum aus dieser Zeit abgebildet finden. Schminkdosen, Wassertropfer (Tropfenzähler), Becherchen, Schälchen, Miniaturväschen u. dergl. sind es vor allem, die der Zusammensteller derselben einst des Abbildens für wert gehalten hat.

Alle Plumpheit, alle unnötige Dickwandigkeit erscheint so beseitigt. Zwar hat auch diese Zeit es noch keineswegs unterlassen, interessante alte Bronze- oder Jadegefäße als Vorbilder für ihre besseren Porzellane zu wählen, doch erscheinen diese keineswegs mehr so altertümlich und steif wie vordem. Daneben kommen aber jetzt wieder (vgl. S. 33) ganz naturalistische Gebilde auf, wie Tee- und Weinkannen u. dergl. in Form von Früchten, zusammengebundenen Bambuszweigen, von Gurken, Entenpaaren, Gänsen, von Geldstücken usw., ja selbst der berühmte, bereits er-

China-Porzellane

aus den Perioden

Ming + Kang=hi + Yung=cheng
Kien=lung

Das Lager umfaßt mehrere Tausend Objekte und bietet
eine sehr reiche Auswahl in auserlesenen Exemplaren

Photographien + Beschreibungen
Ansichtssendungen stehen zu Diensten

Importgeschäft + Onno Behrends + Hoflieferant
Norden + Ostfriesland

wähnte, jetzt nicht mehr vorhandene „Porzellanturm" zu Nanking aus der Zeit des Kaisers Yung-Lo ward damals nachgebildet, Formen, von denen z. T. ausdrücklich berichtet ward, daß sie in dieser Zeit zum ersten Male im Porzellan erschienen und direkt der Natur nachgebildet wurden. Eigentümlich aber war an den besten Stücken die Glasur[85]). Sie wird genau wie früher schon an gewissen Erzeugnissen der Sungzeit (vgl. S. 45) als leicht gekörnt geschildert und bald wieder mit Orangeschalen, bald mit der Haut junger Hühner verglichen. Sie bildete sich aber nur, wenn sie sehr dick aufgetragen ward. Auch diese Glasur hat diese Zeit dann der folgenden hinterlassen. Daneben aber kamen auch haarrissige vor, darunter auch solche mit roten Furchen, deren Farbe wieder etwas seltsam mit Aalblut verglichen ward.

Aber auch die Masse selber ward damals bedeutend verfeinert. Wiederum wird sie als weiß und glänzend wie Jade geschildert. Doch die beste, die vor allem für Opferbecher für Weinspenden verwandt wurde, die inwendig das Wort t'an, Altar, trugen, übertraf alles vorher Dagewesene, selbst die so geschätzte beste Sorte des alten Ting-yao. Doch sollen manche Teetöpfe jenen Opfergefäßen in dieser Beziehung kaum nachgestanden haben. Damit aber scheint auch auf diesem Gebiet die Sungzeit übertroffen worden zu sein.

Verziert wurden die weiß bleibenden Gefäße vielfach durch feine Eingravierungen, in welcher Kunst sich damals besonders ein Künstler, namens Lu, sowie zwei Schwestern Ta-Hsiu (d. h. die ältere) und Siao-Hsiu (d. h. die jüngere) ausgezeichnet haben sollen. Sie stellten vor allem Becher mit der Darstellung der in China so beliebten Grillenkämpfe her.

Seinen eigentlichen Ruf aber erwarb das Porzellan dieser Zeit durch seine Malerei, vor allem durch die in Unterglasurfarben, in Kobaltblau und dann auch in Kupferrot, das in dieser Zeit zuerst aufkam und sogleich zu einer ganz besonders großartigen Entwicklung gelangte. Von diesen entwickelte sich die Blaumalerei dank einem trefflichen, wiederum mit dem rätselhaften Namen Su-ni-po oder Su-ma-li bezeichneten Kobaltblau, das immer noch aus dem westlichen Asien nach China gebracht worden sein soll, bereits zu einer solchen Höhe, daß sie in der Wertschätzung der Chinesen immer die erste Stelle während der ganzen Mingzeit eingenommen hat. Sie ist die klassische Blaumalerei dieser Periode gewesen. Doch beruht ihre große Wertschätzung in erster Linie auf der Malerei, nicht auf auf der Farbe selber, die nun zwar schon ganz klar und rein auf dem weißen Grunde stand, an Kraft und Tiefe jedoch von späteren Porzellanen der Mingzeit noch bei weitem übertroffen ward. Wie fein und delikat aber damals diese Farbe verwandt wurde, zeigen wieder die Abbildungen des Sammleralbums: bald erscheint sie hier nur als leicht belebende Ausschmückung, bald bedeckt sie als wirkliche Darstellung, doch in äußerst zarter Linienführung die ganzen Wandungen. Deutlich aber erkennt man, wie die damals wieder in China aufblühende Malerei sich dieses Gebiet erobert, wie sie nun auch den Porzellangrund zu ihren Taten benutzt, wie bisher nur die Seide oder das Papier. Und so scheute man sich denn auch gar nicht, die Werke der größten Maler als Vorbilder zu benutzen. In dieser Weise zeigt eine in diesem Album wiedergegebene Teeschale von noch altertümlicher Form die treffliche Darstellung einer alten Drachenkiefer in Verbindung mit Pilzen und Orchideen, die nach einem Landschaftsgemälde Kuo Hi's, eines der größten Landschaftsmaler, die die Chinesen je besessen, kopiert worden ist, mit so schwungvoller Kraft, daß der Urheber des Albums nicht ansteht, ihre Übertragung einem der damaligen kaiserlichen Hofmaler selber zuzuschreiben (Taf. 24 ob. links). Schon diesen Darstellungen gegenüber begreift man, warum die Malerei auf den Porzellanen dieser Zeit in China immer so hoch bewertet worden ist.

Daß freilich von diesen feinen Gebilden sich allzuviel Stücke erhalten haben oder gar zu uns herüber gekommen sind, erscheint wieder nicht allzu wahrscheinlich nach den Erfahrungen, die man bisher in dieser Beziehung mit den besten Erzeugnissen der chinesischen Porzellankunst gemacht hat. Dennoch besitzt die Dresdener Porzellansammlung eine aus altitalienischem Besitz stammende kleine Schale, die, mit der ganz ungewöhnlich geschriebenen Marke dieses Kaisers versehen, sich nicht nur völlig von allem unterscheidet, was sonst uns aus der Mingzeit erhalten ist, vielmehr auch zugleich an Feinheit alles übrige in erstaunlichem Maße übertrifft. Diese Schale[86]) besteht aus feinster Masse, ist sehr dünnwandig und zeigt auf der äußeren Wandung, sowie im Spiegel Wasserpflanzen und im oder am Wasser lebende Vögel, auf dem breiten Rand der Innenseiten Flußufer, alles in kleinen Gruppen angeordnet in den helleren und dunkleren Schattierungen eines lichten Blaus. Die Zeichnung aber erscheint so geistreich, so flott und dabei so originell mit dem feinsten Pinsel durchgeführt, daß sie fast einer lavierten Federzeichnung gleicht, doch von einer Hand gemalt, die nur die eines wirklich großen Künstlers gewesen sein kann. Es ist in der Tat ein im chinesischen Porzellan bisher ganz einzig dastehendes Stück, dem darum auch wohl eine ganz besondere Stellung angewiesen werden kann (Taf. 24 unten).

Ganz anders gibt sich dagegen freilich ein kleines Stück des Britischen Museums, das gleichfalls wohl mit dieser Zeit in Verbindung gebracht werden kann Es ist ein Fläschchen in Pilgerflaschenform aus etwas schmutzig grauer Masse, das mit großen, hängenden Pfirsichzweigen in schwärzlichem, ein wenig ausgelaufenem Kobaltblau verziert ist. Dies Stück hat keine Datierungsmarke, doch stammt es, wie das Siegel des dazu gehörenden alten Kästchens beweist, aus dem Besitze des Verfassers des Sammleralbums und enthält die Aufschrift „kostbare Mondvase aus Süan-Porzellan". Es ist also keine ganz zu verachtende Autorität, die dieses Stück in diese frühe Zeit versetzt und der wir darum wohl einigen Glauben schenken dürfen, mag es auch von dem Dresdner Stück und den Abbildungen seines Werkes noch so abweichen. Nur stellt es dann keine der besten Leistungen dieser Zeit vor.

Doch fast noch berühmter als die Blaumalerei war in dieser Zeit die in Kupferrot, dem sogenannten „Opferrot" (tsi hung), so benannt, da es besonders für diejenigen Opfergefäße verwandt ward, mit denen der Kaiser der Sonne zu opfern pflegte[87]). Es kam den Chinesen gleichfalls aus dem Westen zu und soll damals oft so glänzend ausgefallen sein, daß man später glaubte, es wäre aus zerstoßenen Rubinen hergestellt, was technisch jedoch unmöglich ist. Ganz in seiner Gewalt hatte man freilich diese immer äußerst schwierige, niemals ganz zu beherrschende

Farbe damals nicht: vielfach fiel sie violett oder gar schwärzlich aus, genau
wie dies auch später im chinesischen Porzellan nur zu oft geschah. Eigenartig war
hierbei, daß sie sich leicht reliefartig erhob. Wie aber der Grundton dieser Farbe
war, können wir heute nur ahnen, da noch kein ganz beglaubigtes Stück aus dieser
Zeit sich erhalten hat und uns in dieser Beziehung auch das Sammleralbum im
Stich läßt. Doch vermögen wir wenigstens aus diesem festzustellen, daß es damals bereits so verwandt ward, wie dies auch später immer im chinesischen Porzellan geschah: entweder in größeren, breiteren Flecken oder in feineren Linien.
In ersterem Falle waren meistens, wie auch die alten Quellen angeben, Fische, die
wohl Goldfische darstellen sollten, in einfachster Zeichnung über die Flächen ge-
streut (Taf. 24 oben rechts). Daneben kamen auch einzelne Pfirsiche vor. Linear
verwandt findet es sich dagegen auf einer kleinen, einer Kupfermünze nachgebildeten
Dose in Form von Schriftzeichen.

Von ganz besonderer Bedeutung aber ist, daß wir nun endlich auch Genaueres
über die in mehreren Farben, d. h. der „Fünf- oder Dreifarbenmalerei" bemalten Porzellane erfahren und von ihnen auch wenigstens in Abbildungen einige Beispiele
im Sammleralbum, zu Gesichte bekommen. Wir sehen hier einen Wassertropfer in Form zweier Dattelpflaumen, ein Schminkdöschen in Gestalt derselben
Frucht, sowie die erwähnte Nachbildung des Porzellanturms zu Nanking, und hören
weiter in den Quellen der Zeit von in „natürlichen" oder in den „fünf Farben" bemalten Gefäßen in Form von Pfirsichen, Gurken, Enten, Gänsen und von bunt gemalten, z. T. durchbrochenen Gartensitzen im Tonnenform und dergl. mehr, kurz
treten hier jenen mehr oder weniger naturalistischen Gestaltungen gegenüber, die,
wie erwähnt, in dieser Zeit wieder aufgekommen sein sollen. Die Abbildungen
des Sammleralbums aber zeigen deutlich, welche der Techniken der vielfarbigen Malerei damals auf diesen Stücken zur Anwendung gebracht worden ist:
mit leuchtend roter Farbe ganz bedeckt sind die Früchte, mit kräftigem Grün die
Blätter, indes die Stengel ganz in Braun gekleidet sind; am Porzellanturm aber
kommt dann noch in breiten Flächen gelb hinzu. So haben wir es hier ganz
zweifellos, wie spätere, ganz verwandte Stücke zeigen, mit der Technik der
Schmelzmalerei auf unglasiertem Porzellan zu tun (vgl. S. 141), die auch allein zu
solchen Wirkungen fähig ist.

Doch haben sich aus dieser Zeit und in dieser Technik nicht vielleicht auch
einige Proben bis in unsere Zeit erhalten? Ausdrücklich werden unter den in dieser
Weise ausgeführten Stücken, wie oben erwähnt, auch durchbrochene und nicht durchbrochene Gartensitze in Tonnenform erwähnt, wie solche sich noch heute in China
in dieser Technik bemalt gelegentlich finden und auch bereits zu uns gelangt sind.
Ihnen völlig verwandt ist dann eine ganze Gruppe von dickwandigen', derben,
Erzeugnissen, die in ganz gleicher Technik und auch in denselben Farben ausgeziert
sich schon in fast allen unseren größeren Sammlungen vorfinden und hier schon
seit langem sehr geschätzt werden (London, Vict. und Alb. Mus. und Britisch. Mus.;
Dresden, Porzellansammlg. u. Slg. Stübel; Paris, Slg. Grandidier usw.). Außer Gartensitzen stellen diese schlanke oder breite Vasen, Töpfe, Räuchergefäße, große Deckel-
dosen, Blumentöpfe, Lichtschirme, Pinselhalter und schließlich auch Figuren vor (Taf. 28, 29).

Ihre Wandungen sind z. T. durchbrochen, in der Weise, daß die stehengebliebenen Teile die vielfach durch parallele Stäbe miteinander verbundene Ornamentik ausmachen. Häufiger jedoch sind die Wandungen geschlossen geblieben und dann die mit anderen Farben als der Grund ausgefüllten Ornamente bald schwach umrissen, bald leicht, erhaben aufgesetzt oder schließlich von leicht erhöhten Linien (sogenannten Stegen) eingefaßt. Hierbei zeigt die Ornamentik entweder Blumen und Vögel mit Felsen oder figürliche Darstellungen, wie Reiter, Gottheiten oder heilige Szenen, und die Schmelzfarben sind in der Regel so verwandt, daß sich blaue, gelbe und violette Töne von einem hell- oder dunkelblauen Grunde abheben. Ihre Grundstimmung ist daher in erster Linie eine blaue, meist auch eine etwas ernste, da alle Farben sich noch ziemlich düster und schmutzig geben. Die Durchbrechungen, Einritzungen, Stege usw. aber sind ersichtlich nur angebracht, um das Ineinanderlaufen der Farben auf den glatten Flächen der Gefäße zu verhindern. In den aufgelegten Stegen aber haben wir dann jene eigenartigen technischen Mittel vor uns, die, wie erwähnt (vgl. S. 69), den Ursprung der ganzen polychromen Malerei des Porzellans aus der des Bronzeemails zu verraten scheinen. Sie entsprechen völlig den den Bronzen aufgelöteten Stegen, die bei ihnen in gleicher Weise das Durcheinanderlaufen der Farben verhindern sollen [86]).

Wie weit jedoch die in dieser Weise bemalten, heute noch erhaltenen Porzellane wirklich schon aus dieser Zeit stammen und nicht aus einem späteren Abschnitt der Mingzeit, ist heute noch nicht zu sagen, da Kaisermarken auf derartigen Stücken kaum vorzukommen scheinen. Durchbrochene Gefäße sollen, wie die chinesischen Quellen ausdrücklich berichten, erst in der Regierungszeit des zweitnächsten Kaisers der Mingdynastie hergestellt worden sein (vgl. S. 93). Auch finden sich unter den erhaltenen Stücken viele, die einen so merkwürdig frischen Eindruck machen, daß sie aus einer viel jüngeren Zeit stammen müssen. Weiß man doch auch, daß derartige Porzellane in der zweiten Hälfte des 19. Jahrhunderts in den Kushiuwerkstätten in Japan nachgebildet worden sind. So wird denn auch wohl nur ein kleiner Teil derselben dieser frühen Periode der Mingzeit angehören.

Zu diesen Stücken gehört dann aber auch noch eine freilich sehr kleine Gruppe von Porzellanen, die in sehr komplizierter, frei zusammengesetzter Arbeit Gefäße in Form von Tieren zeigen, deren ganzer Charakter deutlich wieder auf Bronzevorbilder hinweist. Es sind dies vor allem eine Weinkanne in Form eines stehenden Fohovogels (Dresden, Porzellanslg., Taf. 30), dann solche in Gestalt einer über Wellen oder Lotospflanzen stehenden Languste (Dresden, Porzellanslg., Taf. 30, Upsala, Hainhoferscher Kunstschrank). Alle diese Stücke, deren jetziger Zustand für ein sehr hohes Alter spricht, sind gleichfalls mit Schmelzfarben auf unglasiertem Porzellan bedeckt, wobei, ganz wie bei den im Sammleralbum abgebildeten, die einzelnen plastischen Abschnitte immer nur von einzelnen Farben bedeckt sind, die freilich stark von denen der eben beschriebenen Gruppe abweichen und meist auch viel glänzender und schöner sind. Vor allem fällt hier ein lebhaftes Grasgrün und ein leuchtendes Gelb auf, während das Blau, ein schönes Türkisblau, auf jenen ganz ähnlich wiederkehrt. Auch waren mehrere derselben sehr reizvoll mit einem leichten Goldschimmer überzogen, der freilich heute fast ganz schon verschwunden ist. Alle diese Stücke gehören entschieden zu den interessantesten, die aus der Mingzeit erhalten sind. Doch ist eine genauere Datierung bis jetzt auch hier nicht möglich. Dagegen besitzt das Berliner Kunstgewerbemuseum eine Hängevase in Flaschenkürbisform, die das Nien-hao des Kaisers Süan-Tê zeigt und in jeder Beziehung so sehr von allem abweicht, was wir sonst an chinesischem Porzellan besitzen, daß es nicht ganz ausgeschlossen erscheint, daß dies Stück wirklich der Zeit dieses Kaisers angehört (Taf. 25 oben). Hier sind die Schmelzfarben bereits ganz glatt ohne schützende Zwischenstege und dergl. auf das unglasierte Porzellan, dasselbe fast völlig bedeckend, übertragen auf Grund einer ganz ungewöhnlich flotten, ausdrucksvollen Zeichnung, die den heiligen Laotse mit seinen Jüngern, sowie ein reizvolles Pflanzenmotiv darstellen. Die Farben haben freilich nichts mit denen der soeben charakterisierten Stücke zu tun, ebensowenig auch mit denen der späteren Mingzeit. Sie stellen ein sehr tiefes Grün, ein fast rotes Violett, sowie ein dunkles, etwas schmutziges Gelb dar. Letztere Farbe bildet den Grund für die figürlichen Darstellungen.

So aber tritt für uns die vielfarbige Malerei zuerst als Schmelzmalerei auf unglasiertem Porzellan in die Erscheinung. Sie ist wohl auch die technisch leichteste gewesen, da sie sich noch in einfachen, größeren Abschnitten hielt und ein Zusammenfließen der Farben sich nicht allzuschwer durch die oben angegebenen Hilfsmittel vermeiden ließ. Von der Schmelzmalerei auf glasiertem dagegen erfahren wir noch nicht allzuviel. Nur wird erwähnt, daß die Farben damals vor allem im Gegensatz zur folgenden Zeit viel zu dick ausfielen und daß derartig bemaltes Porzellan, wohl schon aus diesem Grunde, nicht besonders hoch eingeschätzt wurde. Daneben aber hören wir von sehr geschätzten, mit Gold bemalten Teetöpfen, sowie auch von Käfigen für die in China so beliebten Grillenkämpfe, die ihren Schmuck gleichfalls nur im Muffelfeuer erhalten haben können. Sie wurden damals über alles geschätzt. Doch sollte im übrigen die Überglasurmalerei erst in der nächsten Periode ihre volle Ausbildung erfahren und ihre höchste Blüte erleben.

Berühmt aber waren in dieser Zeit wieder verschiedene farbige Glasuren, zunächst eine himmelblaue, von der man freilich nichts weiteres erfährt, dann aber vor allem zwei rote, die beide wieder (vgl. S. 86), zunächst den Namen Opferrot (tsi hung) führten und darum wieder mittels Kupferoxyd gewonnen sein werden. Von diesen ward die eine als lebhaft rot (Sien-hung) bezeichnet, während die andere, die bei weitem geschätztere, die edelsteinrote (pao-schihung) hieß und für die Vorläuferin jener berühmten tiefroten, heute bei uns ganz allgemein als sang-de-bœuf bekannten Glasur gilt, die im 18. Jahrhundert als eine der berühmtesten des chinesischen Porzellans erfunden ward (vgl. S. 132). Doch scheint sich leider auch von diesen Glasuren kein einziges sicheres Beispiel heute erhalten zu haben[89]. So sind wir auch hier wieder auf das Sammleralbum angewiesen, das freilich ja hinsichtlich seiner Farbenwiedergaben bedauerlicherweise durchaus nicht ganz zuverlässig ist[90]. Das einzige hier abgebildete Stück, ein Räuchergefäß, zeigt eine noch ziemlich leuchtende Farbe, die nur die Hälfte des Gefäßes bedeckt, dann aber, wie die Beschreibung meldet, ganz zart sich mit der weißen Glasur des Stückes vermengte, was ganz „zauberhaft" ausgesehen haben soll. Daneben scheint, wie ein anderes hier abgebildetes Stück, ein kleiner Weinbecher mit kleinen, angesetzten, roten Drachen beweist, diese Glasur auch in Verbindung mit Blaumalerei angewandt worden zu sein.

4. Zeit des Kaisers Tschêng-Hua.
(1465—1487).

Auf die Regierungszeit des Kaisers Süan - Tê folgte zunächst ein dreißigjähriger Zwischenraum, in welchem wir nicht allzu viel vom Porzellan hören. Der unmittelbare Nachfolger desselben Tschêng-T'ung ward ziemlich am Anfang desselben schon von den Mongolen gefangen genommen und mußte sieben Jahre bei ihnen als Gefangener verweilen, während welcher Zeit sein Bruder für ihn regierte. Und so groß war damals das Aufgebot an Mannschaften zu seiner Befreiung, daß sogar die kaiserliche Manufaktur zu Kin-tê tschen geschlossen werden mußte und die kaiserliche Oberaufsicht über dieselbe eingezogen ward. Erst als der Kaiser 1457 aus der Gefangenschaft zurückkehrte, ward sie von neuem geöffnet. Doch erfahren wir nichts Näheres über die Porzellane, die während des Endes dieser Regierungszeit hergestellt worden sind.

Mit dem folgenden Kaiser Tschêng-Hua beginnt dann die zweite große Blütezeit des chinesischen Porzellans während der Mingperiode, die nach der des Kaisers Süan-Tê für die bedeutendste derselben gilt. Freilich beruhte ihr Ruhm nun nicht wie bei jener auf der Schönheit der Unterglasurmalerei. Von Unterglasurmalerei in Kupferrot hört man in dieser Zeit sogar nicht das Geringste mehr, die in Blau wird als gewöhnlich bezeichnet, vor allem, weil jetzt infolge der Unruhen der vergangenen Zeit die schöne, bisher von Westen herbeigebrachte, blaue Farbe ausblieb. Dafür aber kam endlich mehr und mehr, wohl eben, weil die bisher in erster Linie gepflegte Unterglasurmalerei so versagte, die Malerei in Schmelzfarben auf, ja entwickelte sich sogleich zur allerhöchsten Blüte, so sehr, daß keine andere Periode dieser Zeit etwas auch nur annähernd Gleichwertiges ihr zur Seite zu setzen gehabt hat. Schon am Ende des Mingzeit gab es daher in dieser Weise dekorierte kleine Becher, für die man sich nicht scheute, 100 000 cash auszugeben und die für die größten Wunderwerke angesehen wurden.

Daneben ward die weitere Ausbildung der Masse nicht vernachlässigt. An die Stelle des Halbeierschalenporzellans, das die Zeit des Kaisers Yung-Lo ausgebildet, trat nun das wirkliche Eierschalenporzellan, das so dünn und zart ausfiel, daß es jetzt wieder wie in der Sungzeit (vgl. S. 28) vielfach mit Papier verglichen ward. Es ist anscheinend in China auch niemals dünner hergestellt worden, so daß demnach auch auf diesem Gebiet schon damals der Höhepunkt erreicht ward, nur daß seine Herstellung in der späteren Mingzeit auch in den Privatfabriken gelang. Daneben wird dann noch erwähnt, daß damals zuerst Gefäße mit durchbrochenen, Muster zeigenden Wandungen hergestellt worden sind, wobei man, wie bereits erwähnt (vgl. S. 88), unwillkürlich an die soeben unter dem Kaiser Süan-Tê beschriebenen, großen, unglasierten mit Schmelzfarben bemalten Gefäße denken muß, deren Typus gar wohl in dieser Zeit geschaffen sein kann.

Der schönste Schmuck des Porzellans dieser Zeit aber, die vielfarbige Malerei wurde durch Schmelzfarben sowohl auf unglasiertem Porzellan wie auch auf glasiertem erzielt. Sie sollen schon dadurch denen der vorhergegangenen Zeit bedeutend überlegen gewesen sein, daß sie jetzt nicht mehr so dick und reliefartig auflagen, wie früher. Den eigentlichen Ruhm dieser Zeit aber machte die Malerei auf Glasur, die eigentliche Porzellanmalerei aus. Die auf unglasiertem Porzellan findet sich nach dem Sammleralbum angewandt an größeren Teetöpfen, kleinen Weinbechern und Schminkdosen, einmal auch an einer sehr merkwürdig in Form einer Lotospflanze gestalteten, äußerst zerbrechlich ausschauenden Lampe. Ganz neue Farben treten hier auf: ein lebhaftes Gelb, ein trübes Grauviolett, ein schönes blasses Rot.

Die eigentliche Malerei mit Schmelzfarben jedoch hat allem Anscheine nach damals ihre höchste Ausbildung auf kleinen, sehr dünnwandigen Bechern gefunden, die für Wein bestimmt waren. Hier gab es, wie die Quellen berichten, ganz besondere Typen, die sich damals einer unendlichen Wertschätzung erfreuten. An unbestritten erster Stelle standen hier solche altertümlich zylindrischer Form, die in der „Fünffarbenmalerei" mit Weintrauben bemalt waren; dann Hochzeitsbecher mit Hühnern und Küchlein und Blumen, die für so schön galten, daß sie noch später ein Dichter besang, weiter solche mit Blumen und Insekten oder wieder andere in Form von Lotosfrüchten, die mit figürlichen Darstellungen geschmückt waren. Daneben gab es welche mit den Darstellungen von Heuschrecken, Lotosblumen, Früchten, buddhistischen Symbolen, figürlichen Szenen, unter denen solche mit sich schaukelnden Mädchen, mit fünf spielenden Knaben, mit Gelehrten und ihren Lieblingsblumen, den Regatten des Drachenfestes usw. besonders erwähnt werden. An Mannigfaltigkeit der Motive fehlte es demnach schon damals keineswegs; auch der Reichtum an Formen soll erstaunlich gewesen sein. Ihr Hauptvorzug aber war die wunderbare Feinheit der Malerei, nicht minder die Durchsichtigkeit der Schmelzfarben, die, da sie nun viel weniger dick als in der vorhergehenden Zeit auflagen, diesen Malereien jetzt weit mehr als vordem den Eindruck wirklicher Aquarellmalereien verliehen, schließlich auch die Delikatesse der ganzen Arbeit. Es soll eben an diesen kleinen Wunderwerken alles vollkommen gewesen sein.

Auch von diesen reizvollen Arbeiten vermag uns heute das Sammleralbum noch eine ungefähre Vorstellung zu geben. Da ist gleich einer jener so berühmten, mit Weintrauben verzierten Becher, die damals für die feinsten aller dieser Erzeugnisse galten. Er erscheint in der Tat erstaunlich zierlich und graziös: auf hohem, schlankem Fuß erhebt sich die Schale und trägt oben am äußeren Rande einen ungemein graziösen, leichten Kranz von Weinblättern, von dem die violetten Trauben in größeren Abständen herabhängen, indes die langen, feinen, geschwungenen und aufgeringelten Ranken leicht und ungezwungen den übrigen Teil der Schale decken. Dann folgt ein Beispiel der mit der Darstellung von Küchlein bemalten Becher — man erblickt sie hier stehend auf grünem Rasen neben einer aus einem Felsen emporwachsenden Hahnenkammstaude, eine Darstellung, die noch ganz im Stil der Malereien der Sungdynastie gehalten sein soll (Taf. 26 oben links) — weiter ein solcher, der ganz mit feinen, gewundenen, die Strömungen einer Wasserfläche darstellenden Linien überzogen ist, von denen sich einzelne, sich wie aus dem Wasser schwingende Gänse, sowie kleine, heilige Symbole darstellende Pilze abheben, schließlich welche mit Blumen auf grüner Wiese und Insekten dazwischen. Alle diese Stücke müssen in der Tat kleine Wunderwerke gewesen sein. Schon der Maßstab dieser Darstellungen ist für Porzellan ungewöhnlich klein; die Malerei selber aber erscheint unübertrefflich fein und delikat. So begreift man durchaus, daß die Chinesen noch später darüber staunten, daß so viel Kunstaufwand einst so kleinen, zerbrechlichen Gegenständen zuteil geworden war. Doch allzu leuchtend und farbenreich kann freilich diese feine Malerei nicht gewesen sein.

Angewandt aber wurden damals von den Farben der „Fünffarbenmalerei“: rot, grün, braun, gelb und violett, wobei bereits das Grün, wie dies dann später für so lange Zeit geschehen sollte (vgl. S. 143), merklich dominierte. Dagegen scheint die blaue Farbe damals noch ganz gefehlt zu haben. Sie ist auch nicht, wie später so oft, durch Unterglasurblau ersetzt worden. So wird die dekorative Wirkung dieser kleinen Stücke in der Tat nicht allzugroß gewesen sein. Um so mehr aber erscheinen sie als kleine Bijoux, deren voller Reiz sich erst entfaltete, sobald man sie in die Hand nahm und dem Auge näherte.

Daß sich von diesen ebenso reizvollen, wie zerbrechlichen Erzeugnissen heute noch viele Proben erhalten haben, erscheint wieder nicht allzu wahrscheinlich, zumal auch von den festeren und solideren dieser Zeit nicht allzuviel auf uns gekommen ist. Dennoch soll sich in chinesischen Privatsammlungen noch gelegentlich ein oder das andere derartige Stück, sorgfältig in einer Ebenholzschachtel aufbewahrt, vorfinden. Auch rühmt sich das Smithonian Institute in Washington, in seiner an Eierschalenporzellanen besonders reichen Sammlung nicht weniger als vier kleine derartige Schalen und ebenso viel Weinbecher, alle mit der Marke dieses Kaisers versehen, zu besitzen, für diese seltene und zerbrechliche Ware freilich eine etwas große Zahl. Von diesen sollen die Weinbecher sogar so dünn sein, daß ihre bunte Malerei auf der Außenseite im Innern noch sichtbar wird[91]).

Doch auch unter den kobaltblau bemalten, mit der Marke dieses Kaisers versehenen Porzellanen gibt es einige, die so eng miteinander verwandt erscheinen und zu gleicher Zeit so stark von allen übrigen in dieser Farbe bemalten abweichen, daß eine Zuschreibung für diese Zeit durchaus nicht ganz ungerechtfertigt erscheint. Es handelt sich auch hier wieder um kleinere, zierliche Dinge: vor allem um eine Deckeldose der Sammlung Bushell in Ravensholt Middlessex (Taf. 27), einen Pinselhalter des Britischen Museums und ein früher im Handelsmuseum in Wien ausgestelltes, jetzt nicht mehr nachweisbares Schälchen. Alle diese Stücke sind ungemein fein mit kleinen, delikaten Darstellungen bemalt, die in zwei Fällen figurenreiche Szenen und Pflanzenmotive, einmal den Fohovogel zwischen Wolkenknäuel zeigten. Das Charakteristische an ihnen aber ist nicht nur der bleiche oder schwärzliche Ton des Kobaltblaus, vielmehr die Art ihrer Zeichnung, die immer ganz oder fast ganz linear bleibt, niemals die Umrisse mit Farbe ausfüllt. So konsequent durchgeführte Linienzeichnungen finden sich im chinesischen Porzellan kaum jemals wieder. Und so kommt alles zusammen, um dieser kleinen Gruppe von Porzellanen wohl in der Tat eine ganz besondere Stelle in der Geschichte des chinesischen Porzellans anzuweisen.

Eigenartig sind dann noch zwei ganz flache Schalen der Dresdner Porzellansammlung, die, freilich bedeutend dickwandiger, gleichfalls die Marke dieser Zeit tragen und hinsichtlich Technik, Zeichnung und Farben gleichfalls nirgends sonst zeitlich unterzubringen sind (Taf. 26 unt.). Sie zeigen den reichen Dekor mehrerer sehr fein gezeichneter, sich lebhaft bewegender Drachen in einer tiefen, aber nicht sehr leuchtenden, blauen Unterglasurmalerei zwischen zerrissenen Wolkenbändern, von denen mehrere schwarz kontouriert und mit Schmelzfarben ausgefüllt sind, die einmal Gelb, Grün und Violett, das andere Mal nur Grün, doch in zweierlei Tönen aufweisen. Alle diese Schmelzfarben erscheinen noch etwas unbehilflich: sie sind weder rein noch leuchtend, ähneln aber auffallend den uns aus der letzten Zeit der Mingdynastie sehr vertrauten (vgl. S. 109). So kann das Entstehen dieser Stücke wenigstens innerhalb der Mingzeit für gesichert gelten.

Dann sei jedoch noch auf ein anderes datiertes Stück der Dresdner Sammlung hingewiesen, auf ein äußerst dickwandiges, flaches Räuchergefäß, das, auf drei kurzen Füßen ruhend, außen mit einer tief dunkelblauen, ein wenig durchscheinenden Glasur überzogen ist (Taf. 25 unt.). Einzigartig aber ist ihr Dekor: von den Füßen aus steigen drei der in der chinesischen Kunst beliebtesten Pflanzenmotive auf in sehr flott impressionistischer Wiedergabe, Bambus, blühender Pflaumenbaum und die Kiefer, die alle mit weißer Masse leicht auf die Glasur gelegt sind, in jener, bereits schon früher erwähnten (vgl. S. 73) Technik, die man als slip-, oder pâte-sur-pâte- oder auch Barbotintechnik zu bezeichnen pflegt. Es ist dieselbe Technik, die in der Mingzeit (vgl. S. 68) wie dann auch später noch häufiger zur Anwendung gelangt ist, vor allem auch an jener braunen Glasur (Taf. 41), die wir für gewöhnlich als kapuzinerbraun zu bezeichnen pflegen (Dresden, Porzellansammlung) sowie damals anscheinend bisweilen auch auf kleinen weißen Schalen (Dresden, Porzellanslg.), auf denen sie eine sehr fein linear gehaltene, bald Drachen, bald Fische, bald Vögel zwischen Lotospflanzen darstellende Ornamentik bildet, die durch ihren weißen Ton sich für gewöhnlich sehr zart vom Grau des Porzellans abheben, wenn aber die Schalen mit Wasser gefüllt sind, ihren Wandungen etwas Durchscheinendes gibt.

Neben dem Dresdner Räuchergefäß kommen dann bisweilen noch verwandte, aber viel roher dekorierte vor (Berlin, Mus. f. Völkerkunde). Im allgemeinen jedoch scheint die Zeit des Kaisers Tschĕng-Hua keine gewesen zu sein, die sich durch die Schönheit ihrer Glasuren einen besonderen Ruf erwarb, von einer zinnoberroten, wie sie die Zeit des Kaisers Yung-Lo geschaffen, abgesehen. Auf diesem Gebiete hat die vorhergehende wie auch die folgende Zeit ersichtlich bedeutend mehr geleistet.

Zeit des Kaisers Hung-Tschi.
(1488—1505).

Auf den Kaiser Tschêng-Hua folgte sein unbedeutender, in den Regierungs-
geschäften ziemlich gleichgültiger Sohn Hung-Tschih. Seine nicht allzu lange Regierungszeit gilt daher auch auf dem Gebiet des Porzellans im allgemeinen für keine besondere Blütezeit. Trotzdem dürfte sie sich, wie das Sammleralbum wieder beweist,
das eine ganz im Stil der letzten Zeit mit Schmelzfarben auf unglasiertem Porzellan
bemalte, sehr zierliche Weinkanne in Form eines von Blättern umwundenen Flaschenkürbis aus dieser Zeit abbildet, noch immer auf einer sehr achtunggebietenden
Höhe gehalten zu haben. Dadurch aber hat diese Zeit dennoch eine gewisse Bedeutung erlangt, daß jetzt eine ganz neue Glasur aufkam, die zu den allerwichtigsten dieser Zeit gehörte, ja schließlich fast die dominierende wurde: die
gelbe, von der es damals bereits zwei Spielarten gab, eine hellere, die mit dem
Gelb der Hibiscusblüten und eine etwas dunklere, die mit dem „gekochter Wall-
nüsse" verglichen ward. Erstere aber ward bald dadurch besonders berühmt, daß
sie bald die der Porzellane des kaiserlichen Hofhaltes wurde und dies bis in unsere
Zeit geblieben ist, wobei den Porzellanen meist die kaiserlichen Drachen zart eingraviert wurden. Derartig gelb glasierte Schalen mit der Marke dieses Kaisers versehen, kommen heute gar nicht so selten vor (London, Brit. Mus.; Dresden, Porzellanslg.) und dürften, da die niemals besonders geschätzten Stücke dieser Zeit
auch kaum zu Nachbildungen gereizt haben dürften, die ersten sein, die wir mit
wirklicher Sicherheit der Mingzeit zuzählen dürfen.. Sie sind meistens reich, fein
und sauber gearbeitet, auch relativ dünnwandig und beweisen so aufs neue, was
eben aus allen chinesischen Quellen hervorgeht, daß die besseren Erzeugnisse der
frühen Mingzeit schon recht delikate Gebilde gewesen sind. Derartige Schalen finden
sich dann auch aus fast allen anderen Perioden der Mingzeit (Taf. 41), vor allem
im Museum und Schatzhaus zu Konstantinopel, so daß diese Glasur wohl für die
bekannteste der Mingzeit zu gelten hat. Merkwürdig aber ist, daß für derartig gelb
glasierte Stücke jetzt das Kopieren alter Bronzevorbilder wieder aufgenommen zu
sein scheint. Wenigstens zeigen mehrere der im Sammleralbum abgebildeten, gelb
glasierten Stücke dieser Zeit derartige Formen. Doch scheinen am meisten Tassen
geschätzt gewesen zu sein, die in der Form von Hibiscusblüten gebildet waren
mithin von jenen Blüten, mit deren Farbe damals diese Glasur verglichen ward. Sie
müssen in der Tat sehr reizvoll und zierlich ausgesehen haben.

Hier aber muß noch auf zwei ganz besonders interessante Stücke hingewiesen
werden, weil sie die ältesten Porzellane mit Blaumalerei darstellen, die sich aus
alter Zeit in Europa erhalten haben. Derartige blau bemalte Porzellane scheinen
damals noch recht selten zu uns gelangt zu sein. Sie galten noch immer für so
kostbar, daß man sie nicht nur in Silber, sondern bisweilen sogar in Gold faßte.
Erhalten haben sich von ihnen freilich aus dieser Zeit nur zwei, die beiden
sogenannten Trenchardschalen in England, so benannt, da sie im Jahre 1506 einem
gewissen Thomas Trenchard, dem Highsherif von Weymouth vom König Philip von
Kastilien bei seiner Abreise aus England verehrt wurden (abgebildet bei Gulland

Chinese Porcelain II S. 276). Beides sind ganz einfache Stücke aus grauer Porzellanmasse, inwendig mit einzelnen Fischen, außen mit großen Blumenranken bemalt in flüchtiger Malerei und schwärzlichem, auf der einen Schale stark ausgelaufenem Blau. So stellen sie keineswegs besonders feine Arbeiten dar und ihre Blaumalerei entspricht durchaus der Vorstellung, die wir uns von der dieser Zeit machen müssen, in der das schöne Kobaltblau der früheren Zeiten bereits seit langem verschwunden war.

5. Zeit des Kaisers Tschêng-Tê.
(1506—1521).

Auch unter dem Sohne des vorher genannten Kaisers Tschêng-Tê, erhob sich das chinesische Porzellan noch nicht wieder zu besonderer Höhe. Zwar wird berichtet, daß unter ihm die kaiserliche Manufaktur, die inzwischen abgebrannt sein muß, wieder aufgebaut ward; auch verlieh er sämtlichen Anstalten, die für den kaiserlichen Hof arbeiteten, aber mitten zwischen den rein privaten lagen, die Bezeichnung „kaiserliche Manufakturen". Sie müssen schon recht stattlich gewesen sein, da damals in ihnen beständig über 300 Arbeiter beschäftigt waren, zu denen dann noch die Maler hinzukamen. Doch auch dieser Kaiser, der schon als Knabe auf den Thron gelangte, war wieder gleich seinem Vater ein äußerst schwacher Regent, der anfangs vollkommen in den Händen der Eunuchen seines Harems war, die immer, wenn sie in China zur Herrschaft gelangten, unermeßliches Unglück über dasselbe gebracht haben. Schon zu Beginn seiner Herrschaft sandte er als Leiter der kaiserlichen Fabriken einen derselben nach Kin-tê tschen, und nun wurden diese nicht wieder von deren verderblichem Einfluß frei bis zu seinem unrühmlichen Tode. Genug der Klagen haben sich daher aus dieser Zeit über deren Habsucht und Unterdrückungsversuche erhalten und so konnte damals auch die Porzellankunst zu keiner freien Entwicklung kommen.

Kein Wunder, daß deshalb die Erzeugnisse auch dieser Zeit niemals besonders geschätzt gewesen sind, und nur ein Ereignis hat sich damals eingestellt, das ihr für die Entwicklung des chinesischen Porzellans doch eine gewisse Bedeutung gegeben hat, wenn es auch damals allem Anscheine nach noch keineswegs wirklich ausgenutzt worden ist: die Wiederauffindung eines schönen, zur Unterglasurmalerei verwendbaren Kobaltblaus, ja sogar eines solchen, das alles bisher verwandte völlig in den Schatten stellte und bald zu einer der schönsten blauen Farben führen sollte, die die Geschichte des Porzellans kennt.

Dies Blau kam damals als Tribut auf einem neuen Wege aus fremden Ländern des Westens unter dem Namen Hui-ts'ing oder Muhammedaner Blau nach China. Es geriet in die Hände eines hohen Eunuchen, der Gouverneur der westlichsten Provinz Chinas, Yünnan war, und man benutzte es zunächst allein zur Herstellung von künstlichen Saphiren. Da man aber hierbei seine Widerstandsfähigkeit im schärfsten Feuer entdeckte, so befahl der Kaiser, dem dies zu Ohren gekommen war, es auch zur Bemalung des Porzellans zu verwenden, was glänzend gelang: ein schöner „alter" Ton soll damals damit erzielt worden sein, so daß von den so bemalten Porzellanen manche später hoch geschätzt wurden. Doch scheint erst die folgende Regierungszeit diese Farbe ganz richtig ausgenutzt zu haben, da erst diese sich durch ihre Blaumalerei wieder einen dauernden Ruhm erwarb und auch alle aus der Zeit des Kaisers Tschêng-Tê erhaltenen datierten Stücke nur ein trübes, meist schwärzliches Blau aufweisen. Soll es doch auch damals, wohl weil es so kostbar war — es wurde damals höher als Gold geschätzt — nur mit dem gewöhnlichen Blau vermischt, angewandt worden sein. Trotz alledem war dieser neue blaue Farbstoff so sehr begehrt, daß die Privatfabriken ihn vielfach durch die Arbeiter der kaiserlichen Manufaktur heimlich zu gewinnen suchten, was erst in der folgenden Regierungszeit durch Androhung schwerer Strafen, indem es zugleich nun auch abgewogen ward, verhindert wurde.

Neben der Blaumalerei wurde auch in dieser Zeit die mehrfarbige fortgesetzt und so der folgenden Zeit zu weiterer Ausbildung überliefert, weiter aber auch die in der letzten Periode aufgekommene gelbe Glasur angewandt. Das Sammleralbum bildet mehrere so glasierte Stücke ab, die bezeichnenderweise wieder Nachbildungen alter Bronzen darstellen. Die schönsten Porzellane aber sollen in dieser Zeit die rot glasierten gewesen sein, und zwar muß es sich hier um ähnlich gefärbte gehandelt haben, wie zur Zeit des Kaisers Süan-Tê, da für sie die gleiche Bezeichnung tsi hung gebraucht werden wie damals (vgl. S. 89). Doch können sie kaum den früheren gleichgekommen sein, da der wunderbare Farbstoff, der früher verwandt worden war, ja schon seit langer Zeit nicht mehr zur Verfügung stand. Sie sind auch jenen niemals gleichgestellt worden.

Von ganz besonderer Wichtigkeit ist aber für uns diese Zeit deshalb, weil sich von nun an endlich mehr und mehr das Dunkel hinsichtlich des wirklichen Aussehens des chinesischen Porzellans der Mingzeit lichtet, da wir nun endlich vor zahlreicheren Erzeugnissen stehen, die mit Sicherheit in eine bestimmte Periode gesetzt werden können. Eine ganze Reihe von Stücken mit der Marke dieses Kaisers versehen, haben sich erhalten, deren Echtheit um so weniger zu bezweifeln ist, da die Erzeugnisse auch dieser Zeit niemals berühmt genug gewesen sind, um, wie die meisten früheren, später zu Nachahmungen zu reizen, freilich Stücke, die aus gleichem Grunde auch keineswegs immer für besonders hervorragende gelten können. Da sind zunächst einige Porzellane mit bleichen Blaumalereien, ganz eigenartige Stücke, da sie, obwohl unmittelbar aus China zu uns gekommen und rein chinesischen Gebräuchen dienend, dennoch ganz persische Ornamentik zeigen, d. h. in Medaillons gesetzte arabische Schriftzeichen, umgeben von breiten Ranken, die unverkennbar Arabesken darstellen (London, Brit. Mus. (Taf. 31 unt.); Hildesheim, Slg. Ohlmer)[99]). Ihnen schließt sich eine undatierte Vase im Vict. u. Alb. Museum in London (Taf. 32) an, die neben sehr verwandten Ranken als Hauptmotiv figürliche Darstellungen zeigt in einem noch immer (vgl. S. 92) stark auf reiner Linienzeichnung beruhenden Stil. Eine derartig starke Beeinflussung der chinesischen Porzellanornamentik von Westen her war bisher noch niemals feststellbar; sie hat sich auch zu keiner Zeit in gleichem Maße wiederholt. Kein Zweifel, daß sie damals durch persische Kunstarbeiten erfolgt ist, wie denn in der folgenden Regierungszeit die chinesischen Quellen ausdrücklich von „Muhammedanischen Ranken" reden (vgl. S. 100). Bezeichnend aber ist, daß sich aus dieser Zeit oder aus der zunächst folgenden eine große Gruppe von bisher noch wenig beachteten Porzellanen erhalten hat, die gleichfalls fast ganz unter persischem Einflusse stehen, deren größte, ja ganz ungewöhnlich große Ansammlung sich aber charakteristischerweise im Museum und Schatzhause zu Konstantinopel sowie in dem später noch zu erwähnenden (vgl. S. 106) von Ardebil in Persien sich befinden sowie auch ganz vereinzelte und geringere Exemplare schon in unseren Sammlungen (England, Slg. Hasley). Es sind dies in erster Linie große Schalen, oft von erstaunlichem Umfang, daneben Vasen und Kannen, alle von recht dickwandigem, aber sehr weißem Porzellan, die alle in einem kräftigen, aber schwärzlichen Blau und meist dicker, linearer Zeichnung in erster Linie mit großen, sich rhythmisch windenden Blumenranken persischen Charakters verziert sind, daneben aber auch bisweilen mit mehr naturalistischen Motiven, wie einzelnen rhythmisch sich wiederholenden Blumen- und Fruchtzweigen an den Rändern und einigen großartig komponierten Tier- und Pflanzendarstellungen in der Mitte, so großartig, wie man solche auf keinem anderen chinesischen Porzellan wiederfindet (Taf. 33, 34). So stellen diese Stücke vielfach keramisch wie künstlerisch höchst bedeutende Leistungen vor und übertreffen auch an Größe des Stils fast alles, was sonst im chinesischen Porzellan geschaffen worden ist[93]). Bedauerlicherweise besitzt keine derselben eine Datierungsmarke. Der ausgesprochen persische Charakter ihrer Ornamentik zufolge der eben erwähnten, datierten Stücke mit persischer Dekorierung, sowie auch die teilweise Übereinstimmung derselben mit anderen noch zu erwähnenden, bezeichneten Stücken dieser Zeit aber weist diese vielen Arbeiten unbedingt in diese oder die allernächste Zeit, zumal auch ihr schwärzliches Blau sich an jenen wieder vorfindet. Auch sind diese Porzellane es gewesen, die ersichtlich um die Mitte des 16. Jahrhunderts die Anregung zur Erfindung des sogenannten Mediciporzellans in Florenz gegeben haben[94]), bekanntlich dem ersten in größeren Mengen hergestellten europäischen Produkt, das, ohne wirkliches Porzellan zu sein, diesem wenigstens äußerlich nahekam.

Keineswegs aber haben wir es hier mit dem Typus eines ausgesprochenen Exportporzellans zu tun, da dieses Porzellan auch später in China, wenn auch in bedeutend schwächlicherer Weise, wiederholt worden ist (vgl. S. 162). Doch ergibt sich aus seinem so reichlichen Vorhandensein gerade in Konstantinopel deutlich, daß damals wieder, wie einst in der Sungzeit, ein ganz bedeutender Export von Porzellanen nach Persien stattfand, der sich dann aber, eben weil diese Porzellane es dann auch gewesen sind, die nachweislich bei uns die frühen Porzellannacherfindungsversuche veranlaßt haben, bis nach Europa erstreckt hat, vielleicht veranlaßt durch jene geldgierigen Eunuchen, die damals die Manufakturen in Händen hatten und nun so viel wie irgend möglich durch sie gewinnen wollten. Auch finden sich solche Stücke wieder gelegentlich unter den noch heute auf den Sundainseln gefundenen Porzellanen. Ebenso fest steht es aber auch, daß durch diese rege Verbindung mit Persien dann das Porzellan dieser Zeit, wie auch die übrige chinesische Kunst, durch die dieses Landes stark beeinflußt ward, freilich, wie es scheint, nur ganz vorübergehend und ohne irgendwie dauernden Einfluß zu hinterlassen.

Alle die erwähnten Porzellane mit Blaumalerei beweisen, daß man diese Malerei als Technik damals keineswegs sehr beherrschte. Fast immer erscheint das Blau mehr oder weniger ausgelaufen; wo man mit ihm Gründe herzustellen versucht hat — es ist dies bisweilen auf einigen Stücken der letzteren Gruppe geschehen — sind diese äußerst fleckig und schmutzig ausgefallen. Sie entbehren jeglichen Glanzes und jeglicher Tiefe. Vielleicht, daß man deshalb damals die persische Ornamentik um so bereitwilliger aufgenommen hat: durch ihren mehr linearen Charakter konnte sie die oben genannten Schwächen wohl am leichtesten verdecken.

Dann aber zeigen andere datierte Stücke, daß in dieser Zeit, für uns wenigstens, eine Neuerung auftritt, die möglicherweise jedoch schon am Beginn der Mingzeit ihren Ausgangspunkt genommen hat, nun aber für die folgende Zeit der Mingdynastie geradezu typisch wird und dann auch dem chinesischen Porzellan niemals wieder verloren gegangen ist. Ein neues Dekorationsprinzip kommt auf, darin bestehend, daß mehr oder weniger detaillierte Zeichnungen aus einem farbigen Grunde ausgespart und mit einer anderen Farbe ausgefüllt werden, wodurch eine einfache, aber meist auch recht kräftige dekorative Wirkung erzielt ward. In dieser Zeit sind es vor allem das Unterglasurblau und die gelbe Glasur, mithin zwei wundervoll zueinander in Gegensatz tretende Farben, die die für uns bis jetzt schönsten Stücke dieser Zeit geschaffen haben (Dresden, Porzellanslg., Taf. 31 oben, London, Britisch. Museum). Da hierbei aber gelegentlich die gelbe Glasur, auch ersichtlich absichtlich teilweise über die Blaumalerei gelegt ist, wodurch diese dann an diesen Stellen einen grünen Ton erhält, so ward auf diese Weise bisweilen auch ein gleichfalls sehr harmonischer Dreiklang erreicht. Diese Stücke aber sind es dann auch, an denen sich das schwärzliche Blau der eben erwähnten Blauporzellane im persischen Stile, sowie auch deren naturalistischen Motive wiederfinden. Neben diesen Farbenverbindungen finden sich jedoch auch noch andere, so Grün oder Rot auf gelbem Grund und ähnliches. Die Ornamente stellen in diesem Falle immer Drachen dar. Von diesem Farbempfinden ist man ausgegangen, wenn man dann auch geschlossen grüne Drachen auf den weißen Porzellangrund setzte. Bei allen den zuletzt genannten Stücken aber hat man vielfach wieder die Zeichnung der Ornamentik vorher in den weichen Grund geritzt, sicherlich um auch hier wieder das Ineinanderlaufen der Farben zu verhindern. In vielen dieser Stücke aber haben wir die ersten chinesischen Porzellane mit Schmelzfarbenmalerei auf Glasur vor uns, die sich noch heute erhalten haben. Das gibt ihnen eine ganz besondere Bedeutung für uns.

Zeit des Kaisers Kia-Tsing.
(1522—1566).

Die folgende Regierungsperiode des Kaisers Kia-Tsing war wieder einmal eine solche von längerer Dauer und daher auch für die weitere Ausbildung des Porzellans von Bedeutung. Der Kaiser selber muß nach den noch erhaltenen Listen des Porzellans, das damals an seinen Hof gesandt ward, sich sehr für dies Erzeugnis interessiert haben. Er war überhaupt kein Herrscher, der sich sehr für das Regieren begeisterte. Es ist ihm das mehrfach damals, wenn auch ganz vergeblich, zum Vorwurf gemacht worden; auch soll er sich bisweilen mit Rücktrittsgedanken getragen haben, er liebte es dagegen, sich der Poesie, sowie vor allem religiösen Spekulationen hinzugeben. So sorgte er auch sofort dafür, daß in Kin-tê tschen die scheußliche Eunuchenwirtschaft der letzten Zeit abgeschafft wurde, und befahl dafür den höheren Beamten des Bezirks, in dem dieses lag, abwechselnd der kaiserlichen Manufaktur vorzustehen und die zu ihrer Unterstützung nötigen Gelder, die oft sehr beträchtlich waren und dann fast zur Bedrückung des Landes wurden, aus dem Bezirk Jao-tchou fu zu erheben. Im vorletzten Jahre seiner Regierung aber wurde dann schließlich der Unterpräfekt desselben angewiesen, in Kin-tê tschen selbst zu wohnen und von dort die Manufaktur zu leiten. Damit war wieder Ordnung und Stetigkeit in die dortigen Verhältnisse zurückgekehrt, so daß eine neue Entwicklung beginnen konnte. Tatsächlich muß nun der Betrieb in der kaiserlichen Manufaktur ein ganz bedeutender gewesen sein: nicht weniger als 52 Öfen gab es hier, von denen anfangs nicht weniger als 32, später dann freilich bedeutend weniger, zum Brennen großer Fischbehälter verwandt wurden, die in dieser Zeit zuerst aufkamen.

Trotz alledem soll diese Periode im allgemeinen den früheren bedeutend nachgestanden haben, schon weil die bisherige gute Porzellanerde ausging und man für dieselbe keinen vollgültigen Ersatz zu finden wußte. Auch besondere Fortschritte wurden in dieser Zeit nicht gemacht, und nur dadurch hat sie sich für alle Zeiten einen großen Ruhm erworben, daß sie es nun verstand, das während der letzten Regierungszeit aufgekommene Kobaltblau, das berühmte „Muhammedanerblau" richtig anzuwenden und zu seiner vollen Wirkung zu bringen. Jetzt ging man ersichtlich aus auf die Erzielung eines möglichst tiefen, satten Tons, und in der Tat hat diese Zeit dann das schönste, kräftigste Blau der Mingzeit und eins der schönsten, das die gesamte Porzellankunst kennt, hervorgebracht. Dies Blau, das in seiner schönsten Spielart damals die ebenso seltsam klingende, wie volltönende Bezeichnung „Blau des Buddhahauptes" führte, ist uns heute bekannt genug: aus vielen dieser Zeit angehörenden und datierten, vielfach auch recht großen Stücken (Dresden, Porzellanslg. und Slg. Stübel; London, Brit. Museum; Berlin, Slg. Sarre; Schloß Favorite bei Baden; New-York, Metropolitan Mus.: Slg. Morgan usw.) strahlt uns heute noch sein so ernster, tiefer, aber auch so reiner Ton, wie aus der Tiefe der Masse kommend, unverkennbar entgegen, meist in einer in breiteren Flächen gehaltenen Dekoration, aber ganz ohne verschiedene Abtönungen (Taf. 35—38), bisweilen jedoch auch als schöner fleckiger Grund, aus dem eine weiß gebliebene Ornamentik ausgespart ist. Es ist unzweifelhaft das erste Kobaltblau des chinesischen Porzellans, das wirkliche Tiefe, wirkliche Leuchtkraft besaß. Auch steht es meist ungemein klar und rein auf dem Grunde, ist fast niemals ausgelaufen. Zur Anwendung kam es damals jedoch nur in der kaiserlichen Manufaktur. Man ging aber auch dort ungemein vorsichtig und sparsam mit dem so seltenen und kostbaren Stoff aus dem fernen Land um. Es wurde den Malern einzeln zugewogen und dann genau kontrolliert, ob sie auch wirklich alles verwandten. Man wußte, was man an diesem nicht immer zu beschaffenden Stoffe hatte.

Neben diesen tiefblauen Malereien aber finden sich an datierten Stücken, wenn auch seltener, solche in einem viel bleicheren und schwächlicheren Ton (Dresden, Porzellanslg.). Sie entschädigen dafür meist durch eine detailliertere, feinere Zeichnung. Auch darf nicht ganz vergessen werden, daß vielleicht erst in dieser Zeit ein Teil jener bereits unter der vorhergehenden Regierungszeit erwähnten (vgl. S. 97) in der Hauptsache jetzt im Orient sich findenden großen Schalen und Vasen mit Ranken im persischen Stil mit ihrem freilich viel schwärzeren, unreinen Blau, als das der eben genannten Stücke war, hergestellt worden sind, da wir jetzt, wie erwähnt, in den chinesischen Quellen von „Muhammedanischen Ranken" reden hören. So gab es damals auf dem Gebiet der Blaumalerei gar sehr verschiedene Typen. Für die schönsten aller aber galten damals sehr reizend bemalte kleine Schminkdosen, sowie auch kleine Weinbecher, die mit Fischen bemalt waren. Sie sollen die eigentlichen Höhepunkte der Malerei dieser Zeit dargestellt haben.

Neben der blauen wollte dagegen in dieser Zeit die rote Unterglasurmalerei nicht recht gelingen, da, wie ausdrücklich erwähnt wird, die frühere schöne Farbe dazu nicht zu erlangen war. Doch scheinen damals wenigstens, wie mehrere noch erhaltene und datierte Stücke beweisen (Berlin, Kunstgewerbemuseum [Taf. 40 unt.]; London, Vict. u. Albert Museum) Versuche nach dieser Richtung hin gemacht zu sein, Versuche, die freilich zur Genüge beweisen, daß diese Farbe damals recht wenig gelang: das Rot erscheint immer schmutzig und ausgeblichen; auch setzte man es, was sonst bei keiner anderen Farbe damals geschah, von vornherein auf leichte Erhebungen, wohl weil man fürchtete, daß die Kraft der Farbe allein zur Dekoration nicht ausreichte oder daß die Farbe auslaufen konnte. Hier liegt in der Tat ein fast völliges Nichtkönnen vor.

Auch nicht allzu reichlich soll damals die bunte Schmelzmalerei auf Glasur, die eigentliche „Drei- oder Fünffarbenmalerei" betrieben worden sein. Dennoch hat sich eine stattliche Anzahl derartig bemalter und datierter Stücke noch heute aus dieser Zeit erhalten, leicht kenntlich an dem hier unter den Schmelzfarben auftretenden prächtigen „Muhammedaner Blau", das zu keiner Zeit hat nachgemacht werden können (London, Britisch. Mus.; Dresden, Porzellansammlung; Louvre: Slg. Grandidier). Sie stellen die ersten Porzellane vor, an denen wir diese vor allem für die spätere Zeit so wichtige Technik kennen lernen und ihre Verwendung beurteilen können. Im allgemeinen stimmen die hier auftretenden Schmelzfarben durchaus mit denen der folgenden Mingzeit überein: sie liegen alle, wie die des gesamten chinesischen Porzellans überhaupt, leicht reliefartig auf, erscheinen aber noch etwas trübe und schmutzig, sowie, vom Eisenrot und Gelb abgesehen, die bisweilen wunderbar lebhaft ausgefallen sind, blaß und schwächlich. So lassen sie noch in keiner Weise ahnen, bis zu welcher Höhe einst nach etwa anderthalb Jahrhunderten sich diese so ungemein dankbare Technik erheben sollte. Da aber zu dem lebhaften Eisenrot und Gelb auch noch das tiefe, satte „Muhammedaner Blau" hinzutritt und dies mit Gelb und Rot zusammen dominiert, so sind doch dadurch ganz ungemein kräftige Farbenmischungen erzielt worden, so sehr, daß die auf diese Weise dekorierten Porzellane wohl mit die farbenprächtigsten darstellen, die das gesamte chinesische Porzellan geschaffen (Taf. 39 oben). Merkwürdig jedoch, daß

das Unterglasurblau gelegentlich hierbei durch eine bleiche türkisblaugrüne Schmelzfarbe ersetzt ward (Berlin, Kunstgewerbemuseum [Taf. 39 unten]), die dann auch
— wenn auch selten — auf undatierten und ganz anders gearteten Porzellanen,
die man erst in die Zeit des Kaisers Wan-Li setzen kann, wiederkehrt (Konstantinopel, Museum). Wichtiger jedoch ist, daß diese Farbe auch unleugbare Verwandtschaft mit den helleren Nuancen des Blaus jener früher genannten (vgl. S. 88) mit
Schmelzfarben bemalten, unglasierten Porzellane zeigt, die, wie erwähnt, ihren
Anfang in der Zeit des Kaisers Süan-Tê genommen haben müssen. So wird ein
Teil derselben auch wohl erst in dieser Zeit entstanden sein.

Dann aber hat diese Zeit in besonders auffallender Weise die in der letzten
Periode für uns zuerst aufkommende Methode, einfarbige Ornamentik von einem
andersfarbigen Grund sich abheben zu lassen, gepflegt, und dadurch wieder ganz
besonders schöne Sachen zuwege gebracht. Am häufigsten findet sich auch hier
wieder der kräftige Gegensatz von Blau und Gelb, hier ganz besonders kräftig
durch das herrliche Kobaltblau dieser Zeit (Dresden, Porzellanslg., Taf. 37 rechts).
Daneben erblickt man häufig gelbe Ornamentik auf eisenrotem, resp. braunem Grund
(Dresden, Porzellanslg. [Taf. 40 oben]; Hamburg, Museum f. Kunst und Gewerbe),
rote auf blauem (Leipzig-Washington, ehemalige Sammlung Speck-Sternburg),
grüne auf gelbem (London, Slg. Chitty), eisenrote auf gelbem (New-York, Slg.
Morgan, Berlin, Kunstgewerbemus.), grüne auf gelbem (Louvre, Slg. Grandidier)
usw. Es ist, als wenn man sich jetzt bestrebt hätte, die früheren Farbenkombinationen um jeden Preis zu vermehren. In gleicher Weise aber kommen in dieser
Zeit zum farbigen Zweiklang auch andere Farben hinzu. So findet sich gelegentlich eine Vase in Gelb und Blau, die noch durch ein wenig Eisenrot belebt ist
oder es tritt eine detailliert gezeichnete Ornamentik in mehreren Farben auf (London, Slg. Cumberbatsch, Nr. Guildford, Slg. Eumorfopoulos). An allen diesen Stücken
ist das Streben, diese Verzierungsart zu immer größerem Reichtum zu entwickeln,
ganz unverkennbar.

Auffallend ist bei vielen Stücken jetzt ihre Größe. Die für uns in dieser Zeit
zuerst aufkommenden, meist mit Fischen und Wasserpflanzen bunt bemalten Fischkübel (Louvre, Slg. Grandidier) sind für uns wohl die bisher mächtigsten Stücke
des chinesischen Porzellans, die auf eine erstaunliche Beherrschung der Porzellantechnik schließen lassen. Doch auch sonst erscheinen die erhaltenen Stücke nicht
gerade fein und zierlich. Sie sind meist ziemlich dickwandig, von einfachen, gedrungenen Formen, unter denen einige, wie die dem Flaschenkürbis nachgebildete,
von nun an besonders bevorzugt erscheinen. Auch tauchen jetzt die, wie erwähnt
(vgl. S. 76), in der Mingzeit zuerst hergestellten Dosen für Eßwaren, Handtücher,
Hüte, Parfüm usw., z. T. sogar von rechteckiger Form, auf.

Geradezu mustergiltig ist dagegen fast immer die Verteilung der Ornamentik auf
den Wandungen der Gefäße. Sie ist ihnen oft mit so feinem Stilgefühl angepaßt, wie
dies kaum jemals der dekorativen Kunst irgendeines anderen Landes wieder gelungen ist. Hier zuerst begegnen wir auch jener in lauter einzelnen kleinen Flecken,
ganz regelmäßig über die Flächen verteilten Ornamentik (Taf. 39 oben), deren Vorbilder
wohl jene älteren chinesischen Seidenbrokate gewesen sind, die nach den chinesischen

Quellen, wie erwähnt, die Ornamentik der Porzellane der Mingzeit so oft beeinflußt haben sollen (vgl. S. 76). Bevorzugt wurden damals als Motive figürliche Darstellungen vor allem die von Kindern und Heiligen, dann Drachen zwischen Wolken und Fischen zwischen Wasserpflanzen. Das Pflanzenmotiv tritt dagegen damals noch stark zurück.

Trotz der ersichtlichen Bevorzugung des ornamentierten Porzellans hören wir jedoch auch in dieser Zeit zum ersten Male wieder etwas mehr von farbigen Glasuren, vor allem durch eine Reihe von Listen, in denen sich die damals an den kaiserlichen Hof gesandten Stücke aufgezeichnet vorfinden. Fast alle Glasuren, die die Mingzeit erfunden, scheinen damals bereits bekannt gewesen zu sein. Es werden erwähnt: unter den blauen Glasuren eine himmelblaue, eine türkisblaue und eine dunkelblaue, unter den grünen eine blaß seladon- und eine glänzend grüne. Dann gab es natürlich auch wieder die gelbe, während eine rote jetzt, da eben, wie erwähnt, das frühere schöne Mineral für eine solche nicht mehr zu erlangen war, immer, selbst bei den Arbeiten für den Kaiser, durch das schon aus der Zeit des Kaisers Yung-Lo (vgl. S. 82) stammende Eisenrot ersetzt werden mußte. Unter diesen tauchen damals zwei für uns wohl zum ersten Male auf: die türkisblaue (t'sui-ts'ing sê) und auch die glänzend grüne. Zum ersten Male aber hören wir nun aber auch von jener bekannten, später so viel verwandten braunen Glasur, die bei uns bald als „kapuzinerbraun" oder „dead leaf" bald als „fond-laque" bezeichnet wird, bei den Chinesen jedoch goldbraun (tse-kin you) genannt ward, wohl weil sie, da auch (vgl. S. 76) die Farben der Glasuren damals alten Seidenbrokaten entlehnt sein sollen, solchen in Braun mit goldener Ornamentik entnommen war. Mehrere dieser Glasuren wurden für besondere gottesdienstliche Zwecke verwandt, da es schon damals Sitte war, einer jeden der Gottheiten der vier Elemente eine besondere Farbe zu weihen und darnach auch die Farben des für deren Tempel bestimmten Porzellans zu wählen. Hierbei war Blau die Farbe des Himmels, Gelb die der Erde, Rot die des Feuers, während weiß für den „Jahresstern" reserviert blieb. Manche dieser Glasuren bedeckten wieder leicht eingeritzte Ornamentik. Auch werden bei der blauen Verzierungen in Gold erwähnt. Erhalten haben sich freilich derartig farbig glasierte und mit der Marke dieses Kaisers versehene Stücke nur in geringer Zahl. Gelegentlich kommen auch hier hell- oder dunkelgelb glasierte Schalen vor (London, Brit. Mus.), dann auch einmal ein einen geflochtenen Korb nachahmendes Stück mit hellgrüner Glasur (Wien, k. k. österreichisches Museum f. Kunst u. Industrie), schließlich wird auch von türkisblau glasierten Schalen mit der Marke dieses Kaisers berichtet. Möglich jedoch, daß mehrere der bereits früher erwähnten (vgl. S. 84) kleinen, dunkelblau oder hellgrün glasierten Schälchen, deren Glasuren wohl zu den für diese Zeit oben angegebenen hinsichtlich ihrer Farbe passen dürften, in dieser Zeit hergestellt worden sind, mag auch keine derselben in ihrer Blaumalerei das typische Kobaltblau dieser Zeit zeigen (Taf. 41, 42). Daneben finden sich bisweilen auch größere und dickere Stücke mit einer dichteren und lebhafter grünen Glasur, als diese Schalen sie aufweisen, die man wohl wegen ihrer derberen Erscheinung und schlechteren Erhaltung in die Mingzeit setzen möchte, vor allem aber auch türkisblau glasierte, meist plastisch reicher gestaltete

Sachen, deren noch großzügige Formgebung und gleichfalls schlechtere Erhaltung sie ebenfalls dieser Zeit zuzuweisen scheinen, zumal auch der Ton des Blaus kräftiger ist, als der der türkisblauen Porzellane der letzten Epoche des chinesischen Porzellans (vgl. S. 134). Dann aber gibt es auch schließlich braun glasierte Stücke, deren Formen wieder plumper, gedrungener, deren Glasur weniger farbig tief, als die der so zahlreichen, braun glasierten Porzellane der späteren Zeit ist und deren Technik gleichfalls durchaus der der Mingzeit entspricht (vgl. S. 75) (Dresden, Porzellanslg., Brit. Museum, Konstantinopel, Museum). Letztere Stücke sind alle ornamentiert (Taf. 41): sie tragen meist ziemlich breit aufgesetzte Ornamente aus weißer Masse in jener Auflagetechnik, die bereits früher gelegentlich der Schilderung der Porzellane der Regierungszeit des Kaisers Tschêng-Hua erwähnt wurde (vgl. S. 93). Angeblich sollen derartige Porzellane viel nach Persien exportiert worden sein.

Neben der farbigen Ausgestaltung wurde jedoch die Ausbildung des rein weiß bleibenden Porzellans keineswegs ganz vernachlässigt, ja auf diesem Gebiete entstanden sogar diejenigen Stücke, die immer für die am meisten geschätzten dieser Zeit gegolten haben. Freilich waren dies nur kleine Stücke, „Altarbecher", die für den Kaiser bestimmt waren, für dessen Opfer an den Altären der Taoisten, jener Anhänger des tiefsinnigen Heiligen Laotse, der neben Konfucius einer der Hauptreligionsstifter der Chinesen gewesen ist. Ihr Weiß wird wiederum mit Jade verglichen, das freilich bisweilen im Brande ein wenig gelblich oder bläulich ausfiel (welch letztere Spielarten weniger geschätzt wurden) aber auch sonst dem der gleichen Erzeugnisse der Süan-Tê-Zeit durchaus nachstand. Immer aber trugen sie innenwendig eingraviert die Bezeichnung der Opfergaben, für die sie bestimmt waren. Daß sich von diesen seltenen Arbeiten noch keine bei uns eingefunden hat, erscheint nicht verwunderlich. Zu welch erstaunlicher Feinheit sich jedoch um diese Zeit die Porzellanmasse in China entwickelte, das beweisen einige in der Dresdner Porzellansammlung befindliche Becherchen oder Tassen in einer dieser Zeit ungefähr angehörenden europäischen Bronzefassung, die aus einem Kranze aufrechtstehender Blätter erwachsend, eine gelbliche Masse zeigen, so fein, so warm, so durchscheinend, wie sie bis dahin noch keins der erhaltenen Porzellane gezeigt hat (Taf. 42 oben). Ihre Masse kann überhaupt für eine der schönsten gelten, die je im Porzellan bisher hergestellt worden sind. Sie dürften Erzeugnisse der erwähnten Manufaktur in der Provinz Fukien sein (vgl. S. 77).

Interessant ist es dann schließlich, daß wir von dieser Zeit zum ersten Male hören, daß sie bereits Erzeugnisse der früheren Epochen der Mingzeit nachzubilden begann: die Porzellane der Blütezeiten dieser Dynastie, die der Regierungszeiten der Kaiser Süan-Tê und Tschêng-Hua waren demnach bereits damals klassisch geworden. So wurden diese damals wie auch in der folgenden Regierungszeit von einem Manne namens Ts'ui-wêng, und zwar die blauen wie auch die bunt bemalten, nachgemacht, mit solcher Vorzüglichkeit, daß sie bald überall leidenschaftlich begehrt wurden. Sie sollen ihren Vorbildern an Feinheit und Schönheit ganz gleich gekommen sein, nur daß die Tassen bedeutend größer ausfielen.

Zeit des Kaisers Lung-K'ing.
(1567—1572).

Die folgende Regierungszeit des Kaisers Lung-K'ing war wieder nur kurz, doch für China sehr verderblich. Während der Kaiser sich gänzlich erotischen Freuden hingab, geriet das Land von Neuem völlig in die Gewalt der Eunuchen, die es an allen Ecken und Enden aussogen und auch von der kaiserlichen Manufaktur Unglaubliches verlangten. Nicht weniger als über 100 000 Porzellane, darunter viele sehr große und schwierige, ja technisch völlig unmögliche Stücke verlangte damals im Jahre 1571 in der kurzen Zeit von acht Monaten der Eunuch, der dem kaiserlichen Haushalt vorstand, eine Forderung, die den damaligen Vorsitzenden des Zensoramts, der in China immer das Recht hat, den Herrscher auf Fehler aufmerksam zu machen, veranlaßte, den Kaiser zu ersuchen, diese große Anzahl auf ein oder zwei Zehntel zu reduzieren und hinsichtlich der Zeit ihrer Herstellung an die Stelle der Monate Jahre zu setzen. Hatten doch noch dazu damals die Manufakturen stark durch Feuer und Wasser gelitten, so daß, wie berichtet wird, eine wirkliche „Wiederherstellung" nötig war.

Dennoch ist diese Zeit für das Porzellan keine des Rückschritts, wohl aber die eines allgemeinen Stillstands geworden. Man war durch die emsigen Bemühungen der vorhergegangenen Perioden schließlich so weit gelangt, daß man nun, wie die chinesischen Quellen ausdrücklich berichten, eigentlich alles, was man wollte, in Porzellan machen konnte, so daß ein weiterer Fortschritt auf diesem Gebiete vor der Hand kaum möglich erschien. So gab es damals auch in Kin-tê tschen auf diesem Gebiete schon einen wirklichen Virtuosen, den früher bereits erwähnten (vgl. S. 43) Tschou Tan tsūan, der für den berühmtesten Töpfer seiner Zeit galt und vor allem, wie es in der Mingzeit ja schon häufiger geschah, die alten Porzellane der Sungzeit nachahmte, doch mit solchem Geschick, daß, wie eine oft erzählte Anekdote berichtet, die gewiegtesten Kenner auf seine Sachen hereinfielen und sie für alt kauften. Und so beliebt waren seine Erzeugnisse, daß, sobald man von der Fertigstellung eines derselben erfuhr, man von allen Seiten herbeiströmte, um es zu jeglichem Preise — man soll damals bis 1000 Unzen Silber (7500 fr.) für ein einziges Stück bezahlt haben — zu erwerben. Doch pflegte daneben der schlaue Verfertiger sie auch an Altertumshändler abzugeben, gewiß nicht gerade mit den ehrlichsten Absichten.

Hauptschmuckmittel der Porzellane scheint in dieser Zeit die vielfarbige, die „Fünffarbenmalerei" gewesen zu sein — viele der damals an den Hof gesandten Stücke waren vielfarbig verziert — daneben aber auch die Blaumalerei. Doch ereignete sich hier das große Unglück, daß nun wieder das herrliche, kostbare „Muhammedanerblau" der beiden letzten Regierungszeiten ausging, freilich wohl nicht gleich am Anfang, da sich einige, wenn auch wegen der kurzen Regierungszeit dieses Kaisers recht seltene Stücke erhalten haben (Dresden, Porzellanslg.; London, Brit. Mus.), die noch immer eine wundervoll blaue Farbe aufweisen, aber auch im übrigen noch ausgezeichnet gearbeitet sind (Taf. 43). Dagegen war die kupferrote Unterglasurfarbe jetzt dauernd verloren. Sie konnte nicht einmal mehr für den Kaiser hergestellt werden, so daß, als die Eunuchen sie dennoch bestellten, man sie bitten mußte, diese Farbe durch Eisenrot ersetzen zu dürfen, was nach den wieder erhaltenen Listen der an den kaiserlichen Hof damals gesandten Porzellane auch geschehen zu sein scheint. Daneben scheinen jetzt auch die großen Fisch- und Wasserkübel der vorangegangenen Zeit nicht mehr gelungen zu sein. Dafür glückten aber damals Dekorationen in Gold, und dann wagte man sich jetzt auch in den Privatfabriken an die Herstellung von „körperlosem" Porzellan, wie es die Zeit des Kaisers Süan-Tê zuerst geschaffen. Sie sollen wieder glänzend weiß ausgefallen sein. Erst jetzt erhielten sie den Namen „Eierschalenporzellane".

Einen ganz besonderen Ruf, aber freilich einen recht fatalen erwarb sich diese Zeit dann schließlich dadurch, daß jetzt zum ersten Male, wie es heißt, dank den wenig moralischen Neigungen des Kaisers die Laszivität in das Porzellan eindrang und in ihm bisweilen zu recht freien Darstellungen führte, über die spätere Zeiten ihren vollen Zorn ergossen haben. Doch sind derartige Darstellungen hernach niemals ganz wieder aus diesem Gebiete verschwunden und so auch in manchem Beispiel auf uns gekommen sind.

<h2 style="text-align:center">Zeit des Kaisers Wan-Li.
(1573—1619).</h2>

Mit dem Kaiser Wan-Li bestieg dann der letzte Mingkaiser den Thron, dessen Regierung von Bedeutung war. Sie war auch zeitlich noch einmal eine recht ausgedehnte. Sie gilt im allgemeinen, wie überhaupt das Ende der Mingdynastie, für eine Zeit der Üppigkeit und Überkultur, die bald zu allgemeiner Entnervung und damit zum Untergang dieser Dynastie führen sollte. Der Kaiser, der wieder ganz jung auf den Thron kam, war kein unbedeutender Mensch; er hatte auch gute Absichten, aber war zu schwankenden Charakters, und so gab er sich bald dem Ernste der Wissenschaft, bald wieder den heiteren Freuden des Harems hin und geriet nur zu oft in die Hände seiner Eunuchen, die sich auch eine Zeitlang wieder der kaiserlichen Manufaktur zu Kin-tê tschen zu bemächtigen wußten, bis eine Revolte dort ausbrach, die sie in Brand setzte. Da wurden sie zurückgerufen und nun niemals wieder Eunuchen an diesem Orte gelassen. Gleichzeitig aber begann jetzt auch am Ende seiner Regierung von Norden her jene Gefahr zu drohen, die niemals ganz für China in dieser Zeit aufgehört hat: das Vordringen der tartarischen Stämme, die allzu große Vermehrung in ihren ärmlichen Steppen nur zu oft nach dem Besitze des reichen südlichen Kulturlandes sich sehnen ließ. Es waren diesmal die Mandschuhs, ein bisher so gut wie unbekannter Stamm, der nun sich aufmachte, jene Eroberung und Unterwerfung Chinas zu vollziehen, die nur zu bald unter den Nachfolgern dieses Kaisers zur vollendeten Tatsache ward. Trotz alledem wußte Kaiser Wan-Li sein Reich noch so ziemlich auf seiner alten Höhe zu halten; aber eine Förderung desselben trat nirgends ein: man freute sich des bisherigen Besitzes, lebte der Gegenwart und gab sich ganz jenem Luxus und weichlichen Leben hin, mit dem im Orient fast jede Dynastie schließlich zu enden pflegt.

Auch die Entwicklung des Porzellans war nun zu einem völligen Stillstande gelangt, dem dann nur zu bald der allgemeine Rückschritt folgte. Zwar war der Umfang des Betriebes jetzt ungeheuer groß, ja vielleicht so groß, wie nie vorher, und er ward auch wohl nicht unwesentlich dadurch gefördert, daß jetzt ein Beamter aus Jao-tschou dauernd nach Kin-tê tschen als Direktor der kaiserlichen Manufaktur versetzt ward. Schon vom kaiserlichen Hof gingen in dieser Zeit an diesem Ort wieder so enorme Bestellungen von Porzellanen aller Art ein, daß wiederum einer der Zensoren im Jahre 1583 dagegen Protest erheben mußte und zur Einschränkung derselben in der Weise aufforderte, daß von diesen nur diejenigen Gegenstände, die für gewöhnlich aus Porzellan gemacht zu werden pflegten, dort ausgeführt werden sollten. Doch auch im übrigen wurde damals so viel Porzellan erzeugt, daß es weder in China noch bei uns heute als selten bezeichnet werden kann (die größten Bestände: Konstantinopel, Schatzhaus u. Museum; Dresden, Porzellanslg.; London, Vict. und Albert Museum; Paris Louvre: Slg. Grandidier). Es ist daher in China noch jetzt häufig im Gebrauch, sei es als Fisch- oder Wasserpflanzenkübel in Gärten, oder als Vorratschalen in Läden, ja sogar bei Straßenverkäufern. Dann aber begann in dieser Zeit auch wieder und wohl zum ersten Male in der Mingzeit der Export mit diesem Erzeugnis in großem Stile. Es fand zunächst, wie reichliche Funde heute zeigen, seinen Weg von Neuem in ungemessenen Quantitäten nach Persien, wo namentlich am Ende dieser Periode Shah Abbas der Große (1585--1629) seiner besonders begehrte. Denn nicht nur schmückte er die Grabmoschee des Schech Safi zu Ardabil von oben bis unten mit diesem Produkte aus, wie der heute noch dort vorhandene große Bestand beweist[95]): er siedelte sogar chinesische Töpfer in Ispahan selber an, die ihm dies Produkt an Ort und Stelle herstellen sollten. Zu gleicher Zeit gelangte es aber auch wieder, wie einst die Seladone der Sungzeit, zu den Sundainseln, auf denen es heute gleichfalls noch häufig gefunden wird[96]), ferner nach Indien sowie auch wieder nach Japan, ja schließlich sogar wieder bis nach Afrika, wenigstens bis in die Gegend von Zanzibar, wo noch heute kleinere Inseln ganz mit den Scherben damaliger Porzellane bedeckt sind[97]). Vor allem aber war jetzt die Zeit gekommen, da China zum ersten Male und nun dauernd unmittelbar mit der anderen großen Kulturwelt der Erde, mit Europa in engere Verbindung trat: im Jahre 1560 errichteten die Portugiesen ihre ersten Niederlassungen in Macao, dicht bei dem wichtigen Ausfuhrhafen Canton. Bald waren hier jährlich nicht weniger als 500—600 derselben anwesend, die mit allem möglichen, in der Heimat nicht Vorhandenem, Handel zu treiben suchten. Ihnen schlossen sich 1604 die Holländer an, denen es freilich zunächst recht schwierig wurde, hier festen Fuß zu fassen. Dann aber kamen zahlreiche Missionäre, die vor allem dank dem klugen Auftreten des Jesuitenpaters Matteo Ricci, sowie den überlegenen Wissenschaften Europas, deren Träger sie waren, bald einen großen Einfluß beim Kaiser gewannen. Selbst bis nach Kin-tê tschen vermochte damals schon wenigstens einer von ihnen vorzudringen[98]). So aber konnte jetzt auch zum erstenmal das hier erzeugte und so geschätzte Produkt in wirklich großen Mengen nach Europa gelangen, in so großen schließlich, daß man damit bereits ganze Schiffe beladen konnte. Doch durften die besten Stücke damals noch nicht ausgeführt werden, so daß Europa damals von den Höhepunkten dieser Kunst noch nicht den richtigen Begriff bekommen konnte. Doch genügte das, was damals zu ihm gelangte, völlig, um China um das Geheimnis seines Porzellans genugsam zu beneiden und nach seiner Gewinnung trachten zu lassen.

Doch der künstlerische Höhepunkt der Mingzeit war auf dem Gebiete des Porzellans seit der letzten Periode endgültig überschritten, und so konnte nur der Rückschritt einsetzen. Diese ganze Zeit hat daher auf diesem Gebiete in China sich nie eines besonderen Rufes zu erfreuen gehabt, und auch die Erzeugnisse, die sich aus ihr infolge ihrer großen Produktion so zahlreich heute noch erhalten haben, wie aus keiner vordem, stehen in der Regel denen der früheren Periode ganz ersichtlich nach. Doch machen sich hierbei freilich große Qualitätsunterschiede bemerkbar: auch aus dieser Zeit finden sich bisweilen noch recht vorzügliche Arbeiten. Vor allem aber kommt jetzt noch, ersichtlich wieder infolge der in dieser Zeit von neuem so stark einsetzenden Handelsbeziehungen mit dem Westen, ein Exportporzellan auf, das, ganz bedeutend minderwertiger, als das für China selber verfertigte, das künstlerische Gesamtniveau der damaligen Zeit nicht wenig herabgedrückt hat.

Beschleunigt wurde aber der Rückschritt auch durch das Ausgehen der bisherigen Porzellanerde, die sich immer so besonders gut bewährt hatte. Schon im elften Jahre dieser Regierung berichtete der damalige Direktor der kaiserlichen Manufaktur Tschang Hua-mei an den Kaiser, daß die besten der Kaolinlager, die man bisher besaß, die an den Ma-ts'ang-Bergen im Distrikt Fu-liang-hien gelegenen bereits so weit abgegraben wären, daß sich die Kosten ihrer weiteren Ausnutzung von nun an bedeutend erhöhen müßten. Bald waren sie jedoch völlig erschöpft, und nun standen nur noch andere Lager in diesem Bezirke oder in ziemlich weiter Entfernung von Kin-tê tschen zur Verfügung, die aber alle weit schlechtere Erde lieferten. Sie mußten nun wohl oder übel benutzt werden. Diesen Übelstand merkt man in der Tat den allermeisten Erzeugnissen dieser Zeit nur zu sehr an. Ihre Masse ist in der Regel nichts weniger als fein, erscheint oft rauh, und mehr oder weniger schmutzig. Sie muß auch, wie die vielen gerade aus dieser Zeit stammenden verzogenen, oder zur Seite gesunkenen Gegenstände beweisen, sehr schlecht im Feuer gestanden haben. Aus gleichem Grunde sind auch in keiner Zeit die Ansatzstücke der einzelnen Stücke so deutlich. So ist es denn kein Wunder, daß auch damals Dinge, deren Herstellung in Porzellan zu allen Zeiten für besonders schwierig, wenn nicht für ganz unmöglich galt, z. B. Platten für große Wandschirme, die der Kaiser damals verlangte, in keiner Weise gelingen wollten. Letztere kamen so aus dem Ofen heraus, daß man sie, wie es heißt, für Betten oder für Kähne hätte halten können. Man wagte sie nicht an den Kaiser zu senden. Eine besondere Eigentümlichkeit der Porzellane dieser Zeit war dann aber auch, daß ihnen am Boden vielfach ein Teil des Sandes ankleben blieb, auf dem sie im Brennofen gestellt wurden. Dieser Mangel findet sich sogar an Stücken, z. B. an Schalen mit der kaiserlich gelben Glasur (Dresden, Porzellanslg.), die für den kaiserlichen Hof bestimmt waren. Man scheint ihn demnach in keiner Weise damals ganz haben vermeiden zu können. Doch verwandte man sonst damals auf das kaiserliche Porzellan eine besondere Sorgfalt. Man soll es sogar nach dem Aufdrehen und

Polieren ein ganzes Jahr zum Trocknen haben stehen lassen, es dann erst glasiert und die Glasur mehrfach auf dasselbe aufgetragen und wieder poliert haben, wodurch diese dann so dick und geschlossen ausfiel, daß man sie damals wieder, wie einst (vgl. S. 36) mit Speck verglich. Neben diesen Porzellanen aber waren damals ganz besonders solche geschätzt, bei denen wie einst zur Sung- und am Beginn der Mingzeit (vgl. S. 85) die Glasur wieder leicht gekörnt ausfiel, wie Hirsekörner, wie man damals sagte. Es soll dies wieder eine Folge ihres dicken Auftrags gewesen sein. Dann aber setzte man in dieser Zeit auch die in der letzten Periode begonnene Fabrikation des Eierschalenporzellans fort, mit demselben Erfolge wie damals. Eine gewisse technische Höhe ward demnach damals noch immer gewahrt. Und dann setzte in dieser Zeit auch nicht nur der bereits in der letzten Regierungsperiode (vgl. S. 104) so tätige, berühmte Tschou Tan tsüan seine bisherige Tätigkeit mit gleichem Erfolge fort, es kam jetzt noch ein zweiter Virtuose hinzu, der bereits erwähnte Hu-kung oder Hu-yin-tao-jen, „der in Zurückgezogenheit lebende Taoist Hu", der gleichfalls die alten Porzellane nachbildete, daneben aber auch ganz eigene Sachen schuf, unter denen besonders dünnwandige und leichte Porzellanbecher, dann solche mit roten Wolken, sowie hellblaue Vasen besonders gerühmt wurden.

Für die künstlerische Ausgestaltung des damaligen Porzellans war aber dann besonders verderblich, daß das schöne „Muhammedaner Blau", das so viele Erzeugnisse der letzten Zeit so ungemein glänzend gestaltet hatte, nun gänzlich ausblieb, und was nun an dessen Stelle gesetzt werden mußte, das sogenannte „Stein- oder Mineralblau" (schi tsê ts'ing) konnte hinsichtlich Reinheit, Kraft und Tiefe der Farbe keinen Vergleich mit jenem aushalten. Damit aber war für diese Zeit schon die lediglich technische Grundlage der Porzellankunst eine weit ungünstigere geworden.

Trotz des Fehlens der schönen blauen Farbe blieb aber dennoch die kobaltblaue Unterglasurmalerei auch für diese Zeit die wichtigste, ja sie gelang merkwürdigerweise bisweilen, wie manche der erhaltenen Stücke zeigen, noch recht gut, so daß das beste Blau dieser Zeit dem besseren, wenn auch nicht dem besten der Periode des Kaisers Kia-Tsing noch immer ziemlich nahe kam. Bei der überwiegenden Mehrzahl der noch vorhandenen Stücke tritt es jedoch nur in sehr grauen, matten, z. T. auch ganz schmutzigen Tönen auf, wie man solche bisher kaum je gesehen hat (Taf. 44—47). Dieselben Qualitätsunterschiede zeigen sich aber auch hinsichtlich der Zeichnung und der eigentlichen Malerei. Einige wenige Stücke, meist kleinere Schalen, die mit originellen Tier- und Pflanzendarstellungen verziert sind und, wenn auch nicht alle datiert, wohl mit vollem Recht in diese Zeit gesetzt werden, gehören um ihrer ungewöhnlich geistreichen und ausdrucksvollen Zeichnung willen zu dem Reizvollsten, was uns die Mingzeit hinterlassen hat (London, Vict. u. Alb.-Museum; Konstantinopel, Schatzhaus). Sie erscheinen fast wieder wie in der ersten Zeit der Mingdynastie, wie von wirklichen Künstlern gemalt (Taf. 44 ob.). Im übrigen jedoch wechseln geistreiche Kompositionen mit trivialeren, sorgfältige Zeichnungen mit flüchtigen. An vielen Stücken ist die Farbe stark ausgelaufen, indes wieder andere ganz die feste Wahrung der Konturen und damit die volle Beherrschung dieser Technik zeigen. War ersteres der Grund, daß man gelegentlich jetzt auch, wie wenige Jahrzehnte vorher aus gleicher Ursache bei der kupferroten Malerei (vgl. S. 100) die blaue Farbe auf leichte Erhöhungen setzte (London, Vict. und Albert-Museum)? Vergessen werden darf aber freilich auch hier wieder nicht, daß gerade das kobaltblau bemalte Porzellan damals ganz allgemein zu Exportzwecken verwandt wurde und eben darum vielfach auch mit bewußter Flüchtigkeit ausgeführt worden ist.

Eine notwendige Folge des Herabsinkens der Blaumalerei von ihrer früheren Höhe war aber dann das stärkere Auftreten der „Drei- oder Fünffarbenmalerei“, der Malerei mit Schmelzfarben auf Glasur. In keiner anderen Periode der Mingdynastie ist diese — wie dies die so zahlreich heute noch erhaltenen datierten Stücke dieser Art beweisen (Dresden, Porzellanslg.; London, Britisch. Mus.; Berlin, Kunstgewerbemuseum; Paris, Louvre: Slg. Grandidier; New-York, Metropolitan Mus.: Slg. Morgan usw.) — so eifrig und so mannigfaltig ausgeübt worden wie jetzt, so daß die Chinesen geradezu von einer Wan-Li-wu-ts'ai d. h. „Fünffarben-Wan-Li-Dekoration“ als etwas für diese Zeit Typisches zu reden pflegen (Taf. 48—50). Die Farben, die wiederum (vgl. S. 100) leicht plastisch aufliegen, sind fast dieselben, wie bisher, erscheinen nur etwas bleicher und schwächlicher im Ton. Doch kommen auch damals, namentlich in Gelb und Rot kräftigere Nuancen vor. Für Blau tritt aber auch jetzt wieder das Unterglasurblau ein, das auch hier bisweilen noch in den tieferen Nuancen erscheint. Es findet sich bisweilen auch jetzt ganz getrennt von der Schmelzfarbenmalerei, in besonderen Zonen (London, Vict. und Albert-Museum) oder Medaillons, was zu ganz hübschen Wirkungen führt. Die Zusammenstellung sowie auch Verteilung aller dieser Farben ist überhaupt in dieser Zeit nicht ohne Abwechslung: so besitzt die Dresdner Sammlung ein reizendes kleines Räuchergefäß (Taf. 49 oben links), an dem im Mittelpunkt der Kompositionen ganz eisenrot gehalten Heiligenfiguren stehen, weiter eine flache Schale ganz mit grünen Ranken bedeckt, aus dem gelbe und rote Päonienblüten prächtig herausleuchten (Taf. 49 oben Mitte). Mehrfach jedoch dominiert die grüne Farbe, und dann erscheinen die so bemalten Stücke als Vorläufer jener wundervollen Porzellane aus dem Beginne der folgenden Dynastie (vgl. S. 143), die um ihrer grünen Stimmung willen von den Franzosen zuerst als „grüne Gattung“ (famille verte) zusammengefaßt worden sind. Sie haben für diese auch in der Tat den Ausgangspunkt dargestellt. Viele dieser Stücke sind schon nicht ohne höheren Reiz, so vor allem ein großer, hoher Fischkübel der Sammlung Bushell in Ravensholt (Taf. 49), der durch die Klarheit und Großzügigkeit seiner Ornamentik auffällt, sowie ein hochwandiger Kasten der Sammlung Eumorfopoulos, Nr Guildford, der vor allem durch die Sanftheit seiner Farben wie die ruhige Verteilung seiner Dekors sich auszeichnet. Vieles dagegen erscheint auch hier etwas flüchtig und leicht ohne besondere Feinheit hingeworfen zu sein, wozu nicht zum wenigsten auch die Mangelhaftigkeit der Farben, die fast alle noch etwas trüb und unrein erscheinen, beiträgt. Sie zeigen sich damit noch weit entfernt von jener wunderbaren Klarheit und Sauberkeit, die sie im folgenden Jahrhundert unter der nächsten Dynastie als „grüne Familie“ erreichen sollten (vgl. S. 143).

Neben diesen Bemalungen hört man von weiteren Verzierungsweisen des Porzellans in dieser Zeit so gut wie nichts. Farbige Glasuren werden niemals besonders gerühmt, es seien denn „rote Gefäße", die jedoch mit denen früherer Zeiten sich nicht haben messen können, und rot glasiert, nicht wieder mit kupferroter Unterglasurfarbe bemalt gewesen sein müssen. Dagegen kommen bisweilen gelb glasierte, mit dem Nien-hao dieses Kaisers versehene Schalen vor (Dresden, Porzellanslg.; Konstantinopel, Schatzhaus), darunter solche in der bleicheren Tönung der kaiserlichen Farben, die dann auch den kaiserlichen Drachen, freilich in sehr flüchtiger Weise, unter der Glasur eingeritzt zeigen; doch auch solche von wärmerem Ton. Daneben gibt es auch einmal eine große, grüne Vase von herrlicher Form und ebenso schöner Farbe (New-York, Metropolitan Museum: Slg. Morgan). Dann aber mögen auch in diese Zeit wieder einige der mehrfach erwähnten (vgl. S. 84, 102) kleinen, außen dunkelblau, eisenrot oder hellgrün glasierten Schalen der Mingzeit gehören, da die immer im Innern befindliche, wenn auch durchaus am bisherigen Typus festhaltende Blaumalerei stark den Ton der gewöhnlicheren Blaumalereien dieser Zeit aufweist. Auch sind an derartigen Stücken die Glasuren nicht immer so dicht und rein, wie an den Stücken mit feineren Malereien im Innern. Ausdrücklich aber wird dann noch berichtet, daß auch diese Zeit noch nicht das geringste Gefallen an jenen durch die bereits erwähnte (vgl. S. 51) Transmutation der Metalle hervorgerufenen, unbeabsichtigten Farbveränderungen der Glasuren im Feuer des Brennofens fand, die in der folgenden Periode des chinesischen Porzellans (vgl. S. 152) zu so ungeahnter Bedeutung und Ausnutzung kommen sollte. Derartige Stücke wurden damals einfach weggeworfen und nicht in den Handel gebracht. Anscheinend war die Zeit noch immer zu einfach, um an diesen raffinierten Farbenspielen bereits Gefallen zu finden.

Um so häufiger kommt jetzt das Absetzen von in einer oder mehreren Farben gehaltener Ornamentik gegen ein- oder mehrfarbigen Grund vor, so von kobaltblau gegen eisenroten Grund (Dresden, Porzellansammlung) von gelb gegen kobaltblauen (England, Slg. Bushell), eisenrot gegen bald kobaltblauen, bald grünen Emailgrund (Paris Louvre: Slg. Grandidier), violett gegen grünen (Paris Louvre: Slg. Grandidier) usw. Aus keiner anderen Zeit haben sich auf diesem Gebiete so mannigfache Farbenkombinationen erhalten, wie gerade aus dieser. Und dann wird schließlich auch aus dieser Zeit wieder (vgl. S. 105) von Porzellanen mit „vergoldeten" Ornamenten berichtet, über die wir freilich wieder nichts Näheres erfahren.

Alle diese genannten Verzierungsmethoden erscheinen auch in dieser Zeit meist wieder an etwas plumpen, dickwandigen Gefäßen von gedrungenen aber ausdrucksvollen Formen. Häufig aber macht sich jetzt wieder der Einfluß der Metallkunst bemerkbar: viele Formen sind wieder Bronzevorbildern nachgebildet, dann oft scharfkantig, andere, die mehr oder weniger stark ausgebuckelt erscheinen, haben sich ersichtlich an getriebene Metallarbeiten angelehnt, für die freilich bisher keine Vorbilder gefunden worden sind. Unverkennbar ist jetzt aber auch das Streben nach Größe und Monumentalität. Denn nicht allein werden auch jetzt wieder mehrfach große Fisch- und Pflanzenkübel angefertigt: es kommen auch sowohl bei uns (Porzellanslg. Dresden, Taf. 47) wie auch in Persien (Schatzhaus in Ardebil, vgl. S. 106) größere, dicke Vasen vor, die z. T. in der Höhe fast über einen Meter hinausgehen. Doch beweisen sie keineswegs ein besonderes technisches Können: allzu deutlich bleiben auch hier, was eine spätere Zeit wunderbar zu vermeiden gewußt hat, die Ansatzstellen der für sich aufgedrehten Teile sichtbar. Auch sind sie z. T. sehr unförmlich und plump gestaltet.

Dagegen sind wirklich delikate Stücke auch in dieser Zeit, so weit wir wenigstens dies heute schon beurteilen können, selten (vgl. S. 108). Desgleichen erscheint auch die Zeichnung der Ornamentik, sei diese gemalt oder eingeritzt, meist flüchtig, dabei aber doch oft ausdrucksvoll und charakteristisch. Vor allem aber zeichnet sich die Ornamentik wieder vielfach ganz besonders durch ihr geschicktes Anschmiegen an die Formen und ihre einzelnen Teile aus. Ebenso ist ihre gleichmäßige, ruhige Verteilung über die Flächen zu rühmen, wobei ersichtlich wieder chinesische Brokatstoffe Vorbilder gewesen sind (Taf. 45). Erstaunlich aber ist dann der Reichtum und die Mannigfaltigkeit ihres Inhalts. Fast alle Gebiete, die hier das chinesische Porzellan überhaupt kennt, scheinen damals schon zur Anwendung gelangt zu sein. So wechseln figürliche mit Tier- und Pflanzendarstellungen, unter letzteren stilisierte mit mehr naturalistischen ab. Auch Grundmusterungen, die ganze Teile der Gefäße bedecken, sind sehr beliebt und oft sehr wirkungsvoll angebracht. Doch wurden allem Anscheine nach gewisse Darstellungskreise bevorzugt, so ganz besonders spielende Kinder, dann Drachen und fliegende Vögel, unter diesen meist Störche oder Kraniche zwischen stilisierten, sich schlängelnden Wolkenbändern, von denen letztere sich ganz besonders zur gleichmäßigen Aufteilung über die ganzen Flächen eigneten. Bisweilen finden sich dann auch daneben wieder gewundene Ranken im persischen Stil, doch von anderer Art, als die der oben erwähnten (vgl. S. 97), der Zeit des Kaisers Tschêng-Tê zugeschriebenen Porzellane. Es handelt sich hier sicherlich wieder um Ranken, die die damaligen Quellen als „muhammedanische" zu bezeichnen pflegten. Schließlich aber hat sich diese Zeit wieder (vgl. S. 105) dadurch in den Augen der Chinesen einen gewissen, traurigen Ruf erworben daß sie in der allgemeinen Übersättigung und dem Raffinement der damaligen Kultur nach dem Muster der gleichzeitigen Malerei fortfuhr, Unzüchtigkeiten auf das Porzellan zu malen, die dann niemals ganz mehr aus ihm gewichen sind. Allzu häufig freilich scheinen sie nicht gewesen zu sein.

Wichtig aber ist, daß in dieser Zeit, veranlaßt durch den ungewöhnlichen Exporthandel, der sich jetzt fast nach allen Himmelsrichtungen wieder ausdehnte, allem Anscheine nach mit einer Konsequenz, wie dies im chinesischen Porzellan bisher noch nie geschehen war, besondere Porzellangattungen für das Ausland hergestellt wurden, denen man z. T. ihre Bestimmung durch ihre geringe Güte nur zu deutlich ansieht. Eine derselben, die beste von allen, besteht vorwiegend aus ziemlich dicken, meist flachen Schalen, die im Spiegel und auf dem Rand meist mit breit hingesetzten, konturierten landschaftlichen Darstellungen in z. T. flüchtiger, z. T. aber auch sehr geistreicher Zeichnung und jenem blassen, aber in mehreren Abtönungen zugleich auftretendem Blau bemalt sind, das für die gewöhnlicheren Stücke der Wan-Li-Zeit so charakteristisch ist. Ihre Zahl ist bei uns noch auffallend klein (New-York, Morgancoll.; Dresden, Porzellanslg.). Um so zahlreicher müssen sie da-

gegen damals nach Persien gelangt sein, da das kaiserliche Schatzhaus in Konstantinopel von ihnen allein viele Hunderte birgt. Hier allein kann man daher auch
diese Gruppe studieren, hier die erstaunliche Mannigfaltigkeit ihres Dekors bewundern
(Taf. 51. Nur der Grundtypus und die Zeichnungsart bleiben bei allen dieselben:
sonst aber wechseln beständig Motive wie Anordnung, gerade als wenn man aus
irgendeinem Grunde damals immer etwas Neues hätte schaffen wollen, und so führen uns diese Schalen zum ersten Male jene erstaunliche Fruchtbarkeit der Phantasie der Chinesen auf dem Gebiet der ornamentalen Erfindung vor, die im Bereich des Porzellans später noch so häufig zu beobachten sein wird, obgleich sie
zum sonstigen Charakter der chinesischen Kunst in so auffallendem Gegensatz zu
stehen scheinen. Sicher ist, daß diese Gruppe, schon deshalb, weil Beispiele derselben damals fast noch gar nicht, wie die einer anderen gleich zu besprechenden
Gruppe, nach Europa gelangt sind, noch der Frühzeit dieser Regierungszeit, wenn
nicht noch einer früheren angehört, d. h. jener, da China mit Europa noch in gar
keiner engeren Verbindung stand, ebenso sicher, daß sie nach Persien als Ersatz für
jene (vgl. S. 115) Porzellane kam, die wahrscheinlich unter der Regierung des
Kaisers Tschêng-Tê hergestellt worden sind. Fest steht aber auch, daß sie noch
keineswegs den Charakter eines ausgesprochenen Exportporzellans trägt. Dazu
sind die besten Stücke noch zu fein und künstlerisch bemalt, und entspricht auch
die Masse wie die Mache zu sehr der der übrigen Porzellane dieser Zeit. Auch
finden sich in ihrer Ornamentik noch gar keine fremden Elemente: sie zeigt noch
rein chinesischen Charakter.

Um so eigenartiger wirkt dagegen eine andere Gruppe von blau bemalten Porzellanen aus dieser Zeit, die in der Hauptsache wieder aus großen, flachen, daneben
aber auch aus kleineren Schalen, sowie Flaschen, Wasserpfeifen, Vasen (Taf. 52, 53),
darunter auch solche von monumentalem Umfang u. dergl. besteht, zu denen dann
auch die bereits erwähnten (vgl. S. 110) großen Monumentalvasen gehören. So gut wie
alle Stücke fallen schon durch ihre ganze Mache auf: ungewöhnlich dünn sind die
Wandungen der Schalen, das Porzellan erscheint immer unrein und glasig — letzteres
auch die Glasur —, ersichtlich ist der Masse, um den Garbrand zu verbilligen, weniger Kaolin zugesetzt als dies sonst beim chinesischen Porzellan zu geschehen
pflegt —, alle Arbeit ist flüchtig und unsauber. Reichlicher auch als gewöhnlich
klebt hier der Sand des Brennofens am Boden. Auch die kobaltblaue Malerei, die
alle diese Stücke verziert, ist ungemein flüchtig und dazu immer bleich im Ton (vgl.
S. 108). So kennzeichnen sie sich schon in technischer Beziehung durchaus als
Massenprodukt, auf dessen Anfertigung nicht allzuviel Sorgfalt verwendet worden
ist. Doch darf hierbei nicht verschwiegen werden, daß es daneben einige, wenn
auch äußerst seltene Stücke gibt, meist kleinere Schalen (Dresden, Porzellanslg.
Taf. 53 ob.; London, Brit. Mus.), die, die meisten Kennzeichen dieser Gruppe auf-
weisend, doch sehr fein gebildet und so ungewöhnlich delikat bemalt sind, daß
sie in dieser Beziehung ganz aus dem Grundcharakter dieser Gruppe herausfallen.

Noch eigenartiger aber als ihre technische Ausgestaltung ist ihre künstlerische.
Hier vor allem findet sich die bereits oben erwähnte (vgl. S. 110) Anlehnung an getriebene Metallgefäße, hier wieder das Eindringen anscheinend persischer Ornamentik.

Denn so gut wie immer erscheinen die Ränder der Schalen leicht ausgebuckelt, doch so, daß schmale, leicht erhabene Umrahmungen für runde oder ovale Bildfelder entstehen, ebenso oft auch diese Ränder leicht ausgezogen und auch die Flaschen und sonstigen Hohlgefäße zeigen eine verwandte Oberflächenbewegung. In der Ornamentik aber treten sich vier ganz verschiedene Typen gegenüber. Größere Flächen, wie vor allem die der flachen Schalen zeigen in der Regel figürliche oder Pflanzen- und Tierdarstellungen rein chinesischen Charakters, von denen die letzteren, obgleich bedeutend flüchtiger ausgeführt, noch an die der soeben erwähnten Gruppe erinnern. Daneben aber treten und vor allem in den eben erwähnten leicht erhabenen Umrahmungen ganz seltsam stillebenartig zusammen- und hintereinander geschobene Haufen chinesischer symbolischer Geräte auf, wie sie in dieser Anordnung die chinesische Kunst sonst gar nicht kennt, wie sie ihr auch sonst, da sie ja nur das Über- und nicht das Hintereinander der Anordnung kennt, ganz fremd sind. Und schließlich finden sich dann auch, meist in den kleineren Feldern, eigenartige, aus dünnen Schnüren und Quasten bestehende Gehänge (Taf. 53, 54) sowie seltsam stilisierte, symmetrisch aufsteigende Pflanzenmotive, mit dünnen, sich ganz regelmäßig aufrollenden Ranken und rosettenartigen Blumen (Taf. 53 unten).

Merkwürdig, äußerst merkwürdig ist dies plötzliche Auftauchen und Beieinandersein so vieler der chinesischen Kunst bisher und dann auch später wieder ganz fremder Motive. Hier aber stehen wir vor einem ausgesprochenen Exportporzellan Denn nicht nur kommt auch dieses Porzellan, wie das vorher genannte, massenhaft, wie allein schon wieder die großen Bestände des Konstantinopler Schatzhauses beweisen, wiederum im westlichen Asien vor, nicht nur ist es dem Chinesen, der Europa betritt, eine völlige Überraschung: es stellt auch, wie die reichen, alten Bestände davon in Europa genügend beweisen (Dresden, Porzellanslg., königl. Schloß Charlottenburg bei Berlin, Schloß Favorite bei Baden usw.), unzweifelhaft das erste chinesische Porzellan dar, das dank den jetzt immer reger werdenden Beziehungen zwischen China und Europa in größeren Mengen zu uns gelangt ist, um dann bei uns von den verschiedensten Fayencefabriken kopiert und von den Holländern auf ihren Bildern abgemalt zu werden[99]). Es ist dasjenige Porzellan, das bei uns in dieser Zeit am häufigsten in prächtigen Metallfassungen vorkommt (London: Brit. Mus., Vict. u. Albert-Mus.; München, Nationalmus.; Berlin, Kunstgewerbemus. usw.) ein Zeichen, wie sehr es am Anfange noch um seiner Seltenheit willen geschätzt gewesen sein muß[100]). Es ist dann gleichfalls damals nach dem benachbarten Inselreich der Japaner gelangt, um auch hier, wo man um die Wende dieses Jahrhunderts endlich dazu gelangte, aus einheimischen Stoffen sich sein eigenes Porzellan herzustellen, vielfach; wie ältere Bestände japanischen Porzellans bei uns zeigen (Dresden, Porzellanslg.), für den Export nach Europa nachgebildet zu werden. Es hat dann auch schließlich seinen Weg wieder nach den Sundainseln gefunden.

So aber ist es kein Wunder, daß bei diesen ausschließlich für das Ausland bestimmten Porzellanen sich einheimische Motive wieder mit fremdländischen mischen. Woher aber sind diese damals den Chinesen gekommen? Es dürfte sicher sein, daß hier sich persische mit europäischen Einflüssen gemischt haben. Denn jenes malerische Hintereinanderordnen der chinesischen Symbole kann doch wohl nur durch den Einfluß europäischer Malereien erfolgt sein, die damals die schon tief in China eindringenden Missionare den Chinesen haben übermitteln können. Kommt doch gelegentlich unter diesen Stücken auch ein solches vor, das in seiner Ornamentik schon europäische Buchstaben aufweist. Die symmetrisch sich aufrollenden Ranken aber weisen wohl wieder nach Persien hin, das ja schon einmal in künstlerischer Beziehung auf das chinesische Porzellan seinen Einfluß ausgeübt hatte (vgl. S. 96). Auch arabische Inschriften sind bisweilen der oben bezeichneten Ornamentik beigemischt (Dresden Porzellanslg.). Das Motiv der Quastenbehänge aber ist dann wieder rein chinesischen Ursprungs: es ist jenen eigenartigen Kettengehängen entnommen, mit denen sich so oft die buddhistischen Götterbilder in China geziert finden und kommt in dieser Zeit auch auf Porzellanen von ganz rein chinesischem Charakter (Dresden, Porzellanslg., Taf. 45) darunter auch auf solchen mit kapuzinerbrauner Glasur vor. Warum aber gerade alle diese Motive ausgewählt und zusammengetan wurden, um ein lediglich für das Ausland bestimmtes Porzellan zu schmücken, das bleibt vorläufig noch völlig unerklärlich.

Was aber dann schließlich heute aus dieser Zeit auf den Sunda- und den benachbarten Inseln sowie auch bei Zanzibar gefunden wird und mehrfach in unsere etnographischen Sammlungen gelangt ist, das stellt wohl das Schlechteste, Minderwertigste dar, was China je an Porzellan hervorgebracht hat. Ganz roh ward hier die Masse und die Glasur gehalten, der Brand ganz sorglos betrieben und die Malerei, die hier bald in Kobaltblau, bald in mehreren Farben erscheint, so abgekürzt, wie irgendmöglich[101]). Man behandelte diese Völker ersichtlich wie Wilde.

7. Ende der Mingdynastie.

Mit der Regierung des Kaisers Wan-Li ist dann aber die Kraft der Mingdynastie endgültig erloschen. Schwächliche, jugendliche Herrscher kamen nun auf den Thron, die das große, gewaltige Reich infolge der Mißwirtschaft der letzten Zeit nicht mehr in Ruhe zu halten wußten, und als unter dem letzten Kaiser dieser Dynastie Tsch'ung-Tschēng im Innern des Reichs eine gewaltige Empörung ausbrach, bemächtigte sich der inzwischen immer mehr erstarkte Stamm der Mandschuh, von der kaiserlichen Partei zunächst selber zur Hilfe herbeigerufen, des Landes, und Schi Tsu, ihr kraftvoller Führer bestieg unter dem Namen Schun-Tschi den Thron des Reiches der Mitte. Damit war es mit der Mingdynastie völlig zu Ende und eine neue fremde Dynastie, die der Ts'ing, trat an ihre Stelle, die anfangs äußerst kräftig und geschickt, dann gleichfalls langsam erschlaffend, China bis in unsere Tage regiert hat.

Daß unter diesen Umständen die bisher noch durchaus blühende Porzellanindustrie schnell herunterkam und endlich wohl ganz erlosch, ist nur zu begreiflich. Porzellane, die die Marke des Kaisers T'ien-K'i (1621—1627) und Tsch'ung-Tschēng (1628—1643) tragen, sind daher äußerst selten und zugleich auch ohne irgendwelchen künstlerischen Wert. Sie zeigen zwar noch immer die bisherigen Dekorationsweisen der Mingzeit, so die blaue Unterglasurmalerei und die der einfarbigen Ornamentik auf einfarbigem Grund (London, Brit. Mus.); doch alles, Kunst wie Technik ist völlig verwildert und läßt auch nicht mehr im entferntesten die Höhe ahnen, auf der beide noch vor kurzem gestanden. Dennoch wurden auch in dieser Zeit noch in Kin-tê-tschen — charakteristischerweise aber nicht in der kaiserlichen Manufaktur, sondern in einer privaten, in der Siao-nan- (d. h. kleine Südstraße) genannten Straße — Porzellane hergestellt, die zwar etwas grob in der Masse, daneben aber doch sauber in der Form gewesen zu sein scheinen. Sie wurden nach jener Straße Siao-nan-yao genannt[102]). Auch hörte der Exporthandel damals für lange Zeit noch keineswegs ganz auf, wie denn damals überhaupt erst, d. h. im Jahre 1634 die Engländer sich in China neben den Portugiesen und Holländern festsetzten. Noch im Jahre 1637 hören wir von zwei Chinesen in Ardebil in Persien, die dort mit Porzellan handelten[103]). Daneben aber wird sicherlich damals auch das oben charakterisierte (vgl. S. 112), eigenartige Exportporzellan noch weiter in großen Mengen hergestellt und nach Europa und wohl auch nach Persien exportiert worden sein, da sonst in Europa aus jener Zeit kein Porzellan vorhanden wäre, das dieser Periode zugeschrieben werden könnte. Auch würde dieser Typus wohl schwerlich so stark gerade damals die europäische Fayencefabrikation beeinflußt haben und so oft auf den Stilleben der damaligen holländischen Maler wiedergegeben sein, wenn er nicht in dieser Zeit noch immer Europa überflutet hätte. Am Schluß dieser Epoche soll es dann freilich in der Tat eine Zeit gegeben haben, in der in China infolge der Unruhen kein Porzellan mehr hergestellt ward, infolgedessen die Holländer, die damals allein mit Japan Handel treiben durften, dies Land zur Vergrößerung seiner Porzellanproduktion ermutigt und damit überhaupt erst seinen Exporthandel mit Porzellan begründet hätten. Der Mangel an Porzellan soll damals in China so groß gewesen sein, daß die Chinesen es sogar noch 1659, als schon die neue Dynastie der Mandschuh den Thron bestiegen, nicht unter ihrer Würde hielten, es in Japan einzukaufen[104]). So aber endete diese glorreiche und wichtige Epoche des chinesischen Porzellans, ganz anders als die vorhergehende der Sungzeit, mit einem Verfall traurigster Art, aus dem sich die ihr folgende Periode sicherlich nicht ganz ohne Mühe wird wieder empor gearbeitet haben, um dann freilich alle bisherigen in fast allen Beziehungen bei weitem zu übertreffen.

* * *

Erwähnt aber muß werden, daß es eine nicht gerade kleine Gruppe von Porzellanen gibt, die, zwar niemals durch chinesische Marken datierbar, jedoch um einer datierten europäischen Fassung willen (Taf. 54 rechts) zunächst ans Ende dieser Periode[105]) gesetzt werden müssen, obgleich sie sonst eigentlich schon viel mehr Berührungspunkte mit dem Porzellane der folgenden Periode zu zeigen scheinen. Es handelt sich hier ausschließlich um größere oder kleinere Vasen von kugeliger oder flaschenkürbisartiger Form, dann um Henkelkannen mit und ohne Ausguß, die kugelig, doch daneben auch bisweilen zylindrisch gestaltet sind, die in kobaltblauer Malerei fast immer figürliche Darstellungen in Landschaften zeigen, darüber in sehr charakteristischer Weise meist kleine Bruchstücke von jenen symmetrischen, fremdartigen

Ranken, die für die Hauptgruppe des Exportporzellans der Wan-Li-Zeit so überaus
charakteristisch gewesen sind (vgl. S. 113) (Hauptbestände: Dresden Porzellanslg.,
Taf. 54 links, Konstantinopel Schatzhaus u. Mus.). Fast alle diese bei uns in Europa
gar nicht so selten vorkommenden Stücke sind weit besser gearbeitet und weisen auch
eine viel bessere Masse und Glasur auf, als die meisten der besseren Erzeugnisse
der Wan-Li-Zeit, sie zeigen auch vielfach, wenn auch nicht immer, das Kobaltblau
in Tönungen, wie solche auf bezeichneten Stücken dieser Zeit nie vorkommen, wohl
aber auf denen der folgenden Periode. Auch die Formen sowie die Darstellungen
gleichen vielmehr denen der letzteren Zeit, desgleichen die ruhige Zeichnung, die
fast nie mehr die schwungvolle Flüchtigkeit der letzten Mingzeit zeigt. Und so
geben sich diese Stücke in der Regel weit mehr als Erzeugnisse der folgenden Periode der Ts'ingdynastie und nur ein einziges Element, das symmetrische Ranken-
werk weist stets noch auf die Mingzeit hin, das dieses aber der folgenden gar
leicht überliefert haben kann. So aber muß weiteres Forschen lehren, ob diese Porzellane wirklich auf Grund einer bisher einzigen, europäischen Fassung in eine Zeit
hineinzusetzen sind, in die sie sonst gar nicht mehr recht hineinpassen, oder ob
sie vielleicht doch die Anfangserzeugnisse der folgenden sind, aus der wir sonst nur
sehr wenige Porzellane noch zu besitzen scheinen. Eins aber scheint festzustehen,
daß auch dies Porzellan ein Exportporzellan darstellt, das in erster Linie für das
westliche Asien und Europa, dann auch für Japan bestimmt war. Es dürfte bisher
wohl kaum ein Stück dieser Art nachzuweisen sein, das in unserer Zeit direkt aus
China zu uns gelangt ist.

C. Zeit der Ts'ingdynastie.

1644—1912.

Zeit des Kaisers K'ang-Hi.

1662—1722.

Mit der Ts'ingdynastie, unter welchem Namen das Herrschergeschlecht der Mandschuhs im Jahre 1644 den Thron bestieg, um dann bis in unsere Tage hinein denselben innezuhalten, beginnt, obwohl auch diese wie einst die der Mongolen, der Yüan im 13. Jahrhundert, rein barbarischen Ursprungs war, eine Blüte des chinesischen Porzellans, ja es kann, wofern man unter einer Blüte eine Zeit höchsten technischen wie künstlerischen Könnens, verbunden mit auserlesenstem Geschmack und nie erlahmender Kraft der Phantasie, versteht, kein Zweifel darüber bestehen, daß jetzt erst unter den Kaisern der Mandschuhs das chinesische Porzellan seinen eigentlichen Höhepunkt erreicht hat. Jetzt werden alle jene Kunstmittel, die die bisherige, lange Entwicklung und die für seine Ausbildung so fruchtbare Zeit der Mingdynastie dem Porzellane zugebracht hat, zur vollen Ausnutzung geführt, jetzt erst die Technik so vervollkommt, daß, was man will, auch alles gelingt, und über allem lagert nun eine so feine Kultur und Delikatesse, wie sie nur eine lange, sich stetig steigende Entwicklung zuwege zu bringen vermag. Erst in dieser Zeit hat daher das Porzellan völlig jenen Charakter erhalten, der ihm auf Grund seiner inneren Eigenschaften gebührt und es zu einem der edelsten Kunsterzeugnisse gemacht hat, die der Mensch je geschaffen.

Auch die Mandschuhs waren, ebensowenig wie einst die ihnen so verwandten Mongolen, ja wohl noch weniger als diese, der großen Kultur, die sie auf ihrem Eroberungszuge durch China antrafen, feindselig gesinnt. Im Gegenteil, sie griffen sie mit wahrer Leidenschaft auf und wurden bald, wieder ein Zeichen ihrer inneren Verwandtschaft mit dem unterworfenen Volke, ihre eifrigsten Vertreter und Förderer, die in ihrem Wiederaufblühen einen großen Teil ihres Ruhmes erblickten; ja einer von ihnen, der größte von allen, war nun sogar vorurteilslos genug, auch willig anzuerkennen, was andere von den Chinesen bisher durchaus verachtete Völker auf diesem Gebiete geleistet, und sich nach Kräften zunutze zu machen. Das alles kam auch der Kunst zu gute. Auf allen Gebieten herrschte hier nun bald ein neues

Leben. Man ehrte wieder das Alte, wie nur je und erstrebte doch auch wieder Neues. Von diesem Streben aber hat damals ersichtlich kein Gebiet der Kunst so große Vorteile gehabt, wie das Porzellan.

Das Hauptverdienst an dieser neuen und unbestreitbar höchsten Blüte dieses Produktes hat fast ausschließlich der zweite Herrscher dieser Dynastie, der große Kaiser K'ang-Hi (1662—1722), gehabt, der bedeutendsten Regenten einer, die je über China geherrscht, ja überhaupt wohl auf Thronen gesessen haben. Er war in der Tat eine ganz ungewöhnlich machtvolle und kluge Persönlichkeit, der China unendlich viel verdankt, die sicherlich auch den politischen und kulturellen Verfall Chinas weit über ein Jahrhundert aufgehalten hat. Durch seinen festen Willen ward das von Krieg und Rebellion verwüstete und ganz zerrissene Reich wieder vereint und beruhigt und seine Rasse dabei zur herrschenden gemacht. Durch seinen festen Willen das ganze ungeheure Reich so organisiert und verwaltet, daß überall Ruhe und Zufriedenheit herrschte, überall die Möglichkeit zu gedeihlicher Weiterarbeit gegeben war. Es war ein Erstarken und Befestigen des ganzen ungeheuren Reiches, wie China es selten gesehen und wie man es in den traurigen Zeiten noch wenige Jahrzehnte vorher wohl kaum so bald erwartet hatte.

Denselben festen Willen aber verspürt man auch in seinem Verhalten zu den Künsten, die, weil sie bisher immer eine so große Rolle im Kulturleben der Chinesen gespielt hatten, nun auch unter ihm mit allen zur Verfügung stehenden Kräften zu neuer Blüte gebracht werden sollten. Er selber nahm ihren Aufschwung in die Hand: schon im Jahre 1680, im vierzehnten seiner selbständigen Regierung, ließ er in seinem Palaste zu Peking zwölf Werkstätten errichten, zu keinem andern Zwecke, als alles, was China bisher auf den Gebieten der Kunst geleistet, in ihnen wieder von neuem erstehen zu lassen. Aus allen Teilen seines weiten Reiches wurden deshalb die erfahrensten Künstler zusammengebracht, die hier von neuem ihr Können bekunden sollten. Auch die Porzellanindustrie sollte damals hierher verlegt werden, ein Experiment, das freilich aus manchen Gründen völlig mißlang. Es war dies der Versuch einer Konzentration der Kunst Chinas an einer einzigen Stelle, der fast an das Zeitalter Ludwigs XIV. in Frankreich erinnert und auch wie dieses der Ausfluß einer ungeheuer machtvollen Persönlichkeit. Diese Werkstätten haben dann das ganze Jahrhundert hindurch bestanden. Gleichzeitig aber interessierte sich dieser große Kaiser, der halb Barbar, halb Gelehrter war, auch für die Vergangenheit der Kunst des seinem Geschlechte doch eben erst unterworfenen Volkes. Auf seinen Befehl wurde durch eine besondere Kommission von Gelehrten und Künstlern eine große Enzyklopädie über alle bisherigen chinesischen Künstler angefertigt, die in nicht weniger als 100 Büchern erschien, zu denen der Kaiser selbst die historische Einleitung schrieb. Und so hätte in der Tat ein eingeborener Herrscher kaum mehr für die Kunst seines eigenen Volkes tun können, als es damals seitens dieses halben Fremdlings gegenüber der eines unterworfenen Volkes geschah.

Denselben festen, unerbittlichen Willen aber erkennt man auch schließlich, überblickt man, was dieser Kaiser aus der in den letzten Tagen der Mingdynastie so stark heruntergekommenen Porzellankunst wieder gemacht hat, zu welcher bisher völlig ungeahnten Höhe er sie aus ihrem bis dahin tiefsten Verfall von neuem er-

hob. Freilich, er hatte zu allen diesen Taten Zeit genug. Ein langes Leben war
diesem sehr jung zur Regierung gelangten Herrscher — zum größten Glück für
China — beschieden; aber, unermüdlich wie er war, hat er es völlig ausgenützt und
so allein die großen Erfolge erzielt, die immer den Ruhm seiner Regierung ausmachen werden.

Dabei ist, genau genommen, die Zeit dieses Kaisers, wie überhaupt die der ganzen
Ts'ingdynastie keineswegs eine solche allgemeiner Neuerungen von Grund aus. In
dieser Beziehung ist ihr die der Mingdynastie bei weitem überlegen gewesen. Aber
wenn in irgendeiner Zeit, so kann man es in dieser sehen, wie in China alle Kunst
einer Epoche in erster Linie sich zusammensetzt aus der der gesamten Vergangenheit, wie stets die Kunst der jedesmaligen Gegenwart so weit wie irgendmöglich
sich als die Summe aller der der Vergangenheit darstellt. Es geht eben bei diesem
wohl konservativsten Kulturvolke der Welt nichts verloren von dem, was einmal
geleistet. Nur erhält, da der menschliche Geist doch niemals stille zu stehen vermag, alles seine ganz besondere Brechung, seinen besonderen Charakter durch
den neuen Geist, durch das neue Empfinden der Zeit, das hier, wie stets, unter dem
Einfluß der ständig wachsenden und sich steigernden Kultur von der naturgemäßen
Einfachheit zu immer größerer Delikatesse und raffinierterer Verfeinerung führt. So
aber knüpft diese letzte Periode des chinesischen Porzellans in erster Linie an alle
frühere Techniken, an alle früheren Kunstweisen an: aber darauf beruht dann ihre
große Bedeutung, daß sie alle diese Dinge nun verbessert, veredelt, erweitert und
steigert, daß ihre Technik immer kühner, ihre Kunst immer feiner und reicher wird,
so daß hier bald höchstes Können feinstes Empfinden unterstützt und beide durch
ihre Vereinigung die wunderbarsten Kunstwerke schaffen, die wohl je auf dem Gebiet
des Porzellans entstanden sind. Gleichzeitig aber regt sich jetzt die Phantasie in
einer Weise, wie dies bisher auf diesem Gebiete noch nie geschehen: nicht genug
tun kann man sich von nun an in der Erfindung immer neuer ornamentaler Dekorationsweisen, in der Kombinierung der verschiedenartigsten Techniken, vor allem
aber in dem Wechsel der Ornamentik, die scheinbar alle Möglichkeiten zu erschöpfen strebt, indem sie unausgesetzt auf die Suche ausgeht, bald nach neuen
Motiven, bald nach neuen Anwendungen derselben. Und da in dieser Zeit auf
diesem Gebiete auch eine Produktion einsetzt, so lebhaft und reich, wie China dies
gleichfalls noch nie gesehen hat, so entsteht nun ein wirklich erstaunlich reiches und
buntes Bild, das zu der Qualität des Geschaffenen nun auch noch die Fülle und die
Abwechslung hinzufügt. An die Werke dieser Zeit denkt man daher auch in erster
Linie, wenn man sich der unendlichen Schönheit des chinesischen Porzellans erinnert
und ihr Loblied singt. Sie sind es ausschließlich gewesen, die um die Wende des
17. Jahrhunderts in Europa die früher geschilderte (vgl. S. 7) Porzellanleidenschaft
erweckt und auch uns dann unsere Erfindung des Porzellans gebracht haben; sie sind
es, die auch jetzt noch immer der geschmackvolle, feinfühlige Sammler zunächst zu erwerben trachtet. Sie sind es schließlich auch, die für uns in ihrer künstlerischen
Vollkommenheit schlechtweg etwas wahrhaft Klassisches erhalten haben, vor denen
wir wie vor allem Klassischen wunschlos stehen, und die wohl ohne Übertreibung

an die Spitze sämtlicher Erzeugnisse gestellt werden können, die je die Keramik hervorgebracht.

Ausschließlicher Sitz der künstlerischen Porzellanproduktion ist auch unter der Ts'ingdynastie die bisherige Porzellanstadt Kin-tê tschen geblieben. Hier wurden schon im elften Jahre der Regierung des ersten Kaisers dieser neuen Dynastie S ch u n - T s ch i (1644—1661) für die kaiserliche Manufaktur dieselben Beamten wieder ernannt, wie zur Zeit der Mingdynastie, ein Beweis zugleich, daß damals schon wieder die unter den letzten Mingkaisern geschlossene Manufaktur eröffnet worden war. Freilich verlangte man damals von ihr, die doch eben erst wieder eröffnet war, gleich etwas viel. Sie ward beauftragt, für die kaiserlichen Palastgärten große Fischbehälter von 2¹/₃ Fuß Höhe und 3¹/₃ Fuß Breite herzustellen, was volle vier Jahre vergeblich versucht ward. Auch wurden große Platten von 3 Fuß Höhe und 2¹/₃ Fuß Breite bestellt als Wandungen für offene Veranden, mit genau demselben Erfolge. Es waren dies in der Tat so schwierige Aufgaben, daß sie z. T. erst bedeutend später glückten, z. T. überhaupt nicht in Porzellan gelingen konnten. Fraglich bleibt überhaupt, ob in dieser Zeit der Betrieb in Kin-tê tschen schon wieder sehr groß war. Stücke mit dem Nien-hao dieses Kaisers sind sehr selten, sie sollen alle von den Arbeiten der letzten Mingzeit kaum zu unterscheiden sein[106]). Dagegen dürfte man vielleicht noch einmal dazu kommen, in diese Zeit[107]) jene am Schluß der Darstellung der Porzellane der Mingzeit charakterisierte (vgl. S. 115) Gruppe von kobaltblau bemalten Porzellanen zu setzen, die, obwohl fast gar nicht mehr den Charakter von Erzeugnissen der Mingperiode zeigend, dennoch wohl zunächst in diese noch versetzt werden müssen. Daß es aber daneben damals bereits vielfarbig bemalte Porzellane gegeben, erscheint nicht allzu wahrscheinlich in Anbetracht dessen, daß allem Anscheine nach (vgl. S. 128) solche auch noch nicht in der ersten Zeit des folgenden Kaisers hergestellt worden sind. Man hat sich damals wohl am Wiederbeginn dieser in den letzten Jahrzehnten so heruntergekommenen Kunst noch sehr bescheiden müssen.

*   *   *

Doch das wirklich allgemeine neue Leben, die große Qualitätssteigerung und die enorme Vermehrung der Produktion hat sicherlich erst unter dem großen Kaiser K'a n g - H i (1662—1722) begonnen, angeregt zunächst durch sein eigenes Interesse für dieses Produkt und die dadurch erfolgten umfangreichen Bestellungen. Es sind vor allem damals zwei hohe Mandarinen gewesen, die von diesem Kaiser der Manufaktur vorgesetzt wurden, mit deren Namen dieser große Aufschwung aufs engste verknüpft ist, und die als die eigentlichen Urheber desselben anzusehen sind: Lang-T'ing tso, der schon unter dem vorhergehenden Kaiser als Vizekönig der Provinz Kiangsi mit der Beaufsichtigung der kaiserlichen Manufaktur beauftragt worden war, weit mehr aber noch Ts'ang Ying Süan, der als Sekretär des Arbeitsministeriums 1683 die Leitung der kaiserlichen Manufaktur übernahm. Ersterer ist besonders berühmt durch die Erfindung neuer, schöner Glasuren, die während dieser Dynastie im Gegensatz zur Mingzeit wieder zu größerer Bedeutung gelangten. Sie erhielten nach ihm ihren Namen. Unter letzterem aber fand dann die allgemeine Steigerung, die allgemeine Blüte des chinesischen Porzellans statt, von der ein chinesischer Schriftsteller in der eigenartigen Sprache seiner Landsleute gesagt hat: „als T'sang Leiter der Porzellanwerke wurde, wurde oft der Finger des Gottes (d. h. des Gottes des Porzellans) mitten im Feuer des Ofens gesehen, entweder die Zeichnung malend oder sie vor Leid schützend." Es ist diese Darstellung, die zur Erklärung der Wunderwerke dieser Zeit göttliche Beihilfe annehmen zu müssen geglaubt hat, sicherlich ein deutliches Zeichen, wie hoch man damals diese bewertet hat.

Und doch war wenige Jahre vor dem Beginn der Tätigkeit dieses Mannes über den Ort, wo diese Erzeugnisse hergestellt wurden, ein böses Ereignis hereingebrochen: während der letzten Auflehnung, die das unterworfene Chinesentum gegen die fremden Gewaltherrscher versuchte, während der Verschwörung des Vizekönigs von Yünnan Wu San Kuei war im Jahre 1674 die eben erst wieder aufgeblühte kaiserliche Manufaktur in Kin-tê tschen niedergebrannt worden. Doch scheint dies Ereignis allzu große Folgen nicht gehabt zu haben, da nirgends weiter von ihm gesprochen wird. Von ganz besonderem Vorteil aber für die damalige Entwicklung des Porzellans, ja vielleicht wieder eine der Hauptursachen seines großen Aufschwungs war, daß jetzt in der kaiserlichen Manufaktur, wie ausdrücklich gerühmt wird, die Arbeiter von allen Bedrückungen und allem Aussaugen, die früher ja nur zu oft geschehen waren, befreit wurden, und daß auch alle Ausgaben jetzt aus der kaiserlichen Kasse bezahlt und nirgends mehr Dienste umsonst verlangt wurden. Das gab sicherlich einen ganz anderen Mut zur Arbeit und damit Freude an ihr.

Im übrigen sind wir über Kin-tê tschen und seinen großen Betrieb in dieser wichtigsten Periode des chinesischen Porzellans besser unterrichtet, als über die irgendeiner anderen Zeit, dank den Berichten zweier Jesuitenpaters, die im Gefolge der damals in China so überaus erfolgreichen Mission ihres Ordens nach China gelangt waren und nun, um Europa endlich über das Geheimnis des chinesischen Porzellans aufzuklären, alles zu erfahren suchten, was über seine Herstellung und Ausschmückung nur irgendwie zu erlangen war, Bestrebungen, die durchaus unterstützt wurden durch die große Vorurteilslosigkeit des damaligen Kaisers. Denn Kaiser K'ang-Hi, der in keiner Weise so fest hielt an den alten Gebräuchen und Gewohnheiten, wie es die übrigen chinesischen Herrscher zu tun pflegten, ist sicherlich bis in unsere Zeit hinein derjenige unter allen chinesischen Monarchen gewesen, der am meisten Hochachtung besessen hat vor der Kultur Europas, d. h. vor allem vor seinen Wissenschaften. Es ist bekannt genug, daß an seinem Hofe Europäer, und zwar vor allem Jesuiten, Astronomen, Feldmesser, Uhrmacher, Maler, Ärzte und Kartenmacher waren, daß sie für ihn Geschütze gossen und den Kalender ausarbeiten, daß der Kaiser selber an ihren Gemälden Gefallen fand und daß im übrigen das Christentum und seine Vertreter damals eine Duldung erfuhren, wie man es in China bis vor kurzem noch nicht im entferntesten für möglich gehalten hätte. Da war es auch für jene beiden Jesuitenpaters nicht allzu schwer, sich nun auch gründlicher über das wunderbare Produkt des chinesischen Porzellans zu unterrichten. Von diesen beiden gelangte der Jesuitenpater Lecomte allem Anschein nach schon Ende 1687 nach China[108]) — seine Berichte erschienen 1697 in Amsterdam im Druck — der andere, der bekannte, bereits früher erwähnte (S. 2) Père d'Entrecolles dagegen erst Anfang des 18. Jahrhunderts, blieb aber dort viele Jahre und seine Darlegungen, die viel ausführlicher sind, ja einen ganz umfassenden Bericht über alle Einzelheiten dieser interessanten Industrie zum Zwecke der Nachahmung geben sollten, erschienen erst in den Jahren 1717 und 1724 in der bekannten Briefsammlung der „Lettres curieuses et édifiantes". Père d'Entrecolles hatte vor allem dadurch seine wirklich eingehenden und richtigen Kenntnisse über dies bisher den Europäern so unbekannte, von den Chinesen so geheimnisvoll behütete Gebiet erlangt, daß auch er wiederum (vgl. S. 106) mit seiner Missiontätigkeit bis nach Kin-tê tschen selber vordrang und hier sogar Arbeiter der Manufakturen zu bekehren vermochte, die er dann fleißig ausfragte, daneben aber auch schon eifrigst die auf diesen Gegenstand bezüglichen alten chinesischen Quellen studierte. So kam er zu für diese Zeit wirklich glänzenden Resultaten.

Aus diesen Berichten erfahren wir nun zunächst Ausführlicheres über das damalige Kin-tê tschen selber. Diese Stadt hatte damals das Aussehen einer jener großen und bevölkerten Städte, wie es deren in China noch heute so viele gibt. Nur fehlten ihr die Mauern, wie Père d'Entrecolles vermutete, damit sie als Fabrikstadt in ihrer Ausdehnung wie auch in ihrem regen Verkehr nach außen in keiner Weise behindert würde. 18000 Familien — die Familien leben bekanntlich in China immer in möglichst geschlossenen Verbänden — wurden damals hier gezählt; da aber mancher bedeutende Geschäftsmann sehr umfangreiche Grundstücke und zahllose Arbeiter besaß, so schätzte man die Zahl der damaligen Einwohner auf über eine Million, die so gut wie alle in irgendeiner Weise für die Porzellanindustrie tätig waren. Die Ausdehnung der Stadt war demnach beträchtlich, sie betrug fast eine deutsche Meile. Sie war dabei ganz regelmäßig angelegt: rechtwinklig schnitten sich die einzelnen Straßen; doch waren sie alle, um Platz zu sparen, sehr schmal und dementsprechend auch die Häuser, zwischen denen sich viele kostbare Tempelbauten befanden, äußerst dicht aneinandergedrängt. Erstaunlich groß aber war die Zahl der Öfen: ungefähr 3000 wurden damals gezählt, während früher nur etwa 300 vorhanden gewesen sein sollen, ein deutlicher Beweis der kolossalen Betriebssteigerung in dieser Zeit, von der noch heute die enormen Mengen der aus ihr erhaltenen Stücke beredtes Zeugnis ablegen. Diese vielen Öfen gaben der Stadt ihr ganz besonderes Gepräge. Trat man, so schildert dies d'Entrecolles, aus den Bergen, die Kin-tê tschen umgeben, heraus, so bezeichneten Flammenwirbel und Rauchwolken den Umfang, den dieser Ort damals einnahm; nachts schien die ganze Stadt in Flammen zu stehen oder ein einziger großer feuriger Ofen mit vielen Zuglöchern zu sein. Es war ein Anblick, der stark an den mancher unserer modernen Fabrikstädte erinnert haben muß. Diese vielen Öfen waren jedoch eine beständige Gefahr für den Ort: nur zu oft brachen Feuer aus, die ganze Stadtteile niederlegten, weshalb der Gottheit des Feuers hier viele Tempel errichtet waren.

Hier an diesem Orte lag die von dem ersten der Mingkaiser gegründete kaiserliche Manufaktur im Süden der Stadt, südlich von einem sich einsam aus dem sonst ebenen Grund der Stadt erhebenden Hügel, der „einsame" oder auch „Edelsteinhügel" genannt, über die wir leider aus dieser Zeit gar nichts näheres erfahren. In ihr werden sich sicherlich die bedeutendsten Fortschritte dieser Zeit vollzogen haben; sie wird das große Vorbild für ihre ganze Umgebung gewesen sein. Ob dann aber die vielen Privatfabriken ihr hinsichtlich der Qualität der Erzeugnisse immer nachgestanden haben, erscheint doch zweifelhaft. Unter den damals in unübersehbaren Mengen nach Europa gelangten Porzellanen finden sich doch viele — das lehrt vor allem die in dieser Zeit zusammengekommene Dresdner Sammlung — die sich mit dem Allerbesten, was unsere Zeit in China vorgefunden und von dort mitgebracht hat, vollauf messen können, ja z. T. dort in solcher Qualität bis jetzt überhaupt noch nicht aufgefunden worden sind. Erzeugnisse der kaiserlichen Manufaktur aber werden damals wohl schwerlich in größerer Zahl nach Europa exportiert worden sein.

Neben Kin-tê tschen kamen dann aber auch in dieser Zeit als wirklich künstlerische Produktionsstätten nur die seit dem Beginn der Mingdynastie bestehenden (vgl. S. 77) Manufakturen zu Tê-hua in der Provinz Fukien in Betracht, deren Erzeugnisse bei uns heute meist als blanc-de-Chine-Porzellane bezeichnet werden. Sie behielten auch in dieser Zeit die besondere Spezialität bei, die die Mingzeit dort ausgebildet hatte (vgl. S. 77). Ob dann daneben aber auch damals in Canton[109]), wie Père d'Entrecolles berichtet, Porzellan hergestellt worden ist, erscheint sehr zweifelhaft. Die chinesischen Quellen berichten zu keiner Zeit von einer Porzellanfabrikation an dieser Stelle. Auch, daß es hier damals etwa nur bemalt worden ist, um dann nach Europa und anderen Gegenden hin versandt zu werden, wie dies später tatsächlich geschehen zu sein scheint[110]), ist nicht bekannt. Gewiß hat Père d'Entrecolles damals bei diesem Porzellan an das bereits früher erwähnte (vgl. S. 78) in der Provinz Kuantung hergestellte Steinzeug aus schmutzig brauner oder grauer Masse gedacht, das mit meist farbig gefleckten Glasuren bedeckt ward. Es wird noch heute vielfach von Sammlern für Porzellan gehalten.

So aber stellt Kin-tê tschen damals wohl die bedeutendste keramische Produktionsstätte dar, die es je auf der Welt gegeben. In der Tat muß damals hier die Porzellanerzeugung ganz ungeheuer gewesen sein: der bei weitem größte Teil des heute noch über die ganze Welt verbreiteten chinesischen Porzellans entstammt dieser Zeit, und damals war in China selber das Porzellan etwas so Alltägliches, daß selbst die einfachsten Leute aus ihm aßen und tranken, daß es sich in jeder Küche fand und zu allen möglichen Dingen verwendet ward. Dazu kam aber dann auch, daß es nun von neuem ein bedeutender Exportartikel wurde, ja mehr denn je. Zwar fand es jetzt allem Anschein nach weniger als früher seinen Weg nach Persien, dem früheren Hauptexportlande desselben[111]), dafür aber ward es auch wieder von den Japanern in China erhandelt, vor allem aber jetzt seine Ausfuhr nach Europa so rege, wie nie zuvor, dank den so regen Beziehungen, welche dieser Kaiser jetzt mit diesem Weltteil anknüpfte, sowie auch der jetzt allgemein in Europa für dies Erzeugnis ausbrechenden Leidenschaft (vgl. S. 7), die wieder nicht zum wenigsten die Folge seiner damaligen besonderen Schönheit war. In ganzen Schiffsladungen kam so damals wieder das Porzellan zu uns herüber, um sich hier alsbald über alle die damaligen Kulturstaaten Europas zu verteilen. Es entstanden hier jene großen Ansammlungen, die die damaligen Machthaber zur Ausschmückung der jetzt Mode werdenden Porzellankabinette brauchten. Und so mußten sich auch in Kin-tê tschen Tausende und Abertausende von fleißigen Händen regen, um dieser ungeheuren, unerwarteten, sich stets steigernden Nachfrage genügen zu können.

Was hier in Kin-tê tschen in dieser Zeit produziert wurde, war naturgemäß entsprechend den verschiedenen Abnehmern, für die es bestimmt war, sehr verschieden. Es gab Dutzend- und Exportware neben den herrlichsten Kunsterzeugnissen. Ganz hat wohl kein Stück, das damals geschaffen ward, die große Zeit verleugnen können, in der es entstand: die Masse blieb immer verhältnismäßig gut, die Dekoration und selbst die flüchtigste, immer wirklich dekorativ. Auch ein besonderes, minderwertigeres Exportporzellan, das allein China den Barbaren des Westens gegönnt hätte, hat es hier wie in der letzten Zeit der Mingdynastie (vgl. S. 112) anscheinend nie gegeben. Erstaunlich groß aber ist die Zahl der wirklichen Kunstwerke gewesen, die damals geschaffen wurde, Werke, bei denen sich höchstes technisches mit höchstem künstlerischen Können vereinigte, so groß in der Tat (wie dies allein schon die fast ausschließlich in dieser Zeit zusammengekommene Dresdner Porzellansammlung, unzweifelhaft die reichste und herrlichste Vereinigung von Porzellanen[112]) dieser Epoche, beweist) daß man unbedenklich damals den Europäern vom Besten und Allerbesten des damals Geschaffenen in reichster Fülle abgab. Nie hat in Kin-tê tschen wieder eine so rege Kunstbetätigung stattgefunden.

Im einzelnen ist über das damals erzeugte Porzellan folgendes zu sagen: in technischer Beziehung ist zunächst ganz allgemein die Güte der Masse zu rühmen, die an den besten Stücken ein wundervoll feines, kristallinisches Gefüge und eine glänzende, leuchtende, glatte Glasur erhält, wie beides an den aus den bisherigen Perioden erhaltenen Stücken kaum je zu sehen gewesen war. Diese Vorzüge steigern sich oft bis zur höchsten Vollendung an den mit Unterglasurfarben bemalten Stücken, denen dann wohl nicht zum wenigsten das eigentümlich Strahlende ihrer Malerei zu verdanken ist. Dann kam die Sauberkeit der Masse hinzu, die freilich in China, wo man selbst in dieser Zeit noch nicht über ziemlich primitive Brennöfen hinauskam, nie ganz vollkommen hat sein können, die Sauberkeit der Mache, die jener angepaßt war, schließlich eine beträchtliche Dünnwandigkeit der Gefäße, die namentlich den Durchschnittserzeugnissen der Mingzeit gegenüber als ein bedeutender Fortschritt erscheint. Daneben hat auch diese Zeit wieder richtiges „Eierschalenporzellan" hergestellt, das sogar mit an so dünnwandigen Stücken nicht eben leicht auszuführender, kobaltblauer Unterglasurmalerei verziert ward (Dresden, Porzellanslg.) und auch bereits damals nach Europa gesandt ward, ja es glückte sogar, die Innenseite von solchen äußerst dünnwandigen Schalen mit ganz flachen, mit den Augen kaum wahrnehmbaren Reliefs zu versehen. Besondere Kunstwerke waren in dieser Beziehung dann auch die in dieser Zeit anscheinend zuerst aufkommenden, sehr dünnwandigen Laternen, die mit ganz besonders feinen Malereien versehen wurden (Dresden, Porzellansammlung). Daneben aber führte das große technische Können und die niemals rastende Unternehmungslust dieser Zeit zu wirklich kühnen Experimenten, die heute noch unsere Bewunderung, wenn nicht unser volles Erstaunen herausfordern. Es gab in dieser Beziehung nichts, was damals nicht versucht worden wäre. Zunächst ist hier auf die Herstellung ungewöhnlich großer Stücke hinzuweisen, wie sie keine andere der bisherigen Perioden des chinesischen Porzellans geschaffen, jene großen Blumenkübel und vor allem jene bis über einen Meter hinausgehenden Monumentalvasen, die in trefflichster technischer Ausführung und vielfach reichster Blaumalerei noch heute vor allem in so großer Anzahl wie nirgend sonst die Dresdner Porzellansammlung zieren und hier das Erstaunen aller Besucher hervorrufen (Taf. 64, 65) (ähnliche Vasen u. a. im Dresdner Schloß, in Schloß Wilhelmsthal bei Cassel u. im etnograph. Mus. in Berlin). Freilich, Mühe genug hat die Herstellung dieser Stücke den Chinesen auch damals gekostet, wie Père d'Entrecolles und die chinesischen Quellen ausdrücklich berichten. Aus zwei getrennten Stücken, von denen jedes mit Hilfe von 3-4 Leuten aufgedreht wurde, mußten sie vor dem Brande zusammengesetzt werden, und dann gerieten im Brennofen immer nur wenige von vielen und alle Arbeit, und hierbei oft der reichste Kunstaufwand war völlig vergeblich gewesen: von zweien solcher Stücke rechnete man damals, daß nur immer eins wirklich gelang. Und dabei unterzogen sich die Chinesen dieser mühseligen und oft so enttäuschenden Arbeit fast ausschließlich für Europa, da die Chinesen selber sie, wie berichtet wird, nicht zu bezahlen imstande waren. Kann man sich da aber über jene bekannte Sage wundern, daß König August der Starke, als er die Dresdner Sammlung zusammenbrachte (vgl. S. 8), diese großen Vasen vom König von Preußen gegen ein ganzes Regiment Dragoner eingetauscht haben soll.

Neben diesen Kühnheiten im Großen gingen dann kleinere nebenher. Zunächst gefiel man sich damals gern in Durchbrechungen. Vielfach wurden zur Erzielung größerer Leichtigkeit die Ränder von Schalen und Tellern, Vasen u. dergl. in regelmäßigen Mustern durchbrochen, dann aber auch die Wandungen ganzer Gefäße, von Schalen, Tassen und Teetöpfen, denen dann meist zum Halten von Flüssigkeiten eine geschlossene, innere Wandung eingezogen wurde (Taf. 70). Erstaunlich feinmaschig war hier oft die Musterung, ebenso erstaunlich die Sauberkeit ihrer Durchführung. Die ganze Porzellanindustrie hat Gleiches wohl niemals wieder herzustellen vermocht. Oder man gestaltete große Weinkannen ganz und gar in den komplizierten, reich durchbrochenen Formen von symbolischen Schriftzeichen, so in der des Glück bedeutenden Fu, oder des langes Leben verheißenden Schou. Daneben machte man aus Porzellan Ketten, an denen sich die betreffenden Gefäße aufhängen ließen, besetzte letztere oft reicher mit plastischen Zutaten als bisher, gestaltete namentlich kleinere Gefäße wie Wassertropfer, Papierbeschwerer, Pinselableger u. dergl. in reicheren, zusammengesetzteren, naturalistischen Formen und schuf auch eine komplizierte Plastik, die bald Götter, bald Menschen, bald auch Tiere darstellten (Taf. 82, 84). Schließlich gelangen jetzt auch schon recht große Porzellanplatten (London, Vict. u. Alb. Museum). Niemals aber führte hierbei technische Geschicklichkeit zu künstlerischer Geschmacklosigkeit, wie dies später vielfach geschah. Dazu war diese Zeit künstlerisch noch zu gesund.

Dann kam die besondere Behandlung der Glasur hinzu. Sicherlich hat keine

Zeit andere, wie allein schon wieder der reiche Bestand der Dresdner Porzellansammlung beweist, in Anlehnung an die großen Vorbilder der Sungzeit so trefflich
und so voller Berechnung die Haarrisse derselben zum Schmuck des Porzellans zu
benutzen gewußt wie diese: bald sind sie tief und deutlich, bald nur zart an der
Oberfläche haftend, hier zeigen sie mehr die breitmaschige, geradlinige Art, die der
Chinese immer mit „geborstenem Eis" verglichen hat, oft an Stücken recht beträchtlicher Größe (Taf. 62 Mitte), dort jenes engmaschige, bienenzellenartige System, das
der Franzose, mit den Schuppen von Forellen vergleichend, als truité zu bezeichnen
pflegt (Taf. 62 links). Auch über kobaltblauer Unterglasurmalerei weiß man damals
solche Haarrisse zu erzielen, wobei freilich diese zu keiner besonders glänzenden
Entfaltung gelangt ist.

Ganz erstaunlich aber ist in dieser Zeit vor allem die Beherrschung der immer
technisch so schwierigen Unterglasurmalerei, die von keiner anderen auch nur entfernt wieder in dieser Weise erreicht worden ist. Denn es herrscht hier nun nicht
nur, wie unten weiter gezeigt werden wird, das Bestreben, die beiden bisherigen
und einzigen Scharffeuerfarben des chinesischen Porzellans, das Kobaltblau wie das
freilich auch jetzt oft nicht recht geglückte Kupferrot zur höchsten, bis dahin erreichten
Schönheit zu erheben: es gelingt auch, sie beide an einem und demselben Stücke
zu vereinen, es gelingt auch weiter, mit diesen noch andere farbige Schmuckmittel
zu verbinden. So findet man in dieser Zeit Seladon- oder kapuzinerbraun glasierte
Porzellane mit kobaltblauer Malerei, zu denen dann sogar bisweilen wieder die
kupferrote hinzutritt, und schließlich vermochte man gar bei der Vereinigung solcher
Farben und Glasuren die Glasur so zu variieren, daß sie zonenweise haarrissig, im
übrigen ganz glatt ausfiel (Taf. 62 rechts). Die gesamte Porzellankunst hat ähnliche
Resultate in solcher Vollendung wohl nie wieder erreicht.

Dann aber wird in dieser Zeit bei dem Bestreben, das Porzellan als Masse,
als Stoff immer delikater, immer aparter zu gestalten, auch eine ganz neue Art von
Porzellan geschaffen, die, der besten Gattung des einstigen Ting-yao der Sungzeit
nachgebildet (vgl. S. 41), nach ihr auch den Namen Fen-ting erhielt, während es bei
uns meist den wenig bezeichnenden Namen „Weichporzellan" erhielt[119]). Es handelt
sich hier um meist sehr feine, delikate Arbeiten, die, wie schon Père d'Entrecolles
angab, aus einer anderen als der gewöhnlichen des chinesischen Porzellans, doch
gleichfalls Kaolin enthaltenden Masse hergestellt ward, die, wohl erst im Feuer wieder
gelblich werdend (vgl. S. 41), mit einer sehr weichen, milden, glanzlosen, etwas dick
aufliegenden, meist auch haarrissigen Glasur überzogen ward, die den gelblichen Ton
der Masse warm hindurchscheinen läßt und sich ungemein angenehm anfühlt. Diese
Masse, die bisweilen damals auch nur als Oberlage über das gewöhnliche Porzellan
verwandt wurde, ist zugleich auch erstaunlich leicht, dafür aber dann auch ziemlich
zerbrechlich. Verziert wurden diese Stücke in der Regel wieder mit kobaltblauen
Malereien, die aber auf dieser Masse so schön standen, daß schon Père d'Entrecolles
sie mit Malereien auf Seide verglich, während ihm die auf dem gewöhnlichen Porzellan wie solche auf Papier vorkamen. Daneben kam auch wieder (vgl. S. 93) die
Technik des Auftragens leicht erhabener Reliefs aus porzellanartiger Masse zur
Anwendung (Barbotine). Alle diese Stücke waren damals sehr begehrt, doch

recht selten. Auch sollen sie fünfmal so teuer gewesen sein als das sonstige Porzellan. Erhalten haben sich daher aus dieser frühen Zeit bei uns anscheinend nicht allzu viel Stücke dieser Art (Dresden, Porzellanslg.; Baltimore, Slg. Walters), soweit man wenigstens nach den Datierungen urteilen kann. Sie rechtfertigen alle den großen Ruf, den sich damals dies Erzeugnis so schnell in China errang. Es ist dann aber aus dem chinesischen Porzellan nicht wieder gewichen, vielmehr von nun an zu einem bleibenden Bestandteil desselben geworden, wahrscheinlich bis in unsere Zeit hinein und hat so das an sich schon so reiche Gesamtbild des chinesischen Porzellans andauernd weiter bereichern helfen.

Trotz aller dieser so bedeutenden technischen Errungenschaften, die diese Zeit jeder vorangegangenen bereits so weit überlegen erscheinen lassen, lag aber ihr eigentlicher Ruhm doch auf rein künstlerischem Gebiet. Hier ist diese Zeit, obwohl sie zunächst durchaus sich auf die Resultate der Vergangenheit gestützt hat, doch so unendlich weit über diese hinausgelangt und hat allen ihren Erzeugnissen in so starker Weise ihren eigenen Stempel aufgedrückt, daß diese sich so leicht aus denen aller übrigen Perioden des chinesischen Porzellans herausfinden lassen, wie die wohl kaum einer anderen Periode desselben, obgleich mit der Marke dieses Kaisers versehene Stücke verhältnismäßig selten sind[114]). Der Typus des K'ang-Hi-Porzellans ist dadurch ein so ausgeprägter geworden, daß er für unverkennbar gelten kann und nur eine einzige Gattung, auf die noch ausführlicher zurückzukommen ist (vgl. S. 145), die freilich in ihrem Umfange für diese Epoche zurzeit noch nicht recht bestimmbar ist, macht hier eine Ausnahme, da sie der Ausgangspunkt der weiteren Entwicklung eines großen Teils des chinesischen Porzellans geworden ist. Sie kann aber in dieser Zeit aus mancherlei Gründen noch keine so große Rolle gespielt haben (vgl. S. 146). Vor allem aber setzt von nun an auch auf Grund der verschiedenen damals angewandten Techniken eine solche Mannigfaltigkeit des Dekors ein, werden die verschiedensten Dekorationsweisen so verschiedenartig verwandt und mit einander kombiniert, daß es unmöglich ist, hier alle Typen aufzuführen. Nur die wichtigsten können daher im Folgenden erwähnt werden.

Wie freilich damals diese künstlerische Entwicklung im einzelnen vor sich gegangen, welches ihre einzelnen Etappen waren, ist heute noch nicht genauer anzugeben. Nur so viel läßt sich wohl in dieser Beziehung schon sagen, daß, wie die ganze bisherige Entwicklung des chinesischen Porzellans entsprechend einer jeden sonstigen Kunstentwicklung ein immer stärkeres Streben zum Eleganteren, Delikateren dargestellt hat, auch die Porzellane dieser Zeit, je delikater sie sind, desto mehr an das Ende derselben zu setzen sind, indes die kräftigeren, derberen sicherlich die Anfangserzeugnisse darstellen. Das gilt sowohl in formaler wie auch in koloristischer Beziehung. Vor allem aber können wohl stets diejenigen Porzellane als die früheren angesehen werden, die noch mehr oder weniger die künstlerischen Elemente des letzten Mingstils an sich tragen (vgl. S. 142). Denn darüber kann nicht der geringste Zweifel bestehen, daß auch diese große Kunstepoche zunächst noch an die Errungenschaften der letzten Mingzeit angeknüpft hat, wie die des Vorgängers dieses Kaisers, daß sie aber dann im Laufe der Entwicklung sich immer weiter von

ihnen entfernt hat, so sehr, daß man den ursprünglichen Ausgangspunkt dann schließlich fast kaum noch ahnt.

Daneben ist dann im Besonderen zu bemerken, daß allem Anscheine nach auch
in der ersten Hälfte der Regierungszeit dieses Kaisers noch gar kein bunt bemaltes
Porzellan wieder hergestellt worden ist. Wenigstens hat der obengenannte (vgl.
S. 121) Jesuitenpater Lecomte, der, wie erwähnt, gegen das Ende des 17. Jahrhunderts seine Mitteilungen über das chinesische Porzellan niedergeschrieben hat, solches noch gar nicht gekannt und anscheinend dementsprechend ist auch damals eher
als aus China derartiges aus Japan zu uns gelangt[116]). Dann mag auch als charak-
teristisches Kennzeichen früher Porzellane dieser Zeit — es geht dies aus den später
(vgl. S. 142) zu erwähnenden frühesten der bunt bemalten mit Deutlichkeit hervor —
erwähnt werden, daß viele der größeren Schalen einen recht breiten, aber mit einer
sehr sauber gearbeiteten tiefen Hohlkehle versehenen Fuß besessen haben, der sich
auch an solchen mit sehr kräftiger und breiter Kobaltblaumalerei aus dieser
Zeit wiederfindet (viele Beispiele im Schatzhaus von Konstantinopel). Und dann
soll auch unter den Schmelzfarben die blaue — was durch den Charakter der mit
ihr bemalten Porzellane bestätigt zu werden scheint — erst sehr spät gelungen
sein, womit diese wohl als ein Merkmal verhältnismäßig später Entstehung zu benutzen ist. Dann kommen auch noch einige wenige genauer datierte Stücke hinzu
(vgl. S. 146). Damit sind aber wohl alle Mittel angegeben, die zurzeit zu einer
Datierung dieser reichen Entwicklung im einzelnen uns heute schon zur Verfügung
stehen.

Was nun zunächst die formale künstlerische Ausgestaltung des Porzellans dieser
Zeit anbetrifft, so muß gesagt werden, daß schon auf diesem Gebiet zwischen den
Erzeugnissen dieser und der vorangegangenen ein großer Unterschied herrscht. Der
größte Teil der bisherigen Formen ist damals durch völlig neue ersetzt worden, die
einen völlig neuen Geist atmen: alle erscheinen sie jetzt bedeutend schlanker, hoch-
strebender gegenüber den noch so vielfach gedrungeneren der Mingzeit. Deutlich
zeigt sich schon hier das Streben zum Eleganten, zum Delikaten hin, das für diese
ganze Zeit charakteristisch ist. Hierbei sind die meisten derselben trefflich aus der
keramischen Technik heraus geschaffen worden: das Rundliche, Aufgedrehte herrscht
vor und läßt das Eckige, Scharfkantige, das sich namentlich in der letzten Mingzeit so
häufig fand (vgl. S. 110), stark in den Hintergrund treten. Auch alte Bronzen sind nicht
mehr so oft unmittelbare Vorbilder gewesen. Damit tritt auch die Kompliziertheit
der Formen, die in der Mingzeit, wie gezeigt (vgl. S. 89) noch gar nicht selten war,
stark zurück. Es herrscht vielmehr auffallend eine gewisse Einfachheit vor, aller
Wahrscheinlichkeit nach, um jetzt ruhigere Flächen zur Entfaltung reicherer Farbenwirkungen zu gewinnen, die ersichtlich jetzt das Hauptbestreben der Porzellankunst gewesen sind. Bei allen diesem hat diese Zeit eine ganze Reihe von bestimmten Typen geschaffen, die sie mit ganz besonderer Vorliebe, wie eine jede
andere Zeit die ihrigen, immer wiederholt hat, daneben aber auch eine reiche Fülle
seltener verwandter, vor allem für jene Stücke, die mit kobaltblauer Unterglasurmalerei — wohl weil diese durch sich selber ja weniger abwechslungsreich zu
wirken vermag -- verziert werden sollten. Ganz besonders beliebt aber werden

jetzt, nicht zum wenigsten wohl infolge des immer mehr zum Delikaten sich hin-
neigenden Geistes der Zeit, die kleineren Sachen, wie Wassertropfer, Tuschgefäße,
Räucherstäbchenhalter, Blumenväschen, Papierbeschwerer, Tabaksfläschchen usw., die
z. T. ja auch schon die früheren Zeiten geschaffen, nun aber zur Erzeugung einer
wirklichen Kleinkunst führten, die in der folgenden Zeit dann eine noch weitere
Ausbildung finden sollte.

So hat also schon auf dem Gebiete der formalen Ausgestaltung die große, un-
vergleichliche Schaffenslust dieser Zeit nicht versagt, ja es scheint sich in dieser
Zeit des frischen Aufschwungs und der innigen Berührung mit neuen Völkern geradezu eine Sehnsucht nach neuen und besonderen Formen eingestellt zu haben.
Denn nicht nur hat China damals anscheinend, wie später gezeigt werden wird (vgl.
S. 144), in dieser Beziehung sogar Anleihen bei den Japanern, seinen sonst immer
in allen Dingen so gelehrigen Schülern gemacht; ausdrücklich berichtet auch Père
d'Entrecolles, daß die Mandarinen, denen damals die Leitung der kaiserlichen Manufaktur anvertraut war, ihn, da sie die besondere Erfindungsgabe der Europäer
erkannt zu haben glaubten, oft um neue und eigenartige Entwürfe angegangen
hätten, damit dem Kaiser etwas ganz Besonderes vorgelegt werden könnte, wobei
ihn dann aber seine christlichen Anhänger baten, diesem Wunsche doch nicht zu will-
fahren, da, wenn jene, weil in Porzellan nicht ausführbar, mißlängen, sie dafür zur
Strafe die Bastonnade erhielten. Tatsächlich kommen Porzellane in europäischer
Formgebung damals auch vor, wenn auch noch nicht allzu häufig. Gestaltungen,
wie sie sich an jenen nicht ganz seltenen Vasen finden, deren seitliche Griffe unverkennbar denen venezianischer Flügelgläser nachgebildet sind (Taf. 108 links), oder wie
jene Schale der Sammlung Grandidier im Louvre, die die ganz getreue Kopie einer
Limousiner Emailarbeit des 17. Jahrhunderts darstellt, sind doch nur Ausnahmen.
Desgleichen auch jene plumpen, bemalten Einzelstatuetten, die heute als Ludwig XIV.,
seine Maitresse und Dauphin angesprochen werden (Taf. 106 unten) oder jene kleinen
Gruppen, die Holländer in der damaligen Zeittracht, bald trinkend, bald rauchend,
bald musizierend darstellen (vgl. S. 131, Taf. 106 oben). Die meisten europäischen
Bildungen dieser Zeit erklären sich jedoch einzig und allein durch die Anpassung an
europäische Gebräuche und sind wohl ausschließlich im Hinblick auf den Export
nach Europa entstanden.

Denn nun, da Europa mit China in so enge Verbindung trat, daß Europäer
selbst bis in die Porzellanstadt vordringen durften, ist auch die Zeit gekommen, da
in China unmittelbare Bestellungen gemacht werden konnten und für diese auch
wirkliche Wünsche geäußert werden durften, da man darum hier zum ersten Male
Porzellan verlangen konnte, das sich völlig den europäischen Bedürfnissen anpaßte,
ja die für die Befriedigung derselben in Europa üblichen Formen bereitwilligst annahm. So entstanden damals hier Barbierbecken, Zuckerstreuer, Tintenfässer, Plat-
de-menagen, Bierseidel u. dergl. mehr, vor allem aber der Typus unserer europäischen Tasse, der zuerst zu der in China üblichen, tiefen, henkellosen Schale, die
flache als Untertasse, dann auch den Henkel hinzugesellte, in welcher Form sie dann
ja auch in unsere eigene Keramik aufgenommen ward. Auch konnte man damals
bereits der Ornamentik, wofern man dies aus irgendeinem Grunde wünschte, euro-

päische Worte, Buchstaben oder wieder Zahlen wie schon in der Wan-Li-Zeit (vgl. S. 114) anbringen lassen, vor allem aber Wappen. Stücke mit solchen Beifügungen finden sich daher noch heute bisweilen, wenn auch noch nicht entfernt so häufig, wie in der folgenden Zeit (vgl. S. 165), so z. B. schon ganz große Vasen mit dem Wappen der Orleans (Paris, Louvre und Musée Guimet; London, Brit. Mus.; Konstantinopel, Museum)[116]. Chinesischen Neuerungsgelüsten aber kann es dann wohl wieder nur entsprochen haben, wenn damals — das früheste datierte Stück dieser Art (im Britischen Museum in London) trägt die Jahreszahl 1700 — mehrfach Porzellane mit Kopien nach europäischen Vorlagen bemalt wurden. So erblickt man einmal auf einigen großen Vasen (Dresden, Porzellanslg.) Damen in der Tracht der späten Barockzeit, das andere Mal auf Tellern Europäer, die vor den Wällen ihrer Stadt spazieren gehen, weiter Darstellungen von Revolutionsszenen (Taf. 107 oben), Huldigungsszenen vor Ludwig XIV., sogar mit französischen, wenn auch stark verstümmelten Beischriften. Auch kommen unverkennbar europäische Landschaften vor, sogar bisweilen mit einem großen christlichen Kreuz (Dresden, Porzellanslg., Taf. 108), das nur zu deutlich an Père d'Entrecolles Wirken in Kin-tê tschen gemahnt, daneben wohl auch das Abbild eines bärtigen christlichen Mönches (Dresden, Porzellanslg.) oder gar das bekannte Monogramm des Jesuitenordens (Baltimore, Slg. Walters), weshalb man dieser ganzen Gruppe von Porzellanen bei uns auch den Namen Jesuitenporzellan gegeben hat. Unter diesen Umständen ist es dann aber nicht verwunderlich, daß in der damaligen Porzellanmalerei wie ja auch gelegentlich in der sonstigen Malerei dieser Zeit Versuche mit der den Chinesen bis dahin gänzlich unbekannten Linienperspektive vorkommen[117] (Dresdner Porzellanslg.). Waren die Jesuiten doch gerade wegen ihrer mathematischen Kenntnisse in China damals besonders angesehen.

Alle diese Nachbildungen sind aber in der Regel recht wenig geschmackvolle Leistungen. Ersichtlich lag die europäische Kunst damals dem auf diesem Gebiet nach ganz anderen Richtungen hin geschulten Chinesen durchaus fern. Sie aber haben dann wohl die Holländer[118], die derartiges Porzellan nach Europa brachten, auf die Idee gebracht, Verwandtes zu unternehmen, indem sie sich aus China unbemaltes oder nur mit Blaumalerei versehenes Porzellan kommen ließen, das sie dann selber meist mit Ornamenten im ostasiatischen Stil bemalten und als farbiges Porzellan teurer, als sie es mit dem weißen hätten tun können, in den Handel brachten. Was freilich dabei an Kunst herauskam, zeigt wieder die Dresdner Porzellansammlung, die an diesen Erzeugnissen ganz besonders reich ist, zur Genüge (Taf. 108 unten). Hierbei dürften jedoch bisweilen arge Betrügereien der Besteller vorgekommen sein. Wenigstens besitzt die Dresdner Sammlung einen großen Satz chinesischer Vasen, der ganz in dieser Weise mit dem Wappen König August des Starken von Polen und seinem Namenszug bemalt ist, sowie auch mehrere Teller mit dem des Deutschen Kaisers Karl VI., deren Bemalung aber sicherlich ursprüngin China geschehen sollte.

Jedoch das eigentlich schöpferische Leben, dasjenige, was dieser Zeit ihren so besonderen Ruhm verschaffen sollte, hat sich in erster Linie auf dem Gebiet der farbigen Ausgestaltung des Porzellans vollzogen. Hier steht diese Epoche in der

Tat völlig unerreicht da: eine solche Vielheit der angewandten Kunstmittel, eine solche Abwechslung und Kombination bei ihrer Verwendung und ein so großes Geschick bei ihrer künstlerischen Ausnutzung, verbunden mit so feinem Geschmack und so richtigem dekorativen Sinn hat wohl nie irgendeine Keramik der Welt wieder gezeigt. Es ist in der Tat, als ob man sich hier nie genug tun konnte, immer Neues zu erfinden, immer wieder anders zu kombinieren, immer feinere und apartere Wirkungen zu versuchen. Der höchste Aufwand von rein mechanischer Arbeit wie auch echtem künstlerischem Können schien hier oft nicht zu viel, um zu wirklich bedeutenden Leistungen zu gelangen, wie sie die Keramik nie wieder gesehen und wohl auch kaum je wieder sehen wird. Dies große Resultat ist zunächst dadurch erreicht worden, daß jetzt alle bisher im Porzellan zur Erzielung farbiger Wirkungen benutzten technischen Hilfsmittel von neuem angewandt worden sind: die farbigen Glasuren, die Unterglasurfarben und die Schmelzmalerei auf glasiertem und unglasiertem Porzellan. Es ist kein Dekorationsmittel der bisherigen Entwicklung für diese Zeit verloren gegangen.

Ganz farbloses Porzellan ist dagegen in dieser Zeit immer selten in Kin-tê-tschen hergestellt worden. Es ist auch jetzt wieder, wie in der Mingzeit (vgl. S. 77) die eigentliche Domäne der in Tê-hua-hsien in der Provinz Fukien ansässigen Porzellanindustrie gewesen, ist aber jetzt hier, wie der reiche Bestand der Dresdner Porzellansammlung zeigt, in großer Fülle hergestellt worden. Teetöpfe und Weinbecher, Siegel, Löffel u. dergl. finden sich hier neben Vasen, Schminkdöschen und alten Gefäßen aus Nashorn oder Bronze nachgebildeten Opfergefäßen (Taf. 56 unt.). Fast alle diese Stücke ersetzen den ihnen fehlenden malerischen Schmuck durch plastische Beitaten, vor allem durch flach aufgelegte Reliefs, unter denen zierliche, aber einfache Pflaumenblütenzweige am häufigsten vorkommen. Ihnen reiht sich dann wieder eine reiche Plastik an, vor allem, da diese Gegend immer ganz besonders abergläubisch und auch dem Buddhismus mehr als andere Teile Chinas ergeben gewesen ist, religiös-buddhistischer Natur: in erster Linie mehr oder weniger große Statuetten der Göttin der Barmherzigkeit Kuan-yin (Taf. 55, 56), dann solche von Buddha, daneben besonders häufig auch des fröhlichen Gottes Pu-tao, schließlich auch von Konfuzius, von Laotse und anderen Heiligen. Daneben aber fehlt auch nicht eine reiche Genreplastik kleineren Maßstabes, meist chinesischen, dann aber auch ganz europäischen Inhalts: so Szenen von musizierenden oder Brett spielenden Holländern (Taf. 106), ein Beweis, daß auch mit diesem Orte damals — wahrscheinlich in diesem Fall von Amoy aus — die in China lebenden Europäer in unmittelbarer Beziehung gestanden haben müssen, schließlich auch symbolische oder natürlich gestaltete Tiere. Manche dieser plastischen Arbeiten, vor allem solche, die Gottheiten darstellen, sind ganz hervorragende Kunstwerke, die den Vergleich mit den übrigen plastischen Werken dieser Zeit in keiner Weise zu scheuen brauchen, vieles dagegen ist recht minderwertig, z. T. wohl auch unmittelbar für den Export gearbeitet. Oft aber ist die Masse sowie auch die Glasur dieser Porzellane wundervoll: letztere erscheint ungemein weich und glänzend, erstere fast immer in jenem warm gelblichen, durch Oxydationsfeuer erzielten Ton, den schon das gewöhnlichere Ting-yao der Sungzeit gezeigt hatte (vgl. S. 41); doch variiert die Stärke dieses Tons: er nimmt bisweilen sogar eine ganz ungewöhnliche Tiefe an. Mehrfach aber waren auch diese Porzellane, vor allem die plastischen Arbeiten, bemalt, doch nur mit Lackfarben und kalter Vergoldung (Dresden, Porzellanslg.), was jedoch vielleicht nur auf Wunsch der europäischen Kaufleute, die eben in der Heimat auf einen vorteilhafteren Absatz der bunten Ware hoffen konnten, geschah. Hinsichtlich der übrigen weißen Porzellane dieser Zeit ist aber noch besonders zu bemerken, daß unter ihnen sich jetzt auch, wenn freilich sehr selten, figürliche Darstellungen in unglasiertem Porzellan (Biskuit) finden (Dresden, Porzellanslg.), wie solche bekanntlich in der europäischen Porzellankunst später eine so große Rolle gespielt haben. Auch kommen daneben Gefäße vor, die nur mit kleinen, dick aufliegenden Glasurtropfen versehen sind (Dresden, Porzellanslg.). Hier kommt das Streben dieser Zeit nach technischen Gewagtheiten noch einmal zum Durchbruch.

Unter den farbigen Dekorationsmitteln jedoch blieb auch in dieser Zeit das wichtigste die Malerei, die Ornamentik. In dieser Beziehung schloß sich die K'ang-Hi-Zeit ganz der Mingzeit an: es siegte auch jetzt wieder das Komplizierte über das Einfachere. Dennoch hat auch diese Zeit eine ganze Reihe der wunderbarsten farbigen Glasuren zuwege gebracht, zum größten Teile sogar ganz neue, bisher noch nicht gesehene, vielleicht, weil auf diesem Gebiete die Errungenschaften der Mingzeit in den langen Wirren, die ihr folgten, verloren gegangen waren, so daß hier nun Neues erfunden werden mußte. Einige von diesen neuen Glasuren haben eine ganz besondere Berühmtheit erlangt, in China sowohl wie in Europa, ja können sogar als die allerberühmtesten und daher auch am höchsten bewerteten des ganzen chinesischen Porzellans angesehen werden. Die eine derselben ist die bereits erwähnte (vgl. S. 121) bei uns meist sang-de-bœuf-, bei den Chinesen nach ihrem mutmaßlichen Erfinder Lang-jao genannte Glasur. Sie erfreut sich ihrer Berühmtheit mit vollem Rechte, um so mehr, da keine andere Epoche des chinesischen Porzellans noch auch die europäische Keramik sie je in gleicher Güte hat herstellen können. Diese aus einem Kupfersilikat gewonnene und im Feuer des Brennofens stark geflossene Glasur zeigt ein tiefes, etwas ernstes Blutrot, das nichts gemein hat mit den kräftigeren, aber auch viel aufdringlicheren Tönen der vielen späteren chinesischen und europäischen Nachahmungen. Sie ist farbig fast niemals ganz gleichmäßig ausgefallen, zeigt häufig vielmehr leichte Abschattierungen, die vom Blutrot bisweilen bis zum Karminrot gehen. Auch ist sie oft so geflossen, daß sie wie leicht senkrecht gestrichelt erscheint, immer aber ist sie mit leichten Haarrissen versehen (Taf. 57). Daneben, wenn auch recht selten, soll sie sich auch in Verbindung mit anderen Dekorationsmitteln finden, z. B. mit Unterglasurmalereien in Kobaltblau oder Kupferrot, die aber dann auf leicht erhabenem Grunde stehen. Angewandt wurden diese Glasuren zunächst auf Vasen, seltener auf Räuchergefäßen, noch seltener an kleineren Stücken wie Tassen, Schälchen, Döschen u. dergl. Erhalten haben sich freilich derartige glasierte Stücke auch in China nicht allzu häufig; auch in europäischen Sammlungen gibt es deren nicht allzu viele, am meisten wohl in England (London, Brit. Museum, Vict. u. Alb. Museum; Berlin, Kunstgewerbemuseum). Um so häufiger jedoch stößt man auf ihre Nachahmungen, die bis in unsere Zeit hergestellt worden sind, die aber meist schon wegen ihres viel grelleren, aufdringlicheren Rots sich sofort als

solche ausweisen, wenn es auch wohl der Zufall mit sich bringen soll, daß bisweilen noch jetzt ein derartiges Stück mit einem Rot aus dem Brennofen hervorgeht,
das dem der K'ang-Hi-Zeit sehr nahekommt[119]. Doch alle diese Nachbildungen
unterscheiden sich schon dadurch von ihren Vorbildern, daß bei diesen die rote
Glasur das ganze Gefäß überzieht, während sie an jenen fast immer so stark abgetropft ist, daß das Gefäß dafür oben mehr oder weniger weiß erscheint. Nur
ganz feine, gleichmäßige, weiße Ränder finden sich oben und unten an den wirklich echten Stücken.

Neben dieser roten Glasur wird Langs Name auch noch mit einer zweiten in
Verbindung gebracht, einer schönen apfelgrünen, die Lü Lang-yao genannt wird.
Auch diese, die freilich anscheinend nur an kleineren Stücken angewandt worden
ist, ist haarrissig und zeigt weiße Ränder. Zu ihr werden dann noch von den
Chinesen eine ganze Reihe von bleichgrün glasierten, haarrissigen, von roten Linien
überzogenen Schalen gerechnet, die meist mit Darstellungen von Vögeln und Blumen
in den leuchtendsten Schmelzfarben dieser Zeit, oder, wie es scheint, auch wieder
mit auf Reliefs aufgesetztem Kobaltblau verziert sind.

Noch weit höher geschätzt und bewertet jedoch als die des Lang-yao wird die
zweite berühmte Glasur dieser Zeit, die bei uns allgemein mit dem englischen Namen peach-bloom, pfirsichblütenfarbig, in China p'in-kuo lü, d. h. apfelgrün bezeichnet wird (Baltimore, Slg. Walters; Wien, Mus. f. Kunst u. Industrie). Man kann
ohne Übertreibung sagen, daß die durch diese Glasur ausgezeichneten Stücke in
Anbetracht ihrer Kleinheit die teuersten keramischen Erzeugnisse der ganzen Welt
darstellen. Ganz phantastische Preise sind hier schon für ein kaum 10 Zentimeter hohes
Väschen bezahlt worden. Der Grundton dieser Glasur wird schon durch ihre heutige englische Bezeichnung angedeutet: er gleicht dem zarten Rosa der Pfirsichblüte,
das aber bisweilen auch in das von Nelken oder sogar in Braunrot übergeht, wo-
neben aber infolge der Laune des Feuers auch ganz andere, wenn auch verwandte
Nuancen vorkommen, die aber bei weitem dann nicht so hoch geschätzt werden. Sehr
häufig finden sich dagegen auf dem Rosa moosartig gezeichnete, mehr oder weniger
große moosgrüne Flecke, Linien oder Punkte, die sehr reizvoll die Rosagründe beleben. Immer aber ist die Wirkung dieser Glasur ganz ungewöhnlich zart und
duftig, weshalb sie auch wohl immer nur auf sehr kleinen Gegenständen angewandt
worden ist, die dadurch als wahre kleine Bijous und als die delikatesten Erzeugnisse der K'ang-Hi-Zeit erscheinen (Taf. 58). Am häufigsten findet sich diese Glasur
an kleineren, schlanken, meist mit dem Nien-hao dieses Kaisers versehenen Väschen,
um die sich auch wohl gelegentlich einmal ein aufgesetzter grüner Drache windet,
auch, da der Chinese derartig fein glasierte Stücke ganz besonders als Schmuck
seines Schreibtisches liebt, an kleinen Gefäßen für Siegelrot, zur Anfeuchtung der
Tusche usw. Letztere zeigen hierbei gern die Form eines Apfels oder Granatapfels,
wobei dann die Glasur die natürliche Farbe dieser Früchte nachahmt.

Diesen über alles geschätzten Glasuren der K'ang-Hi-Zeit reihen sich eine
ganze Reihe anderer an, unter denen fast alle Farben des Spektrums vertreten
sind. Beinahe alle zeichnen sich, namentlich wenn man sie mit denen der folgenden
Zeit vergleicht, durch eine größere Ungebrochenheit, aber auch Kühle des Tons aus.

Sie sind noch nicht so warm und lebhaft, aber auch noch nicht so raffiniert und gesucht wie jene, dafür aber ungewöhnlich glänzend und geben sich so noch als Schöpfungen einer Zeit, die, weil noch nicht blasiert, sich reinerer, natürlicherer Töne zu erfreuen vermag.

Am bewunderungswürdigsten sind unter diesen wohl die blauen Glasuren, nicht nur wegen ihrer Schönheit an sich, auch wegen ihrer Mannigfaltigkeit, die wohl wieder nirgends so deutlich hervortritt wie in der Dresdner Sammlung[120]). An der Spitze steht hier die bekannte, häufig vorkommende, stets leicht haarrissige, türkisblaue d. h. bläulich grün erscheinende (Taf. 60 ob.), die sich auffallend oft an plastischen Gegenständen angewandt findet. Berühmt sind hier die sechs großen Hunde des Buddha dieser Sammlung, an denen sich zu der blauen Farbe, wie häufig, noch ein gleichfalls sehr schönes, ernstes Violett gesellt (Taf. 59). Derartige Stücke sind schon im 18. Jahrhundert in Europa ganz besonders geschätzt worden; sie finden sich daher noch heute häufig in den prächtigsten Bronzefassungen. Ihnen schließen sich Glasuren von immer leuchtenderem Blau an, die, ohne jemals schreiend zu werden, doch das Äußerste an Glanz und Kraft erreichen, was jemals das chinesische Porzellan auf diesem Gebiete fertig gebracht hat. Unter ihnen zeigt die hellste, unter der fast immer zarte lineare Ranken eingeritzt sind, ein zartes Vergißmeinnichtblau, während die dunkelste mehr schwärzlich erscheint und an jene spätere dunkelblaue Glasur erinnert, die man meist bei uns als „gros bleu" zu bezeichnen pflegt. Das geschätzteste Blau dieser Zeit ist aber wieder gleich dem Rosa der Peach-bloom-Glasur ein äußerst zartes, das von den Chinesen wieder yueh-pai, bei uns clair-de-lune genannt wird, jedoch mit dem der Sungzeit (vgl. S. 36) nichts gemein hat. Es findet sich gleichfalls wieder nur an sehr kleinen Gegenständen, ist aber vielleicht noch seltener als jenes.

Oft in Verbindung mit der türkisblauen Glasur, wie bereits eben erwähnt, doch ebenso oft auch allein, kommt dann ein tiefernstes, prachtvolles Violett (aubergine) vor, das verschiedene aber stets verwandte Nuancen aufweist (Dresden, Porzellansammlung). Es ist meist fleckig herabgeflossen und dadurch voller Belebung. Im anderen Falle ist der Grund meist wieder durch eingravierte Zeichnungen verziert.

Mancherlei Spielarten zeigt dann auch das im chinesischen Porzellan immer so besonders beliebte Grün. Die gewöhnlichste war auch jetzt noch immer das bleiche Seladongrün, das freilich seine Neigung zu immer größerer Bleichheit nur noch fortsetzte. Im Vergleich zu den tieferen, satten Tönen der Sungzeit (vgl. S. 61) erscheint es daher schwächlich, ja wäßrig, entschädigt dafür aber ein wenig durch seine Reinheit, Durchsichtigkeit und seinen Glanz (Taf. 61 rechts). Immer aber ist auch hier noch die alte Dekorierungsweise der Seladone, die eingegrabene Ornamentik angewandt, durch die die mit dieser farbenschwachen Glasur bedeckten Stücke erst wirklich künstlerisches Leben erhalten. Diese Ornamentik ist meist recht fein gehalten, manchmal auch merkwürdigerweise den Verzierungen alter Bronzen nachgebildet. Neben dieser Scharffeuerglasur kommt aber dann eine ganze Reihe bedeutend lebhafterer und kräftigerer, in schwächerem Feuer gewonnener vor. Die kräftigste, die schon jener Nuance sich nähert, die man für gewöhnlich als kameliengrün zu bezeichnen pflegt, ist meist etwas dick und trübe und ähnlich fleckig geflossen, wie die bereits erwähnte violette. Besonders gerühmt aber wurde als eine der Erfindungen des oben genannten Ts'ang Ying Süan die schlangenhautgrüne Glasur (schē-p'i lü). Sie scheint von ganz besonders tiefem, ernstem Grün gewesen zu sein (Baltimore, Slg. Walters) und dadurch wohl auch ihren Namen erhalten zu haben.

Eine prächtige Glasur von ganz ungewöhnlicher Schönheit und Vornehmheit, die es im chinesischen Porzellan bisher wohl überhaupt noch nicht gegeben, war weiter eine schwarze, von den Chinesen „metallisches Schwarz" (wu kin), bei uns oft „Brennspiegelschwarz" genannt, da Père d'Entrecolles ihre Farbe einst mit der damaliger Brennspiegel verglichen hatte. Sie findet sich zumeist an großen Flaschen und Vasen und erinnert schon durch ihre Farbe, noch mehr aber durch ihre Ornamentik auffallend an ostasiatische Lackarbeiten: sie ist wundervoll tief im Ton und nicht allzu glänzend, fast immer aber durch feine, matte Ornamente in Gold (Taf. 61 links), selten auch in Silber belebt. Hierbei sind oft, um ihre Tiefe zu erhöhen, die Ränder oder auch einzelne Zonen ganz weiß gelassen, was auch in der Tat zu sehr bedeutenden Wirkungen geführt hat. Merkwürdig aber ist, daß daneben die Chinesen damals auch mehrfach ihr Porzellan ganz mit schwarzem Lack überzogen haben, in die dann die Ornamentik in z. T. gefärbtem Perlmutter eingelegt ward, die sogenannte Laque-burgautée-Arbeit der Franzosen, die einen der wenigen Fälle darstellt, in denen der Chinese die naturgemäße Technik des Porzellans verlassen hat (London, Vict. u. Alb. Mus.) (Taf. 63).

Als die gewöhnlichste Glasur dieser Zeit aber, d. h. als diejenige, die damals auch mit Vorliebe an Alltagsgegenständen, wie Tassen, Teetöpfen und kleineren Schalen angewandt worden ist, erscheint die ja schon in der Mingzeit aufgekommene (vgl. S. 103) braune Glasur, die sogenannte „gebrannte Goldglasur" der Chinesen, so benannt nach der „gebrannter Goldstein" genannten eisenhaltigen Materie, aus der sie gewonnen ward. Sie war in der Mingzeit noch nicht sehr tief im Ton und anscheinend auch nicht sehr glänzend ausgefallen. Jetzt aber gab es, wie trefflich die Dresdner Sammlung wieder zeigt, je nach der Stärke des beigemengten Metalls auch hier wieder eine ganze Reihe von Spielarten, die der Chinese je nach der Tönung bald als rote, bald als gelbe zu bezeichnen pflegte. Am meisten verwandt ward die dunkelbraune, bei uns meist kapuzinerbraun genannt, schon etwas seltener die hellere, die von französischen Sammlern als „café au lait" bezeichnet zu werden pflegt. Erstere liegt immer sehr dick auf und ist völlig undurchsichtig; unter letzterer kann man häufig noch blaue Unterglasurmalerei erkennen. Sehr selten freilich treten diese Glasuren für sich allein auf, wohl weil sie dazu nicht reizvoll genug waren. In der Regel finden sie sich in Verbindung mit kobaltblauer (Taf. 60 unten), seltener mit Schmelzfarbenmalerei. Zu den größten Seltenheiten[121]) jedoch gehören hier Silbermalereien auf der dunkelbraunen Spielart (Dresdner Porzellanslg.). Schließlich aber befand sich diese Glasur auch unter jenen, die man, wie bereits erwähnt (vgl S. 126), neben haarrissiger Glasur und kobaltblauer Malerei zu verwenden gewagt hat (Taf. 62 rechts). Mit keiner anderen hat demnach der Chinese damals so viele Verbindungen mit anderen Techniken herzustellen versucht, wie mit dieser, vielleicht eben. weil sie allein ihm immer nicht reizvoll genug erschien.

Merkwürdig ist aber, daß in dieser Zeit die gelbe Glasur, die in der Mingzeit ja

fast die allerwichtigste gewesen war (vgl. S. 94), ersichtlich zurücktritt, obwohl auch
die Kaiser dieser Dynastie die blasse Tönung derselben wiederum zu ihrer Hoffarbe
machten. Sie soll sogar anfangs, wie der erwähnte Jesuitenpater Lecomte um 1690
ausdrücklich bemerkt[122]), recht schlecht ausgefallen sein. So kommt sie in dieser Zeit
für sich allein auffallend selten vor (Paris, Mus. Guimet), häufiger dagegen wieder
als Grund für ausgesparte Ornamente, so namentlich an den für den Kaiser bestimmten Porzellanen in der bleicheren Nuance (Dresden, Porzellanslg., Taf. 85). Eine
ganz neue Abart scheint aber die sogenannte Aalhautglasur (schan-yü huang) gewesen zu sein, die wiederum der erwähnte Ts'ang Ying Süan erfunden haben soll:
sie soll eine stark bräunliche Färbung besessen haben (Baltimore, Slg. Walters).
Dagegen weiß man noch gar nicht recht, wie die sogenannte scheckig gelbe (huang-
tien pan) dieser Zeit ausgesehen hat. Sie wurde gleichfalls als eine Erfindung jenes
damals ganz besonders gerühmt.

Damit dürfte die Liste derjenigen Glasuren, die sich mit Sicherheit für
diese Zeit feststellen läßt, erschöpft sein. Sie erscheint sicherlich als eine recht
stattliche, als eine stattlichere bereits, als die irgendeiner der vorangegangenen
Epochen, und kann so wieder als ein Beweis für die große, allgemeine Regsamkeit
dieser Zeit auf dem Gebiet des Porzellans angesehen werden. Doch wieviel reicher und
bedeutender stellt sich demgegenüber die dekorative Malerei dieser Zeit dar. Hier
scheint damals in der Tat das Menschenmöglichste geleistet zu sein. Da ist zunächst wieder die Unterglasurmalerei, die Hauptmalerei der letzten Periode. Hier gelingen
dieser Zeit nun wieder die beiden früheren Unterglasurfarben, das Kobaltblau sowie
vor allem auch das Kupferrot, das ja in der letzten Zeit der Mingdynastie völlig
verloren gegangen war (vgl. S. 73), ganz besonders aber, ja so schön wie niemals
zuvor oder nachher wieder, die erstere. Mit völliger Farblosigkeit und Flauheit hatte
ja diese Malerei anscheinend, wie gezeigt (vgl. S. 115), am Schluß der Mingdynastie
geendet, nachdem sie während der Regierungszeit des Kaisers Kia-Tsing ihren ersten
Höhepunkt erreicht hatte. Sie war dann vielleicht schon unter dem ersten Kaiser
der Ts'ingdynastie (vgl. S. 120) wieder zu bedeutend größerer Kraft und Sauberkeit
gelangt. Nun aber kommt hier, unterstützt durch die prächtige Masse und die klare,
leuchtende Glasur dieser Zeit wieder ein Blau zustande, so herrlich, wie es die gesamte Keramik wohl niemals wieder hervorgebracht hat: wie aus der Tiefe der
Masse heraus leuchtet und strahlt es uns aus den besten Stücken dieser Zeit entgegen, so klar und sicher auf dem weißen Grunde der Masse stehend und die Umrisse der Ornamentik in voller Reinheit zeigend, als wäre es nicht ein nachträglicher
Auftrag, sondern ein Stück der Masse selber (Taf. 64—70). Und in dieser Schönheit und
Reinheit gelingt es nicht nur an kleinen, auch an ganz großen Stücken, deren Garbrand
allein schon eine Tat bedeutete: in der Dresdner Sammlung befinden sich unter
den berühmten, an keiner anderen Stelle in so großer Zahl wie hier vorhandenen,
großen Monumentalvasen eine ganze Reihe von solchen in Flaschenkürbisform, die
in dieser Beziehung für wahre Wunderwerke gelten können (Taf. 64, 65). Die gefeier-
testen Stücke dieser Gattung jedoch sind jene bekannten, heute so unendlich hoch
bezahlten, runden Deckeltöpfe, auf denen große Pflaumenblütenzweige (in England
fälschlich für haw-thorn oder may-flower-Zweige angesehen) wundervoll klar aus

einem blauen Grunde ausgespart sind, dessen Tiefe, Leuchtkraft und Feuer keine Keramik der Welt je wieder erreicht hat (Taf. 67). Merkwürdiger findet sich diese herrliche Farbe nur an derartigen Töpfen, nie an anderen Gegenständen, weshalb man wohl zu der Annahme berechtigt ist, daß damals nur eine einzige der Manufakturen in Kin-tê tschen das Geheimnis der Erzielung eines so tiefen Blaus besessen hat.

Bewundernswert ist dann weiter, was man wohl wieder an keiner Stelle so deutlich erkennen kann, wie vor den überaus reichen Beständen der Dresdner Porzellansammlung an derartigen Stücken, wieviel verschiedene und auch wirklich schöne Spielarten man damals mit dieser Farbe zu erzielen vermochte: es gab hier helle und dunkle, ernste und fröhliche, schwärzliche und graue; alle aber gerieten, wenn man es wollte, in gleicher Klarheit und Reinheit. Zugleich aber verstand man es damals meisterhaft, durch mehr oder weniger häufiges Übereinanderlegen der blauen Farbe ihre Tonstärke an ein und demselben Stücke stark zu variieren und damit die Ornamentik erstaunlich zu beleben. Hierzu gehörte auch das sogenannte „Agatisieren" der Gründe wie auch der Ornamentik selber, d. h. das absichtlich durch unregelmäßige Pinselschläge fleckige und wolkige Auftragen dieser Farbe, wodurch deren Feuer und Leben erstaunlich erhöht wurde, ein Hilfsmittel, dem auch nicht zum wenigsten die eben erwähnten Deckeltöpfe das wunderbare Feuer ihrer farbigen Gründe verdanken. Und dann hat man auch dadurch bisweilen wunderbar kraftvolle Gegensätze erzielt, daß man Ornamente, ohne sie weiter zu bemalen, leicht reliefartig erhob, ihnen dadurch wirkungsvolle Glanzlichter verlieh und sie dann ringsum nur mit einer sehr lebhaften, breiten, aber wieder sehr ungleichmäßig hingestrichenen kobaltblauen Einfassung umgab, die jene ganz ungewöhnlich kräftig heraushob. Es ist dies besonders bei Vasen mit azaleenartigen Darstellungen geschehen (Dresden, Porzellanslg., Taf. 71 rechts).

Unzweifelhaft stellt diese Blaumalerei in ihrer höchsten Vollendung das technisch Vollkommenste dar, was diese auf diesem Gebiete so hoch stehende Zeit erreicht hat. Doch gab es damals neben diesen mehr als Einzelschöpfungen zu bezeichnenden Werken noch ein richtiges Massenprodukt, die gewöhnliche Gebrauchsware dieser Zeit, die, mehr oder weniger flüchtig bemalt und in meist grauen oder schwärzlichen Tönen gehalten, sich naturgemäß mit jenen nicht messen kann. Doch bleibt auch hier die Bemalung immer erstaunlich dekorativ. Ein wahrer Tummelplatz aber ist damals das Gebiet der Blaumalerei für die Ornamentik gewesen. Auf keinem Gebiet des Porzellans hat wohl das Spiel der Phantasie ein solches Leben und eine solche Beweglichkeit gezeigt wie auf diesem[126]), wohl weil auf ihm durch die Farbe selber nicht allzuviel Abwechslung zu erzielen war: sie läßt in dieser Beziehung die Mingzeit weit hinter sich, erscheint fast unerschöpflich. Figürliche Darstellungen wechseln so mit solchen von Tieren und Pflanzen, rein ornamentale schließen sich diesen an, immer aber erscheinen diese Elemente in neuen Verbindungen, die zu immer neuen Wirkungen, zu immer neuen Dekorationsweisen führen. Hierbei erscheint diese Ornamentik oft sehr großzügig, oft auch wieder ganz klein im Maßstab, oft reich oft spärlicher. Dadurch aber kommt in dies Bild noch eine ganz besondere Abwechslung hinein, daß das Blau auch jetzt wieder wie bisweilen

in der Mingzeit (vgl. S. 99) bald für die Ornamentik selber, bald, wenn auch bedeutend seltener, wieder als Grund verwandt wird, aus dem die erstere ausgespart ist. Im letzteren Falle ist sie naturgemäß immer ziemlich einfach gehalten
(Taf. 67).

Dann aber hat man damals mit dem Kobaltblau noch eine Verwendung vorgenommen, die zu den allermerkwürdigsten, aber auch allerwirkungsvollsten, zugleich
auch zu den interessantesten technischen Neuheiten dieser Zeit gehört, die seltsamerweise auch fast allein dieser gelungen zu sein scheint[184]): man hat es zur Gewinnung
geschlossener farbiger Gründe, wie dies auch Père d'Entrecolles beschreibt, nicht
auf das Porzellan gestrichen, vielmehr gespritzt (bleu souffté, powder-blue), so daß
diese sich schließlich aus einem dichten Bei- und Übereinander einzelner Punkte
zusammensetzten, die Belebung und Kraft zugleich bedeuteten. Ganz wunderbar
leuchtende, strahlende Gründe sind so gewonnen worden. Doch fielen sie, wie
der gerade an derartigen Erzeugnissen so überreiche Bestand der Dresdner Sammlung wiederum zeigt, nicht immer gleich kräftig aus: zu den leuchtendsten gesellen
sich auch oft graue und matte. Doch bleibt ihre farbige Wirkung immer reizvoll
genug. Mannigfaltig aber, wie immer in dieser Zeit, ist dann wieder ihre Verwendung gewesen. Bald bedecken sie die Gefäße, die sie zieren sollen, gänzlich wie eine
farbige Glasur (Taf. 72 links), bald sind einzelne Felder ausgespart geblieben, die entweder durch Malerei in Kobaltblau (Taf. 72 rechts) bisweilen in Verbindung mit Kupferrot, mit Seladonglasur oder auch durch solche in Schmelzfarben (Taf. 73, 74 unt.) belebt sind oder auch ganz — was zu den allerglänzendsten Wirkungen geführt hat —
mit leuchtenden eisenroten Malereien, in diesem Falle fast immer Darstellungen von
Goldfischen, ausgefüllt sind (Taf. 74 oben). Daneben findet sich dies Blau bisweilen
nur als vereinzelte Felder inmitten anderer Malereien angebracht (London, Vict. u
Alb. Mus.: Slg. Salting). Immer aber wird der blaue Grund durch ganz leichte,
zierliche, aber matt gelassene und, wie im chinesischen Porzellan immer, ganz schwach
eingebrannte Gold-, ganz selten auch durch Silberornamentik (Dresden, Porzellanslg.)·
belebt, die freilich im Lauf der Zeit meist sehr verblichen ist. Dadurch ist
über diese ganzen Flächen ein leichter, sie belebender Schimmer gelegt, der von
höchstem künstlerischen Reize ist. Wie kühn man sich aber damals auch auf diesem
keineswegs technisch sehr leichten Gebiet bewegt hat, zeigen zwei wieder über einen
Meter hohe, in dieser Technik ausgeführte Vasen der Dresdner Porzellausammlung,
die ausgezeichnet gelungen sind. Wie viele Stücke mögen aber auch hier wieder
mißraten sein, bevor diese beiden so prächtig glückten.

Daneben ist auch die kobaltblaue Malerei häufig als ausgesparte Ornamentik
innerhalb andersfarbiger Gründe verwandt worden. Die Vorliebe der Mingzeit für
derartige Schöpfungen (vgl. S. 98) ist damals keineswegs ganz erloschen, wenn sie
auch für diese Zeit, die so reich an anderen Dekorationsmitteln war, in keiner Weise ·
dieselbe Bedeutung gewann wie damals. Man kennt aus dieser Zeit Porzellane mit
Blaumalerei auf gelbem, auf grünem und auf eisenrotem Grund, meist sehr effekt-
volle Stücke dank den wundervollen Farben, die dieser Zeit zu Gebote standen,
mit denen sich die meisten der Mingzeit doch kaum haben messen können (Dresden,
Porzellanslg.; Hamburg, Mus. f. Kunst u. Gewerbe).

Schließlich aber hat man damals[125]) mit dem Kobaltblau schon eine Verwendung vorgenommen, die sonst besonders für die nächstfolgende Zeit charakteristisch ist, ja dieser sogar einen Teil ihrer Signatur gegeben hat (vgl. S. 157): man hat sie zur Zeichnung der Umrisse der Ornamentik benutzt, die dann durch Schmelzfarben ausgefüllt wurden. Doch scheint diese Technik damals noch nicht allzu häufig ausgeübt worden zu sein. Sie gibt aber schon damals den so dekorierten Stücken etwas von jener Weichheit, die für die Erzeugnisse der nächsten Zeit so charakteristisch geworden ist (Hamburg, Mus. f. Kunst u. Gewerbe).

Neben dem Kobaltblau ist dann auch damals, wie bisher immer, die zweite Unterglasurfarbe, das künstlerisch ja auch viel weniger dankbare, technisch bedeutend schwierigere Kupferrot stark in den Hintergrund getreten. Es ist auch in dieser Zeit durchaus nicht immer vollkommen gelungen, vielmehr oft stark ausgeblichen oder grünlich geworden. Doch sind hier bisweilen Töne erzielt worden, die vielleicht alle bisher durch diese Farbe erreichten übertroffen haben. In der Regel tritt diese Farbe jetzt nur in mehr oder weniger feiner Linienzeichnung auf. Daneben sind aber bisweilen auch kleinere, mehr flächenhafte Ornamente wie Hunde des Foh, Schmetterlinge u. dgl. damit ausgemalt worden [Taf. 75 links[126])]. Dann aber hat auch hier wieder die Kombinationssucht dieser Zeit eingesetzt: wir finden diese Farbe in Verbindung mit kobaltblauer Malerei (Taf. 75 rechts), mit, wie erwähnt, gespritzten, blauen Gründen, ja auch mit Seladonglasuren, die bisweilen sogar nur ganz stellenweise auftritt (Dresden, Porzellanslg., Taf. 71 links). Und auch das Streben zum Großen hat sich wieder eingestellt. Wie wieder die Dresdner Sammlung zeigt, sind in dieser Farbe in Verbindung mit Kobaltblau damals auch große Kübel und Monumentalvasen bemalt worden, mit unleugbar großem technischem Geschick, wenn auch nicht immer mit vollem Erfolg. Doch ist ihre farbige Wirkung immer eine äußerst lebhafte geblieben. Keine andere Zeit des chinesischen Porzellans aber hat sich je wieder an derartige technische Kühnheiten herangewagt.

Und nun nach allen diesen großen Leistungen, sowohl in künstlerischer, wie technischer Beziehung kommt erst dasjenige Gebiet, auf dem diese Zeit ihr Allerhöchstes erreicht hat, das Höchste wohl, was die chinesische Porzellankunst überhaupt in höherer künstlerischer Hinsicht zuwege gebracht hat: die vielfarbige Malerei mittels Muffelfarben! Wie gezeigt, hatte diese in künstlerischer Beziehung so hochstehende und auch in technischer gar nicht so schwierige Technik in der Zeit der Mingdynastie merkwürdigerweise als „Drei- oder Fünffarbenmalerei" noch keineswegs die Ausbildung gefunden, die sie aus den oben genannten Gründen wohl verdient hätte. Man war hier für gewöhnlich technisch wie künstlerisch noch nicht allzu weit gelangt (vgl. S. 99, 109). Nun aber wird hier alles Versäumte nachgeholt, und wie viel reichlicher, als jene Anfänge es je hätten vermuten lassen! Nun wird aus dieser Technik eine Kunst, die, gestützt auf die herrlichsten Farben, die nur jemals einer derartigen Kunst zu Gebote gestanden, vor keiner Aufgabe zurückschreckt und selbst den Wettstreit mit der gleichzeitigen Malerei aufnimmt. Nun ist auch die Zeit gekommen, da allem Anschein nach wieder, wie in den ersten Epochen der Mingdynastie (vgl. S. 86), bedeutende Künstler der Zeit mit dem Porzellan in Berührung geraten, Künstler, deren Künstlermarken wir bisweilen neben ihre

Schöpfungen gesetzt finden, wie dies bisher noch kaum geschehen zu sein scheint (vgl. Taf. 93 u. 95). Auf diesem Gebiete aber ist es auch, wo diese Zeit allem Anscheine nach ihre originellste Erfindung gemacht hat, diejenige, die auf die ganze folgende Zeit des chinesischen Porzellans dann ihren größten Einfluß ausgeübt und dem größten Teil desselben seine besondere Signatur verliehen hat. Denn es gelingt ihr nun nicht nur, die Farben der alten „Drei- und Fünffarbenmalerei" ganz wunderbar zu verbessern und zu erweitern, ja jetzt sie erst zu einem wirklich völlig dankbaren Kunstmittel auszugestalten: auch eine ganz neue Art von Schmelzfarben — wie es scheint am Ende dieser Zeit — kommt auf, die, gestützt auf ganz neue technische Prinzipien, auch zu ganz neuen und äußerst charakteristischen Farbenwirkungen geführt hat (vgl. S. 145). Auf diesem weiten Gebiet der Schmelzfarben hat damals in der Zeit des Kaisers K'ang-Hi unzweifelhaft das frischeste künstlerische Leben geherrscht. Es war ersichtlich dasjenige, das gegenüber allen anderen noch am meisten als Neuland erschien, darum auch am lebhaftesten zu regster Betätigung herausforderte. —

Schwer ist zu sagen, durch welche der für diese Malereien zur Verfügung stehenden Techniken damals das Höchste erreicht worden ist. Schon die vielfarbigen Malereien auf unglasiertem Porzellan (email sur biscuit), die man nun immer ohne die erhabenen oder eingeritzten Ränder der Mingzeit zu bewerkstelligen verstand, erfreuen sich heute einer Wertschätzung, die nicht mehr zu überbieten ist. Sie wurden sowohl auf großen wie auch auf kleinen Gegenständen angewandt, namentlich auch, wie schon in der Mingzeit, auf plastischen, wobei sie dann freilich meist keine eigentliche Malerei, sondern nur ein Bedecken der einzelnen Teile mit verschiedenen Farben darstellten. Bei der eigentlichen Malerei ging man, ähnlich wie in der Mingzeit, vor allem darauf aus, eine mehr oder weniger vielfarbige oder auch fast weiß ausgesparte, reichere Ornamentik von geschlossenen Farbengründen abzuheben, deren Farbe meist ein mattes Gelb oder Grün von verschiedenen Tönen, vor allem aber und dann wohl am prächtigsten wirkend, ein tiefes Schwarz war, das bald, mehr lackartig wirkend ein wirkliches Schwarz, bald ein in mehreren Schichten aufgetragenes dunkles Grün zu sein scheint (heute vielfach famille noire genannt). Aus solchen schwarzen, von weißen Ranken durchsetzten Gründen wurden aber bisweilen auch ganze Bildfelder im sattesten Kobaltblau ausgespart (Baltimore, Slg. Walters). So wurden damals bisweilen kleinere Gegenstände, wie Teetöpfe, Tassen, Schalen, Kannen, Deckeltöpfe, Räuchergefäße, Untersätze u. dgl. (Taf. 81, 84 unt.) farbig bemalt, vor allem aber und in der wirkungsvollsten Weise große prächtige Vasen, meist vierkantiger Form, an denen sich vielfach ziemlich einfach gehaltene, aber in der Regel ungemein flott gezeichnete Blumenzweige, darunter in erster Linie weiße Pflaumen- oder Kirschblütenzweige, seltener auch Drachen oder figürliche Darstellungen von den einfarbigen Gründen abhoben, Arbeiten, die heute zu den höchst bewerteten des chinesischen Porzellans gehören. In der Tat sind diese Erzeugnisse, deren größter Bestand sich heute wohl in der Sammlung Salting des Vict. und Albert Museums zu London befindet, in der ruhigen Einfachheit ihrer Zeichnung und ihrer dezenten Farbenwirkung zu dem Allervornehmsten zu rechnen, was die gesamte Keramik je geschaffen (Taf. 76—80). Sie gelangen zur höchsten Pracht, wenn auf dem tiefen Schwarz, was freilich nicht oft geschieht, ein lebhaftes Überglasurblau oder ein feuriges Eisenrot zu den übrigen Farben hinzutritt. So kann man ihre heutige Bewunderung gar wohl verstehen. Aller Wahrscheinlichkeit nach aber handelt es sich hier in der Hauptsache um verhältnismäßig frühe Erzeugnisse dieser Periode, wenn auch einzelne derselben unbedingt einer späteren Zeit angehören müssen.[197]

Ungemein mannigfaltig ist aber dann auch die Anwendung der ohne Glasur aufgetragenen Schmelzfarben an plastisch durchgeformten oder an jenen nur plastisch belebten, kleineren Gegenständen gewesen, die, wie erwähnt, in dieser Zeit so viel hergestellt worden sind (Dresden, Porzellanslg.), an Wassertröpfern, Wasserschälchen, Weinkannen (Taf. 83 ob.), Götzenbildern (Taf. 84), Gefäßen für Räucherstäbchen, Tierdarstellungen (Taf. 81, 82, 83) u. dgl. mehr, die meist in mehr oder weniger naturalistischen Formen gehalten worden sind. Die chinesische Phantasie scheint damals ganz unermüdlich gewesen zu sein, um immer neue Dinge zur Anwendung dieser Technik zu erfinden, deren Bemalung dann entweder mehr ornamental oder, wie in der Mingzeit (vgl. S. 87), in einzelnen an die Abschnitte des Plastischen sich anlehnenden Farbflecken erfolgte. Namentlich im letzteren Falle erheben sich die Farben oft zu herrlicher Tiefe, besonders ein tiefes Blattgrün, das vor allem an nicht ganz seltenen Papageiendarstellungen zu herrlichster Entfaltung gekommen ist (Taf. 83). Doch machen sich an den größeren Stücken bisweilen trotz allgemeiner Übereinstimmung in der Gesamtharmonie der Farben im einzelnen so merkwürdige Unterschiede geltend, daß es nicht ganz unmöglich erscheint, daß unter ihnen einige besonders altertümlich wirkende und darum immer in besonders ernsten Farben gehaltene bereits der Mingzeit angehören. Doch stellen diese in dem Gesamtbestande ersichtlich nur ganz vereinzelte Ausnahmen dar. Dann aber finden sich dieselben Farben auch bisweilen noch an Schalen, Tassen oder dergleichen ganz regellos und ohne Ornamentik fleckenartig aufgetragen; sie sind dann im Feuer ein wenig herabgeflossen und ineinander gelaufen, wodurch ein eigenartig buntscheckiges Farbenbild entstanden ist (Taf. 85 unten). Der Chinese pflegt diesen Typus als Tigerfellporzellane (hu p'i) zu bezeichnen. Ihre farbige Wirkung ist meist ganz ungewöhnlich lebhaft und kräftig.

Alle bisher geschilderte Kunstentfaltung aber übertrifft dann doch die Malerei in Muffelfarben auf glasiertem Porzellan, die sogenannte Überglasurmalerei. Auf diesem Gebiet hat in der Tat diese Zeit Erstaunliches geleistet und unverkennbar ihre bewundernswertesten Schöpfungen hervorgebracht, Leistungen, die sich bisweilen weit über das Niveau rein dekorativer Kunst erheben, vielmehr, ohne doch den Charakter dieser je zu verlieren, eine fast selbständige Bedeutung zu erlangen scheinen. Hier ist es, wo man nicht selten das Empfinden hat, Werken wirklicher Künstler gegenüber zu stehen, wo man oft ein beinahe persönliches Kunstempfinden ihrer Urheber festzustellen glaubt, und wo man auch beständig neue Überraschungen erlebt hinsichtlich der Wahl der unerschöpflich scheinenden Motive, ihrer dekorativen Verwendung und ihrer farbigen Behandlung. Hier ist es auch, wo sich bisweilen die bereits erwähnten Künstlermarken vorfinden, die diese Malereien dann noch deutlicher als Schöpfungen von bedeutenden Künstlern markieren (Taf. 93, 95). Ganz sicherlich hat die Keramik niemals wieder kunstvollere dekorative Malereien auf ihren Erzeugnissen gesehen wie diese, in die die chinesische Kunst an ihrem Ende noch einmal einen Teil ihres besten Könnens hineingelegt hat. Das wird wohl an keiner Stelle wieder besser erkannt als in der Dresdner Porzellansammlung. Denn nirgends haben sich sonst wohl in der Welt so viele, so prächtige und so große Zeugen dieses Könnens erhalten: eine stattliche Reihe der schönsten Schalen, Vasen, Fischkübel und ähnlicher Dinge von feinster Qualität und oft bewundernswerter Größe spricht hier beredt von den erstaunlichen Wundern dieser Kunst, die um der Feinheit und des Geschickes ihres Dekors, der Schönheit und Harmonie ihrer Farben und ihrer echt dekorativen Ornamentik willen in der Keramik ihres Gleichen nicht hat und zu den letzten Höhen weist, bis zu welchen menschliches Können bisher auf diesem Gebiete sich zu erheben vermocht hat. Man steht hier ersichtlich vor dem Höhepunkte aller reicherer, entwickelterer Keramik (Taf. 88—94, 96, 99—102).

Derartig vollkommene Stücke sind freilich auch auf diesem Gebiete naturgemäß nicht die Regel gewesen. Auch ihnen gegenüber steht hier wieder die Masse der eigentlichen Gebrauchsgegenstände, auf deren Ausschmückung weit weniger Zeit und Kunst verwandt werden konnte (Taf. 97 unt.). Doch auch diese alle, mögen sie auch noch so flüchtig und einfach dekoriert sein, zeigen dasselbe dekorative Geschick dieser Zeit, denselben Sinn für Farben und Farbenharmonien, sowie jene reiche dekorative Erfindungsgabe, wie die Elitestücke dieser Zeit. So haben auch sie alle ihre besonderen Reize, die dies Gebiet vor farbiger Eintönigkeit schützen.

Ganz erstaunlich aber bleibt immer an allen diesen Stücken die Mannigfaltigkeit der Anwendung des Dekors. Bald ist derselbe groß und kräftig, bald klein und bescheiden gehalten, bald bedeckt er die ganzen Flächen in reichster Fülle mit hunderten von Einzelheiten, die aber alle harmonisch zusammenstimmen (Taf. 99), bald belebt er sie nur graziös, oder faßt sie nur wie ein leichtes Band ein (Taf. 97 ob.). Besonders beliebt aber ist auch hier die Verwendung zu farbigen Gründen, die jedoch seltener geschlossen, meist von einfacherer Ornamentik durchsetzt, oft den größten Teil der Gefäße überziehen. Aus ihnen sind dann in der Regel eine ganze Reihe von mehr oder weniger großen Bildfeldern ausgespart, die wieder mit den reizvollsten Dekorationen ausgefüllt sind (Taf. 89, 91, 99), ja das Raffinement geht hier sogar gelegentlich so weit, daß man diese Gründe aus dicht beieinander gezogenen Linien in Rot und Blau zusammensetzte, die bei einer gewissen Entfernung sich zu einem schillernden Violett vereinen, das von besonders reizvoller Wirkung ist (Taf. 100). Und so erscheinen hier in der Tat alle Möglichkeiten der Dekoration erschöpft und in der denkbar geschicktesten Weise ausgenutzt worden zu sein.

Alle diese Malereien stützen sich zunächst auf die alte „Drei- oder Fünffarbenmalerei der Mingzeit", wie sie uns vor allem noch an so vielen Stücken der Wan-Lizeit erhalten ist. Von dieser ist die gesamte vielfarbige Schmelzfarbenmalerei dieser Zeit ganz unverkennbar ausgegangen und zwar, wie es allen Anschein hat, erst ziemlich spät[129]). Eine ganze Reihe von Porzellanen mit meist kräftigster Dekoration, die heute so gut wie immer noch als Erzeugnisse der Mingperiode angesprochen werden, obwohl sie deutlich genug bisweilen die Marke des Kaisers K'ang-Hi tragen (Taf. 87 unt.), erscheinen daher unverkennbar noch wie freie Nachahmungen der damals geschaffenen Typen, vor allem hinsichtlich der Farbenstimmung (Taf. 86, 87).

Sie zeigen dieselben Schmelzfarben, Grün, Gelb und Violett, dazu das übliche Eisenrot und das Unterglasurkobaltblau. Nur ist alles, Technik wie Zeichnung und Farbe bereits um eine bedeutende Stufe höher gerückt. Vor allem aber geben sich jetzt die Farben schon viel reiner, klarer und voller, das Grün erscheint weniger bleich, das Unterglasurblau, das in der letzten Zeit der Mingdynastie so grau geworden war, nun wieder tief und ernst. Auch sind alle Motive reicher und voller geworden und haben auch einen ganz anderen Inhalt bekommen. Schon ganz hervorragende Kunstwerke befinden sich unter diesen Arbeiten, die fast alles, was wir an derartigen Werken aus der Mingzeit kennen, weit hinter sich lassen (Taf. 86 rechts). So haben wir in diesen Stücken unverkennbar die Anfangsarbeiten auf diesem Gebiete vor uns, diejenigen, an denen diese alte Technik zuerst wieder unter der neuen Dynastie von neuem erprobt ward. Dann aber bricht alsbald der eigene Geist dieser so regsamen Zeit hindurch. Die alten, noch auf dem Mingstil beruhenden, etwas schweren Farben werden freundlicher gestimmt, neue hinzugefügt, so daß diese Zeit nun bald über eine ganze Reihe verschiedener grüner Töne, über ein etwas bleiches Gelb, ein ernstes Violett, über mehrere Nuancen von kräftigem Eisenrot, tiefes Schwarz, sowie auch Gold verfügt, zu denen dann in noch späterer Zeit als Schmelzfarbe ein reines, aber freilich nicht immer ganz haltbares Blau in mehreren Nuancen hinzutritt, das dann das Unterglasurblau aus diesem Farbenbereich mehr und mehr verdrängt, damit alle Stücke, die ersteres aufweisen, mehr an das Ende dieser Periode verweisend. Alle diese Farben, mit Ausnahme des „trocken", d. h. ohne Glasfluß eingebrannten Eisenrots, liegen, wie es schon die der früheren „Drei- oder Fünffarbenmalerei" getan hatten, dick, gleichsam reliefartig auf; sie sind sehr glänzend und immer ganz durchsichtig. Dadurch erhalten sie ihren unvergleichlichen Glanz, den keine europäische Porzellanmalerei bisher erreicht hat.

Gleichzeitig aber wird dann auch die Zeichnung immer flotter, delikater und komplizierter, die Motive immer zahlreicher und mannigfaltiger, ihre Verwendung immer geistreicher und raffinierter, und nun, da diese Bewegung einmal ins Rollen gekommen ist, kennt sie kein Halten mehr; am Ende dieser Zeit stehen bereits Werke von einer Zartheit, Duftigkeit und Delikatesse (Taf. 94, 100, 101), die man, vergleicht man sie mit den Anfängen dieser Kunst in dieser Zeit, zunächst kaum noch in die gleiche Periode setzen möchte[139]). Auf keinem anderen Gebiete kann man die erstaunlich schnelle Entwicklung dieser Zeit zu immer größerer Feinheit und Delikatesse so deutlich verfolgen, wie auf diesem.

Dennoch ist bekannt genug, daß diese Zeit auf diesem Gebiet für eine Farbenstimmung eine ganz besondere Vorliebe gehabt hat: für die grüne. Grün, in seinen verschiedensten Nuancen, ist fast immer der eigentliche Grundton dieser Malereien, aus dem die übrigen lebhafteren Farben meist nur vereinzelt herausleuchten. So hat diese Gattung bei uns schon seit langem den Namen der „grünen" (famille verte) erhalten, vor allem im Gegensatz zu einer anderen, ihr unmittelbar folgenden, die zufolge ihres schönen Rosas die „Rosa-Gruppe" (famille rose) genannt ward (vgl. S. 145). Diese beiden Bezeichnungen sind heute bereits so eingebürgert, daß sie wohl kaum mehr ganz auszurotten sind und erscheinen auch in gewisser Beziehung sehr bezeichnend. Doch decken sie sich durchaus nicht immer mit ihren Begriffen: dieselben Farben, die für gewöhnlich zu diesen grünen Stimmungen sich zusammenschließen, haben bisweilen, wenn auch nicht allzu oft, durch das Zurücktreten der grünen Farbe auch zu ganz anderen geführt. Vor allem ist es das Eisenrot, das hier manchmal in verschiedenen Nuancen fast ganz oder doch zum größten Teile die Führung übernimmt und jene wundervolle Gattung der sogenannten „korallenroten" Porzellane geschaffen hat, die wohl das Leuchtendste und Feurigste darstellt, was die chinesische Keramik geschaffen. So sollte man den mit diesen Farben bemalten Porzellanen, wie es die Chinesen immer getan haben, lieber die Bezeichnung geben, die schon ihre Vorbilder aus der Mingzeit geführt haben (vgl. S. 73): die der Porzellane mit „Drei- oder Fünffarbenmalerei", wofern man nicht vorzieht, sie im Gegensatz zu denen der anderen Gruppe, der sogenannten „Rosa-Gruppe", deren Farben, wie sich gleich herausstellen wird, in der Hauptsache undurchsichtig sind, als die mit durchsichtigen Farben zu benennen. Es würde damit manches Mißverständnis vermieden.

Mit dem Eisenrot aber wußte diese Zeit, wie wieder die Dresdner Sammlung, die an derartigen Stücken so reich ist (Taf. 98), wie keine andere, deutlich zeigt, bisweilen zu ganz wundervollen und zugleich auch abwechslungsreichen Wirkungen zu gelangen. Meist tritt hierbei jedoch das feurige Rot als Grund auf mit ausgesparter leichter Ornamentik; doch ist es auch oft über die ganze Ornamentik wirkungsvoll verteilt, so daß diese einen ausgesprochen roten Schimmer erhält. Hierbei erhält das Rot oft eine ganz wundervolle Tiefe. Daneben freilich ward es auch zu bedeutend einfacheren Wirkungen benutzt: in Verbindung mit Gold, dem es meist nur zur Konturierung dient, schmückt es oft die Porzellane nur in ganz einfacher, fast lineariger Ornamentik, die zwar von keiner allzugroßen Farbenfreude zeugt, den Porzellanen, die sie ziert, jedoch etwas recht Delikates verleiht[130]). In dieser Weise sind selbst recht große Gegenstände (Taf. 104), vor allem aber langhalsige, kugelige Flaschen dekoriert worden. Dann aber hat das von Gold begleitete Eisenrot, nun aber in Verbindung mit einem meist recht lebhaften Unterglasurblau noch zur Bildung einer ganz besonders charakteristischen Gattung geführt, die man die blaurotgoldene nennen kann, die freilich, für gewöhnlich nur in flotter und breiter Bemalung auftretend, keine feineren, aber desto kräftigere dekorative Wirkungen anstrebt (Taf. 102, 103). Es hat sich hierbei, allem Anschein nach, wie die großen Bestände der Dresdner Sammlung zeigen, wieder in erster Linie um die Herstellung eines Massenproduktes gehandelt, die durch die geringe Schwierigkeit dieser Technik sehr erleichtert ward, eines Massenproduktes, das aber dann stark als Exportware für Europa verwandt ward. Merkwürdig jedoch, daß ganz derselbe Typus sich damals auch unter dem japanischen Porzellan findet, ja hier geradezu dasjenige darstellt, das als das wichtigste Exportporzellan dieses Landes in dieser Zeit zu uns gelangt ist und sich daher in ungemessenen Mengen noch immer bei uns findet[131]). Hat hier nun China von Japan gelernt oder umgekehrt? Fast möchte man das Erstere annehmen, da in dieser Zeit ausdrücklich von Porzellanen die Rede ist, die in japanischen Farben gemalt sein sollen (t'ung-yang tsai)[132]) und sich auch bisweilen auf chinesischen Stücken dieser Art Einzelheiten, z. B. wappenartig stilisierte Chrysanthemen (Dresden, Porzellanslg., Taf. 73), die ganz japanischen Charakter zeigen, befinden, ja später nachweislich (vgl. S. 158) japanische Dekorationen auf chinesischem Porzellan bewußt nachgebildet worden sind. Doch ist dafür auf der anderen Seite wieder die Ornamentation sowohl auf allen chinesischen, wie auf den meisten japanischen Stücken dieser Art so echt chinesisch, daß man schwer an einen ursprünglich japanischen Ursprung derselben glauben kann. In der Qualität aber hat China hier Japan bei weitem übertroffen. Das ganze japanische Porzellan dieser Zeit hat sich ja schon seiner schlechten Masse wegen mit dem chinesischen in keiner Weise weder technisch noch künstlerisch messen können. Schließlich ist aber dann das Eisenrot auch noch ganz, wie das Kobaltblau, zur Herstellung gespritzter Gründe verwandt worden, wie Père d'Entrecolles dies ausdrücklich erwähnt. Auch gibt es Stücke dieser Art, die die Marke dieses Kaisers tragen sowie solche, die mit den Schmelzfarben dieser Zeit (Paris, Louvre Slg. Grandidier) wie auch mit dem für sie typischen Unterglasurblau versehen sind (Dresden, Porzellanslg.). Doch scheint ihre Seltenheit zu bezeugen, daß diese wirkungsvolle Technik damals noch nicht entfernt so häufig angewandt ward, wie bald darauf (vgl. S. 153).

So ist damals die Farbenskala, die die Mingzeit zur Ausschmückung des Porzellans erfunden und angewandt hat, mannigfach erweitert und verbessert, sowie in jeder nur irgendwie erdenklichen Weise zur Anwendung gebracht worden und hat ein so buntes, farbiges Bild hervorgerufen, wie nie irgendeine Zeit der Keramik wieder. Dennoch haben dieser so merkwürdig unternehmungslustigen und erfinderischen Zeit diese ganz einzig dastehenden Resultate noch keineswegs genügt. War es (vgl. S. 129) wieder das Verlangen der der kaiserlichen Manufaktur vorgesetzten Mandarinen nach Neuheiten oder die allgemeine Sehnsucht nach immer neuen Reizen, die diese Zeit so beseelte, oder jenes die ganze Entwicklung des chinesischen Porzellans durchziehende Streben nach immer delikateren Wirkungen: es kann heute kein Zweifel[138]) mehr darüber bestehen, daß auch in dieser Zeit noch, doch sicher an ihrem Ende, jene bereits erwähnte (vgl. S. 143) Farbenskala geschaffen ward, die bei uns allgemein als die der „Rosagattung" (famille rose) bezeichnet wird, wenn auch ihre volle Ausnutzung ebenso unzweifelhaft erst der folgenden Periode vorbehalten blieb, jene Farbenskala, die dann bis in unsere Zeit die allerwichtigste des chinesischen Porzellans geblieben ist. Diese Gattung erhielt bei uns ihren Namen durch ihre Hauptfarbe: ein viel bewundertes, anfangs freilich noch ziemlich bleich und matt ausgefallenes, fast immer in weicher Abschattierung nach Weiß hin verwandtes Karminrot, dessen Gewinnung aus dem sogenannten Goldpurpur damals zuerst gelang. Sie war aber zugleich nicht mehr wie die Farben der „grünen Gattung" transparent, sondern opak, wodurch sie gegenüber jenen etwas Stumpfes, Glanzloses erhielt. Da aber diese Farbe infolge ihrer Gebrochenheit, Weichheit und Stumpfheit mit jenen früheren reinen, glanzvollen nicht recht mehr zusammenzuzubringen war, so führte dies nun zur Schaffung einer völlig neuen Farbenskala, wobei alle Töne weicher, gebrochener, z. T. gleichfalls, so namentlich das Gelb und Blau, undurchsichtig wurden. Daneben aber wurde sogar vielfach eine rein weiße Farbe auf das stets etwas grünliche Porzellan aufgetragen. Damit aber war das erstrebte größere Raffinement der Farben gewonnen, freilich z. T. auf Kosten ihres Glanzes, und eine ganz andere Farbstimmung beherrschte von nun an das vielfarbig

dekorierte Porzellan, die ihm freilich schließlich nicht gerade zum Segen gereichen
sollte. Man kann getrost sagen, daß, wie sich später zeigen wird, das Aufkommen
dieser Farbenskala der Anfang vom Ende der Kunst der chinesischen Porzellankunst
gewesen ist (vgl. S. 162).

Diese neue Farbenskala, die eine so große Umwälzung in der Kunst des chinesischen Porzellans hervorrufen sollte, war jedoch keine ganz neue Erfindung, vielmehr nur eine Entlehnung aus einem anderen Gebiete der chinesischen Kunst, und
zwar genau wieder wie ursprünglich die der Mingzeit (vgl. S. 69) aus dem des Emails.
Die Chinesen selber nennen diese Malerei die „ in fremden Farben" (yang t'sai), bezeichneten sie daneben aber auch als Kopien von Emailmalereien im „westlichen
Stil", und in der Tat stellt sie nur eine Nachbildung jener bekannten, damals und
auch noch später in Canton so zahlreich ausgeführten und heute noch massenweis
erhaltenen bunten Malereien auf mit weißem Emailgrund überzogenem Kupferblech
(falan), dem sogenannten Maleremail, die ersichtlich durch die technisch ganz verwandten, zuerst in Frankreich, dann vor allem in der Schweiz seit dem 17. Jahrhundert hergestellten Arbeiten, vor allem an Uhren und Tabaksdosen angeregt worden
sind. Doch scheint diese Anregung, da unmittelbare Nachbildungen der europäischen
Vorbilder sowohl im Porzellan, wie in den Emailarbeiten bisher nicht nachgewiesen
sind, doch nur eine rein technische gewesen zu sein. Um so inniger jedoch gestalteten
sich damals in dieser Hinsicht die Beziehungen des Porzellans zu der chinesischen
Emailkunst: nicht nur ganz allgemein ist hier der Dekorationsstil ein ganz verwandter, es finden sich sogar auf diesen Porzellanen wie auf den Emailarbeiten
bisweilen so genau dieselben Muster, daß ein Kopieren jener von diesen nicht abzu-
leugnen ist (Taf. 110 ob.). Hier ist die Kunst mit der Technik zugleich übertragen worden.
In welchem Maße jedoch die Zeit des Kaisers Kang-H'i von dieser neuen Technik
schon Gebrauch gemacht hat, ist heute noch nicht feststellbar. Auch hinsichtlich der
Art ihrer Verwendung derselben läßt sich nur sagen, daß man bis jetzt aus dieser
Zeit auf Grund der Marken nur eine Tasse mit einem ziemlich dicht gruppierten
Blumenstrauß nachweisen kann, dessen Rosa noch den bläulichen, matten Ton, der
für die ganze erste Zeit dieser Farbenskala charakteristisch werden sollte, zeigt (London
Brit. Mus., Taf. 105 ob.), sowie zwei Schalen mit gleichfalls ziemlich dicht verschlungenen
einzelnen Blumen, unter denen sich auch die in dieser Farbenskala bald so beliebt
werdenden Päonien befinden, die sich allein von einem geschlossen rubinroten Grunde
abheben, der wohl, wie es dann bald mit fast allen Farben dieser Gattung geschehen sollte, durch Auftragen der Hauptfarbe derselben, des Rosa, gewonnen
ward[184]). So zeigen diese Stücke alle deutlich, daß auch die Grundlage zur künstlerischen Verwendung dieser Farben z. T. schon in dieser Zeit gelegt ward, so daß
die folgende dann auch auf diesem Gebiete nur noch eine Weiterbearbeitung des
Überlieferten nötig hatte.

Da aber auch die Porzellane der „Rosagattung" gleichfalls keineswegs immer
die Farbe, die ihr den Namen gegeben, als die in erster Linie vorherrschende zeigt,
ja diese sogar bisweilen auch ganz auf ihnen fehlen kann, so sollte man auch ihnen
lieber bei uns den Namen geben, den ihnen die Chinesen beizulegen pflegen und
sie als solche mit Malereien in „fremden Farben" bezeichnen, wofern man es nicht

auch hier vorzieht, sie nach der besonderen technischen Eigentümlichkeit ihrer Hauptfarbe, ihrer Undurchsichtigkeit zu benennen.

Damit aber dürfte wohl die Aufzählung dessen, was die Zeit des Kaisers K'ang-Hi Großes und Bedeutendes auf dem Gebiete des Porzellans geschaffen hat, beendet sein, und nur das muß noch hinzugefügt werden, daß doch auch diese Zeit, gleich der am Ende der Mingdynastie, trotz ihrer großen eigenen Schaffenskraft in der in China niemals ersterbenden Verehrung für das Alte, Vergangene auf diesem Gebiet, nicht ganz die Nachbildung der Erzeugnisse der Vergangenheit unterlassen hat. Wenigstens berichtet d'Entrecolles, daß damals in Kin-tê tschen ein ihm befreundeter Mandarin sich mit Hilfe mehrerer Arbeiter mit der Nachbildung alter Porzellanarbeiten befaßt habe, die er sogar durch allerhand Kniffe wirklich „alt" zu machen suchte, um sie dann seinen Gönnern am kaiserlichen Hof zu verehren. Es erscheint dies wie der Beginn jener Bestrebungen, die für die folgende Regierungszeit so charakteristisch werden und ihr einen Teil ihrer Signatur geben sollten.

b) Zeit des Kaisers Yung-Tschêng.
(1723—1735).

Untrennbar verknüpft mit der gebieterischen, kraftvollen Natur des Kaisers K'ang-Hi ist die große Hauptblüte des chinesischen Porzellans gewesen, die seine Regierungszeit ausgezeichnet hat. Es war ersichtlich sein fester Wille, daß damals das Porzellan wieder eine bedeutende Kunst wurde, würdig sich den Kunstgebilden anzureihen, die eine frühere Zeit geschaffen und dann für alle späteren geheiligt waren. Unter seinem Nachfolger, dem Kaiser Yung-Tschêng (1723—1735), dem freilich nur eine kurze Regierungszeit beschieden war, blieb das Verhältnis bestehen, ja es steigerte sich nur: er gilt in den Augen der Chinesen geradezu für einen ganz besonderen Beschützer der Keramik. Noch häufiger als bei seinem Vorgänger hören wir daher bei ihm von intimeren Beziehungen des kaiserlichen Hofes zur kaiserlichen Porzellanmanufaktur zu Kin-tê tschen und von persönlichem Interesse des Kaisers an deren Erzeugnissen. Soll er doch schon als Prinz sich für sie interessiert und mehrfach ihr besonders kunstvolle Aufträge haben zukommen lassen, die freilich nicht immer ausführbar waren. Als er dann aber Kaiser geworden war, wurden seine Verbindungen mit der Manufaktur so rege, daß alle vierzehn Tage für den kaiserlichen Hof angefertigtes Porzellan nach Peking abging und neue Aufträge an jene zurückkamen, von welchen z. T. erstaunlich umfangreichen Sendungen sich wieder ausführliche Verzeichnisse erhalten haben[136]), als wichtige Dokumente für das in dieser Zeit dort hergestellte Porzellan. Seinem Antriebe ist es daher auch wohl in erster Linie zu verdanken, daß damals das chinesische Porzellan eine ganz besondere Richtung einschlug, die für dasselbe noch einmal trotz der in dieser Beziehung so reichen Zeit des Kaisers K'ang-Hi ein neues Leben, eine Bereicherung, ja in gewisser Weise eine Steigerung bedeutete, wenn auch die Grundlage selber zu allem diesen zum allergrößten Teil bereits in jener Zeit gelegt worden war.

Bei diesen Bestrebungen war es von besonderem Glück, daß auch diesem Kaiser wieder zwei tüchtige Beamte zur Seite standen, die die kaiserliche Manufaktur in einer Weise persönlich förderten, wie dies bisher wohl von niemandem anders geschehen war. Schon zu Beginn seiner Regierung wurde Nien Hi Yao, ein Beamter des „kaiserlichen Haushalts" zum Zollverwalter zu Huai-ngan-fu ernannt, mit welchem Amt für gewöhnlich auch die Oberaufsicht über die kaiserliche Porzellanmanufaktur verbunden war, in welcher Stellung er während dieser ganzen Zeit verblieb. Er scheint zunächst die Manufaktur in regelmäßigen Abständen besucht zu haben; daneben aber befahl er, daß ihm auch zweimal in jedem Monat das für den Kaiser hergestellte Porzellan vorgelegt wurde. Mit seinem Namen werden daher auch eine ganze Reihe der damaligen Porzellane, die als Nien-yao bezeichnet werden, in Verbindung gebracht. Noch viel enger jedoch als dieser verwuchs mit der kaiserlichen Manufaktur der noch viel berühmtere T'ang Ying, der wohl überhaupt die einflußreichste und bedeutendste Persönlichkeit darstellt, die das chinesische Porzellan überhaupt gesehen. T'ang Ying, der früher Sekretär des Kaisers gewesen war, ward im Jahre 1728 zur Beaufsichtigung der Manufaktur nach Kin-tê tschen gesandt. Er scheint hier bald die Seele des ganzen Betriebes geworden zu sein[186]). Denn er nahm die ihm aufgetragene Sache wirklich sehr ernst. Wie er in einer kurzen Selbstbiographie selber angegeben, ging er so sehr in seiner neuen Aufgabe auf, daß er, um ganz vertraut mit aller Kunst und Technik zu werden, sich damals nicht scheute, drei Jahre lang mit den Arbeitern so intim zu verkehren, daß er sogar mit ihnen zusammen aß und schlief, wodurch er sein Ziel völlig erreichte. Bald besaß er lückenlose Kenntnis von den verschiedenen Materialien, die bei der Porzellangewinnung eine Rolle spielen, er lernte aufs Genaueste die Wirkungen des Feuers kennen und wußte auch ganz besonders schöne Massen zu erzielen. Die verschiedensten und fast immer die bedeutendsten künstlerischen Erfolge dieser Zeit sind daher mit seinem Namen in Verbindung gebracht worden, ja nach der Ansicht der Zeitgenossen soll durch ihn damals erst das chinesische Porzellan zur höchsten Vollendung gelangt sein. Auch muß die Produktion unter ihm ganz erstaunlich groß gewesen sein: nicht weniger als 300—400000 Porzellane sollen durch ihn für den Hof angefertigt worden sein.

Unter diesen Umständen kann es kein Wunder nehmen, daß damals das chinesische Porzellan, trotzdem es soeben eine so überaus reiche Zeit durchgemacht, noch eine kurze Nachblüte erlebte, zugleich aber, wenn auch durchaus gestützt auf die Resultate der jüngsten Vergangenheit, eine Weiterentwicklung nach jenem Ziele hin, das das einer jeden normal sich entwickelnden Kunst ist und darum auch immer das des chinesischen Porzellans gewesen ist: nach immer größerer Delikatesse und Feinheit, die aber jetzt, wo es galt, die ruhige selbstverständliche Schönheit des Porzellans der K'ang-Hi-Zeit zu übertreffen, zu wirklichem Raffinement und ausgesprochener Delikatheit führte, wie diese in dieser Allgemeinheit das chinesische Porzellan bisher noch nie besessen hatte. In dieser Beziehung, d. h. in der kunstreichen wie technischen Behandlung des Porzellans als eines ausgesprochen delikaten Materials wird allem Anscheine nach jetzt erst der eigentliche Höhepunkt erreicht: zartere, duftigere, raffiniertere Sachen, als damals, sind niemals wieder im chinesischen Porzellan erstanden. Es ist, als wenn jetzt auf diesem Gebiete in China ein ganz neues Kunstideal aufgekommen wäre, als wenn man damals erst die außerordentliche Delikatesse, zu der sich dieser Stoff von Natur aus eignet, völlig erkannt hätte. Dadurch aber haben die Erzeugnisse dieser Zeit ihre ganz besonderen Reize erhalten, die eine wirkliche Bereicherung der bis dahin schon so reichen Porzellankunst Chinas darstellten, zugleich aber auch wieder ihren besonderen Charakter, der sie leicht von denen der vorangegangenen Zeit unterscheiden läßt. Doch ging nun freilich die frühere so große dekorative Kraft des chinesischen Porzellans, die ihre höchste Stärke in der Ming-, ihre höchste Schönheit in der K'ang-Hi-Zeit erreicht hatte, völlig verloren und an ihre Stelle trat eine gewisse Weichheit und Schwächlichkeit, die für die Weiterentwicklung des chinesischen Porzellans von großer Gefahr war, durch die es dann schließlich auch in der Tat künstlerisch zugrunde gegangen ist. Denn alle Überbietung des einfach Natürlichen und Gesunden rächt sich doch mit der Zeit.

Diese neuen Ziele erreichte diese Zeit vor allem dadurch, daß sie aus der letzten Epoche des chinesischen Porzellans dasjenige herausgriff, was für ihre Zwecke besonders geeignet erschien und nach ihrer Weise verwandte. Direkte Nachbildungen der Werke der K'ang-Hi-Zeit sind aus dieser Zeit bisher noch nicht mit Sicherheit nachzuweisen gewesen[137]. Was die Marke des neuen Kaisers trägt, zeigt auch stets den besonderen Charakter seiner Zeit. So scheint es, als wenn man sich damals in der Tat völlig satt gesehen hätte an dem, was die so ungewöhnlich lange Regierungszeit jenes Kaisers geschaffen hatte und gewisse Dekorationsprinzipien nur beibehielt, um damit möglichst neue und eigenartige Wirkungen zu erzielen, die der damaligen Zeit gegenüber demjenigen, was gerade soeben gewesen, sicherlich wie ein bedeutender Fortschritt erschienen sein werden.

Doch seltsam, diese Zeit, die so neuerungssüchtig war, daß sie sich in keiner Weise mit dem doch eben erst geschaffenen, so überreichen Erbe der K'ang-Hi-Zeit begnügen wollte, sie strebte daneben im seltsamen, ja schroffsten Gegensatz, darnach, das Alte, Längstvergangene festzuhalten und wieder zu neuem Leben zu erwecken, wie wohl keine andere Periode des chinesischen Porzellans. Der Kaiser Yung-Tschĕng war gleich seinem Vater ein wirklich tüchtiger Monarch, er war betriebsam und unternehmend, aber daneben ganz im Gegensatz zu jenem ein äußerst konservativer Herr, der das Alte, Vergangene wieder gleich den früheren chinesischen Herrschern über alles liebte und wiederum nur China und das Chinesentum gelten lassen wollte. So wühlte er in alten Gebräuchen herum, verehrte das Alte, wo er nur konnte und verachtete alle europäischen Wissenschaften und die Europäer noch mehr. So aber hat diese Zeit auch, wie wohl keine andere bisher, das eifrigste Bestreben gezeigt, Porzellane der Vergangenheit nachzubilden, ja man scheint damals hier sogar nichts Geringeres im Sinn gehabt zu haben, als so ziemlich alle bisherigen berühmten Typen wieder von neuem erstehen zu lassen. Hierbei kann kein Zweifel darüber bestehen, daß zu diesen Bestrebungen der Kaiser selber den Anstoß gegeben hat: wie die oben erwähnten Verzeichnisse der in dieser Zeit an den kaiserlichen Hof gesandten Porzellane verraten, sind mehrfach zu diesem Zweck die alten Vorbilder vom kaiserlichen Hof in Peking nach Kin-tĕ tschen gesandt worden; auch gingen ihre Nachbildungen an diesen zurück. Daneben wurden freilich gelegentlich auch Scherben benutzt, die unter den Trümmern verlassener alter Töpferwerkstätten aufgefunden wurden. Auf diese Weise entstanden hier zunächst die vielen früher erwähnten (vgl. S. 39, 43, 52) Nachbildungen fast aller berühmten Glasurporzellane der Sungzeit, des Ju-, des Kuan-, des Kün-, des Lung-ts'üan-, des Kuang-, Ko- und Ting-yao mit allen ihren Besonderheiten und vielen Abarten, bei denen sogar, wo dies die Vorbilder verlangten (vgl. S. 38, 55), die im Brande rot gewordene Masse nachgeahmt wurde. Es erschienen hier weiter die Eierschalenporzellane der Yung-Loh-, die kupferroten und kobaltblauen Malereien der Süan-Tê-, die Blaumalereien der Tschêng-Hua- und Kia-Tsing-, die alte „Fünffarbenmalerei" der Mingzeit usw., sowie eine Fülle von alten Techniken und Glasuren, deren Ursprung man damals z. T. schon gar nicht mehr recht anzugeben wußte, kurz das gesamte, Porzellan der Vergangenheit, so weit es bis dahin sich dauernden Ruhm erworben zog damals noch einmal wieder auf und entfaltete von neuem seine Reize. Daneben scheinen aber auch ganz andersartige keramische Erzeugnisse, wie das erwähnte (vgl. S. 78) rote Steinzeug, von Yi-hing Boccaro genannt und das farbig glasierte von Kuangtung (vgl. S. 78) damals in Porzellan nachgeahmt worden zu sein. Wie weit freilich alle diese Nachbildungen damals gelungen, wie weit sie wirklich mit ihren alten Vorbildern zu verwechseln, oder doch nur für mehr oder weniger freie Nachschöpfungen derselben anzusehen waren, vermögen wir heute noch nicht mit Sicherheit zu sagen. Manche von diesen Arbeiten werden allerdings damals als wirkliche Nachbildungen besonders bezeichnet, andere dagegen ausdrücklich als besser als ihre Vorbilder gerühmt. So viel aber kann mit aller Sicherheit behauptet werden, daß namentlich unter den farbig glasierten Porzellanen gar viele der heute in unseren Sammlungen angeblich als Originale der alten Zeit vorhandenen Arbeiten doch wohl nur derartige spätere Nachbildungen darstellen können, die sich als solche durch eine gewisse Glätte und auch Wohlerhaltenheit nur zu oft deutlich verraten. Daneben aber kann auch darüber kein Zweifel bestehen — das beweist schon die soeben erwähnte Angabe, daß viele dieser Arbeiten ihre alten Vorbilder übertroffen haben sollen — daß man damals keineswegs immer bei diesen Nachahmungen auf die Gewinnung völlig getreuer Kopien, die mit den alten Vorbildern verwechselt werden konnten, ausging. Vielmehr entnahm man jenen vielfach nur das Typische, kleidete es aber dann durchaus in die Formen der neuen Zeit und gewann so elegantere, zierlichere, meist auch kleinere Stücke, die mit ihren alten Vorbildern in keiner Weise verwechselt werden konnten (Taf. 123), eine Art des Nachbildens, die nun aus dem chinesischen Porzellan niemals ganz wieder herausgekommen zu sein scheint und eine Fülle von Porzellanen in mehr oder weniger altertümlichem Stil, darunter vor allem solche mit den farbigen Glasuren der Sungzeit geschaffen hat, deren zeitliche Einordnung für uns heute oft ungemein schwer ist. Sie haben aber das Bild der Porzellanproduktion von nun an unendlich bereichert.

Alle diese archaistischen Bestrebungen, die die Porzellankunst der alten Zeiten wieder zu neuem Leben zu erwecken sich bemühten, wie dies sicherlich in keiner andern Zeit geschehen, dürften jedoch nur Nebensache gewesen sein gegenüber dem eigentlichen Hauptbestreben der Zeit, Neues und Eigenartiges zu schaffen und alles bisher

Dagewesene an Feinheit und Delikatesse zu überbieten. Diese Steigerung der Delikatesse zeigt sich damals in allen Einzelheiten des Porzellans. Zunächst hinsichtlich der Masse, die jetzt oft so klar, so rein, so weiß, so durchsichtig und glasartig kristallinisch ausfällt, wie kaum jemals vorher, vor allem wohl nicht in solchem Umfange, dann weiter hinsichtlich der Glasur, die meist wundervoll ebenmäßig und glänzend gerät. Damit erscheint das Porzellan nun häufiger denn je als das so ungemein edle Material, das sich gar wohl mit den besten, von der Natur allein geschaffenen zu messen vermag. Daneben aber wurde von dieser Zeit ab auch weit häufiger das in der K'ang-Hi-Zeit geschaffene sogenannte „Weichporzellan" (Fenting) verwandt (vgl. S. 126), vor allem wieder in Verbindung mit kobaltblauer Unterglasurmalerei, die aber von nun an meist viel feiner und zarter, vor allem in linearer Weise durchgeführt ward (Taf. 136). Dazu kommt die formale Durchbildung, vor allem die Dünnheit und Zartheit der Wandungen, die vielfach wieder und jetzt selbst bei einfacheren Sachen, die für den Export bestimmt waren (Dresden, Porzellanslg.), zur Schaffung nicht nur eines Halb-, sondern auch eines richtigen Eierschalenporzellans geführt hat. Vor allem aber fällt jetzt ein ungemein feines, bisher in dieser Stärke noch nicht am chinesischen Porzellan beobachtetes Gefühl für die Formen, die Konturen der Gefäße auf, das auf Grund der alten, relativ noch einfachen Grundformen ganz neue und viel reichere und bewegtere Varianten zuwege gebracht hat. Sicherlich hat keine andere Epoche des chinesischen Porzellans so viel Gewicht auf diese formale Ausbildung des Porzellans gelegt und in dem allgemeinen Streben nach Neuem und nie Dagewesenem so viele eigenartige und aparte Formen zuwege gebracht, denen aber doch alles Bizarre, Wunderliche völlig fehlt. So aber entstehen bald ganz schlanke (Taf. 112), bald an ganz ungewohnten Stellen gedrungene oder sich abflachende Formen; es verschiebt sich vielfach das bisherige Verhältnis von Hals und Leib (Taf. 113), von Leib und Fuß. Immer aber erhalten die Grundformen etwas Aufstrebendes, werden ihre Umrisse ausdrucksvoller und belebter als jemals vorher. Alles aber bleibt hierbei doch Geschmack und Zurückhaltung; es ist Raffinement, aber keine Originalitätssucht an sich gewesen, die diese Formen geschaffen hat und immer die Tat von wirklichen Künstlern, die Geschmack und Phantasie besaßen. Ganz sichtbar ist dabei die Neigung zu kleineren Formen, zu kleineren Gegenständen. Was dieses Kaisers Marke trägt, ist in der Regel klein und zierlich. Vorbei ist damit fast völlig die Zeit der großen Vasen und Schalen, der Blumenkübel, an denen die K'ang-Hi-Zeit so reich gewesen — sie werden jetzt alle kleiner im Maßstabe, z. T. auch wirkliche Kabinettstücke, wie die chinesische Porzellankunst bisher kaum welche geschaffen. Und auch neue Dinge kommen jetzt hier hinzu, so vor allem für den schon in der Mingzeit eingeführten Tabak jene bekannten, kleinen Schnupftabaksfläschchen, die ursprünglich freilich solche für Medizin gewesen sein sollen. Sie werden von nun an ein ganz besonders beliebter Tummelplatz für die Phantasie der Chinesen, die sie nicht nur in die verschiedensten Farbstimmungen kleiden, sondern für sie auch die mannigfaltigsten Gestaltungen ersinnen, indem sie dabei bald Früchte oder Tiere nachbilden, bald ihre Wandungen mit den zierlichsten und reichsten Durchbrechungen versehen. Mit Recht haben auch diese kleinen Arbeiten bei uns schon seit geraumer Zeit zahlreiche Liebhaber gefunden, die sich von ihnen mehr oder weniger große Sammlungen zugelegt haben (Taf. 140 oben).

In farbiger Hinsicht aber ist diese Zeit schon auf dem Gebiet der Glasuren nicht nur eine solche der Wiederbelebung der alten Vorbilder gewesen: es beginnt schon hier, vielleicht eben angeregt durch jene Wiederbelebungsversuche, eine Periode fröhlichsten Neuschaffens, die sich dann auch in der folgenden Zeit fortsetzt, und in einer Weise, wie es das chinesische Porzellan bisher auf diesem Gebiete noch nie gesehen, sich niemals genug tun kann in der Gewinnung immer neuer farbiger Grundtöne, immer neuer Spielarten und Harmonien (Taf. 122, 125—126). Erst von nun bietet das Gebiet der farbigen Glasuren des chinesischen Porzellans jenes bunte, glänzende Bild dar, das uns immer sofort vor Augen tritt, wenn wir an diese denken, erst von nun an wird es der Tummelplatz einer überreichen, farbig empfindenden Phantasie, die sich stützt auf einer ebenso reichen, alle Mittel des Feuers ausnutzenden Technik und vor allem auch, indem jetzt ganz besonders die leicht gar brennenden (vgl. S. 185) verwandt werden, einer reinen, lebhaft sinnlichen Farbenfreude, die meist gleich weit entfernt ist von der einstigen Mattheit der Zeit der Scharffeuerglasuren der Sung- und von dem Ernste der Halbscharffeuerglasuren der so eben vergangenen, der Zeit des Kaisers K'ang-Hi. Alle Grundtöne sind hierbei vertreten und bilden, in besonders lebhaften und ausgesuchten Nüancen, bald Typen, die immer wiederkehren, so ein lebhaftes Zitronengelb, ein sattes Kameliengrün, ein leuchtendes Saphirblau, ein leuchtendes Blutrot, das nur zu oft mit dem viel ernsteren, schwereren des unter dem Kaiser K'ang-Hi erfundenen Lang-yao verwechselt wird. Daneben aber finden sich auch weichere oder ganz besonders gesuchte und raffinierte Spielarten, die schon durch ihre ihnen von uns beigelegten Namen wie leberrot, teestaub-, senf-, himbeerfarbig usw. genügend charakterisiert wurden, schließlich solche, die gar alte Bronzen und dergl. erstaunlich gut imitieren. Manche Nuancen jedoch tauchen hierbei so selten auf, daß man hier fast an besondere Zufälligkeiten bei ihrer Entstehung, an besondere Launen des Feuers oder dergl. oder aber an vereinzelte Versuche glauben möchte. Sie vermehren nur noch das schon an sich so farbenreiche Bild dieses Gebiets, das dadurch immer neue Überraschung zu bieten scheint (siehe Anm. 146).

Zu den letzteren aber gehört dann eine Gattung von Glasuren, die vor dieser Zeit, wie erwähnt, niemals besonders geschätzt gewesen, ja sogar meist verworfen worden war (vgl. S. 51, 110), nun aber durch den erwähnten damaligen Leiter der kaiserlichen Manufaktur, T'ang Ying, da die Zeit endlich für ihre raffinierteren Reize reif zu sein schien, in Aufnahme gebracht wurde, um, nun zum ersten Male in ihrer ganzen künstlerischen Bedeutung erkannt, bald zu einer Art Leidenschaft zu werden, die zu immer neuen Versuchen gereizt hat, dadurch eine neue eigenartige Flammenkunst erzeugend, die schon den bloßen Techniker zum Künstler machte und die, einmal in ihrem künstlerischen Werte erkannt, nun nicht wieder aus dem chinesischen Porzellan verschwunden ist, um dann in unseren Tagen auch unsere Keramik zu gleichen Versuchen zu begeistern. Es sind die auf der sogenannten Transmutation der Metalle, dem yao-pien der Chinesen, d. h. auf der Verschiedenartigkeit der Einwirkung des Feuers im Brennofen beruhenden, buntscheckigen Porzellane, die sogenannten Flambés der Franzosen, bei denen an die Stelle einer einheitlichen, geschlossenen Farbe der Glasur ein buntes Spiel mehrerer tritt, vor allem hier ein Rot, Blau, Grau oder Grün, die bald mehr fleckenartig verteilt, bald, wie einst bei einer der Gattungen des Kün-yao (vgl. S. 52), in dünnen, fadenartigen Linien durch- und nebeneinander herabgeflossen erscheinen, daneben noch vielfach gehoben durch das das Weiß des Porzellans freilassende Abfließen dieser Glasuren an den oberen Rändern und seitlichen scharfen Kanten (Taf. 122 oben rechts, 124). Dieses reiche Farbenspiel aber ward dann noch bedeutend vermehrt durch das Auftragen verschiedenfarbiger Glasuren über- und nebeneinander, die sich dann im Feuer innigst miteinander vermischten. Dazu kommen dann noch ganz besondere technische Verfahren, die zu neuen eigenartigen Spielarten führten, z. B. das Ausscheiden kristallartiger, leicht glitzernder, kleiner Körperchen aus braunen (Taf. 125 unten links), desgleichen von kleinen flecken- oder wurmartigen, hellblauen Gebilden aus bläulichen (Schlangenhautglasur, Taf. 125 oben) oder mehr punktartigen aus roten (Rotkelchenei-, Robbin'segg-Glasur) Glasuren. Immer aber findet sich hier ein wundervoll weiches Sichvermischen und Durcheinandergehen der einzelnen Farbtöne, das nie in dieser Weise durch Menschenhand allein erreicht werden kann, doch gleich den Launen des Feuers ungezählter Variationen fähig ist. Dann aber wurde jetzt auch von gespritzten eisenroten Gründen (vgl. S. 145) ein viel regerer Gebrauch gemacht.

Doch auch sonst wurden die Glasuren nicht gleichmäßig in ihrer Farbe belassen. Alle Belebungsmittel, die für diese Zwecke die ganze bisherige Entwicklung des chinesischen Porzellans geschaffen, fanden jetzt ihre reichliche Anwendung: die eng- und die weitmaschigen Haarrisse, die eingravierte Ornamentik, die oft die denkbar feinste Grundmusterung lieferte, die flächig eingegrabene Ornamentik, dann aber die mehr oder weniger breite Malerei mit weißer Masse (vgl. S. 68), die jetzt sogar auch auf das weiße, in China aber immer etwas getönte Porzellan angewandt war, daneben kamen Malereien mit den Schmelzfarben der Zeit, oder auch nur mit Schwarz vor, dann Belebung durch Reliefs, durch breite, unregelmäßig hingesetzte Farbenflecke und dergl. mehr. Zu keiner anderen Zeit, wie in der jetzt beginnenden Periode, ist die Belebung der farbigen Glasuren so konsequent durchgeführt worden, wie jetzt. Sie war ein Zeichen des nun allgemein beginnenden Raffinements, daß das Gesamtbild der jetzt schon durch ihre Grundfarben so reichen Glasuren nur noch viel reicher gestaltete.

Und so ist damals wohl die künstlerische Ausbildung der farbigen Glasuren durch die jetzt zuerst für diese mit voller Kraft erwachende Leidenschaft bis an ihr äußerstes Ende geführt worden und nun kaum noch einer Steigerung fähig gewesen. Freilich, völlig ungewiß bleibt bis jetzt, wie weit dies bereits damals in der kurzen Regierungszeit des Kaisers Yung-Tschêng geschehen ist und nicht erst in der so langen seines Nachfolgers Kien-Lung, die diese Kunst in vollstem Maße aufnahm und auch wohl erweiterte. Nicht allzu oft findet sich unter den so glasierten Stücken das Nien-hao des ersteren [155]). Auch wissen die chinesischen Quellen nur von wenigen Glasuren zu berichten, die in dieser Zeit völlig neu aufgekommen sein sollen, so z. B. von einem Blau, das als „cloisonnéblau" bezeichnet wird und durch seinen Namen wohl seine Herkunft zur Genüge verrät. Daneben wird die künstlerische Ausnutzung der Transmutation der Metalle ja, wie erwähnt, ausdrücklich als eine Tat des berühmten T'ang bezeichnet. Demgegenüber ist aber merkwürdig, daß auch im übrigen fast alle diese damals so neu erscheinenden Glasuren nur als Nachbildungen früherer genannt werden, sicherlich aber doch wohl nur in dem Sinne, daß sie sich auf ältere Rezepte oder Vorbilder stützten oder sich oberflächlich an diese anlehnten, um dann doch ihre eigene, der Zeit besonders genehme Nüance zu erhalten. Eine ganz besondere Stellung aber nehmen dann noch einige rote, gelbe, purpurne und grüne Töne ein, die weder als alt noch als neu, dafür aber merkwürdigerweise wieder als „nach europäischer Art" hergestellt bezeichnet wurden. Sicherlich hat es sich hier um keine Glasuren gehandelt, es dürfte sich hier vielmehr um jene anscheinend ja schon am Ende der K'ang-Hi-Zeit aufkommenden, von nun an aber immer häufiger werdenden Farbüberzüge handeln mittelst der Schmelzfarben jener ja gleichfalls als „europäisch" bezeichneten Farbenskala der sogenannten „Rosa"gattung (famille rose), die die K'ang-Hi-Zeit geschaffen, nun aber erst zu voller Bedeutung gelangen sollte. Diese farbigen Überzüge finden sich vor allem an kleineren Gegenständen, fast immer aber in Verbindung mit gleichartigen Schmelzmalereien (Taf. 111 unt.). Unter diesen Farben ist aber charakteristischerweise keine wieder so oft verwandt worden wie die Hauptfarbe dieser Farben-skala, das schöne Rosa, das heute als rouge d'or von unseren Sammlern so ganz besonders geschätzt wird.

Ebenso reich und mannigfaltig wie die Färbungen dieser Glasuren waren dann auch die Formen der Gegenstände, an denen sie verwandt wurden. Auch hier scheute man ersichtlich keine Mühe, um immer Neues, Apartes und möglichst Mannigfaltiges zu erfinden. Verwandt aber wurden sie, der Neigung der Zeit entsprechend, in der Hauptsache an kleineren Gegenständen, wie kleineren Vasen, an Behältern für Räucherstäbchen, Pinselhaltern und den sonstigen Geräten des chinesischen Schreibtisches, Dosen für Siegellack usw. Und da auch die Sauberkeit ihrer Mache in der Regel tadellos ist, so stellt dies Gebiet in der Hauptsache eine köstliche Kleinkunst dar, der die europäische Keramik bis jetzt kaum etwas Gleichwertiges zur Seite zu setzen hat.

Ebenso deutlich aber, wie in der Ausbildung der farbigen Glasuren, zeigt sich der neue Geist der Zeit in der farbig ornamentierten Ausschmückung des Porzellans, obgleich auf diesem Gebiete gänzlich neue technische Mittel so gut wie garnicht zur Verfügung standen. Aber wenn irgendwo, so wählte sie gerade hier sich von denen, die ihr die letzte Zeit geschaffen, diejenigen aus, die ihren besonderen Neigungen besonders entgegenkamen, um sie, diesen Neigungen entsprechend, zu verwenden und ihnen dadurch vielfach einen ganz neuen Charakter zu verleihen. Damit ist es auch hier mit den Typen, die die K'ang-Hi-Zeit geschaffen, so gut wie vorbei: sowohl die Unterglasur-, wie auch die Schmelzfarbenmalerei nehmen jetzt einen ganz anderen Charakter an, die „grüne Gattung" verschwindet im alten Sinne so gut wie ganz und an ihre Stelle tritt jetzt in erster Linie die „Rosagattung" der letzten Zeit der K'ang-Hi-Periode, die nun erst ihre volle Ausbildung findet. Sie ist dann aber, da nun auch die Unterglasurmalerei mit Kobaltblau merkwürdigerweise ihre frühere so große Bedeutung völlig verlor, bis in die Gegenwart die Hauptverzierungsart des chinesischen Porzellans geblieben und hat neben den erwähnten Glasuren der letzten Phase des chinesischen Porzellans ihre Hauptsignatur gegeben.

Diese Farbenskala war auch in der Tat in ihrer Weichheit und Zartheit so recht für diese Zeit geeignet[189]), namentlich da auch jetzt noch allem Anschein nach das Rosa, das ihr ihren Namen gegeben, stets bleich ausfiel, damit noch keineswegs jenen kräftigen, saftigeren Ton erhielt, der für die folgende Zeit dann so charakteristisch geworden ist. Dafür aber war freilich ihre dekorative Kraft, verglichen mit der der „grünen Gattung" der K'ang-Hi-Zeit nur äußerst gering, und wo man sie daher gelegentlich an größeren Stücken, z. B. an größeren Vasen (Dresden, Porzellanslg., Taf. 114) zu verwenden suchte, fiel ihre Wirkung leicht flau und schwächlich aus. Doch wurden ja damals glücklicherweise, wie bereits erwähnt, derartige Stücke nur noch ganz selten angefertigt. Verwandt aber wurden diese Farben meist zu den zartesten, graziösesten, feinfühligsten Zeichnungen, die das chinesische Porzellan je gesehen: ein ganz besonderes Raffinement liegt hier in jeder Linie (Taf. 109, 111, 113), und dies Raffinement ward vielfach noch dadurch erhöht, daß nun im Gegensatz zu der ganzen bisherigen Dekorationsweise des chinesischen Porzellans die Ornamentik meist nur ganz spärlich und zurückhaltend auf der meist so wundervoll klaren und reinen Glasur des Porzellans dieser Zeit steht, sie nur leicht belebend, dafür aber in ihrer Qualität desto besser zur Geltung bringend (Taf. 113, 115, 116). Es herrscht oft in dieser Beziehung eine Pikanterie der Dekoration, die man sonst eigentlich nur in der Kunst Japans zu finden gewohnt ist, namentlich wenn sie graziös, wie bei dieser, nur die eine Seite der Flächen belebt, und diese Übereinstimmung ist in der Tat so groß, daß eine Beeinflussung dieser auch hier wohl nicht ganz aus dem Bereich der Möglichkeit liegt (vgl. S. 158, Taf. 116 unten). Daneben findet man bei Vasen dann oft das Prinzip, daß nur die untere Hälfte durch Ornamentik belebt ist, wodurch dann an der oberen die feine Masse wieder desto mehr zur Wirkung kommt (Taf. 113).

Diese raffinierte Zurückhaltung in der Ornamentik hinderte aber durchaus nicht, daß man daneben auch dem genauesten Gegenteile zustrebte, d. h. einem Reichtum derselben, wie das chinesische Porzellan bisher einen solchen kaum je wieder gesehen, indem man die Porzellane jetzt mit einem fast geschlossenen, reich ornamentierten Farbenkleide überzog, wofern dieses nur in der Zeichnung, wie Farbe, wieder ganz raffiniert weich und zart ausfiel. So entstanden kleinere, flachere Schalen aus feinstem Eierschalenporzellan, die sogenannten „Siebenränderschalen" (à sept bords) unserer Sammler mit feinster, detailliertester Zeichnung, die in der Mitte irgendeine größere Darstellung zeigen, ringsum bis zum Rande von verschiedenfarbigen und verschieden und äußerst zart grundgemusterten Ringen beliebiger Zahl umgeben, aus denen Medaillons wiederum mit einzelnen zarten Darstellungen ausgespart sind, alles dies ausgeführt in den allerweichsten Tönen, den raffiniertesten Harmonien und mit dem größten Arbeitsaufwand (Taf. 121). Neben ihnen kommen auch solche vor, an denen die Ränder oder auch nur die Unterseiten ganz gleichmäßig mit einer einzigen Farbe überzogen sind, und zwar in jenen Tönen, die jenen oben erwähnten (S. 154) „nach Europäischer Art" zu entsprechen scheinen. Auch hierbei nimmt das

Rosa naturgemäß wieder die bevorzugte Stelle ein (Taf. 111 unt.). Damit aber hat wohl das chinesische Porzellan die farbig delikatesten und raffiniertesten Typen geschaffen, die es je auf diesem Gebiete gegeben. Es herrscht hier eine ganz erstaunliche Harmonie zwischen der Dünnwandigkeit dieser Schalen und ihrer so überaus zarten und feinen Ornamentik, die sie zu wirklichen Bijoux erhebt. Kein Wunder daher, daß auch diese Stücke heute zu den gesuchtesten des chinesischen Porzellans gehören.

Für alle diese Dekorationen wurden in erster Linie Pflanzenmotive verwandt, vor allem um des schönen Rosas willen die Päonie, die auch für die folgende Zeit die Hauptträgerin dieser Farbenskala wird, daneben kleinere Tiere, darunter wieder an kleineren Stücken besonders häufig Hähne, die für diese Zeit geradezu typisch wurden (Taf. 115), schließlich figürliche Darstellungen, in erster Linie Frauen und Kinder, deren Grazie für dieses so fein durchgearbeitete Porzellan ja besonders geeignet erschien. Mit reicheren figürlichen, mit ernsten Darstellungen, wie sie die K'ang-Hi-Zeit so oft gezeigt hat, ist es damit aber so gut wie vorbei. Es mußte jetzt alles an diesen Porzellanen heiter und fröhlich erscheinen. Auch fehlten jetzt zu solchen Darstellungen meist die großen Flächen. Manche dieser Stücke tragen aber auch wieder gerade wie in der vergangenen Zeit die Namen der Maler, die sie bemalt haben. So findet man z. B. auf einer Schale einmal den Namen Yang Lin aus Yü fêng, einer Stadt dicht bei Kin-tê tschen[140]), während ein anderer (London, Brit. Mus.), der des Malers Pai Schi (d. h. weißer Fels), bereits schon auf mehreren festgestellt worden ist (Taf. 120 ob.)[141]). Interessant ist dabei, daß ihre Malereien zugleich als „Cantonmalereien" angegeben werden, womit jedoch wohl schwerlich gesagt werden soll, daß sie in Canton selber ausgeführt worden sind, da sich auch aus dieser Zeit noch keine Nachrichten erhalten haben, daß damals dort, wie anscheinend später (vgl. S. 168), Porzellan aus Kin-tê tschen nachträglich bemalt worden ist. Vielmehr werden sie wohl nach Werken Cantoneser Maler oder jenen dortigen Emailarbeiten kopiert sein, die zur Entstehung dieser ganzen Gattung ja, wie erwähnt (vgl. S. 146), die Veranlassung gegeben haben.

Völlig unbenutzt wurden daneben jedoch in dieser Zeit die übrigen bisherigen Malmittel nicht; doch erfolgte ihre Verwendung jetzt in einer ganz anderen, dafür den besonderen künstlerischen Tendenzen dieser Zeit wieder völlig entsprechenden Weise. Von diesen tritt die Malerei mit Kobaltblau fast ganz zurück (Taf. 118 unt.). Bezeichnete Stücke dieser Zeit, die lediglich in dieser Technik dekoriert sind, gibt es, obwohl ihre Herstellung in dieser Zeit ausdrücklich berichtet wird, nur wenige (London, Vict. u. Alb. Museum). Ihre Wirkung war sicherlich dem damaligen Geschmack zu kräftig und wohl auch zu einfach. Doch scheint gelegentlich ein datiertes Stück zu beweisen, daß damals auch noch bisweilen die Technik des gespritzten Blaus angewandt ward, sowie auch die Blaumalerei in Verbindung mit dem Unterglasurkupferrot, auch hier aber wieder in Verbindung mit sehr leichter, zarter und detaillierter Ornamentik[142]). Dagegen ist jetzt anscheinend die Überglasurmalerei im Sinne der „grünen Gattung" der K'ang-Hi-Zeit so gut wie verschwunden. Sie scheint jetzt überhaupt dauernd durch die der „Rosagruppe" abgelöst worden zu sein. Äußerst bezeichnend für die damalige Geschmacksrichtung aber wird nun jene bisher erst sehr selten angewandte (vgl. S. 139) Kombination von Zeichnungen in Unterglasur-kobaltblau und Ausfüllung durch die Farben der „grünen“ (Taf. 117, 118) oder sel-tener der „Rosa-Gattung“ herübergenommen, um nun eine so häufige Anwendung zu finden, daß diese Verzierungsweise bald zu der typischsten dieser Zeit gehört. Hierbei ward entweder die ganze Zeichnung, oder auch nur die Umrisse in blassem, aber reinem Blau ausgeführt, während die Ausfüllung der letzteren mittelst der Schmelzfarben immer in so zurückhaltender Weise erfolgte, daß niemals ein wirk-lich buntes, lebhafteres Bild entstand, zumal auch die Zeichnung immer klein und detailliert gehalten ist. Dafür aber liegt immer ein leichter blauer Schimmer über der ganzen Ornamentik, der diese fest zusammenhält und sie völlig einheit-lich gestaltet. Typisch aber für diese Dekoration und wiederum ein Zeichen des Raffinements dieser Zeit ist, daß sie vielfach nur einen Teil der Gefäße bedeckt, gegen den übrigen aber scharf abgesetzt wird (Taf. 117 unten), so namentlich auf Schalen, an denen sie in meist runder Einschließung nur die Mitte füllt, indes der breite Rand völlig frei bleibt, durch welche Verteilung auch die in dieser Zeit oft so herrliche Masse ganz besonders deutlich zur Geltung kommt, eine Anordnung, die überhaupt in dieser Zeit besonders beliebt gewesen zu sein scheint, da sie ähn-lich auch in Verbindung mit farbigen Gründen häufiger vorkommt (Taf. 119 oben). Zu dieser ganzen Gruppe aber finden sich gelegentlich auch Stücke, die noch als Übergangsstücke anzusehen sind, bei denen zwar die Zeichnungen gleichfalls schon ausschließlich in Unterglasurblau gehalten sind, die aber sonst noch fast ganz den Stil der „grünen Familie“ zeigen[143]). Sie scheinen aber dennoch erst dieser Regie-rungszeit anzugehören (Taf. 105 unten).

Ganz besonders beliebt aber war auch in dieser Zeit wieder das aus der Ming-zeit stammende Prinzip des Absetzens einer ein- oder mehrfarbigen Ornamentik gegen einen geschlossen farbigen Grund (London, Bethnalgreen Mus.; Dresden, Por-zellanslg.), wobei entweder eine der beiden Unterglasurfarben (Taf. 119 oben) oder auch wieder Schmelzfarben verwandt wurden. Besonders erwähnt werden hier Malereien in den „Fünffarben“, die gegen gelben, unterglasurrote die gegen seladon-grünen Grund gesetzt wurden[144]). In letzterem Falle waren als Motive besonders beliebt: drei Früchte, drei Fische, drei Fledermäuse oder ähnliches, von denen sich in der Tat erstere häufig noch auf seladongrünen Vasen dieser Zeit finden (Dresden, Porzellanslg.). Daneben kommen aber auch in dieser Technik ganz raffinierte Stücke vor, z. B. gelb glasierte Schalen mit der Darstellung von über stilisierte Wellen durch Wolken hindurchfliegenden Störchen, auf der die Störche in weißer Farbe ganz zart auf gelben Grund gesetzt, die Wolken und Wellen grün gehalten, daneben aber die Beine der Störche kräftig in schwarzer Farbe angegeben sind (Dresden, Slg. Stübel, Taf. 119 unten).

Als eine ganz besondere Errungenschaft dieser Zeit, die wie so vieles des damals Geleisteten gleichfalls auf den genannten T'ang Ying zurückgeführt wird, wird dann noch die Malerei in „Schwarz“ gerühmt, die, wie Père d'Entrecolles ausdrücklich erwähnt, zu seinen Zeiten in China noch nicht hatte gelingen wollen, wenn ja freilich auch das Einbrennen von schwarzen Konturen, wie genug Por-zellane aus früheren Zeiten beweisen, schon viel früher möglich gewesen sein muß.

In der Tat tauchen von jetzt an Darstellungen, ja auch ganze Dekorationen, in dieser Farbe ausgeführt, in großen Mengen auf, die freilich, da sie in ihrer Düsterheit in einem seltsamen Gegensatz zu der bisherigen Farbenfreudigkeit des chinesischen Porzellans stehen, keineswegs als großer künstlerischer Fortschritt erscheinen. Und dem entspricht auch ihr hauptsächlichster Inhalt: es handelt sich hier in erster Linie wieder, wie bereits in der K'ang-Hi-Zeit, um mehr oder weniger falsch verstandene, in allen Fällen recht unbeholfen wiedergegebene Darstellungen von Landschaften, figürlichen Szenen, Ornamenten u. dergl. nach europäischen Vorlagen, die aber diesmal, wie ihre seltsame, undekorative Strichzeichnung deutlich genug beweist, ausschließlich europäische Kupferstiche gewesen sein müssen, wodurch sich dann auch in Anbetracht des bekannten sklavischen Nachbildungstriebs der Chinesen ihre eintönig schwarze Farbe erklärt (Berlin, Kunstgewerbemus., größter bekannter Bestand; London, Brit. Mus.; Dresden, Porzellanslg. [Taf. 107 unten] usw.). Derartige europäische Beeinflussungen waren auch sonst in dieser Zeit an der Tagesordnung trotz der großen Fremdenfeindlichkeit gerade dieses Kaisers, die in einem so seltsamen Gegensatz zu der ungewöhnlich liberalen Gesinnung seines Vorgängers stand. Ausdrücklich werden damals derartig beeinflußte Stücke erwähnt, vor allem auch plastisch gestaltete, und so mag zu diesen auch jene seltsame, aus drei übereinander gesetzten Kugeln bestehende Vase der Dresdner Sammlung gehören, die, wohl angeregt durch frühe Meißner Tassen mit aufgesetzten Blütenzweigen, über und über mit den einzelnen Blüten des Schneeballs, eines Lieblingsmotivs der ganzen chinesischen Kunst besetzt ist, eine Dekorationsweise, die im übrigen der chinesischen Kunst ganz fremd ist, dann aber später bekanntlich Meißen zu ganz verwandten Dekorationen verführt hat[145]). Diese Aufnahme von europäischen Kunstelementen erfolgte aber auch jetzt (vgl. S. 129) durchaus nicht allein im Hinblick auf den europäischen Markt. Wie die Verzeichnisse der für den kaiserlichen Hofhalt angefertigten Stücke deutlich bezeugen, sind derartige Arbeiten damals durchaus für würdig befunden worden, an den kaiserlichen Hof gesandt zu werden, sicherlich mehr um ihrer Kuriosität — denn der Chinese hat bekanntlich stets viel Sinn für diese gehabt — als um ihrer ästhetischen Reize willen; ja es sollen sogar damals Opfergefäße in solchen Formen gebildet worden sein. Schließlich aber werden auch von dieser Zeit wieder, wie von der vorangehenden (vgl. S. 144), Malereien in japanischem Stil erwähnt und zwar in Gold und Silber, von denen wir uns jedoch bis jetzt noch keine rechte Vorstellung machen können. Daneben fällt auf, daß von jetzt ab die größeren Deckelvasen, die vor allem für Europa, wenn auch weit seltener als vorher, angefertigt wurden, mehr die mehrfach abgesetzte Form zeigen, die sonst die stehende der japanischen gewesen zu sein pflegt (Dresden, Porzellanslg., Farbentafel IV).

c) Zeit des Kaisers Kien-Lung.
(1736—1795)

Auf die so kurze Regierungszeit des Kaisers Yung-Tschêng folgte wieder eine ungewöhnlich lange, die gerade sechzig Jahre währende seines Sohnes, des Kaisers Kien-Lung. Auch dieser war wieder ein kräftiger, kluger und arbeitsamer, wenn auch sonst äußerst grausamer Herrscher. Auch hatte er gleichfalls Achtung vor den Wissenschaften und liebte die Künste, vor allem die Literatur. War er doch selber ein Dichter, der nicht ganz ohne Achtung noch heute genannt wird und dabei gelegentlich seine Kunst auch zum Lobe des Porzellans verwandte. Daneben war er prunkliebend und von der Majestät seiner Stellung ganz erfüllt. So blieb auch unter ihm das Porzellan in der Hauptsache eine Kunst, die ihre große Vergangenheit keineswegs verleugnete. Doch eine eigentliche Weiterentwicklung fand nun nicht mehr statt — wie wäre auch eine solche möglich gewesen nach all den Resultaten der letzten Vergangenheit? — dafür aber ging, was die letzte Zeit, d. h. die seines unmittelbaren Vorgängers, geschaffen, nun ins Breite: in der Regel war alles, was jetzt auf diesem Gebiete gemacht wurde, Wiederholung oder Ergänzung. Dabei aber ward die wunderbare Delikatesse, die jene so ausgezeichnet und zu einer in ihrer Art einzig dastehenden gemacht hatte, nur zu bald verloren. Der Geschmack läßt nach, die Erfindungsgabe fängt an zu versiegen, und so werden Formen und Dekoration, die während der vorangegangenen Zeit so oft etwas so besonders Apartes gezeigt haben, wieder allgemeiner und trivialer, dann aber auch, da dieser Zeit, wie schon der vorangegangenen, die eigentliche Kraft und Gesundheit fehlt, auf der einen Seite schwächlicher und kleinlicher, auf der anderen bunt und überladen. Es ist so für diese Zeit ganz besonders charakteristisch, daß damals auf der einen Seite ganz besonders beliebt werden spärliche, sich schlängelnde, bandartige Ranken ohne irgendwelche dekorative Breite, auf der anderen ganz besonders reiche Motive, wie die der sogenannten „hundert Hirsche“, oder der „hundert Blumen“, die freilich dann nur in einem recht kleinen Maßstab wiedergegeben werden konnten. Überhaupt ist Verringerung des Maßstabs vielfach das Kennzeichen der Ornamentik dieser Zeit. So aber berührt diese bereits die beiden Grenzen, zwischen denen allein ein gesundes dekoratives Schaffen möglich. Damit aber ist die Entwicklung des chinesischen Porzellans unrettbar auf die schiefe Ebene des Verfalls geraten, auf der sie nun langsam hinabgleitet, um dann in unserer Zeit schließlich zu einem allgemeinen Tiefstand zu gelangen, der dieser ganzen so überaus schönen und reichen Entwicklung ein so trauriges Ende bereiten sollte.

Technisch freilich stehen die Porzellane dieser Zeit noch immer auf voller Höhe: hier kamen ihr die Resultate der so bedeutenden jüngsten Vergangenheit vollauf zugute; ja sie suchte diese vielfach noch zu überbieten und im Vollbesitz ihres großen Könnens sich besondere Schwierigkeiten zu schaffen, was dann zu manchen Künsteleien und Spielereien geführt hat, die wohl in technischer, nicht aber in künstlerischer Beziehung als Errungenschaften zu betrachten sind, Bestrebungen, die immer Zeichen des beginnenden oder des bereits begonnenen Verfalles sind. So aber blieb in dieser Zeit die Masse sowie auch die Glasur, nicht minder die Gestaltung der oft recht dünnwandigen Gefäße, der Auftrag der Farben noch ganz vorzüglich; ja man strebte nun vielfach nach einer Sauberkeit der Arbeit, die vielfach schon stark nach Geleicktheit schmeckte und den Erzeugnissen dieser Zeit oft etwas Kaltes, Glattes und Unpersönliches gab. So stehen auch in dieser Beziehung die Arbeiten dieser Zeit vielfach denen der vorangegangenen bedeutend nach.

Nicht ganz ohne Einfluß war bei dieser Entwicklung sicherlich, daß jetzt diejenige Persönlichkeit, die unter dem letzten Kaiser durch ihr persönliches Eingreifen noch eine ebenso eigenartige, wie reizvolle Nachblüte zuwege gebracht hatte, T'ang Ying nun nicht weiter in Kin-tê tschen verblieb, vielmehr gleich am Anfang dieser Regierung als Zollkommissar anfangs nach dem entfernteren Huai-ngan fu, dann nach dem näher gelegenen Kiu-kiang fu versetzt ward, wo er bis zum Jahre 1749 verblieb. So vermochte er nun, mag er auch noch so oft damals nach Kin-tê tschen gekommen sein, doch mit der kaiserlichen Manufaktur nicht mehr in so enger Verbindung zu bleiben und sie so unmittelbar zu beeinflussen wie bisher. Dennoch pflegen die Chinesen gerade die Produkte dieser Zeit mit seinem Namen unmittelbar zu verbinden. Bevor er jedoch damals Kin-tê tschen verließ, hatte er, damit sein so eifrig erworbenes Können für seine Nachfolger nicht verloren ginge, seine Erfahrungen unter dem Titel T'ao tsch'eng shi yü kao d. h. Belehrungen über die Porzellanmanufaktur, niedergeschrieben, die er dann auch in Steintafeln eingraben und auf der Südseite des „Juwelenhügels", an dessen Fuße die kaiserliche Manufaktur lag, aufrichten ließ. Vielleicht aber hat gerade diese Zusammenfassung und Fixierung seiner Erfahrungen, die in China nur zu leicht etwas Kanonisches erhält mehr als alles andere damals in der Entwicklung des chinesischen Porzellans jenen Stillstand herbeigeführt hat, der, wenn er zunächst auch noch genügende Routine, beließ, dennoch allmählich, wie jeder Stillstand, zu jenem allgemeinen Rückschritt führen mußte, der ja dann bald darauf nur zu unverkennbar wird. Das große Beispiel lähmte, nachdem es Typen geschaffen, von denen man sich nun nicht recht wieder befreien konnte.

Bei dem Beharren dieser langen Zeit bei den Errungenschaften der jüngsten Vergangenheit aber mußte ihre Tätigkeit sich in der Hauptsache auf diejenigen Gebiete beschränken, auf denen sich auch jene in erster Linie betätigt hatte: d. h. auf die der Glasuren sowie der Malerei in den Farben der „Rosagattung". Auf diesen war auch die Tätigkeit anfangs eine so verwandte, daß die Erzeugnisse beider Zeiten vielfach nicht mehr recht zu trennen sind. Oft handelt es sich daher hier um fast genaue Kopien von Stücken der früheren Zeit oder Erfindungen ganz in deren Sinne. Später wurden dann die Unterschiede freilich immer größer. Neu für diese Zeit scheint dagegen nur zu sein, daß auch die Unterglasurmalerei jetzt wieder ein wenig mehr gepflegt ward, als in der letztvergangenen; doch hat sie jene Bedeutung, die sie einst in der Mingzeit und der des Kaisers K'ang-Hi besessen, auch damals nicht im entferntesten wieder erlangt. Sicherlich war sie auch dieser Zeit wieder zu lebhaft und andrerseits auch zu einfach, zu wenig kompliziert.

Am schwierigsten ist heute wohl in dieser Beziehung, wie erwähnt (vgl. S. 153), die Trennung der farbig glasierten Porzellane, obwohl solche mit dem Nien-hao dieses Kaisers sehr häufig vorkommen. Nur zu geneigt ist man hier naturgemäß, entsprechend den sonstigen Leistungen dieser Zeit, die weniger feinen, weniger delikaten auch dieser zuzuschreiben und wohl nicht ohne Recht. Daneben kann es schon in Anbetracht der langen Regierungszeit dieses Kaisers kaum zweifelhaft sein, daß die meisten der im Stil dieser Periode farbig glasierten Porzellane dieser jüngeren Zeit angehören, was auch das häufige Vorkommen des Nien-hao desselben völlig zu bestätigen scheint. Auf alle Fälle jedoch blieb diese Kunst damals auf einer Achtung gebietenden Höhe stehen und zeigte noch genau dasselbe reiche und bunte Bild, wie in der Zeit, die sie begründete (Taf. 122—126). So konnte auch die folgende noch lange kräftig von dieser profitieren[146]).

Angewandt ist aber damals keine Technik ersichtlich so viel, wie die der Schmelzfarben der „Rosagattung". Sie ist die eigentliche Modetechnik dieser Zeit, da nicht nur, wie die heutigen Bestände hier noch beweisen, fast alles Porzellan, was damals nach Europa und dem westlichen Asien versandt ward, durch sie verziert ward: ausdrücklich wird auch berichtet[147]), daß jetzt zum erstenmal auch die Chinesen sich selber um vielfarbig bemaltes Porzellan rissen, ja von Jahr zu Jahr nur immer mehr. Schon wenn ein Ofen geöffnet ward, strömten die Händler herbei, um sich diese Erzeugnisse streitig zu machen. Es scheint demnach damals eine gewisse Umwertung des chinesischen Geschmacks stattgefunden zu haben, den man auch sonst in der Kunst dieser Zeit zu bemerken vermeint.

Auf keinem Gebiet auch scheint die Unterscheidung zwischen den Erzeugnissen dieser Zeit und der vorangegangenen oft so leicht zu sein, wie auf diesem. Zwar steht es fest, daß anfangs auch jetzt noch die zarteren, duftigeren Erzeugnisse der Yung-Tschêng-Zeit, vor allem die so reich und doch so dezent dekorierten „Eierschalen"porzellane mit derselben Delikatesse und Sorgfalt angefertigt wurden (vgl. S. 155). Es haben sich sogar zahlreichere Beispiele mit der Marke des Kaisers Kien-Lung als mit der seines Vorgängers erhalten. Aber manche derselben erscheinen doch schon roher, flüchtiger, auch weniger reich dekoriert. Dann aber wird ersichtlich die eigentliche Delikatesse, das Raffinement verlassen: die Dekoration wird wieder gleichmäßig deckend, wie in der früheren Zeit, hierbei bald größer, bald kleiner im Maßstab, im ersteren Falle dann auch detaillierter (Taf. 127 130, 132) und auch oft zu reich und überladen. Es gibt in dieser Zeit jetzt schon Gefäße, die als Grund für die eigentliche Ornamentik auch eine reiche, bisweilen in Streifen angeordnete Grundmusterung zeigen. Daneben sind auch ganz besonders beliebt die geschlossenen Überzüge mit den Hauptfarben der „Rosagattung", in erster Linie natürlich des Rosas (Rouge d'or), aus denen dann, wie meist in der K'ang-Hi-Zeit aus dem gespritzten Blau, Medaillons mit farbigen Darstellungen ausgespart sind (Taf. 130). Oft ist der farbige Grund dann noch mit sehr fein eingeritzter Ornamentik versehen. In dieser Beziehung werden damals geradezu typisch die sogenannten „Medaillonschalen", kleinere Schalen, in denen die Bildfelder als meist rundliche Medaillons ausgespart sind (Taf. 140 unten). In koloristischer Beziehung aber dominiert jetzt immer das Rosa, das dieser ganzen Gattung bei uns ihren Namen gegeben, das jetzt sich endlich zu jenem tieferen Karminrot vertieft, als welches es bei uns in erster Linie bekannt ist. Da aber nun infolge der größeren Kraft dieser Farbe auch alle übrigen gesteigert werden müssen, entsteht wieder eine gewisse Lebhaftigkeit der Farbenskala, die

jedoch ebensoweit entfernt ist von der gesunden Kraft der Farben der „grünen
Gattung", wie auch von der zarten Feinheit der Anfänge dieser „Rosagattung":
eine schwächliche Buntheit ist vielfach die Folge, von der die Yung-Tschêng-Zeit noch
kaum etwas hatte ahnen lassen. Und diese Buntheit hat anscheinend nur zuge-
nommen, je mehr sich diese Zeit ihrem Ende näherte. Sie führte auch schließlich
schon auf diesem Gebiete, da man mit Vorliebe jetzt die bereits erwähnten ma-
geren, bandartig stilisierten Ranken (vgl. S. 159) symmetrisch verwandte, zu Kleinlichkeit und Trockenheit. Dazu kam, daß an den einfacheren Stücken, vor allem den
für das Ausland angefertigten, die späten Farben dieser Skala, in erster Linie aber
das Rosa selber, das auch jetzt wieder vielfach wie früher in leichter Abschattierung
aufgetragen ward, sehr ungleichmäßig und unsauber ausfiel. Namentlich letzteres
erscheint vielfach wie hingestrichen, wie aufgemalt und verliert dadurch viel von
seinem rein keramischen Charakter. Auch ist es jetzt noch viel häufiger, als in der
Yung-Tschêng-Zeit, und gar nicht immer an den schlechtesten Stücken, stark abge-
blättert. Beträchtlich vermindert ist aber auf diesem Gebiete, wie auch auf allen
übrigen, jener Reichtum der Phantasie, der bisher das ganze bemalte Porzellan
der Chinesen so ausgezeichnet hatte: der Dekorationsweisen, der Motive werden, verglichen mit denen der früheren Zeiten, erstaunlich wenige; es dominiert völlig die
Päonie, namentlich wieder auf den Porzellanen, die damals zu uns herübergeschickt
worden sind. Trotz alledem aber gelingt es dieser Zeit bisweilen noch immer,
Stücke hervorzubringen, denen eine besondere Feinheit und Delikatesse der Farbstimmung nicht abzusprechen ist. Es sind ausschließlich Vasen (Taf. 129, Paris, Louvre:
Slg. Grandidier, a. d. Sommerpalast in Peking stammend), daneben auch Laternen
(New-York, Metropolitan Mus.: Slg. Morgan; Baltimore, Slg. Walters u. dgl., niemals aber mehr, wie in der Zeit des Kaisers K'ang-Hi, größere Schalen. Doch auch
die bei unseren Sammlern so geschätzten, dünnwandigen Laternen können vielfach
nur als recht bunte Leistungen bezeichnet werden, so daß der reiche künstlerische
Aufwand an diesen sonst so delikaten Stücken meist als ziemlich verloren angesehen
werden kann (Taf. 128). Daneben entstanden auch verwandte plastische Arbeiten.

Schwächlich und dürftig erscheint dagegen auch jetzt wieder die einst so bedeutende, wirkungsvolle Unterglasurmalerei. Zwar finden sich gelegentlich Schalen, an
denen die Ornamentik, vielfach Drachen aus einem noch recht lebhaften und reinen
blauen Grund ausgespart ist, deren Zeichnung aber dann immer wieder die nicht
sehr angenehme, wenig keramische Korrektheit dieser Zeit zeigt (Dresden, Slg. Stübel
Taf. 134 unt.). Im übrigen ist die Zeichnung der kobaltblauen und kupferroten Malereien
kaum über einen gewissen Linienstil hinausgekommen, der zwar die Gefäße wieder
völlig gleichmäßig überzieht, doch, da er alle größere Flächenentfaltung sorgfältig
vermeidet und auch der Ton der Farbe wieder ohne besondere Kraft ist — beim Kobaltblau finden sich fast nur schwärzliche oder graue Töne —, verglichen mit den
früheren Erzeugnissen dieser Art, weit weniger dekorativ ausfällt. Es sind vor allem
dünne, stilisierte Ranken mit rundlichen Blumen, die hier die Motive bilden (Taf. 133,
London, Vict. u. Alb. Museum), die bisweilen eine merkwürdige Ähnlichkeit mit jenen
zeigen, die sich auf den früher erwähnten (vgl. S. 97) Porzellanen der ersten Hälfte
des 16. Jahrhunderts finden, die fast ausschließlich im westlichen Asien vorkommen.

Nur daß jenen natürlich ganz die Kraft der früheren fehlt. Am erfreulichsten wirkt
so wohl noch die Vereinigung der beiden Unterglasurfarben: das dichte Untereinander derselben, das damals besonders beliebt war, ruft vielfach ein ganz lebhaftes Farbspiel hervor, das nicht ohne Delikatesse ist (Taf. 135 links, 134 oben).
Viel wurde dann aber damals die Blaumalerei auch noch — doch auch in ganz verwandter Weise — beim Weichporzellan angewandt, das in dieser Zeit wie auch wohl
noch in der folgenden reichlich hergestellt worden ist (Taf. 136).

Neben den erwähnten Techniken aber hat es dann wohl in dieser Zeit, von der
des gespritzten Kobaltblau ausgenommen, das damals nirgends erwähnt wird, nicht
eine einzige gegeben, die das chinesische Porzellan in seiner langen Entwicklung
sich zu seiner künstlerischen Ausschmückung geschaffen, die damals nicht noch einmal gelegentlich zur Anwendung gelangt ist. Vor allem beliebt jedoch war jetzt
wieder die Technik des Auftragens von Schmelzfarben auf unglasiertem Porzellan
(email sur biscuit), nur daß jetzt dem Anscheine nach wieder (vgl. S. 88) mit Vorliebe die Farben auf flach aufgesetzte Reliefs gesetzt wurden, desgleichen das Abheben
ein- oder mehrfarbiger Ornamentik von farbigen Gründen (Taf. 132 unten). Hier
kommen z. B. Vasen mit grüner Ornamentik auf gelbem oder mit den Farben der
„Rosagattung" auch auf schwarzem Grunde vor. Daneben aber ging man vor allem,
wie bereits erwähnt, auf ganz besondere technische Kühnheiten aus. So auf reiche
und äußerst feine Durchbrechungen: man schuf z. B. Laternen (Taf.'127), Grillenkäfige
(Taf. 132 ob.) u. dgl. mit fast völlig in Mustern durchbrochenen Wandungen (New-York,
Metropolitan Mus.: Slg. Morgan; Berlin, Kunstgewerbemuseum) oder Pinselhalter, an
denen die durchbrochenen Wandungen auf Grund naturalistischer Motive plastisch
durchgebildet waren (Washington, Smithonian Institution: Slg. Hippisley; Dresden,
Porzellanslg.). Auch gestaltete man Vasen, die, Bronzen nachgebildet, gleich diesen
die Kanten mit durchbrochenen, komplizierten Stegen besetzt zeigten, oder setzte an
Teekannen ganz frei plastisch gearbeitete, weit abstehende Figuren an. In dieser
Zeit kommen dann auch sicherlich jene so reizvollen Schnupftabaksfläschchen (Taf. 140
oben) auf, an denen gleichfalls die ganzen Wandungen außen aufgelöst sind in durchbrochene, untereinander verflochtene und unterschnittene Reliefdarstellungen, die bald
mythologische, bald naturalistische Motive zeigen, oft kleine Wunderwerke an Technik und Kunst, denen die chinesische Porzellankunst sonst nichts Gleiches zur Seite
zu setzen hat. Endlich aber schnitt man dann wieder Ornamente durch die Wandungen hindurch, füllte sie aber wieder kunstvoll mit Glasur aus, das sogenannte
grain de riz, das sich bei unseren Sammlern heute einer so großen Beliebtheit erfreut. Ja man hatte es geradezu auf Verblüffungen abgesehen: so kommen gelegentlich Vasen vor, die, von außen gesehen, aus zwei ganz getrennten, von einander deutlich abgesetzten Teilen bestehen, die innerlich irgendwie unmerklich zusammen gehalten werden (Baltimore, Slg. Walters). Daß dann daneben auch jetzt
wieder Monumentalstücke, wie zu der Zeit des Kaisers K'ang-Hi geschaffen wurden,
kann nicht weiter in Erstaunen setzen. So kommen auch jetzt wieder ungewöhnlich
große Vasen vor, vor allem aber soll diese Zeit Fischkübel geschaffen haben von einer
Größe, wie nie zuvor. Bis zu vier Fuß wird ihr Durchmesser, bis zu zwei Fuß
ihre Höhe angegeben. Sie waren jedoch alle nur mit farbigen Glasuren überzogen.

Dann aber erwachte jetzt auch eine merkwürdige Imitationssucht, die gleichfalls mehr von dem Raffinement als dem Geschmack dieser Zeit Zeugnis ablegt. Schon während der letzten Regierungszeit hatte man, wie erwähnt (vgl. S. 150), versucht, im Porzellan andere Stoffe nachzubilden: jetzt aber war die Zeit, da man sich rühmen durfte[148]), fast alle Materialien, die damals künstlerisch bearbeitet wurden, so geschnittenes Gold, getriebenes Silber, Bronze, geschnittene Steine, Lack, Perlmutter, Bambus, Holz, Jade, Zinn, Rhinozeroshorn usw. völlig genau in Porzellan nachahmen zu können. In der Tat kommen jetzt gar nicht selten derartige Stücke vor, darunter vor allem Imitationen von geschnittenen roten Lackarbeiten, wie sie die Chinesen damals herzustellen liebten (Dresden, Slg. Stübel, Taf. 126 rechts), von alten Bronzen (London, Vict. u. Alb. Museum), die alle zeigen, daß dieses Rühmen damals keine bloße Ruhmrederei gewesen ist; ja manches dieser Art, wie z. B. Pfeifenköpfe, die alle nur erdenklichen Materialien aufs Täuschendste nachahmen (London, Britisch. Museum), oder Füße von Schalen, die Früchten zum Verwechseln ähnlich sehen (Dresden, Porzellanslg.), sind wirklich in technischer Beziehung Staunen erweckende Leistungen. Derartige Nachahmungen konnten in der Tat nicht weiter getrieben werden.

Eigenartig aber ward nun das Verhältnis des Porzellans zu jenen Ländern, in denen es außerhalb Chinas Abnahme fand. Zwar hatte damals der Exporthandel mit diesem nach Europa und dem westlichen Asien, wie die im Vergleich zu denen der Ming- und K'ang-Hi-Zeit nur geringen aus dieser Zeit stammenden Bestände in diesen Ländern deutlich beweisen, trotz der sich stetig steigernden Handelsbeziehungen bedeutend abgenommen. Europa besaß jetzt durch die bedeutende Tat Böttgers sein eigenes Porzellan und seit der zweiten Hälfte des 18. Jahrhunderts in allen Kulturländern genug, ja mehr als genug Fabriken, um den eigenen Bedarf zu decken. Auch war die große Chinamode, die mit dem Ende des 17. Jahrhunderts begonnen, nun vorbei und damit auch auf diesem Gebiet die Sammelleidenschaft verrauscht. Daneben führte man jetzt sogar selber Porzellan aus nach jenen Ländern, die bisher die gesichertsten Absatzgebiete des chinesischen Porzellans gewesen waren, so vor allem in die des türkischen Reichs, für die man, den dortigen Verhältnissen sich anpassend, ein besonderes Exportporzellan herstellte[149]). Auch scheint man in dieser Zeit eine gewisse Minderwertigkeit der damals nach Europa gelangenden Porzellane empfunden zu haben: ausdrücklich werden an ihm einmal sowohl die Farben, wie auch die Masse getadelt. War dies aber alles vielleicht der Grund, daß damals die europäischen Kaufleute, die den ganzen Exporthandel von China aus in Händen hatten, anscheinend lebhafteste Sorge trugen, das chinesische Porzellan viel mehr als jemals vorher dem verschiedenartigen Geschmack der verschiedenen Nationen, zu denen sie es brachten, anzupassen? Auf alle Fälle besitzen wir jetzt nicht nur ein ausgesprochenes Exportporzellan, das von den Chinesen „Gefäße des Meeres" (yang-k'i) genannt ward: es stellte nun auch nicht mehr, wie früher, einen einzigen Typus dar, der nach allen dasselbe begehrenden Ländern versandt ward, vielmehr gab es jetzt fast für jedes derselben einen besonderen, der in der Regel nur nach diesem geschickt ward; so einen für Europa, zu dem am Ende dieser Zeit auch schon Amerika hinzukam, für Indien, Siam und schließlich auch die türkischen Länder. Dagegen scheint damals Persien in dieser Beziehung nicht mehr recht in Betracht gekommen zu sein, wohl weil es damals von inneren Unruhen furchtbar zerrissen ward[150]). Am geringsten wurde hierbei in künstlerischer Beziehung von den Chinesen Siam eingeschätzt: roh und dickwandig sind hier die Stücke, die für dieses Land bestimmt waren, meist nicht allzu große Deckelnäpfe, daneben auch kleinere, auf Füßen stehende Schalen, die meist in den grellsten Farben, bisweilen aber auch nur in Blau mit einer dicht geschlossenen Ornamentik von kleinen, sich wiederholenden, stilisierten Pflanzenmotiven neben Flammengebilden, buddhistischen Figuren und dergl. bemalt sind (Hamburg, Mus. f. Kunst u. Gewerbe, London, British Museum, Dresden, Porzellanslg., Taf. 139 unten). Bedeutend feiner geben sich dann schon die für Indien: es ist die bunte Blumenwelt, die in diesem Lande als Schmuck immer so beliebt gewesen ist, die auch diese Schalen bald als geschlossene Ränder, bald als Streumuster ziert (Konstantinopel, Museum u. Schatzhaus). Vornehmer wirken dagegen schon die großen und kleinen Deckelnäpfe, die, mit dicker, schwärzlich blauer Glasur ganz überzogen und mit arabischen Inschriften und Ornamenten in Goldmalerei verziert, durch die in Gold ausgeführten, über die Flächen verstreuten Teile des türkischen Wappens des Halbmonds wie des Sterns, deutlich sich als für die türkisch-muhammedanische Welt bestimmte Erzeugnisse ausweisen (Taf. 139 oben)[151]).

Für Europa aber werden jetzt vor allem die Porzellane mit den Farben der „Rosagattung" bemalt. Die kobaltblaue Malerei ist für diese Zwecke völlig abgetan. Man pflegt diese Erzeugnisse heute, namentlich wenn sie flüchtig ausgeführt und daneben mit einem kleinen, stereotypen Zackenband in Goldmalerei eingefaßt sind, meist nach den ostindische Compagnien genannten Handelsgesellschaften der verschiedenen Länder, die damals mit dem östlichen Asien in Verbindung standen, als „Compagnie des Indes"-Porzellane zu bezeichnen. Jetzt aber wurden sogar ganze Service angefertigt, wie dies ausdrücklich die Preisverzeichnisse der nach Europa eingeführten Porzellane angeben[152]) und viele Porzellane, wie noch manche erhaltenen Beispiele gleichfalls heute bezeugen (Dresden, Porzellanslg., Taf. 138 oben), sogar ganz im Stile des Meißner, daneben auch wohl einmal in dem von Chelsea Porzellan bemalt (London, British Mus.), jetzt aber auch weit mehr als früher und für die verschiedensten Länder Teller, wie Service auf Wunsch der Besteller mit europäischen Wappen versehen (Taf. 138 unten). Auch Friedrich der Große ließ sich damals, wohl bevor er in Berlin seine eigene Porzellanfabrik besaß, in China ein solches Service anfertigen (Berlin, Hohenzollernmuseum). Und ebenso werden jetzt weit zahlreicher als bisher (vgl. S. 158) jene wenig erfreulichen, heute von uns meist als „Jesuiten-Porzellan" bezeichneten Porzellane hergestellt, die mit heute mehr merkwürdig als gefällig wirkenden Malereien nach europäischen Kupferstichen verziert sind, die wohl, wie schon ihr häufiger religiöser Inhalt beweist, den Chinesen auch damals wieder von den Missionaren zugetragen wurden (Taf. 107 unten). Vor allem aber ist jetzt die Zeit gekommen, da auch der Stil der europäischen Malerei in die ganz anders geartete chinesische eindringt und sie dadurch arg in Verwirrung setzt. Kaiser Kien-Lung war zwar an sich damals ebenso wenig fremden- und christenfreundlich, wie es sein Vorgänger gewesen war. Auch er hat die Ausländer verfolgt, wo er nur konnte. Doch die europäische Kunst gefiel ihm: europäische Künstler wurden für seine Bauten beschäftigt und Missionare, die malen konnten, besonders hoch angesehen[153]). Der Kaiser selber ließ sich und seine Familie von ihnen porträtieren, ja zwei derselben, Castiglione und Attirer, die Porträts und Landschaften herzustellen verstanden, sollen sogar damals in China schon eine Malschule errichtet haben[154]). So ist es kein Wunder, daß nun auch auf den Porzellanen chinesische Darstellungen vorkommen, die in ihrer Anordnung die europäische Perspektive, sowie das Hintereinander statt des sonst in der chinesischen Kunst bis dahin üblichen Übereinanders, und damit eine dicht ineinander geschobene Gruppierung zeigen, die der chinesischen Malerei bisher gleichfalls völlig fern lag. Es handelt sich hier um jene sogenannten „Mandarinenporzellane" (Taf. 137), so benannt, weil sich in ihren Darstellungen so gut wie immer Chinesen in vornehmer Tracht abgebildet finden, die sich eine Zeitlang bei uns einer ganz ungerechtfertigten Wertschätzung erfreut haben. Denn nicht nur haben jene Darstellungen ganz den klaren dekorativen Charakter verloren, den sonst eine jede rein chinesische Dekoration auszeichnet: da durch die so eng zusammengeschobenen Motive die figürlichen Darstellungen ganz ungewöhnlich reich ausfielen, so mußte dies auch die umrahmende Ornamentik tun, was dieser Zeit ja nicht allzu schwer gelang, wodurch aber Porzellane entstanden, die so reich und unruhig dekoriert wurden, wie dies sonst erst im folgenden Jahrhundert zur Zeit des tiefsten Verfalls dieser Kunst geschah. Doch wird man auch in diesem Falle wie schon früher (vgl. S. 129) annehmen dürfen, daß diese Geschmacksverirrung damals nicht allein im Hinblick auf den europäischen Markt stattfand. Zu allen Zeiten hat ja den Chinesen neben dem Schönen auch das Kuriose gereizt.

Dadurch aber, daß der Export sich jetzt wieder auf so viele Länder erstreckte, muß damals der Betrieb in Kin-tê tschen sich noch auf einer recht beträchtlichen Höhe gehalten haben. So wird denn auch berichtet, daß damals dort nicht weniger als 3000 Öfen in Tätigkeit waren[155]). In dieser Beziehung konnte sich demnach wohl diese Zeit durchaus noch mit der zuletzt vergangenen messen.

———

d) Ende der Ts'ingdynastie.
(1796—1912)

Mit Kien-Lung, der im sechzigsten Jahre seiner Regierung freiwillig die Krone niederlegte, war nun aber auch die Kraft der Ts'ingdynastie erloschen. Sein Sohn Kia-K'ing (1796—1820) war wieder ein schwächlicher, weichlicher Herrscher, der zwar gleich seinem Vater der Poesie, aber noch mehr den Freuden des Harems ergeben war und völlig hilflos das große Reich verwaltete. Aufstände im Innern und starke Bedrohungen der Küsten durch Seeräuber waren daher die Folgen, zu denen sich noch Hungersnot, Mißwuchs und Überschwemmungen gesellten, um seine Regierung zu einer der unglücklichsten zu machen, die China gesehen. Dem allen vermochte sein Nachfolger Tao-Kuang (1821—1850), der an sich von den besten

Absichten beseelt, aber ein viel zu schwacher Geist war, in keiner Weise mehr ab-
zuhelfen: die innere Zerrüttung Chinas war unter seinem Vorgänger bereits zu weit
eingetreten und als nun unter ihm auch durch den sogenannten Opiumkrieg die
ersten kriegerischen Verwicklungen mit Europa begannen und unter seinem Nachfolger Hien-Fêng (1851—1861) gleich am Beginn seiner Regierung der furchtbare
Aufstand der „langhaarigen Rebellen", der T'ai-p'ing ausbrach, der 15 Jahre lang in
der schrecklichsten Weise den Süden Chinas verheerte, war es mit der Macht Chinas
zu Ende und es geriet nun unter den folgenden Kaisern T'ung-Tschi (1862—1874) und
Kuang-Sü (1875—1908) in jenen allgemeinen Zustand der Schwäche und Erstarrung,
in dem es dann bis in unsere Zeit verharrt hat, um dann erst mit dem Sturz der
verkommenen Dynastie in den letzten wieder die Hoffnung auf neues, frischeres
Leben zu geben.

Daß es unter diesen Umständen nun auch mit einer frischen Kunstentwicklung in China völlig vorbei war, erscheint selbstverständlich. Und so nahm auch
auf dem Gebiet des Porzellans nur die allgemeine Erstarrung und das Herabsinken
des Geschmacks, das unter dem Kaiser Kien-Lung begonnen, seinen ungestörten
Fortgang, so sehr, daß schon um die Mitte des vergangenen Jahrhunderts ein allgemeiner Tiefstand erreicht ward, der kaum noch ahnen ließ, daß das chinesische
Porzellan einst eine wundervolle, begehrenswerte Kunst gewesen war, um deren
Erzeugnisse sich die Völker rissen. Das Ende dieser langen und schönen Entwicklung konnte kaum trostloser gedacht werden.

Unter dem Kaiser Kia-K'ing hielt sich das Porzellan allerdings noch auf einer
achtunggebietenden Höhe, doch eigentlich nur dadurch, daß man fast ausschließlich
kopierte, was die letzte Regierungszeit geschaffen. Es wurde damals auch kaum
etwas anderes geschätzt, als solche Nachbildungen. Damit aber beginnt jetzt auch
die Zeit der absichtlichen Fälschungen: man grub die Stücke ein in den schmutzigsten
Boden, den man finden konnte, um sie recht alt erscheinen zu lassen[159]). Doch
waren viele Techniken schon verloren gegangen. Wirklich ganz neu dagegen scheint
damals nur ein Typus gewesen zu sein: kleine Schalen mit wundervoll geschlossen
eisenrotem Grund, aus dem graziös einzelne Bambuszweige — das Bambuszweigmotiv
scheint in dieser Zeit überhaupt sehr beliebt gewesen zu sein — ausgespart sind (Dresden,
Porzellanslg., Taf. 140 Mitte rechts), vielleicht der letzte hübsche Typus, den das chinesische Porzellan geschaffen, doch wohl nicht ohne Hilfe Japans (Taf. 140 links). Alle
besseren Porzellane wurden indessen damals noch mit derselben Sauberkeit ausgeführt,
wie in der letztvergangenen Regierungszeit. Quantitativ muß freilich damals die Produktion schon bedeutend geringer gewesen sein: Europa begann jetzt als Aufnahmeland
fast ganz zu versagen, teils, weil es nun selber in fast allen seinen Ländern seine
eigenen Porzellanfabriken besaß, die seine Bedürfnisse doch noch besser befriedigen
konnten, als dieses fremde Land, teils weil die napoleonische Zeit eine allgemeine
Verarmung zur Folge hatte, die seine Kaufkraft verminderte. Dann aber auch, weil
vor dem damals wieder erwachten Klassizismus die Porzellanleidenschaft des
18. Jahrhunderts gründlich verraucht war und nun an ihre Stelle jene merkwürdige
Gleichgültigkeit gegenüber diesem Produkt trat, die bekanntlich erst unsere letzte
Zeit wieder überwunden hat, ohne jedoch auch gleich schon wieder den Geschmack

der vergangenen zu erlangen. Ein großer Teil der exportierten Porzellane soll aber damals erst in Canton bemalt sein, wobei man völlig den Wünschen der Besteller Rechnung trug[157]).

Unter dem Kaiser Tao-Kuang (1821—1850) nahm dann der Rückschritt nur seinen um so schnelleren Fortgang. Zwar der Kaiser selber interessierte sich entschieden für das Porzellan. Was für seinen eigenen Gebrauch hergestellt und nach dem Namen seines Palastes mit der Marke Schen-tê t'ang versehen ward, wird noch heute von chinesischen Sammlern gesucht. Auch glückte noch immer die Nachbildung einiger Typen der Vergangenheit, so von Porzellanen mit gelben (Dresden, Porzellanslg.) und leberroten (London, Brit. Mus.) Glasuren, dann die der in der Zeit des Kaisers Kien-Lung zuerst aufgekommenen (vgl. S. 161) „Medaillonschalen" mit ihren farbigen Gründen und ausgesparten Bildfeldern (Taf. 140 unt.). Auch unglasierte Porzellane (Biskuit) kommen jetzt vor, die wohl durch die gleichartigen Arbeiten der europäischen Porzellankunst angeregt wurden. Dagegen war die Technik des Unterglasurkupferrots jetzt verloren[158]) und im übrigen fiel auch alles im Ornament immer kleinlicher, in der Farbe bunter, in der Zeichnung ausdrucksloser aus. Der große Stil des chinesischen Porzellans war nun dauernd dahin.

Dann aber brach unter dem Kaiser Hien-Fêng (1851 ·1861) das größte Unglück über die chinesische Porzellankunst herein, das diese überhaupt treffen konnte: durch die erwähnte T'ai-p'ing-Rebellion ward im Jahre 1855 die kaiserliche Manufaktur zu Kin-tê tschen niedergebrannt, die Arbeiter derselben getötet oder vertrieben und damit der bisherigen Entwicklung des chinesischen Porzellans, die ja an dieser Stelle schon seit so langer Zeit konzentriert war, ein arger Stoß versetzt, der sie um den größten Teil ihrer Traditionen brachte. Zwar ward die Fabrik unter seinem Nachfolger T'ung-Tschi im Jahre 1864 sofort wieder aufgebaut — nicht weniger als 72 Gebäude mußten damals wieder neu errichtet werden — aber die Beamten, die mit der Wiederbelebung der alten Porzellankunst beauftragt wurden, kümmerten sich herzlich wenig darum. So konnte im Jahre 1882 ein Augenzeuge, der die Fabrik so eingehend besichtigen durfte[159]), wie wohl kaum ein Europäer vorher, berichten, daß damals die Bauten schon wieder in Trümmer fielen, daß die Arbeitsräume sehr schlecht in Stand wären und die Arbeiter traurig bezahlt würden. Wenn dennoch die Werke der kaiserlichen Manufaktur damals die aller Privatmanufakturen hier übertrafen, so ward dies in erster Linie der Ausgesuchtheit der Materialien wie auch der fertigen Stücke verdankt, von denen jedes nicht ganz fehlerfreie Stück unbedingt verworfen ward. Die in ihr hergestellten Stücke stellten aber sämtlich Kopien von alten Arbeiten dar, die freilich selten mit diesen verwechselt werden konnten. Welche Techniken man freilich damals noch beherrschte, ist schwer festzustellen. Im Jahre 1864 d. h. im Jahre der Wiederaufrichtung der kaiserlichen Manufaktur scheint ihre Zahl, wie Listen der damals an den Kaiser gesandten Gegenstände ergeben, nicht allzugroß gewesen zu sein: an Glasuren werden in diesen genannt: das kaiserliche Gelb, die Rotkehlchenglasur, eine steinfarbene mit Haarrissen, eine himmel- und eine dunkelblaue, sowie die „opferrote" der Süan-Tê-Zeit (vgl. S. 89), die die Zeit des Kaisers Yung-Tschêng hatte wieder aufleben lassen, an sonstigen Porzellanen wieder jene eisenroten Schalen mit ausgesparten

Bambuszweigen, die in der Zeit des Kaisers Kia-K'ing aufgekommen waren, ferner Porzellane mit Schmelzfarbenmalereien, mit Kobaltblau, letztere auch wieder in Verbindung mit Unterglasurkupferrot, dann schließlich Malereien auf farbigen Gründen.

Durch die Zerstörung der kaiserlichen Manufaktur scheint dann aber auch die jahrhundertelange Konzentration der Porzellankunst Chinas im allgemeinen ihr Ende erreicht haben. Wenigstens wird jetzt nach den Berichten unserer Kaufleute ein großer Teil des nach Europa importierten Porzellans in den Dörfern und Städten des dicht bei Kin-të tschen am Yang-tsë-kiang gelegenen Kiu-kiang, sowie auch in Ortschaften bei Nanking hergestellt.

Auch begann jetzt bald wieder, begünstigt durch das langsame Eindringen und Sichfestsetzen der Europäer in China und die unverhältnismäßig wohlfeilen durch die ebenfalls so billigen Dampferfrachten nicht stark erhöhten Produktionskosten in diesem Lande ein äußerst lebhafter Exporthandel nach Europa und nach Amerika, wie zu gleicher Zeit ja auch aus Japan aus gleichen Ursachen. Freilich die Verhältnisse hatten sich auch bei uns inzwischen stark verändert. Gänzlich ohne wirkliches Verständnis für die einst so schöne Kunst des Porzellans, die auch in seinen eigenen Fabriken zu keinem neuen Leben erwachte, verlangte Europa damals auf diesem Gebiet durchaus nicht mehr, wie einst im 18. Jahrhundert, nach wirklichen Kunstwerken, sondern allein nach billigen Prunkstücken und noch billigerer Gebrauchsware, denen ein äußerlich reicher Dekor eine besondere Weihe zu geben schien. In wahrhaft erschreckender Weise sind dann beide Länder, China und Japan, indem sie den Geschmack Europas kaum höher schätzten, als den von wilden Völkern, diesen Wünschen entgegengekommen, und, was sie dann an bunten, überladenen Sachen nach Europa sandten und hier in Tee- und China- und Japangeschäften zu Hunderttausenden feilbieten ließen, das stellt z. T. wohl das Trostloseste, Abgeschmackteste dar, was je die Keramik geschaffen, das war weit scheußlicher sogar, als was damals die eigene Industrie diesen Ländern vorzusetzen wagte. Hierbei feierten in China vor allem die Farben der Rosagattung wahre Orgien an Bunt- und Grellheit. Was aber das Schlimmste ist: diese Exportware lebt, wie jeder weiß, auch heute noch in unverminderter Kraft weiter. Noch immer wird sie in ungeheuren Mengen bei uns gekauft und sogar auch bewundert, nicht zum wenigsten dank dem großen Ruf, den einst das chinesische Porzellan des 18. Jahrhunderts sich mit vollem Recht erworben hatte, und noch ist nicht im geringsten das Ende dieser Verirrung zu ersehen, die Europa jährlich Millionen kostet, die seiner eigenen Produktion verloren gehen.

Dies alles ist aber um so trauriger, da in China inzwischen die Porzellankunst bedeutend wieder erstarkt, ja sogar bereits wieder auf eine achtunggebietende Höhe gelangt ist, freilich zunächst allein in technischer Beziehung. Was die kaiserliche Manufaktur in letzter Zeit ausschließlich getan hat, das mehr oder weniger getreue Nachbilden der Erzeugnisse der alten Porzellankunst, das hat hier nun schon seit geraumer Zeit, ermutigt durch die enormen, stets steigenden Preise, die jetzt die ganze Welt für jene zahlt, auch die Privatindustrie unternommen und mit stets wachsendem Erfolg. Anfangs nur in China selber den Liebhabern angeboten, dringen ihre Arbeiten seit einiger Zeit in überraschender Zahl zu uns nach Europa, tauchen in denselben Geschäften auf, in denen sich jene eben charakterisierte Exportware so breit macht, um hier meist zu ganz erstaunlich billigen Preisen verkauft, daneben aber freilich auch von Kunsthändlern Anfängern im Sammeln von Chinaporzellanen als alte Erzeugnisse vielfach aufgehängt zu werden, was um so leichter geschehen kann, da die Erzeugnisse der Privatfabriken, was bei denen der kaiserlichen nie der Fall sein soll, auch jetzt wieder ganz kühn die Marken der alten Erzeugnisse tragen, die sie nachahmen[160]).   So droht hier in dieser Beziehung eine recht ernste Gefahr.   Doch ist die Zahl der Typen, die hier bereits Täuschungen herbeiführen können, noch nicht allzu groß; es sind vor allem solche der Blütezeit des chinesischen Porzellans, die aus der Zeit des Kaisers K'ang-Hi, es sind vor allem die kobaltblau bemalten und die mit Schmelzfarben auf unglasiertem Porzellane, von denen namentlich die letzteren ihren Vorbildern oft bereits ganz beängstigend nahekommen.   Dagegen versagen noch vielfach die Schmelzfarben auf Glasur, die der „grünen" wie der „Rosa"gattung — es sind bei ersteren vor allem die grünen Töne, die noch nicht recht gelingen wollen — und anscheinend auch der größte Teil der farbigen Glasuren.   Dagegen gelangen schon seit mehreren Jahrzehnten sehr gut die jetzt so gesuchten schwarzen Vasen der K'ang-Hi-Zeit mit ausgesparter Ornamentik (vgl. S. 140), deren Ankauf schon manche Enttäuschung bereitet hat.   An sich ist dieses technische Wiedererstarken der chinesischen Porzellankunst nur mit größter Freude zu begrüßen.   Steht doch jetzt dadurch China in technischer Beziehung bereits wieder mit an erster Stelle unter den Porzellan produzierenden Völkern der Welt und hat zugleich ein technisches Rüstzeug zur Hand, das, wenn das neue frische Leben, das endlich jetzt auch dieses Land ergriffen zu haben scheint, auch in das Gebiet seiner Kunst eindringt, ihm ein kräftiger Hebel sein wird zur Schaffung einer neuen Porzellankunst, die eine neue Stufe der Entwicklung den bisherigen anreihen wird, die ihrer großen Vergangenheit würdig sein kann.   Das aber wird wohl der Wunsch eines jeden sein, der ihre frühere Größe begriffen und ihr, wie sie es verdient, wirklich nahe getreten ist.

III

Kunst und Technik.

Das chinesische Porzellan, in seiner Gesamtheit genommen, stellt unzweifelhaft
für jeden, der Augen hat zu sehen, das schönste Gebiet dar, das die Keramik bis
jetzt sich zu schaffen gewußt hat: nie wieder hat diese sich zu solcher Höhe
des Geschmacks, zu solcher Folgerichtigkeit der Dekoration, zu solcher Vornehmheit der Erscheinung, zu solcher Schönheit der Farben emporgeschwungen,
wie dies in den Blütezeiten dieses Produktes geschehen ist. Es ist, als ob hier
eine höhere künstlerische Kraft als sonst auf diesem Gebiete am Werke gesessen
und immer möglichst ihr Bestes zu leisten gestrebt hätte, als ob man diesen keramischen Stoff, weil er an sich schon so besonders edel war, von vornherein eine
ganz andere Wertschätzung entgegengebracht und dementsprechend auch eine gänzlich andere Behandlung hätte zuteil werden lassen, als allen übrigen, die sich mit
ihm hinsichtlich ihres stofflichen Wertes in keiner Weise messen können. Der
Gründe für diese Tatsache sind mehrere: sie beruhen zunächst auf der so hohen
künstlerischen Begabung dieses Volkes, das bekanntlich von allen Völkern
der Erde fast ganz allein aus eigener Kraft neben der unsrigen eine große,
bedeutende, für die ganze übrige Kulturwelt empfindbare Kunst hervorgebracht hat, eine Kunst, die wir zwar heute im allgemeinen nur erst noch mehr
aus ihrem östlichen Ableger, der japanischen Kunst, kennen, die aber jetzt doch
von Tag zu Tag mehr und mehr bei uns in ihrer wahren Bedeutung erkannt und
gewürdigt wird. Dies künstlerische Vermögen der Chinesen ist im chinesischen
Porzellan im Gegensatz zu den meisten übrigen Gebieten ihrer Kunst, die, wie man
weiß, eine viel frühere Ausbildung gefunden haben, verhältnismäßig spät noch einmal mit aller Kraft und Frische zum Durchbruch gekommen und hat hier dann noch
einmal eine bedeutende und wirklich große Kunst gezeitigt, zu einer Zeit, da jene
anderen dank dem so stark konservativen Sinne dieses Volkes durch die großen
erdrückenden Vorbilder der Vergangenheit fast zu erstarren schienen. Das chinesische
Porzellan ist dadurch für uns zum Beweise geworden, daß die so einzig schöpferische künstlerische Kraft der Chinesen niemals ganz erstorben ist. Wo die Bahn
völlig frei war, da gab es auch hier noch immer ein frisches, frohes Leben. Dann

aber ist weiter die Porzellankunst eine lediglich dekorative, die Kunst des gesamten
Asiens aber ganz im Gegensatze zu der unseres Weltteils in der Hauptsache gleichfalls immer nur eine solche gewesen, die, weil völlig unabgelenkt durch die
Prinzipien einer anderen scheinbar höheren Kunst, das Wesen der Dekoration ganz
anders zu entwickeln und auszubilden verstanden hat als die unsere, die nur zu
leicht, auch wenn sie dekorativ sein wollte, nach den Gebieten jener anderen Kunst
geschielt hat, auf dem ganz andere Gesetze herrschen, als sie die rein dekorative
Kunst gebrauchen kann. Uns ist dadurch der Weg zur echten dekorativen Kunst
immer ebenso erschwert worden, wie er den asiatischen Völkern unendlich erleichtert worden ist. Die Porzellankunst ist aber weiter eine spezifisch farbige
Kunst, in der das plastische Element naturgemäß immer stark zurücktritt, ja gegebenen Falles sogar ganz fehlen kann. Die Völker Asiens aber, die die dekorativen
Künste immer so trefflich ausgebildet haben, waren auch immer Kinder einer
sonnigen Zone, eines Landes, in dem alles Licht und Glanz war, alles in den
heitersten Farben prangte, wo es sich darum auch lohnte, Farben zu schaffen, da
sie das reine Licht hier auch immer zur vollen Geltung brachte. Und so ist ihre
dekorative Kunst in der Hauptsache auch immer nur Farbe gewesen — ganz ohne
Farbe ist hier eine solche überhaupt kaum denkbar — aber eine Farbe, die völlig
in ihre Umgebung paßte, leuchtend und strahlend und nur gemildert und veredelt
durch den Geschmack, den derjenige Grad von Kultur eingab, den jedes dieser
Völker im Laufe der Zeit sich zu erringen gewußt hat. Keine andere dekorative
Kunst aber kam dieser Farbenfreude immer so stark entgegen wie die keramische:
sie ist nicht nur, wie gezeigt, fast immer eine farbige: sie muß auch in der Regel,
wenn sie wirklich wirksam sein soll, eine stark farbige sein, die mutig und ohne
Zagen sich in dies nicht immer leicht zu behandelnde Gebiet stürzt, und so ist die
Keramik bei allen Kulturvölkern Asiens von den Zeiten der alten Assyrer und
Babylonier an bis in die unsrige hinein fast immer die Lieblingskunst unter den
dekorativen Künsten gewesen, hat dementsprechend auch ihre Ausbildung erfahren
und ist dadurch schließlich der unsrigen so weit überlegen geworden, daß sie eigentlich unsere gesamte höhere europäische Keramik erst ins Leben gerufen und zur
Höhe gebracht hat, das Porzellan sowohl wie die Fayence und Majolika, die diesem
vorangegangen.

Aber das chinesische Porzellan stellt unzweifelhaft nicht nur das schönste Gebiet dar, das die Keramik bisher geschaffen: es ist auch ebenso unzweifelhaft ihr
reichstes und vielseitigstes. Es gibt schlechterdings kein anderes Gebiet derselben,
das so viel Typen, so viel Spielarten hervorgebracht, das selbst dem Kenner desselben noch beständig so viele Überraschungen bringt wie dieses. Man kann es
als wirklich unerschöpflich bezeichnen. Hier beruht diese Tatsache zunächst auf der
unendlich langen Entwicklung, die mindestens sechsmal so lang ist, wie die des von
uns ihm nacherfundenen Porzellans, die niemals auch bis in die letzten Jahrzehnte
hinein für längere Zeit unterbrochen ward, eine Entwicklung schließlich, wie sie niemals
irgendein anderes keramisches Erzeugnis bisher wieder gehabt hat. Da sind Zeitalter genug an diesem Erzeugnis vorübergerauscht mit den verschiedensten Kunst-
idealen, die naturgemäß auch im Porzellan haben zum Ausdruck kommen müssen,

die aber dann später, da ja der Chinese der konservativste Mensch der Welt ist und dank seiner stets rückwärts schauenden Ethik nie ganz vergißt, was er einmal errungen, vielmehr dasselbe dem Neuen, was seine eigene Zeit bringt, zu gewissem Teile hinzuaddiert, niemals für das Porzellan ganz wieder verloren gegangen sind. Bis in die Zeit der Ts'ingdynastie hat so die Kunst seiner ersten Anfänge, die der T'ang- und Sungdynastie nachgewirkt, und fast immer erscheint das jedesmalige Können einer Zeit auf diesem Gebiete als die Summe des der gesamten bisherigen Vergangenheit. Da ist es denn in der Tat kein Wunder, wenn hier schließlich Fülle und Reichtum entsteht. Aber auch was einzelne Zeiten Neues dem Bisherigen hinzugebracht haben, so vor allem die eigentliche Blütezeit des chinesischen Porzellans, die Zeit des großen Kaisers K'ang-Hi, erscheint mit dem verglichen, was wir Europäer bisher in solchen Zeiträumen zuwege zu bringen vermocht haben, erstaunlich reich und vielseitig, und zwar nicht nur an neuen Kunstweisen, auch an neuen Techniken, die jene neuen Kunstweisen erst haben erzeugen helfen. Gerade als ob man sich dann in solchen Zeiten gar nicht genug tun konnte, dies dankbare Gebiet nach allen Seiten hin nach neuen Reizen zu durchsuchen und sie so schön, wie nur irgendmöglich zur Geltung zu bringen. Hierbei aber hat der Chinese sich auch keineswegs so ablehnend gegen fremde Einflüsse gezeigt, wie er dies im übrigen so vielfach gewesen zu sein scheint: wie die geschichtliche Darstellung gezeigt, hat er sich mit vollem Bewußtsein sowohl persische wie japanische, ja sogar auch ihm an sich viel ferner liegende europäische Kunstelemente in sein Porzellan aufgenommen und keineswegs immer, wie man bisher gemeint, um dadurch für den Export bestimmte Stücke den auswärtigen Abnehmern angenehm zu machen. Der Chinese hat sich dadurch auf diesem Gebiet der Kunst ebenso abwechslungsbedürftig gezeigt, wie jedes andere Kulturvolk und dadurch wohl Grund zur Hoffnung gegeben, daß wir diese Eigenschaft auch wohl noch auf so manchem anderen Gebiete derselben feststellen werden, wenn nämlich diese uns erst so gut bekannt sein werden, wie es heute allein vor allem erst das des Porzellans ist.

Diese erstaunliche Vielseitigkeit pflanzt sich dann aber im Porzellan auch bis ins einzelne fort bei der Wahl der Ornamente und ihrer Verwendung, bei der Formengebung, der Farbenharmonien usw. Wer auf Grund nur oberflächlicher Kenntnis, die für gewöhnlich auf diesem Gebiet noch die Regel, an das chinesische Porzellan herantritt, wird bald die merkwürdigsten Überraschungen erleben, die nur mit vollster Bewunderung vor diesem Erzeugnis enden können und nur zu deutlich beweisen, daß den Chinesen gegenüber, mögen diese auch vielfach noch so konservativ erscheinen, die alten landläufigen Vorstellungen von der Schwerfälligkeit und Unwandelbarkeit ihres Wesens doch wohl nicht immer ganz am Platze sind, daß es vielmehr Gebiete gibt, auf denen sie durch das gegenteilige Benehmen sogar uns Europäer ganz bedeutend übertroffen haben.

Doch kommt wohl zur Erklärung der erstaunlichen Mannigfaltigkeit des chinesischen Porzellans noch ein besonderer Grund hinzu, der nicht für alle Gebiete der chinesischen Kunst und Kultur die gleiche Geltung haben kann. Alle ostasiatischen Völker, Chinesen, Koreaner wie Japaner sind eifrige Techniker. Sie sind in dieser Beziehung nicht nur, wie man weiß, ganz ausgezeichnete Handarbeiter, die mit bewundernswertem Geschick eine einmal gegebene Arbeitsweise durchzuführen wissen: sie sinnen auch gar zu gern auf immer neue, und seien diese auch noch so schwierig, die ihnen neue Freuden an der rein technischen Arbeit gewähren können. Daher das reiche Bild, das stets — man denke zunächst nur an die uns bisher am meisten von allen diesen vertraute Kunst der Japaner — die ostasiatische in rein technischer Beziehung gewährt, neben dem dasjenige, das uns unsere eigene, auf diesem Gebiet meist mit sehr wenigem vorlieb nehmende gewährt, in der Regel recht einseitig und bescheiden erscheint. Es ist immer erstaunlich, wie viele technische Hilfsmittel diesen Völkern zur Erreichung oft ganz ähnlicher künstlerischer Wirkungen zur Verfügung stehen. Nun aber kann die Keramik wohl so recht als der eigentliche Tummelplatz der Technik gelten, der derartig veranlagte Völker unmittelbar zu immer neuen Versuchen verlocken mußte. Denn nicht nur ist in dieser Kunst des Feuers, da zu ihrer Vollendung der Geist und die Hand des Menschen nicht ausreichen, eine jede Technik schwieriger und riskanter als in den meisten übrigen Künsten: die unberechenbare Laune des Feuers, die Kompliziertheit der keramischen Arbeit, ja selbst der Umstand, daß man auf diesem Gebiete erst das Arbeitsmaterial aus eigener Kraft gewinnt, gewährt hier eine solche Mannigfaltigkeit von technischen Möglichkeiten, daß, wer die Technik als solche liebt, mit ganz besonderer Vorliebe auf diesem Gebiete verweilen wird und es auch nicht so leicht erschöpfen kann. Daher aus diesem Grunde allein schon die Keramik eine Lieblingskunst der Ostasiaten gewesen ist, die hier die ganzen technischen Möglichkeiten nach allen Seiten hin auszuschöpfen versucht haben, um dann freilich nie mit dem rein technisch Erreichten sich zu begnügen, vielmehr dieses stets in den Dienst einer wirklichen Kunst zu stellen, die dann eben durch die Mannigfaltigkeit der technischen Mittel ihr so erstaunlich reiches künstlerisches Bild erhielt. Denn bei aller Liebe für die Technik sind sie doch stets zu echt künstlerische Völker gewesen, als daß jemals die Technik bei ihnen hätte Selbstzweck werden, als daß sie jemals ihr eigentliches Ziel hätte vergessen können.

So aber ist durch die Vereinigung aller dieser Ursachen in der Tat es schließlich dahin gekommen, daß das chinesische Porzellan in künstlerischer Beziehung das schönste, in technischer das interessanteste, in beiden Beziehungen das reichste Gebiet der Keramik geworden ist, dem die gesamte übrige Keramik der Welt, von der japanischen allein abgesehen, nichts auch nur Verwandtes zur Seite zu stellen hat, und wohl auch sobald nicht stellen wird. Das aber charakterisiert zur Genüge seine Stellung in dieser, die bisher wohl noch viel zu wenig erkannt geworden ist.

*   *   *

Wie alles echte Porzellan stellt auch das chinesische[161]) in der Hauptsache ein durch die Kraft des Feuers herbeigeführtes, inniges Gemenge von einem in diesem schmelzbaren und einem in diesem unschmelzbaren Stoffe dar, das nach der Erkaltung eine fest geschlossene, kristallinische, in dünnem Zustande durchscheinende, meist weiße, daneben aber auch chemisch wie physikalisch sehr widerstandsfähige Masse abgibt. Beide Grundstoffe, sowohl der schmelzbare, wie auch der unschmelzbare, sind nicht überall auf der Welt die gleichen, müssen naturgemäß aber immer die gleichen Eigenschaften haben. Die festen Bestandteile können so nur jene eigenartigen Verwitterungsprodukte des Feldspats darstellen, die bei uns allgemein heute, freilich, wie es scheint, nur infolge eines jahrhundertelangen Irrtums, Kaoline genannt werden und den für jedes keramische Werk erforderlichen Ton in reinster Form darstellen — sie finden sich in der Natur an vielen Stellen — als schmelzbarer dagegen wird in der Regel der Feldspat selber verwandt. Von dem Verhältnis der Zusammensetzung dieser beiden Teile aber hängt dann die Güte des Porzellans ab: je weniger Flußmittel d. h. schmelzbare Bestandteile im Porzellan vorhanden sind, desto fester fällt die Masse aus. Darnach unterscheidet die heutige Technik Hart- und Weichporzellane[168]).

Das chinesische Porzellan gehört zu den letzteren; es unterscheidet sich dadurch stark von den besten Porzellanen Europas, die nach dem Vorbild des von Böttger dem chinesischen nacherfundenen Meißner Porzellan alle Hartporzellane geworden sind. So ist es weniger fest und widerstandsfähig als jene, erfordert aber auch zu seinem Garbrande keine so große Hitze und ist darum auch mit weniger Mühe und geringerem Wagnis zu gewinnen, ein Vorzug, der den Chinesen bei seiner künstlerischen Ausgestaltung sehr zu Nutzen gekommen ist und diese wesentlich erleichtert hat.

Der wichtigste Bestandteil des Porzellans, der feste, der in China bald Pai-ngo, bald auch Ngo-t'u genannt ward, hat sich in China zu allen Zeiten an verschiedenen, wenn anscheinend auch nicht allzu vielen Stellen gefunden und durch sein Vorkommen, wie früher bereits gezeigt, die Porzellanindustrie vielfach lokalisiert. Die Hauptlager jedoch befanden sich, wie es scheint, in der Umgebung von Kin-tê tschen und sind hier nicht nur mit Ursache zur frühen Ausbildung des Porzellans gerade in dieser Gegend (vgl. S. 23) gewesen, sondern haben hier jene reiche Porzellanindustrie sich entwickeln helfen, die seit der Mingdynastie bis in unsere Zeit hinein diesen Ort zur fast alleinigen Stätte aller künstlerischen Produktion auf diesem Gebiete gemacht hat. Sie scheinen alle mehr im Osten der Stadt gelegen, viele derselben jedoch im Laufe der Zeit langsam nacheinander erschöpft worden zu sein, da fast in jeder Periode des chinesischen Porzellans andere Fundstellen in diesen Gegenden genannt werden. So wird als die erste in der Zeit der Mongolenherrschaft vor allem die zu Chin-k'êng genannt. In der Mingzeit war es die zu Sing-tschêng-tu gefundene, berühmte Erde der Ma-ts'ang-Berge, die die beste der damaligen Zeit lieferte, die sogenannte „Regierungserde" (Kuan-t'u), die aber am Ende dieser Periode erschöpft war, infolge dessen die Qualität des Porzellans, wie erwähnt, beträchtlich sank. Im 18. Jahrhundert wurde sie dann von einem Berge K'ai-hua-schan mit Namen geholt, der dicht bei der Stadt K'i-men und an demselben Fluß, wie Kin-tê tschen gelegen gewesen zu sein scheint. In unserer Zeit werden schließlich zum Teil noch wieder andere Orte als Fundstätten genannt.

Neben diesen Lagern in der Nähe von Kin-tê tschen werden dann noch ganz besonders die in den Provinzen Tschili und Fukien genannt, die zur Entstehung der erwähnten (vgl. S. 40 und 77) Porzellanindustrie in Ting-tschou und in Tê-hua geführt haben.

Eine besondere Porzellanerde war dann noch der sogenannte Hua-schi. Sie war diejenige, mittelst deren Hilfe jenes, wie erwähnt, wohl ganz fälschlich „Weichporzellan" genannte[168]) eigenartige Porzellan gewonnen ward, das zuerst in der Zeit des Kaisers K'ang-Hi aufkam (vgl. S. 126) und sich durch die auffallende Leichtigkeit der aus ihm hergestellten Gegenstände auszeichnete, für welche Eigentümlichkeit freilich bis jetzt noch keine Erklärung gegeben worden ist.

Der zweite Bestandteil des chinesischen Porzellans, der schmelzbare, wurde in China meist durch einen einzigen Stoff geliefert, bisweilen aber auch durch ein Gemenge zweier, die aber verwandter Natur gewesen zu sein scheinen. Im 18. Jahrhundert ward jener meist Tun genannt, was „Formstein" heißt[164]). Er wurde damals für das Porzellan von Kin-tê tschen an mehreren wieder in der Nähe dieses Orts gelegenen Stellen gewonnen, darunter auch wieder bei K'i-men, dann auch in Yü-Kan, von wo er schon in der Mingzeit wie auch heute noch bezogen wird. Auch er fand sich wieder an Bergen, der beste an einem Hügel, namens Schou-k'i. Daneben jedoch gab es — wenigstens in der Mingzeit — noch einen Berg nicht weit von Kin-tê tschen, der Kaoling hieß, an dem eine ähnliche Masse gefunden ward, die den gleichen Namen führte, nach dem heute fälschlich[166]) alle Porzellanerden nach Père d'Entrecolles Vorgang bei uns Kaoline genannt werden. Der Kaoling ward auch noch im 18. Jahrhundert gegraben, wurde jedoch damals anscheinend, vielleicht weil seine damals noch vorhandenen Lager schon bedeutend minderwertiger waren, nur in Verbindung mit dem Tun verwandt, wie dies damals noch mit manchen anderen Erden geschah, so vor allem mit dem sogenannten You-kuo, das sonst den Hauptbestandteil der Porzellanglasur darstellte, dann auch mit dem Hua-schi, dem eben erwähnten Grundmaterial des in der K'ang-Hi-Zeit erfundenen sogenannten „Weichporzellans", im engeren Sinne. Daneben bediente man sich auch für gröbere Arbeiten der Schlemmüberreste des Tuns. Heutzutage werden die schmelzbaren Bestandteile des Porzellans z. T. noch an denselben Orten gefunden, doch ist der Kaoling schon seit Jahrzehnten erschöpft[166]). Auffallend jedoch ist, daß, während die Rezepte und Proben der einzelnen Bestandteile des chinesischen Porzellans, die um die Mitte des 19. Jahrhunderts zu uns gelangt sind, dasselbe noch immer in der Hauptsache aus nur zwei Stoffen, nämlich aus Porzellanerde und Feldspat bestehend, darstellen, die am Ende dieses Jahrhunderts zu uns gekommenen stets deren drei angeben, wie dies auch die chinesischen Quellen betreffs mancher Massen des 18. Jahrhunderts schon getan haben, nämlich neben der unschmelzbaren Porzellanerde noch zwei schmelzbare, den Tun und You-kuo[167]). Dieser Widerspruch kann natürlich nur scheinbar sein, da ja gar keine Gewißheit darüber besteht, daß die uns zuletzt bekannt gewordenen Rezepte auch wirklich die einzigen sind, die jetzt in China verwandt werden, doch auch die Folge des Ausgehens des besten Tuns in der Nähe von Kin-tê tschen. Auf alle Fälle erklärt jedoch schon die Zusammensetzung des Porzellans des 18. Jahrhunderts aus den erwähnten verschiedenartigen Bestandteilen die starken Abweichungen in den Massen, die jedem Kenner des Porzellans dieser Zeit genügend bekannt sind. Wird doch ausdrücklich für das

18. Jahrhundert erwähnt, daß Porzellanerde, mit reinem Tun vermischt, zur Herstellung der Porzellane mit kobaltblauer Unterglasurmalerei, dann auch zu der von dünnwandigen „Eierschalenporzellane" verwandt wurde, die sich ja meist durch eine besonders feine Masse auszeichnen. Auch scheint in dieser Beziehung ein Unterschied zwischen aufzudrehender und einzuformender Masse bestanden zu haben.

Über das Wesen aller dieser Stoffe in den vergangenen, großen Zeiten des chinesischen Porzellans sind wir heute freilich nicht allzu gut unterrichtet, da einerseits die Chinesen selber bei dem gänzlichen Fehlen einer chemischen Wissenschaft über sie nur Äußerlichkeiten zu berichten gewußt haben, anderseits, wie schon erwähnt, die uns im vergangenen Jahrhundert aus China überkommenen und von unseren Chemikern untersuchten Proben derselben ja stark voneinander abwichen und sich ja auch keineswegs ganz mit den früher verwandten Stoffen zu decken scheinen. So darf man die in unserer Zeit in dieser Beziehung gewonnenen Ergebnisse kaum so ohne weiteres auch auf die ältere Zeit übertragen. Über die Porzellanerde berichten die chinesischen Quellen nur, daß sie weich, fein und geschmeidig war, daß die beste nicht, wie die weniger guten, jene kleinen Steinchen enthielt, die „als glänzend wie Sterne" bezeichnet wurden, und die, wie die Untersuchung heutiger Erden gezeigt hat, sicher Beimengungen von Glimmer gewesen sind. Der Tun dagegen, der durch Bergbau gewonnen ward, war felsig: er zeigte bei seinem Aufbrechen blumenartige, schwarze Flecke, ward aber sonst nach seiner Färbung unterschieden: der beste war rosa, der mittlere weiß, der schlechteste gelb. Der weiße ward nach seiner Farbe Pai-tun genannt, d. h. weißer Formstein, wonach wir, wieder nach Père d'Entrecolles Beispiel, lange Zeit die schmelzbaren Bestandteile des chinesischen Porzellans Paituntse genannt haben. Der Kaoling wird dann in der Mingzeit gleichfalls als hart und fest geschildert; im 18. Jahrhundert scheint er weicher gewesen zu sein. Auch von ihm gab es damals drei Sorten: der beste wurde, wohl weil er körnig war, mit Hanfleinwand verglichen, der zweitbeste dagegen, wohl weil er wieder Glimmer enthielt, zuckrig genannt, indes der minderwertigste, da er wohl ganz rein und glatt war, als porzellanartig bezeichnet ward. Der You-kuo endlich war wieder ein festes Gestein von bald weißer, bald bläulich weißer Farbe, das einmal auch als „schwitzend" bezeichnet ward. Über alle diese Bestandteile haben, wenigstens soweit sie in unserer Zeit angewandt wurden, die eingehenden Untersuchungen unserer Chemiker ergeben, daß die Porzellanerden in China sich fast völlig mit den bei uns verwandten zu decken scheinen. Nur sind sie in China immer sehr glimmerhaltig und viel weniger elastisch als jene. Desgleichen erwies sich auch der Tun durchaus dem von uns in erster Linie als Schmelzmittel angewandten Feldspat verwandt; in dem Falle, wo er allein der Porzellanerde beigesetzt wurde, wich er dagegen ganz bedeutend von ihm bei jenen am Ende des vergangenen Jahrhunderts zu uns gelangten Proben ab, da noch ein dritter Bestandteil hinzukam: wie auch der ihm beigesetzte You-kuo, erwies er sich in diesem Falle als sehr wenig feldspathaltig, bestand dagegen zum größten Teile aus Quarz und Glimmer. Darin aber stimmten dann alle diese Untersuchungen sowie auch alle Analysen, die man mit den Massen alter chinesischer Porzellane vorgenommen hat, überein, daß die Masse des chinesischen Porzellans schließlich

doch ganz jenen bei uns verwandten gleicht, die im Gegensatz zu unseren besten,
wie sie vor allem durch die Hartporzellane von Meißen, Berlin, Sèvres usw. dargestellt werden, verhältnismäßig arm an Tonerde, desto reicher jedoch an Kiesel-
säure sind, die z. T. eben bei uns als Weichporzellane bezeichnet werden, z. T.
diesen sehr nahe stehen. Es sind dies vor allem die Porzellane aus der „neuen
Masse von Sèvres, das sogenannte „Segerporzellan“ der Berliner Porzellanmanufaktur und das vieler Fabriken von Limoges. Das Porzellan selber ist demnach
aber auch in China immer so ziemlich dasselbe geblieben, mögen auch seine einzelnen Bestandteile oft genug gewechselt haben. Sie haben sich dann anscheinend
immer gegenseitig ergänzt.

Der Abbau aller dieser Rohmaterialien war Privatunternehmung. Sie wurden
auch gleich an Ort und Stelle für die Fabrikation hergerichtet, in einer Weise, die
fast genau den in unserer Porzellanfabrikation üblichen Methoden entspricht, d. h.
sie wurden geschlemmt, durchgesiebt, durch Pressen vom Wasser befreit und durch-
geschlagen. Doch war die Herrichtung der Porzellanerde wie auch des Kaoling einfacher als die des Tuns und der verwandten Erden. Letztere, die als festes Gestein
gewonnen wurden, mußten zunächst mit eisernen Keulen zerkleinert, dann mittels
Klopfern, die an der Spitze mit Steinen versehen waren, zu Pulver verrieben,
weiter geschlemmt und mehrfach auch durch Pressen vom Wasser befreit werden.
Für alle diese Vorrichtungen verwandte man gleich die fließenden Gebirgswasser
der nächsten Umgebung. Da aber diese, je nach den Jahreszeiten, verschiedene Kraft
hatten, fiel auch die Arbeit nach den Jahreszeiten verschieden aus: die am Anfang
des Frühlings, wenn jene am reißendsten waren, präparierten Massen galten für
die feinsten.

Nachdem die Materialien auf diese Weise zubereitet worden waren, wurden
sie durch Pressen vom Wasser befreit, dann zu ziegelsteinartigen Klumpen zu-
sammengedrückt, wovon erst jetzt der Tun die auch bei uns so bekannte Bezeichnung Pai-tuntse, d. h. kleine, weiße Formsteine, erhielt. Hierauf erfolgte ihr
Transport nach Kin-tê tschen, wenn es irgend ging, zu Schiff, wo die Massen, schon
weil oft in betrügerischer Weise ihnen minderwertigeres Material wieder beigemengt
ward, meist noch einmal gereinigt werden mußten.

Hierauf erfolgte die Zusammensetzung dieser Bestandteile zur Porzellanmasse,
wobei man, je besser diese ausfallen sollte, desto mehr Porzellanerde verwenden
mußte. Aus diesem Grunde bestand die beste aus gleichen Teilen Porzellanerde
und Tun, die mittlere aus vier Teilen Porzellanerde und sechs Teilen Tun oder verwandter Erden, während die minderwertigste von ersterer nur noch ein Teil, von
letzteren dagegen drei enthielt. Die Vermengung dieser Bestandteile mußte auch in
China immer sehr innig und gleichmäßig erfolgen. Zu diesem Zwecke wurden sie
in einen festen Behälter gelegt und hier durch Pressen und Treten, wobei man sich
meist der eigenen Füße oder auch wohl der von Büffeln bediente, durcheinander
gemengt. Dann ward die Masse in einzelne Stücke zerschnitten, auf Schiefertafeln
gelegt, auf diesen geknetet und nach allen Richtungen hin und her gerollt, wobei
man streng darauf achtete, daß nirgends Lücken entstanden oder Fremdkörper sich
einmengten. Dann ward sie schließlich zum Trocknen in Bassins gelegt, die sich

praktischerweise neben den Brennöfen befanden und von diesen erwärmt wurden.

Nun war die Masse zur Verarbeitung reif. Die Herstellung der Gefäße geschah in einer der unsrigen merkwürdig ähnlichen Weise. Sie begann mit der Ausgestaltung der Grundformen, entweder vermittelst der alten Töpfertechnik des Aufdrehens oder doch, weit seltener, mittelst Formung. Die Technik des Gießens, die heute bekanntlich in unserer Porzellanfabrikation eine immer größere Bedeutung gewinnt, haben dagegen die Chinesen niemals gekannt. Aufgedreht wurden natürlich fast alle runden Gefäße, geformt die kantigen und die mit plastischen Zierraten versehenen, desgleichen die plastischen Zutaten — es waren vor allem die so häufigen Bronzenachbildungen, die auf diese Weise hergestellt werden mußten — dann auch die Werke reiner Plastik. Das Aufdrehen erfolgte in China von Anfang an auf der Töpferscheibe, die, dicht über dem Boden angebracht, sich zwischen den Knien des nach orientalischer Sitte tief sitzenden Arbeiters drehte. Sie war meist ringsum mit Zähnen versehen, in die, um sie in Bewegung zu setzen, ein Junge mit den Händen faßte oder mit einem seiner Füße stieß, während er sich gleichzeitig an einem oben befestigten Strick in der Schwebe hielt. Auch stieß wohl der Aufdreher selber, bevor er an die Bearbeitung der Masse ging, die Scheibe mit einem Bambusstabe an. Alle aufgedrehten Stücke wurden dann zum Schluß noch innen und außen mit einer Stahlklinge einfachster Art auf der Töpferscheibe geglättet, was freilich eine ganz besondere Geschicklichkeit erfordert haben soll. Auch konnte man auf diese Weise die Wandungen dünner gestalten, was, wenn man dies mit der äußersten Konsequenz durchführte, zu jenen so erstaunlich dünnen „Eierschalen"- oder „körperlosen" Porzellanen führte, die zuerst, wie gezeigt (vgl. S. 81), am Anfang der Mingzeit hergestellt worden sind, deren Herstellung freilich wieder eine ganz besondere technische Geschicklichkeit voraussetzte. Ganz merkwürdig jedoch war, daß man in China den Fuß der Gefäße erst abdrehte, wenn diese glasiert waren. Es kann dies diese Arbeit nicht sehr erleichtert haben, zumal das Porzellan hier, wie gleich erwähnt werden wird, nicht wie bei uns vor dem Glasieren schon leicht gebrannt wurde.

Alle größeren Porzellanarbeiten, wie vor allem die großen Vasen und Kübel der K'ang-Hi-Zeit, daneben aber auch alle ausgebauchten Stücke mußten jedoch in mehreren Stücken aufgedreht und dann, wie auch alle in Formen hergestellten Stücke mittelst feuchter Porzellanmasse aneinander geklebt und im Brennofen zusammen gebrannt werden. Nicht immer hat man hierbei, wie erwähnt, die Ansatzstellen ganz zu verdecken gewußt. Namentlich für die Erzeugnisse der Mingzeit sind ja die dabei entstandenen Wulste geradezu typisch geworden (vgl. S. 75), ja es ist sogar wohl vorgekommen, daß die einzelnen Teile später, weil nicht fest genug aneinander gebrannt, sich wieder losgetrennt haben, wohingegen bei den Stücken der späteren Zeit in der Regel die Ansatzstellen nur noch durch Befühlen mit der Hand festgestellt werden können. Es hing dies jedenfalls von der Verschiedenartigkeit der zur Verfügung stehenden Massen ab.

Die Formung des Porzellans geschah mittelst Hohlformen, die aus einer gelbent fetten Erde hergestellt und nach Aufnahme der Form ein wenig im Feuer gehärte, wurden. Die Hohlformen scheinen dabei aber nicht, wie die bei uns gebräuchlichen, porös geblieben zu sein. So waren sie auch nicht, wie diese, imstande, die Feuchtigkeit der in sie hineingedrückten Porzellanmasse aufzusaugen und dadurch dann eine leichtere Wiederlösung dieser zu ermöglichen. Vielmehr mußten sie zu diesem Zwecke, wenn das Porzellan eingeformt war, einen Augenblick ins Feuer gehalten werden.

Nach dem Aufdrehen oder der Formung konnte dann das Glasieren beginnen, das für das Porzellan ja kein unmittelbares Erfordernis ist, wie für die minderwertigeren, infolge ihrer Porosität Feuchtigkeit durchlassenden keramischen Arbeiten, dafür aber ein wundervolles Schmuckmittel, durch das es erst seinen Glanz und seine volle Frische erhält, daneben freilich doch auch ein Schutzmittel, das es vor dauernder Verunreinigung bewahrt. Unglasiertes Porzellan, das wir Biskuit zu nennen pflegen, gibt es daher in China äußerst selten. So gut wie alles Porzellan ist dort glasiert worden. Das Gebiet der Glasur ist es aber, auf dem die technische Behandlung des chinesischen und des europäischen Porzellans am meisten voneinander abweichen. Zunächst ist schon die Glasur in China eine andere wie bei uns: hier stellt sie in der Regel eine Feldspat-, dort, wie wir jetzt genau wissen, eine Kalkglasur dar. Die Glasur des chinesischen Porzellans setzte sich in der Regel aus drei Bestandteilen zusammen: aus einer Art Kalkstein, aus vegetabilischer Asche und dann wieder aus jenem Tun oder jenem You-kuo, die schon der Porzellanmasse als Flußmittel beigemengt wurden. Hierbei wurden zunächst die beiden ersteren Bestandteile zusammengebrannt: man legte zwischen Schichten von Kalkstein solche von Pflanzen, in früheren Zeiten Unterholz, dann Blätter von Bambus oder Pfirsichbäumen, seit dem 18. Jahrhundert jedoch, wie es scheint, ausschließlich Farnkräuter und setzte das Ganze in Brand. Was übrig blieb, ward dann, in Wasser aufgelöst, mit dem You-kuo oder Tun vermischt, wobei man für die beste Glasur einen Teil des ersteren mit zehn Teilen der letzteren Erden, für die mittlere zwei oder drei Teile zu sieben oder acht, für die schlechteste jedoch weniger Tun oder You-kuo als die anderen Bestandteile nahm. Dieser eigenartigen Kalkglasur verdankt, da Kalkglasuren stets durchsichtiger sind als Feldspatglasuren, das chinesische Porzellan bei seinen besseren Stücken seinen wundervollen Glanz und seine klare Durchsichtigkeit, sie hat ihm auch seinen grünen Schimmer gegeben, der für dasselbe im Gegensatz zu dem unsrigen so charakteristisch ist.

Eine besondere Glasur war jedoch die beim chinesischen Porzellan so früh schon und auch so reichlich verwandte haarrissige. Diese Haarrissigkeit trat immer ein, sobald der Ausdehnungskoeffizient der Glasur größer war, als der der darunter liegenden Porzellanmasse. Zu diesem Zwecke wurde, wie unsere Nachforschungen jetzt ergeben haben, der Kalkgehalt der beschriebenen Glasur mehr oder weniger durch Feldspat ersetzt. Die bei der Abkühlung sich bildenden Risse wurden dann meist zu ihrer deutlicheren Sichtbarmachung mit schwarzer Tusche eingerieben.

Ebenso abweichend wie die Zusammensetzung der Glasur des chinesischen Porzellans war aber auch die Art seiner Glasierung. Es ist bekannt genug, daß das europäische Porzellan von den Zeiten Böttgers, seines Erfinders, an bis auf den heutigen Tag so gut wie immer, bevor es glasiert wird, einem ersten leichten Brande unterzogen wird, dem sogenannten Verglühbrande, durch den ihm bereits eine

gewisse Festigkeit verliehen wird, die seine Glasierung mittelst der bei uns fast
ganz allgemein üblichen Methode des Eintauchens in die Glasurflüssigkeit wesentlich
erleichtert. In China ist man dagegen merkwürdigerweise nie zu diesem so be-
quemen Hilfsmittel gelangt, wohl schon deshalb, weil man dort die fertig geformten
Gefäße in der Regel nicht durch Eintauchen zu glasieren pflegte. Es scheint dies
nur in ganz frühen Zeiten allgemein geschehen zu sein; doch sollen hierbei die
schwereren Gefäße so leicht zerbrochen sein, daß man diese Methode dann nur noch
bei den kleineren und einfacheren anwandte, wobei man freilich mit äußerster Vorsicht vorgehen und eine Handgeschicklichkeit an den Tag legen mußte, die ein europäischer Arbeiter für gewöhnlich nicht zu besitzen pflegt. Man faßte hierbei das
Porzellan zunächst ganz zart von außen an, hielt es schräg über den die Glasur enthaltenden Bottich, und warf dann mit der Hand so viel Glasur hinein, als für den
betreffenden Gegenstand erforderlich war. Dann hielt man es, um auch das Äußere
zu glasieren, mit der einen Hand von innen, von außen aber mittelst eines kleinen
Stocks, den man gegen die Mitte des Bodens stützte, fest und tauchte es so ein,
eine Methode, die in der Tat eine ganz ungewöhnliche Ruhe und Sicherheit der
Hand erfordert haben muß. Darum man denn auch schließlich zu ganz anderen, prak-
tischeren Methoden übergegangen ist, nämlich zu denen des Aufblasens und des
Auftragens mittelst des Pinsels. Fürs erstere bediente man sich eines vorn durch
Gaze geschlossenen Bambusrohres, durch das man die flüssige, ihr am vorderen
Ende durch Eintauchen in den Glasurbottich anhaftende Glasur hindurchblies. Der
Auftrag der Glasur erfolgte übrigens in China nicht einmal, sondern mehrmals hinter-
einander — die Zahl der Aufträge schwankte zwischen 3 bis 4 und 17 bis 18 Mal
— wobei dann die Glasur bald aufgeblasen, bald mit dem Pinsel aufgetragen ward.
Hierauf aber ward endlich auch der am Boden bisher stehengebliebene Porzellan-
klumpen entfernt und der Fuß richtig ausgedreht.

Dann war das Porzellan zum Einstellen in den Ofen, zum Garbrande reif. Die
in China zum Garbrennen verwandten Brennöfen sind bis auf den heutigen Tag
äußerst primitive geblieben; sie unterscheiden sich daher völlig von den bei uns jetzt
in der Porzellanfabrikation üblichen, weniger jedoch von denen, die unsere Industrie das ganze 18. Jahrhundert hindurch nach dem Vorbilde Böttgers verwandt
hat, und die noch heute für einfachere keramische Erzeugnisse benutzt werden.
Ausschließlich stellen sie liegende Halbzylinder dar, die an der einen Schmalseite
den schon im Innern liegenden Raum für die Feuerung, an der anderen den mit
einem Schornstein in Verbindung stehenden Auszug besitzen. Ihre Maße schwankten,
wie auch ihre Form. In der Mingzeit scheinen sie noch fast quadratisch gewesen
zu sein; die größten derselben, die ausschließlich zum Brande großer Fischkübel bestimmt waren, waren vorne 6, hinten $6^{1}/_{2}$ Fuß breit und 6 Fuß lang. In ihnen
konnte immer nur ein Fischkübel der größten Sorte gebrannt werden, von den
kleineren dagegen mehrere, wofern man sie aufeinander stellte. Kleinere Öfen
wurden für Porzellan mit Blaumalerei oder bunten Verzierungen gebaut. Sie konnten
etwa 200 Schüsseln gewöhnlicher Größe aufnehmen. In späterer Zeit wurden dann
die Öfen länglich gehalten, welche Form sie bis auf den heutigen Tag bewahrt
haben, und auch bedeutend größer. Ihre Höhe und Breite betrug etwa 10 Fuß,

ihre Tiefe 20. So beschreibt sie auch Père d'Entrecolles. In unserer Zeit jedoch
haben sie sich noch bedeutend vergrößert. Die Höhe wird heute auf 5, die Länge
auf 10 Meter angegeben. Das Verhältnis von Länge und Breite ist demnach
immer dasselbe geblieben. Gern brachte man diese Öfen, wie dies auch in Korea
und Japan geschah, an Abhängen an, indem man dann mehrere derselben hinter
einander aufstellte und miteinander in Verbindung setzte, wodurch, da die Hitze des
ersten Ofens auch noch den folgenden zugute kam, viel Feuerung erspart ward.
Geheizt wurden alle diese Öfen entweder durch Holz oder durch Reisig. Letzteres
geschah für die minderwertigeren Sachen.

Alle diese Öfen können in der Tat nur als recht primitive angesehen werden.
Da sie sehr flach und zugleich sehr langgestreckt waren, so mußten in ihnen die
Temperaturunterschiede sehr bedeutend sein: einer übertrieben starken Hitze in der
Nähe der Feuerung stand immer eine bereits beträchtliche Abkühlung in der Gegend
des Schornsteins gegenüber, indes nur der mittlere Teil des Ofens die normale
Temperatur erhalten konnte. Diese starken Unterschiede haben auf den Fabrikations-
betrieb in China einen großen Einfluß ausgeübt. Es ist hier niemals möglich ge-
wesen, wofern man die Glut der Öfen völlig ausnutzen wollte, nur gleichartige
Gegenstände auf einmal zu brennen. Auch war die Beobachtung und Kontrolle des
Feuers nicht gerade leicht. Man hat daher, wie Père d'Entrecolles ausdrücklich
berichtet, die feineren Porzellane immer in die Mitte der Öfen gestellt, an den Anfang und das Ende dagegen die minderwertigen oder auch die großen.

In diese Öfen wurden die Porzellane, genau wie bei uns, zum Schutz gegen
Verunreinigungen und zu schnelle Einwirkungen des Feuers in Kapseln aus feuer-
festem Ton eingestellt. Dieser Ton ward in der Nähe von Kin-tê tschen an mehreren Orten gefunden; an einer Stelle ward er zu Père d'Entrecolles Zeiten sogar
aus ganz tiefen Gruben hervorgeholt, in denen man nur im Winter zu arbeiten
vermochte. Es gab damals drei verschiedene Sorten von Kapselton: eine schwarze,
eine gelbe und eine weiße. Die Kapseln wurden anfangs vor der Benutzung für
sich fest gebrannt; zu Père d'Entrecolles Zeiten tat man dies, um Kosten zu
sparen, mit dem Porzellan zugleich, wobei man jedoch Sorge trug, daß der größere
Teil der Kapseln doch schon mindestens einmal vorher im Feuer gewesen und
darum völlig fest war. Die Kapseln hatten selber keine Deckel; sie wurden geschlossen, indem man die eine auf die andere stellte. Vorher setzte man in sie
die Porzellane auf eine Sandschicht, die man, um das Ankleben zu verhindern, vorher mit einer dünnen Kaolinschicht überzog. Jeder größere Gegenstand erhielt
hierbei eine Kapsel für sich, von den kleineren wurden eine ganze Reihe in eine
einzige hineingestellt. Die Deckel wurden immer auf den zu ihnen gehörenden
Gegenständen belassen. Sie waren durch einen Schlag nachher leicht wieder von
ihnen abzutrennen. Das Hineinsetzen der Porzellane jedoch mußte, um jede Be-
schädigung, jede Beschmutzung zu vermeiden, mit der äußersten Vorsicht erfolgen:
man nahm zu diesem Zwecke den Gegenstand zwischen eine Schnur, die auf der
einen Seite um eine von der einen Hand gehaltene Holzgabel geschlungen war,
indes die andere die beiden Enden je nach Bedarf mehr oder weniger dicht zu-
sammenzog. So hob man sie behutsam in die Kapsel hinein und stellte sie auf

das in derselben befindliche Sandlager. Doch ließ man die vordersten und hintersten
Kapseln wegen der Unberechenbarkeit des Feuers an diesen Stellen völlig leer.

Nun wurde das am Eingang der Öfen bereits angehäufte Brennmaterial angefeuert und die Öfen ganz, wie bei uns, durch Vermauerung geschlossen, durch eine
Öffnung jedoch, die man in dieser Vermauerung ließ, während des Brandes be-
ständig frisches Brennmaterial auf die Feuerung geworfen. Auch in China dauerte
der Brand des Porzellans, obgleich dieses ja nur ein zur Garbrennung weniger
Hitze erforderndes Weichporzellan darstellte, immer recht lange, wohl weil durch
die Langgestrecktheit der Brennöfen immer sehr viel Hitze verloren ging. In der
Mingzeit war dieser Brennprozeß sogar ein äußerst komplizierter: sieben Tage und
Nächte ward zunächst bei den größeren Öfen ein mildes Feuer unterhalten, um die
Porzellane möglichst langsam auszutrocknen, hierauf zum eigentlichen Garbrennen zwei
Tage lang ein sehr lebhaftes, wobei die Kapseln rotglühend wurden. Dann ließ
man die Öfen zehn Tage lang langsam ausglühen. Auch bei den kleineren Öfen
dauerte der Brand noch fünf Tage. Man hat diese ungewöhnlich lange Brennzeit
später durch die Dickwandigkeit der meisten der damaligen Porzellane (vgl. S. 74) zu
erklären gesucht. Im 18. Jahrhundert rechnete man jedoch für den ganzen Brand nur
drei Tage. Während dieser Zeit beobachtete man die Vorgänge im Ofen stets aufs
allergenaueste durch die erwähnte Öffnung in der Vermauerung, wie auch durch
andere kleine, im Gewölbe des Ofens angebrachte; ja man besaß auch ein uns
wohl völlig unbekanntes Mittel, durch dieselben das Feuer in gewisser Weise zu
regulieren oder nach ganz bestimmten Seiten zu treiben, nämlich durch Besprengen
mit Wasser, was freilich eine große Geschicklichkeit und Erfahrung erforderte. Desgleichen hatte man auch eins, um die Vollendung des Garbrandes festzustellen, wie
wir jetzt ein solches bekanntlich in unseren „Segerkegeln" besitzen: man legte ein
Stück ungebranntes Porzellan in eine der Öffnungen des Ofens, das in der Mitte
ein Loch hatte. Sobald dies Loch im Inneren gargebrannt schien, war es auch das
im Ofen befindliche Porzellan. Daneben waren andere Kennzeichen das Weißwerden
der aus dem Abzug des Ofens austretenden Flammen, das Rotwerden der Kapseln
das Aufleuchten des Sandes, auf dem die Kapseln standen usw. Sobald derartiges
bemerkt wurde, mauerte man den Ofen völlig zu und ließ ihn sich abkühlen, was
für große Gegenstände mehrere Tage, für kleinere nur einen halben erforderte.
Dann aber nahm man, um die Wärme des Ofens noch möglichst für den folgenden
Brand ausnutzen zu können, noch aus dem warmen Ofen die noch immer rötlich
glühenden Kapseln heraus, wobei sich die dies verrichtenden Arbeiter, um sich vor
der Hitze zu schützen, den Kopf und die Hände mit feuchten Tüchern zu umwickeln
pflegten.

Damit war das Porzellan als solches fertiggestellt.

Die Verzierung desselben hatte z. T. ja schon vor dem Garbrande und dem
Glasieren zu erfolgen: da, wo es sich um Unterglasurmalereien oder plastische Aus-
schmückungen handelte. Die plastische Ausschmückung bestand, wie die Darstellung
der geschichtlichen Entwicklung mehrfach gezeigt hat, aus Auflagen und Vertiefungen.
Letztere wurden entweder durch feine, linienartige Eingravierungen hergestellt oder
durch freihändiges Eingraben oder Eindrücken in Formen oder durch Stempel.

Erstere wurden gleichfalls aus Formen gewonnen, z. T. wie erwähnt aus solchen, die gleich das ganze Gefäß formten, z. T. aus solchen, die nur die Ornamente bildeten, die dann den Wandungen der Gefäße auf- oder angesetzt wurden. Freihändige plastische Arbeit am Gefäß selber scheint dagegen nur ganz selten vorgenommen zu sein.

Die Unterglasurmalerei ist in China zu allen Zeiten die bei weitem wichtigste Bemalungsart des Porzellans gewesen. Doch hat der Chinese hierfür stets nur zwei Farben zur Verfügung gehabt, die, wie gezeigt worden, beide schon am Beginne der Mingzeit nachweisbar sind: das aus Kobalterzen gewonnene Blau und das aus Kupfer hergestellte Rot. Ersteres aber ist zu allen Zeiten, schon, da die Malerei in Kupferrot, wie mehrfach erwähnt, sehr unsicher war, die Hauptfarbe gewesen. Noch heute stellt jene ja in China wie in Japan den Hauptschmuck des gewöhnlichen Gebrauchsgeschirrs dar. Sie ist den Chinesen zu manchen Zeiten wahrhaft glänzend gelungen, so glänzend wie nie einem anderen Volke der Welt wieder, indes daneben das Kupferrot immer eine recht schwierige Farbe blieb, dessen Herstellung, wie gezeigt, oft gar nicht oder nur mit sehr schwankendem Erfolge gelang. Das Kobalterz für das gewöhnlichere Blau ist in China immer an vielen Stellen, doch in sehr verschiedenen Qualitäten gefunden worden, am frühesten anscheinend in der Provinz Kiangsi. Das beste Blau der Mingzeit, heï-ts'ing d. h. das „schwarzdunkle Blau", mußte jedoch, wie gezeigt worden, von auswärts geholt werden, wurde aber dann mit den einheimischen in verschiedenen Verhältnissen gemischt. Doch ging es ja dann bald wieder völlig aus und ist hierauf immer die stille Sehnsucht aller späteren Jahrhunderte gewesen, trotzdem die Zeit des Kaisers K'ang-Hi doch auch ein wundervolles und auch viel nuancenreicheres Blau besaß, das sogar dann die eigentliche Blütezeit der Blaumalerei im chinesischen Porzellan herbeiführte. Letzteres scheint schon damals, wie dann auch später in der Provinz Tschekiang, gefunden worden zu sein. Die technische Beherrschung der Blaumalerei in ihren Blütezeiten aber ist immer ganz besonders bewundernswert gewesen, ja steht wohl für alle Zeiten unerreicht da. Nicht nur gelang es, an den besseren Stücken die wundervollsten, tiefsten, leuchtendsten Töne zu erzielen, diese in breiten Flächen aufzutragen und an einem und demselben Stücke in den verschiedensten Stärken klar gegeneinander abzusetzen: die Klarheit der Zeichnung, die Vermeidung alles Auslaufens der Farbe auf dem weißen Porzellangrund erscheint hier immer ganz erstaunlich, vor allem, wenn man bedenkt, wie wenig unser europäisches Porzellan bisher in dieser Beziehung geleistet hat. Indessen darf man gerade hier wieder nicht die große Erleichterung vergessen, dessen sich das chinesische Porzellan als Weichporzellan beim Garbrand zu erfreuen gehabt hat. Auch haben die Chinesen ebensowenig wie wir — das zeigen z. B. aufs deutlichste die vielen gleichartigen Stücke der Dresdner Sammlung — keineswegs diese Technik völlig beherrscht: die blaue Farbe nahm durchaus nicht immer die gewünschte Nuance oder Stärke an. Hier fand auch ihr bedeutendes Können seine Grenzen.

Vor dem Garbrande des Porzellans mußten dann aber auch die sogenannten „Scharffeuerglasuren" auf das noch unglasierte Porzellan aufgetragen werden, die die Hitze des Garbrandes auszuhalten vermochten. Dieser gab es freilich wieder nicht allzu viele. Doch gehörten hierzu gerade einige der bekanntesten und häufigsten Glasuren des chinesischen Porzellans. Es waren dies die seladongrüne und die kapuzinerbraune Glasur, die beide ihre charakteristischen Färbungen durch Eisenoxyd erhielten, dann eine mittels Kobalt gefärbte meist dunkelblaue und schließlich die schwarze, bei der Eisen- und Kobaltoxyde zusammen verwandt wurden. Damit ist ihre Zahl bereits zu Ende. Eine besondere Stelle nahm daneben die kupferrote ein, die in dem berühmten Lang-yao der K'ang-Hi-Zeit ihre höchste Ausbildung erhielt (vgl. S. 132), sowie jene, die durch die erwähnte (vgl. S. 152) farbliche Veränderlichkeit der Kupferoxyde, dem yao-pien der Chinesen ein so buntes, ineinander verschwimmendes Farbenspiel erhalten konnte: sie wurden, wie wenigstens die Erkundigungen unserer Zeit darzutun scheinen[16]), auf das bereits fertig gebrannte, aber noch unglasierte Porzellan aufgetragen und dann im vorderen Teil des Ofens, dort, wo das Feuer am kräftigsten war, aufgebrannt.

Auf das fertig gebrannte, unglasierte Porzellan aber wurden dann auch alle jene, anscheinend erst seit der Mingzeit aufgekommenen Glasuren gelegt, die nur an den weniger heißen Stellen des Brennofens in schwächerem Halbscharffeuer gebrannt werden durften: die durch Kupferoxyd gewonnene türkisblaue, die durch Manganoxyd gefärbte violette, dann die mittels Antimonoxyd hergestellte gelbe und schließlich die lebhafter grünen, für die wieder Kupferoxyd die färbende Substanz abgab. Sie konnten alle durch Veränderungen der prozentualen Zusammensetzung, durch Vermischungen, Übereinanderlegen oder auch wohl durch reine Zufälligkeiten jene Fülle von Spielarten erhalten, die für die Zeit der Kaiser Yung-Tschêng und Kien-Lung so ungemein charakteristisch gewesen ist.

Alle übrigen farbigen Dekorationen, darunter vor allem die bunte Schmelz- oder Muffelmalerei, die seit der Mingzeit aufkam, wurde schließlich in noch schwächerem Feuer dem fertig gebrannten Porzellan aufgebrannt. Sie erhielten alle ihre Farbe durch dieselben Metalloxyde, wie die genannten Glasuren, nur daß hier noch für die Hauptfarbe der am Ende der K'ang-Hi-Zeit aufgekommenen, sogenannten „Rosa"gattung das aus dem Cassiusschen Purpur (Goldchlorid) gewonnene schöne Rosa hinzukam. Der Chinese hat so im Vergleich zu den bei uns üblichen nur recht wenige derartige Farben besessen. Entlegenere Metalle wie z. B. Uran, Kadmium und selbst Zink hat man hier nie zu solchen Zwecken zu verwenden gewußt. Dafür gab es jedoch hier die beiden sich so scharf gegenüber stehenden, vielleicht weil nicht gleichzeitig einbrennbar, auch niemals zusammen verwandten Farbensysteme der „grünen" und der „Rosa"gattungen, von denen die erstere, wie bereits erwähnt, in der Hauptsache aus wundervoll durchsichtigen, klaren und glänzenden Farben, die letztere aus undurchsichtigen, stumpfen bestand. Auch besaß man von mehreren Farben eine ganze Reihe von Nuancen, so namentlich von Grün, dann weiter von Eisenrot und Blau, die nicht dem Zufall, sondern bewußter Absichtlichkeit verdankt wurden. Schließlich aber blieben auch die Töne dieser Farben nicht zu allen Zeiten dieselben. Welche Wandlungen machte z. B. das Gelb von der Zeit des Kaisers Kia-Tsing bis zum Ende der Regierung des Kaisers K'ang-Hi durch, wie zart und fast violett fing weiter das Rosa der „Rosa"gattung an, um schließlich im weiteren Verlauf der Entwicklung jene grelle Lebhaftigkeit zu erhalten, die

die heutigen Porzellanerzeugnisse der Chinesen für uns so oft ungenießbar machen!

Mit Ausnahme von Eisenrot und Schwarz, die unmittelbar auf die Porzellanglasur eingebrannt wurden, sowie von Gold und Silber, von denen ersteres als aufgelöstes Blattgold aufgetragen ward, waren alle diese Farben, wie auch die unsrigen, sogenannte Schmelzfarben, d. h. sie wurden mit einem gewissen Fluß versetzt, dessen Zusammensetzung je nach der Farbe ein wenig schwankte. Doch bestand und besteht noch heute von vornherein zwischen den chinesischen und europäischen Schmelzfarben ein großer Unterschied, der ihre ganze Verwendung und auch ihre ganze Erscheinung stark beeinflußt hat. Wohl infolge ihrer sehr wahrscheinlichen Entlehnung von den Metallemailarbeiten der Yüan- oder frühesten Mingzeit stellten die chinesischen Schmelzfarben mehr richtige Emaillen dar, d. h. farbige Glasflüsse, in denen die färbenden Metalloxyde völlig aufgelöst waren, indes bei den unsrigen letztere mit den ihnen beigesetzten Flüssen nur einfach vermengt waren. Infolgedessen waren auch in den chinesischen Schmelzfarben die färbenden Bestandteile prozentual sehr gering. Sie erhielten erst wirkliche Kraft und Fülle bei stärkerer Auflage.

Das ist die technische Ursache des so charakteristischen, dicken, tropfenartigen Aufliegens aller Schmelzfarben des chinesischen Porzellans, das diesen dann den glasigen Charakter, diesen Farben so viel Glanz und Leuchtkraft gegeben hat und sie so stark von allen unseren bunten, sich kaum über die Fläche des Porzellans erhebenden Porzellanmalereien unterscheidet. Es ist ein technischer Notbehelf gewesen, der, wie so oft im chinesischen Porzellan, dann durch geschickte Verwendung zu einem ganz besonderen Reizmittel desselben geworden ist, zugleich aber auch nur ermöglicht ward durch seine besondere Glasur, die Kalkglasur, auf der allein im Gegensatz zu der bei uns gebräuchlichen Feldspatglasur derartig plastisch aufliegende Schmelzfarben ohne besondere Schwierigkeiten zu haften pflegen.

Der Auftrag aller dieser Farben erfolgte mittels Pinsel, auch derjenigen, die dem unglasierten, Porzellan (email sur biscuit) aufgesetzt wurden, in welchem Falle man sich besonders dicker zu bedienen pflegte. Nur die geschlossenen Gründe wurden, wie auch die mittels Kobaltblau oder Eisenrot gewonnenen meist mittels Spritzung gewonnen und zwar wieder mit Hilfe einer an einem Ende durch sehr enge Gaze geschlossenen Röhre, die mit diesem in die Farbe getaucht wurde, die dann gegen das zu dekorierende Stück Porzellan geblasen ward. Der Bindemitte für die Muffelfarben gab es drei: Mastixöl oder eine Art Leim[160]) oder schließlich einfach Wasser. Das erste erleichterte die Ausbreitung der Farben, das zweite die Retouchen, das letztere einen dickeren Farbenauftrag. Hinsichtlich der künstlerischen Verwendung dieser Schmelzfarben aber hat dann von Anfang an ein voller Gegensatz zu der bei uns in Europa hierbei immer üblich gewesenen Methode bestanden: während auf unseren Porzellanen mit diesen in Anlehnung an die bei uns meist mehr oder weniger naturalistische Wirkungen anstrebende Malerei wirklich gemalt wird, d. h. zur Erzielung malerischer Wirkungen die Farben, wo nötig, zur Modellierung und Abschattierung durch- und ineinander gerieben oder auch übereinander gelegt werden, kennt der Chinese, entsprechend seiner stets rein dekorativ bleibenden Kunst nur das Auftragen und Nebeneinandersetzen einzelner, durch nichts außer etwa durch eine in Schwarz ausgeführte Zeichnung belebter und unterbrochener breiter Farbflächen. Hierauf beruht dann nicht zum wenigsten die ruhige, dekorative Wirkung, sowie auch die klare Farbigkeit der chinesischen Porzellane.

Zum Einbrennen dieser Farben standen dann Öfen verschiedensten Systems zur Verfügung. Zunächst die sogenannten offenen und geschlossenen. Erstere, die unseren Emaillieröfen verwandt waren und für kleinere Gegenstände benutzt wurden, wurden offene genannt, da sie vorn eine große Öffnung besaßen, durch die man auf einer mit einem Stil versehenen Scheibe das Porzellan mit seinen Farben so lange hielt, bis diese eingebrannt waren. Die geschlossenen Öfen dagegen, die unseren Muffelöfen glichen, waren für die größeren Gegenstände bestimmt. Sie stellten kompliziertere Gebilde dar. Zunächst besaßen sie eine innere, aufrechtstehende, zylindrische oder tonnenförmige Schale aus Erde oder, wenn diese Öfen nicht sehr groß waren, auch aus Eisen, um die sich in einem Abstand von etwa einem halben Fuß eine zweite aus Ziegeln legte. In die erstere wurden dann die Porzellane gestellt, der Zwischenraum zwischen beiden aber mit Feuerungsmaterial angefüllt, hierauf die Öfen oben flach zugemauert, wobei man zur Beobachtung des Feuers und zur Ergänzung des Brennmaterials eine für gewöhnlich mittels eines zerbrochenen Topfes bedeckbare Öffnung beließ, und schließlich angezündet. Wenn dann alle Porzellane rot erglühten, die Farben mit dem Porzellan verschmolzen und lebhaft wurden, dann war das Einbrennen derselben vollendet. Alle diese Öfen wurden nicht mit Holz sondern mit Kohlen angefeuert.

Wie es scheint, wurden alle Muffelfarben, sowie auch das Gold zu gleicher Zeit in einem einzigen Brande eingebrannt, was in der europäischen Porzellanfabrikation nicht immer zu geschehen pflegt. Nur vom Silber erfahren wir, daß es nicht so lange, wie das Gold, im Ofen bleiben durfte. Auch mußte ersteres, damit es Glanz erhielt, nach dem Brande noch mit einem Stück Achat poliert werden.

Damit sind die wichtigsten Techniken des chinesischen Porzellans, die fast alle auch heute noch in China in Übung sind, aufgeführt. Man kann nicht sagen, daß sie schon besonders entwickelte und raffinierte, die immer so schwierige Fabrikation des Porzellans wesentlich erleichternde darstellen. Vor allem können die Öfen, von deren Wirkung in der Keramik doch so ziemlich alles abhängt, nur als recht primitive bezeichnet werden, namentlich, wenn man sie mit denen vergleicht, die uns jetzt etwa seit einem Jahrhundert zur Verfügung stehen. Schwerlich würde unsere heutige Industrie mit den in China noch immer gebräuchlichen noch fertig werden. Um so mehr muß man erstaunen, wie wunderbar die Chinesen fast zu allen Zeiten diese Techniken beherrscht haben, was für feine Massen sie zu erzeugen, was für gewagte Gegenstände sie zu brennen und was für glänzende, reine Farben sie dem Porzellan einzubrennen gewußt haben. Man denke z. B. nur an die großen Vasen der K'ang-Hi-Zeit, an die komplizierten, freilich nur in Abbildungen erhaltenen, zusammengesetzten Stücke der Sung- und Mingperiode, an die wundervolle Beherrschung des Kobaltblaus und die prächtigen Schmelzfarben des 18. Jahrhunderts, sowie an die vielen in der Darstellung der Geschichte dieser Erzeugnisse erwähnten

Kühnheiten, durch die man bisweilen die keramische Technik und ihre Unberechenbarkeit geradezu herauszufordern liebte. In keinem Lande der Welt hat man auf
dem Gebiet der Keramik Größeres und Schwierigeres geleistet wie hier, und so
haben die Chinesen dem alten Ruhm der Ostasiaten, vollendete Techniker zu sein,
durch ihr Porzellan ein neues Ruhmesblatt hinzugefügt. Vergessen aber darf bei
allen diesen Leistungen niemals werden, daß das chinesische Porzellan, wie erwähnt, immer ein sogenanntes Weichporzellan dargestellt hat, das technisch ja
immer viel leichter zu behandeln ist, als das Hartporzellan und dann ja auch im
Gegensatz zu dem unsrigen bereits auf eine weit über tausendjährige Entwicklung
zurückgeschaut hat, die niemals unterbrochen ward und darum Gelegenheit gab zur
Ansammlung der allerreichsten Erfahrung, die der Chinese bei seinem konservativen
Sinn ja auch immer gar wohl zu wahren gewußt hat. Naturgemäß hat hierbei
freilich die Technik nicht immer auf der gleichen Höhe gestanden: die Darstellung
der geschichtlichen Entwicklung des chinesischen Porzellans hat deutlich genug gezeigt, wie die K'ang-Hi-Zeit der eigentliche Höhepunkt desselben nicht nicht nur in
künstlerischer, sondern auch in technischer Beziehung gewesen ist, wie damals
manches wahrhaft glänzend gelang, z. B. die Herstellung der großen Vasen, die
Schmelzfarbenmalerei, mit dem sich die ganze vorhergehende Zeit ja immer noch
ziemlich hatte abquälen müssen und wie im übrigen sich vielfach Schwankungen im
technischen Können zeigten. Auch finden sich unter den Porzellanen selbst der besten
Zeiten genug Erzeugnisse, die durchaus nicht als völlig geglückt anzusehen sind: es
fehlen keineswegs verzogene Schalen, schief gebrannte Vasen, Gegenstände mit
nicht genügend herausgekommenem Kobaltblau oder nicht völlig geglückter Schmelzmalerei und dergl. mehr. Auch zeigt die Glasur fast immer Verunreinigungen durch
kleine schwarze Punkte, die von Eisenbestandteilen der Masse herrühren.
Ganz ohne Mühe und ganz ohne Enttäuschungen hat man demnach auch in China
sein überlegenes Können auf diesem Gebiete nicht erwerben und behaupten können.
Gewiß hat wohl auch oft erst ein keramisches Genie, wie z. B. der berühmte T'ang
Ying der Yung-Tschêngzeit (vgl. S. 148) und mancher andere, dessen Namen die für
solche Taten niemals sehr erkenntliche Geschichtschreibung der Chinesen nicht weiter
aufbewahrt hat, kommen müssen, bevor mancher Fortschritt auf diesem Gebiete gelang. Trotzdem bleibt im chinesischen Porzellan nicht nur die Erfindung so vieler
Techniken, sondern ihre sichere Beherrschung ganz erstaunlich und ist von keinem
Volke der Welt wieder erreicht worden.
    Nicht wenig hat jedoch zu der Beherrschung aller dieser Techniken auch die
starke Arbeitsteilung beigetragen, die in Kin-tê tschen ganz allgemein üblich war
und ganz auffallend schon an moderne Fabrikgroßbetriebe erinnert. Schon Père
d'Entrecolles fiel diese auf. Sie erstreckte sich über alle Teile der Fabrikation,
ganz besonders aber auf das Gebiet des Brennens und der künstlerischen Ausgestaltung. Es gab hier z. B. besondere Heizer für die verschiedenen Öfen, ja
sogar für die verschiedenen Stadien des Brandes, auch besondere Einsetzer wie
auch Herausnehmer des Porzellans aus den Öfen. Auf dem Gebiet der Kunst
stellten dann die einen nur die Gravierungen her, die anderen nur die plastischen
Erhebungen, indes wieder andere nur die geformten Dinge durcharbeiteten, die z. T.

ihre Arbeiten mit erstaunlicher Schnelligkeit zu verrichten hatten. Am auffallendsten jedoch für unsere Begriffe war die Trennung auf dem Gebiet der Malerei. Da gab es solche, die nur bunte Ringe um das Porzellan malten oder nur die Marken darunter setzten, dann wieder solche, die allein die Umrißzeichnungen auf das Porzellan übertrugen, indes andere sie mit Farben ausfüllten oder die Farben vermischten, wobei wieder völlige Trennung nach den Gegenständen stattfand. Hier malte der eine nur Blumen, der andere Vögel und Tiere, der dritte „Berge und Wasser" usw. Für gewisse Dinge, so z. B. für das Einsetzen des Porzellans in die Öfen gab es sogar besondere Spezialisten, die nur, wenn sie gebraucht wurden, von den einzelnen Fabriken herbeigeholt wurden. Ebenso besaß in Kin-tê tschen durchaus nicht jede Fabrik ihre eigenen Brennöfen. Sogar die kaiserliche Manufaktur hatte in späterer Zeit keine eigenen mehr: sie ließ ihre Erzeugnisse in den Öfen anderer Fabriken brennen, die bisweilen auf diesem Gebiete eine solche Geschicklichkeit besaßen, daß sie für den guten Ausfall sogar zu garantieren pflegten und etwaigen Schaden selber trugen. Auf diese Weise aber soll in der Tat, wenn alles wirklich gut vorbereitet worden war, nur wenig Unbrauchbares aus den Öfen herausgekommen sein. Doch blieb das Brennen der großen Stücke immer ein starkes Risiko, so daß man gut tat, von ihnen immer doppelt so viel, als man herzustellen wünschte, in den Ofen zu setzen. Zu leicht gab es hier Brandrisse, Senkungen und Verzerrungen. Die Herstellung großer Gegenstände in Porzellan ist eben auch in China immer eine gefährliche Sache gewesen, die niemals ohne große Ausfälle gelingen konnte. Um so erstaunlicher erscheint so der Mut, mit dem man sich an diese hier nicht nur heranwagte, sondern auch deren reichste Ausschmückung, wie eine solche z. B. so viele der großen Monumentalvasen der Dresdner Sammlung zeigen, riskierte. Wie leicht konnte hier alles durch einen einzigen unglücklichen Zufall zu verlorener Liebesmüh werden.

*   *   *

Die Technik der Keramik wird immer dank den Launen des unberechenbaren Feuers in gewisser Beziehung Stückwerk bleiben und ist es so auch in China geblieben trotz der so erstaunlich starken technischen Begabung seiner in dieser Beziehung unermüdlichen Bewohner. Die Töpferkunst jedoch, als reine Kunst genommen, hat der Mensch als alleinigen Ausfluß seines Tuns auch ganz allein in seiner Gewalt und hier wird auch immer unsere Schätzung des chinesischen Porzellans restlos in Bewunderung aufgehen. Künstlerisch vollendetere Erzeugnisse, als diese, hat die gesamte Keramik der Welt wohl nie geschaffen, auch wohl nur wenige, die jenen nahe kommen.

Diese große Schönheit des chinesischen Porzellans beruht nicht zum wenigsten auf seiner harmonischen Ausgestaltung nach allen Seiten hin. Sie beginnt schon mit der Veredlung der Masse. Der Chinese hat, ganz im Gegensatze zu uns heutigen Europäern, immer ein ganz besonders feines Gefühl für die Schönheit und den Reiz eines Stoffes an sich gehabt und dieses Gefühl auch stets in Verbindung mit seiner Kunst zu bringen gesucht. In diesem Sinne ist ja auch zunächst allein

die Erfindung des Porzellans, sei sie nun als eine Nachbildung von Glas oder Edel-
gestein erfolgt, aufzufassen: sie war die Gewinnung eines neuen edlen Materials,
das sich von den meisten übrigen nur dadurch unterschied, daß man es selber, und
nicht, wie jene, die Natur zuwege brachte. Auf der Veredlung der einmal gefundenen Masse und ihrer Glasur ist daher auch zu allen Zeiten sein weiteres Begehr
ausgegangen. Mit vereinzelten Stücken anfangend, ist sie im Laufe der Zeiten
immer mehr in die Breite gegangen, um schließlich im 18. Jahrhundert zu einer Allgemeinheit zu werden, die nur als etwas ganz Ungewöhnliches bezeichnet werden
kann. Auf die Qualität der Masse blickt daher auch heute noch in China der feinere Kenner nicht an letzter Stelle, wenn er ein Stück Porzellan einschätzen will,
und seine Güte zu bewundern, ist ihm schon allein hoher ästhetischer Genuß.

Diese starke Veredlung des Porzellans als Masse erfolgte in erster Linie
durch die Verfeinerung ihres kristallinischen Gefüges, sowie durch Erstrebung einer
glatten, klaren, glänzenden Glasur. Dagegen soll der Chinese, wie mehrfach behauptet worden ist, auf ihre Durchscheinbarkeit merkwürdigerweise nicht immer besonderes Gewicht gelegt haben, die doch für uns ihren größten Reiz und Vorzug
ausmacht und auch bei ihrer Erfindung eine nicht unbedeutende Rolle gespielt
haben muß. Das Hauptmittel zur Verschönerung der Masse aber bildet doch die
Farbe, die Tönung. Zwar absichtlich in der ganzen Masse gefärbtes Porzellan herzustellen, wie wir es bisweilen in Europa herzustellen versucht haben, hat der Chinese allem Anscheine nach nie angestrebt. Wohl mit Recht, da die Möglichkeit,
hier wirklich schöne, lebhafte Farben zu erzielen, noch weit geringer ist, als bei
den Unterglasurfarben, die sich derselben Metalloxyde bedienen. Doch das chinesische hat gegenüber unserem heutigen Porzellan, dessen höchstes Ideal immer ein
möglichst reines, aber ebenso kaltes Weiß zu sein pflegt, zu allen Zeiten den Vorzug gehabt, leicht getönt zu sein: es erscheint so am häufigsten etwas grünlich, daneben auch grau, dann aber mehrfach, wie gezeigt, so beim Ting-yao der Sungzeit
und seinen vielen Nachbildungen (vgl. S. 40) sowie dem späteren, herrlichen Porzellan von Fukien (vgl. S. 77), indem man hier, wie mehrfach erwähnt worden,
sich besondere Einwirkungen des Feuers im Brennofen zu nutze machte, warm
gelblich. Diese leichte, unaufdringliche Färbung macht seine Erscheinung für das
Auge viel angenehmer; sie erleichtert auch vielfach die farbige Harmonie der Ornamentik. Am Porzellan von Fuchien tritt dann noch immer eine ganz besonders
schöne, weiche, warm wirkende, dick aufliegende Glasur hinzu, die diesem einen
weiteren Reiz verleiht und es zu einer ganz besonderen Porzellangattung stempelt.
Mit Recht hat daher auch dieses immer die Bewunderung aller feinfühligen Por-
zellankenner auf sich gezogen und ist darum auch häufig bei uns während der
Blütezeit unseres Porzellans d. h. im 18. Jahrhundert nachgeahmt worden: es kann
in der Tat als ein ganz besonderer Triumph der chinesischen Porzellantechnik betrachtet werden.

Zur Veredlung der Masse trat dann ihre künstlerische Ausgestaltung, und hier
muß man den Chinesen ganz unbedingt das Lob zuerkennen, daß sie sich im allgemeinen, wie es jede gute und gesunde Kunst tun soll, aus Technik und Material
heraus einen Porzellanstil geschaffen haben, der, weil nicht logischer und natur-

gemäßer zu denken, nur als völlig mustergültig bezeichnet werden kann: wie völlig natürlich ergibt sich fast alles, was die Chinesen im Porzellan geschaffen, aus diesen beiden Faktoren heraus! Schon Gottfried Semper hat daher in seinem berühmten „Stil" die Formensprache des chinesischen Porzellans ohne Einschränkung gelobt, ja sie fast der der Antike ebenbürtig zur Seite gestellt, die europäische Keramik sie aber oft genug und immer nur zu ihrem Heile nachzuahmen versucht. Sie hat Gleichwertiges oder gar Besseres ihr gegenüber kaum je zu erfinden gewußt.

Zu dieser künstlerischen Ausgestaltung des Porzellans gehörte zunächst das Streben nach Erzielung möglichst dünner Wandungen, deren Delikatesse unleugbar schon als ein ästhetisch wirkender Reiz aufgefaßt werden kann. Dies Streben hat, wie gezeigt, in China schon sehr früh begonnen: bereits in der Zeit der fünf Dynastien (vgl. S. 28) hören wir von Porzellan, so „dünn wie Papier", später zur Mingzeit kam dann das als „körperlos" bezeichnete Halb- und wirkliche „Eierschalenporzellan" auf. Seit dem 18. Jahrhundert wird eine gewisse Dünnwandigkeit der Vorzug aller besseren Porzellane. Freilich läßt sich nicht leugnen, daß es daneben und namentlich in der ersten Zeit, wie mehrfach gezeigt, in China auch immer recht dickwandige Erzeugnisse gegeben hat, dickwandiger, als vielleicht solche jemals die europäische Porzellanindustrie hervorgebracht hat. Doch vergesse man nicht, daß chinesische Porzellanerzeugnisse zu allen Zeiten fast ausschließlich wirklich ständig und ganz allgemein in Benutzung gezogene Gebrauchsobjekte gewesen sind, die darum für gewöhnlich und namentlich, wenn sie größeren Umfangs waren, auch nicht allzu zerbrechlich ausgeführt werden durften und daß außerdem Weichporzellan, zu dem ja das chinesische gehört (vgl S. 75), weil viel zerbrechlicher, stärker gestaltet werden muß, als das bei uns so übliche Hartporzellan. Und schließlich gab es ja auch in der Entwicklung dieses Produktes, wie bei aller menschlichen Arbeit, Höhe- und Tiefpunkte, die auf dem Gebiet der Kunst hinsichtlich Schönheit und Delikatesse sowie auch der Technik nicht immer Gleiches zu schaffen vermochten. So sind in dieser Beziehung auch hier Schwankungen nicht ausgeblieben.

Dann aber kommt die eigentlich künstlerische Ausgestaltung des Porzellans, zunächst seine formale unter künstlerischen Gesichtspunkten erfolgende Verarbeitung zu jenen Gegenständen, zu deren Herstellung es fabriziert ward. In dieser Beziehung weiß jeder, der das chinesische Porzellan kennt, daß seine Formengebung, verglichen mit der des unsrigen, im allgemeinen einfach und schlicht erscheint: es fehlt hier für gewöhnlich alle Lebhaftigkeit des Konturs, alle Überladung mit plastischem Beiwerk. Die meisten Formen sind lediglich aus der Technik des Aufdrehens entstanden, entsprechend dem Zwecke, dem sie dienen sollten: sie weichen bald zurück, bald springen sie vor, wobei die einzelnen Linien mehr oder weniger sanft ineinander schwingen, sind aber immer ausdrucksvoll und charakteristisch, dabei durchaus bewußt empfunden; mit höchstem Raffinement, wie gezeigt (vgl. S. 151), zur Zeit des Kaisers Yung-Tschêng, die in dieser Beziehung ja von keiner anderen je übertroffen worden ist. Doch auch zu den anderen Zeiten, wie schön empfunden sind da nicht so oft die an sich meist so einfachen Umrisse so mancher tiefen Schale, so mancher größeren Vase! Wir ahnen nur zu oft, daß wir hier vor den

Schöpfungen eines Volkes stehen, das von jeher, dank seiner großen Neigung für die Kalligraphie, die hier bekanntlich immer für eine ganz besonders hohe Kunst angesehen und gepflegt worden ist, auch ein ganz besonderes Verständnis für den Reiz der Linie gehabt hat und diesen am liebsten an allen seinen Kunstschöpfungen hat anbringen wollen. Immer aber bleibt die Formengestaltung im chinesischen Porzellan einfach und breitflächig; denn von Anfang an hat das Porzellan in China in richtiger Erkenntnis seiner naturgemäßesten Wirkungsmöglichkeiten nie vergessen, daß es als Kunst in erster Linie eine spezifisch koloristische ist, die, um ganz als solche wirken zu können, unter starkem Zurückdrängen alles Plastischen großer breiter Flächen bedarf, um darauf Farben und Farbspiele in voller Breite entfalten zu können.

Indessen muß sich dies hohe Lob der formalen Ausgestaltung des chinesischen Porzellans doch einige kleine Einschränkungen gefallen lassen. Trotz ihrer für gewöhnlich so großen Selbständigkeit hat auch diese Kunst bisweilen wie unsere dekorative so oft, die starke Beeinflussung anderer Künste ertragen müssen, die, vor allem, wenn sie ganz anderen Wesens waren, als sie selber, ihr einen Stil aufzwängten, der nicht immer ohne Mühe von ihr durchgeführt sein kann und darum ihr auch oft etwas Gesuchtes, Unnatürliches gegeben hat. Es ist, wie mehrfach gezeigt, vor allem die alte, geheiligte Bronzekunst gewesen, die älteste Kunst, die China besessen, die darum auch hier, wo alles Alte, je länger es vergangen, um so höher geschätzt ward, immer eine besondere Verehrung genossen und darum auch das Porzellan von Anfang an zu unmittelbaren Nachformungen oder freieren Nachbildungen verführt hat, nicht zum wenigsten jedoch auch, da es ja, wie erwähnt, geradezu den Ersatz abgeben mußte für so viele bisher aus jenem Stoffe gebildete Gefäße, die infolge kaiserlicher Edikte um dieses edle, immer seltener werdende Material zu sparen, nicht mehr aus diesem geformt werden durften. Immer aber halten sich dann in solchen Fällen — das lehrt auch unsere Kunstgeschichte — die Nachbildungen stark an die Formensprache der Stücke, die sie ersetzen sollen, mag diese ihnen auch zunächst noch so wenig angemessen sein. So aber sind im chinesischen Porzellan zu allen Zeiten, besonders aber, wie gezeigt (vgl. S. 33), an seinem Anfang nicht wenige Gebilde entstanden, die durch die Kompliziertheit ihrer Formen, ihre Scharfkantigkeit u. dergl. m. auffallend aus der übrigen Formensprache des chinesischen Porzellans herausfallen und nur zu deutlich ihren andersgearteten Ursprung verraten. Daneben haben auch noch Arbeiten in Jade, das ja, wie gezeigt (vgl. S. 23), anfangs dem Porzellan nahe genug stand, weiter in Rhinozeroshorn usw. auf diesen Stoff in formaler Hinsicht eingewirkt. Bei allem diesen hat aber gleichzeitig ersichtlich noch ein gewisses religiös-archaistisches Moment mitgesprochen: die Geschichte aller Völker zeigt, wie man weiß, daß Kultgeräte sich nur sehr schwer von den ihnen einmal gegebenen Formen lösen, auch wenn sie auf ein noch so entgegengesetztes Material übertragen werden, und gerade diese Nachbildungen sollten ja anfangs vielfach alte Kultgeräte aus edlerem Material ersetzen.

Immer aber sind doch diese Nachbildungen nur Ausnahmen geblieben, die das im übrigen so gesunde stilistische Gesamtbild des chinesischen Porzellans in keiner Weise trüben können. Und merkwürdig, diese an sich so stilwidrigen Nachbil-

dungen fremder Materialien wirken oft gar nicht so stilwidrig, wie es sonst
derartige Nachbildungen meist zu tun pflegen. Sie sind, schaut man genauer zu, in
der Regel durchaus nicht ganz sklavisch erfolgt. Es ist oft vieles, was gar zu ma-
terialwidrig erschien, ausgelassen oder vereinfacht und so die Nachbildung dem rein
keramischen Stil doch sehr genähert worden. Das allgemeine Stilgefühl des Chinesen hat so wieder oft genug triumphiert und so zuwege gebracht, was anderen
weniger stilvollen Völkern kaum je gelungen wäre.

Daneben ist jedoch allmählich noch ein anderes Element hinzugekommen, das
gleichfalls das chinesische Porzellan in seiner Stilreinheit zu verwirren gedroht hat.
Freude am rein technischen Können ist es sicherlich gewesen, daß man schließlich
dazu gelangte, auch noch Arbeiten in ganz anderen Materialien in Porzellan getreu
nachzubilden und zwar um so öfter, je größer das technische Können ward. Dies
Streben erreicht daher auch im 18. Jahrhundert seinen Höhepunkt. Rühmte doch,
wie gezeigt (vgl. S. 164), am Ende desselben eine der chinesischen Quellen zur Geschichte des chinesischen Porzellans, daß es damals kein Kunstmaterial mehr gab,
dessen Werke nicht in diesem Stoff nachgebildet werden konnte. Arbeiten in Gold,
Silber, Stein, Lack, Perlmutter, Bambus, Holz usw. lebten so damals in diesem Stoff
wieder auf, freilich sicherlich auch wieder nur ganz vereinzelt, da uns derartige Arbeiten doch wiederum nur selten heute zu Gesichte kommen. Doch ist diese Zeit
ja, wie gezeigt, die eines langsam beginnenden Verfalls gewesen, in der solche Abweichungen von der sonst ganz allgemein gültigen Regel nicht weiter erstaunlich sind.

Diese von fremden Materialien stark beeinflußte Formengebung des chinesischen
Porzellans zeichnete sich, wie natürlich, durch reichere plastische Belebung aus, die
sonst ihm ziemlich fern lag. Doch war der Chinese bisweilen, da er in gewissen
Fällen, so vor allem in Trauerzeiten, wie auch bei gewissen Kulten, bei denen jede
Verwendung von Farbe verboten war, wofern er sich dann nicht völlig schmuck-
loser Gefäße bedienen wollte, geradezu zu einer solchen gezwungen. Dadurch erhielt erst das immer farblose Porzellan von Fukien, das in der Mingzeit aufkam
(vgl. S. 77), seine Existenzberechtigung und konnte so lange neben dem schon hinsichtlich seiner Quantität erdrückenden von Kin-tê tschen bestehen. Daneben aber
hat es dann wohl zunächst ausschließlich im Gefolge des Buddhismus, wie mehrfach gezeigt, auch eine rein plastische Kunst gegeben, deren Hauptsitz gleichfalls die
Provinz Fukien gewesen ist. Es sind Götter und Menschen und Tiere, Gruppen
und Einzelfiguren gebildet worden. Doch diese Plastik überrascht wieder durch die
Folgerichtigkeit ihres Stils: in merkwürdiger Übereinstimmung mit der des heutigen
Kopenhagener Porzellans, die für unsere Zeit so tonangebend geworden ist, bewegt
sich auch hier die plastische Modellierung in einfach großen Flächen, dabei alle feinere Modellierung und Detaillierung außer Acht lassend, so in der Hauptsache nur
durch die Gesamtformen wirkend. Es ist dies ein Porzellanstil, völlig dem ent-
gegengesetzt, den Kändler, der große Plastiker der Meißner Manufaktur im
18. Jahrhundert für das europäische Porzellan geschaffen hat und der diesem in der
Hauptsache dann bis heute verblieben ist, der aber, mag er sich stilistisch auch nach
einer ganz anderen Richtung hin bewegen, neben diesem seine volle Berechtigung

hat. Doch scheint der Chinese auf plastische Kunst im Porzellan im allgemeinen keinen allzu großen Wert gelegt zu haben: nur selten erhebt sich diese zur höchsten Höhe, sind hier die größten Anstrengungen gemacht worden. Dann aber sind hier vor allem wunderbare buddhistische Kultbilder entstanden, Werke, die in der Weichheit des Tons, der Masse, des Linienspiels wie des Ausdrucks völlig das wunderbar Traumhafte dieser eigenartigen Religion atmen, das sie von allen übrigen der Welt unterscheidet (Taf. 55, 56). Für gewöhnlich jedoch handelt es sich auf dem Gebiet der chinesischen Porzellanplastik um künstlerisch geringere Sachen, die oft sogar — vielleicht weil sie für den Export nach Europa bestimmt waren — geradezu ein wenig roh ausgefallen sind. Man braucht hier nur an die bei uns noch in so zahlreichen Exemplaren verbreiteten großen Kuan-yin-Figuren zu denken, die namentlich in der Zeit des Kaisers K'ang-Hi in großer Zahl zu uns gekommen sind, ferner an die verschiedenen Tierfiguren, die selten ein eingehenderes naturalistisches Studium verraten, z. T. auch ersichtlich wieder auf Bronzevorbilder zurückgehen. Bedeutend besser sind dann freilich wieder vielfach die Figuren gestaltet, die in Kin-tê tschen für farbige Bemalung, vor allem auf glasurlosem Porzellan hergestellt worden sind. Hier finden sich oft ganz ausgezeichnet beobachtete Motive, die mit großer Frische wiedergegeben und sehr wirkungsvoll bemalt worden sind. Sie stellen eine ungemein reizvolle polychrome Plastik dar, die den Wettkampf mit unsrer farbigen, in der Rokokozeit entstandenen gar wohl aufzunehmen vermag (Taf. 84).

Trotzdem aber im allgemeinen im chinesischen Porzellan das formal plastische Element durchaus zurücktritt, vielmehr in ihm für gewöhnlich eine ausgesprochene Einfachheit vorzuherrschen pflegt, ist doch die Gesamtsumme der Formen und Gestaltungen des Porzellans viel größer, als in der Regel der zum ersten Male an das chinesische Porzellan Herantretende zu bemerken vermeint. Es ist allein ihre von unserer europäischen Formengebung so abweichende Verwandtschaft untereinander, die diese Täuschung hervorzurufen pflegt. Zunächst hat, wie die Darstellung der geschichtlichen Entwicklung gezeigt hat, eine jede Periode des chinesischen Porzellans ihre eigene Formensprache gehabt, deren besonderer Charakter der Grundstimmung einer jeden derselben entsprach. Und welch ein Unterschied herrscht da z. B. zwischen den mehr gedrückten Formen der Mingperiode und den so raffiniert eleganten der Zeit des Kaisers Yung-Tschêng, dann auch wieder, wenn auch nicht in so starkem Maße zwischen denen letzterer Zeit und denen des Kaisers K'ang-Hi. Aber auch sonst, in einer und derselben Zeit ist oft der Reichtum viel größer als man zunächst ahnt. Hat z. B. irgendein anderes Volk so viele einfache Schalen- und Tassengestaltungen erfunden, wie die Chinesen zur Zeit des Kaisers Kang-hsi, hat es so viele Vasenformen zuwege gebracht, wie jene in derselben Zeit, um auf ihnen ihre herrliche Blaumalerei zu immer neuen Wirkungen zu bringen? Schon auf diesem Gebiet tritt daher jene erstaunliche Mannigfaltigkeit zutage, die oben an der Porzellankunst der Chinesen so besonders gerühmt ward und die als einer ihrer Hauptvorzüge gelten muß, schon auf diesem Gebiete enthüllt sich jene Fruchtbarkeit der Phantasie, die man für gewöhnlich dem Chinesen und seinem Tun gar nicht zutraut, die sich aber auf dem reichen Gebiet des Porzellans beständig betätigt hat.

Alle Vorzüge des chinesischen Porzellans aber wachsen ins Unermeßliche, sobald man das künstlerische Hauptgebiet desselben betrachtet, das der Dekoration. Dekoration ist den Chinesen gleich allen orientalischen Völkern nicht bloß Annehmlichkeit, sondern immer geradezu Bedürfnis gewesen. Dekorative Völker leiden bekanntlich am Horror vacui, d. h. sie mögen keine unbelebten Sachen um sich herum sehen. Ganz undekoriertes Porzellan gibt es daher in China äußerst selten, ein jeder Porzellangegenstand muß hier verziert werden, und sei es auch noch so einfach und flüchtig, und plastische und Farbenkunst sind hier wie immer die Mittel, um dieses zu bewirken. Das Hauptmittel aber ist zu allen Zeiten doch die Farbe gewesen, anfangs, wie gezeigt, vermittels der farbigen Glasuren, dann daneben der farbigen Ornamentik. Und hier auf diesem Gebiete haben sich Stilgefühl und Ornamentik, dekorativer Sinn und Farbenfreude zu allen Zeiten so innig die Hände gereicht, daß in der Tat Werke zustande gekommen sind von einer Harmonie und Ruhe, wie sie auf diesem Gebiete kaum je wieder gesehen worden sind, hier hat die so große dekorative Begabung der asiatischen Völker wohl ihre bedeutendsten Taten vollbracht und ihre größten Triumphe gefeiert. Wie wahrhaft klassische Werke wirken daher hier so oft diese Arbeiten und wunschlos fast steht man ihnen gegenüber, geblendet durch ihre farbige Pracht, hingerissen durch ihre farbigen Harmonien und doch so beruhigt durch ihre Stilreinheit und ihren echt dekorativen Charakter. Es gibt wohl wenige Werke von Menschenhand, die so viel Gefühle auf einmal auszulösen vermögen.

Alle diese Vorzüge hat das chinesische Porzellan in allen seinen verschiedenen Entwicklungsphasen zur Geltung gebracht, ganz besonders aber in jenen Gattungen, die die Mingzeit begründet und dann die Zeit der Ts'ingdynastie zur Reife gebracht hat. An allen Erzeugnissen dieser Art fällt zunächst — was eigentlich alle Werke der dekorativen Kunst in erster Linie besitzen sollten — die völlige Harmonie der Dekoration mit der Grundform der Gefäße, die sie schmückt, auf. Die Dekoration des chinesischen Porzellans ist niemals für sich allein erfunden. Obwohl in künstlerischer Beziehung meist das Hauptwirkungselement desselben, überhebt sie sich doch nie oder drängt sich auch nie nur ein wenig vor. Sie benutzt nicht nur in unbegrenztem Freiheitstaumel, wie so oft in der japanischen Kunst, die in dieser Beziehung der chinesischen bei weitem unterlegen ist, die breiten, ihr allein überlassenen Flächen der in der Regel so einfachen Formen als Tummelplatz ungezügelter Laune und Willkür. Vielmehr schmiegt sie sich in voller Selbstbescheidung aufs engste in Farbe und Zeichnung an die Grundformen an, hebt und verstärkt sie, wo es nötig oder von Wirkung ist. Sie bleibt zunächst Dienerin der Form und nur als solche erfreut sie sich ihrer Freiheit, dann aber mit voller Kraft und allem Glanze, dessen sie fähig ist und für den vorliegenden Fall bedarf, und so gelingt es ihr, wie kaum einer anderen Kunst der Welt, mit Leichtigkeit farbig glänzende Werke zu schaffen, die doch voll der vornehmsten Ruhe sind.

Dies Geschick, Form und Dekoration in vollkommenste Harmonie miteinander zu bringen, offenbart sich in allen Teilen der Dekoration. Mit dem klarsten Blick für die Gesamtwirkung hat der Chinese es zunächst verstanden, Ornamentik wie Farben, oft trotz der gewagtesten und reichsten Kompositionen vollkommen gleichmäßig in ausgesprochenem Flächenstil über die ganzen Flächen seiner Porzellane zu verteilen oder an jene Stellen zu konzentrieren, die einen besonderen Nachdruck vertragen oder verlangen. An keiner Stelle macht sich in ersterem Falle daher das schimmernde Weiß des Porzellans mehr bemerkbar, als an irgendeiner anderen, an keiner drängt sich auch irgendeine Farbe, die anderen alle überstrahlend, besonders vor, Niemals zerreißt oder trübt daher die Ornamentik hier, wie es in der japanischen Kunst fast Regel ist, die Grundformen, sie betont und unterstützt sie vielmehr, indem sie dieselben fast wie ein feinmaschiges Netz überzieht und in eine einzige farbige Harmonie hüllt. Und dieses Gleichmaß der Dekoration ist dem Chinesen so gut wie immer gelungen, einerlei ob es sich um reichere oder ärmere, um detailliertere oder flüchtigere Ornamentik gehandelt hat. Sie findet sich auch auf den gewöhnlichsten Stücken ohne Ausnahme. Denn er hat anscheinend gar nicht anders zu schaffen vermocht als geborener dekorativer Künstler und so hat er scheinbar immer spielend ein Problem gelöst, das für uns stets zu den allerschwierigsten gehört hat und es auch in Anbetracht der Lebhaftigkeit der farbigen Dekoration der Keramik, die nur zu leicht zu selbständiger Wirkung gelangt, in der Tat ist. Am sichersten jedoch wohl, wie erwähnt (vgl. S. 76) in der Zeit der Mingdynastie, in der in dieser Beziehung so vollkommen harmonische Erzeugnisse entstanden sind, wie wohl sonst niemals wieder in der gesamten Keramik (vgl. z. B. Taf. 36, 38. 46). Hier sind wirklich Form und Ornamentik vielfach eins geworden.

Doch das beispiellos dekorative Feingefühl der Chinesen, ihr Sinn für absolute Harmonie verlangte vielfach noch mehr. Der Chinese hat an seinen Porzellanen auch vielfach empfunden, was man die Richtungstendenz eines Gegenstandes nennen kann: er empfand, ob sie eine steigende oder fallende Richtung, ob sie eine runde oder eckige Form besaßen und auch allem diesem hat sich ihre Dekoration anzupassen gesucht. So findet sich auf seinen Porzellanen bald eine mehr aufsteigende, bald eine sich senkende, bald eine sich flach hinziehende, bald eine sich krümmende Ornamentik. Mit ganz besonderem Geschick aber hat er es immer verstanden, in dieser Weise die an sich immer so schwer zu dekorierenden großen, flachen Schalen mit harmonischer Ornamentik auszufüllen, sei diese nun nur ein einziges großes, einfaches Motiv oder eine Anhäufung vieler, seien es menschliche Darstellungen, Landschaften oder solche von Blumen: man vergißt diesen Schalen gegenüber nie, daß man sich vor Gegenständen befindet, deren Grundform eine runde ist und es daher auch für das Auge bleiben muß. Doch darf man freilich hierbei nicht ganz übersehen, daß den Chinesen eine derartige Dekoration bedeutend leichter gemacht ward, als uns. Kennt er doch keine Anatomie und Perspektive; auch die Natur ist ihm kein durch die Wissenschaft festgelegtes Gebiet, das er nicht für seine Zwecke nach Belieben umgestalten dürfte. So kann er hier biegen und beugen, so viel er will, er kann Farben und Strukturen verändern, ohne von der Wissenschaft der Willkür gezeiht zu werden. Er darf im weitesten Sinne des Wortes mit der Natur sein künstlerisches Spiel treiben.

Und dann begnügte sich der so starke dekorative Sinn des Chinesen durchaus nicht damit, sein Porzellan als ganzes dekorativ zu beleben: er belebte auch wieder die Dekoration im einzelnen selber. Auch in dieser Beziehung herrschte hier wieder beständige Furcht vor Eintönigkeit, vor Leere. Darum kam er so oft dazu, die Dekoration des Porzellans so reich und detailliert zu gestalten, indem er sie in lauter kleine, einzelne Farbenflächen zerlegte, wie man dies auf den meisten der besseren Stücke beobachten kann. Darum finden sich so oft auch ganze Teile der Dekoration wieder selber belebt. Der Chinese hat z. B. ersichtlich immer eine große Abneigung vor einfarbigen Gründen von gleichmäßiger Tonstärke gehabt: er muß sie stets als etwas Totes, Lebloses empfunden haben. Nie ist er daher um Mittel verlegen gewesen, um ihnen diese Schwäche zu rauben. Allein schon aus diesem Grunde erfand er in der K'ang-Hi-Zeit die Technik der gespritzten kobaltblauen und eisenroten Gründe, durch die ganz mühelos ein lebhaft vibrierendes, dichtes Beieinander vieler einzelner Punkte erzeugt ward, die Licht und Tiefe der Farbe zugleich verliehen. Aus gleichem Grunde hat er auch oft mit unsagbarer, uns Europäern gänzlich unmöglicher Mühe und Arbeit ganze Flächen und Bänder mit reichen, aber äußerst zarten, dezent wirkenden, aus unzähligen feinen Strichelchen zusammengesetzten Grundmustern überzogen, deren Reichtum gar nicht als klare Ornamentik, vielmehr wieder nur als einfarbig vibrierender Grund zur Geltung kommt (Taf. 100). Dann ist weiter auf die vielen farbigen Gründe hinzuweisen, die entweder ganz mit ausgesparten oder wieder mit andersfarbigen Ornamenten (Taf. 88, 89) ausgefüllt sind, weiter auf die zarte Goldmalerei, die so oft, ohne irgendwie als selbständige Ornamentik aufzutreten, farbige Flächen nur wie ein leichter, fröhlicher Schimmer überzieht. Hierzu gehört aber auch die durch das sogenannte „Agatisieren" d. h. durch die Ungleichheit der einzelnen Pinselschläge erzielte, reizvolle Fleckigkeit und Abschattierung der mit Kobaltblau gemalten Gründe und sonstigen größeren Flächen in dieser Farbe, wie sie, wie gezeigt (S. 137), vor allem in der K'ang-Hi-Zeit erzielt ward und damals besonders an jenen wundervollen Deckeltöpfen, die als die höchsten Höhepunkte der chinesischen Blaumalerei überhaupt zu bezeichnen sind (vgl. S. 137). In allen diesen Fällen hat der Chinese keine Mühe gescheut, um seiner Dekoration jene Lebendigkeit, jene Leichtigkeit und jenen inneren Reichtum zu verleihen, die ihm erst wahre Dekoration zu sein scheinen und dadurch Wirkungen erreicht, so reich und doch fein und dezent zugleich, wie wir in dieser Beziehung so viel grobkörnigere Europäer sie bisher noch nie erstrebt, ja vielfach auch noch kaum geahnt haben.

Was aber in dieser Beziehung ganz besonders erstaunlich erscheint, ist, daß er zu gleichem Zwecke sich auch vielfach Mittel zu bedienen gewußt hat, die oftmals ursprünglich ersichtlich technische Mängel gewesen sind, die Folgen einer noch nicht völligen Beherrschung der Porzellantechnik. Am interessantesten geben sich in dieser Beziehung die Haarrisse, die Krakelüren, die im chinesischen Porzellan, wie die geschichtliche Entwicklung gezeigt hat, von Anfang an eine so große Rolle gespielt haben. Ursprünglich ungewollte und wohl wenig erwünschte Glasurspaltungen, entstanden durch ein Zusammenziehen der Glasur nach dem Brande, stärker als das der Masse, hat der Chinese in ihnen gar bald ein willkommenes Dekorationsmittel erblickt, das, wenn auf ganze Flächen angewandt, diese in der reizvollsten, und zugleich anspruchslosesten Weise belebt und, weil durch die Natur selber entstanden, auch viel natürlicher und gleichmäßiger sich diesen anschmiegt, als es eine von

Menschenhand geschaffene, stets doch ein wenig für sich allein wirkende Dekoration
zu tun vermag. Es ist auch zugleich das müheloseste Belebungsmittel, das man sich
denken kann. Er hat dann aber dieses Dekorationselement auch mit Bewußtsein
weiter entwickelt, hat sogar bis zu einem gewissen Grade die Struktur dieser Haarrisse in seine Gewalt bekommen, so daß sie bald klein-, bald großmaschig, bald
netzartig, bald mehr wie einzelne Linien erscheinen (Taf. 62). So hat er auch hier
wieder eine merkwürdige Mannigfaltigkeit erzielt, die seinem ganzen Kunstschaffen
auf diesem Gebiet durchaus entspricht. Eine ähnliche künstlerische Ausnutzung eines
rein technischen Elements, das an sich gleichfalls ein Fehler war, ist dann die jener
Riefeln und Ringe, die nur zu leicht beim Aufdrehen der immer etwas zähen Porzellanmasse entstehen. Indem er die derartig gestalteten Porzellane nun gleichmäßig mit einer farbigen, aber durchsichtigen Glasur überzog, die dort, wo sie in
die Vertiefungen drang, eine größere Dicke und darum auch einen tieferen Ton erhielt, gewann er an ihnen eine zonenweise Abtönung, deren Wirkung ebenso mühelos erzielt ward, wie sie reizvoll wirken mußte. Er hat aber dann dies Mittel auch
ins Gebiet der wirklichen Kunst übertragen: auf gleiche Weise wirken alle jene ver-
tieften Ornamente, die sich so oft unter den farbigen Glasuren seiner Porzellane finden,
vor allen an den Seladonen und hier oft zu den weichsten und zartesten Abschattierungen führten (vgl. S. 60). Das gleiche Streben aber bekundet sich auch sonst
an den farbigen Glasuren: irgendwie belebt erscheinen sie fast alle, ja die chinesische Phantasie ist auch hier wieder unermüdlich gewesen, um immer neue Mittel
zu einer derartigen Belebung aufzufinden. Wie oft erscheinen diese daher fleckig
abgetropft, wie oft auch wolkig oder abschattiert oder punktiert, dann wieder durch
leichte Reliefs belebt oder mit feiner, oft auch ganz matter Goldmalerei — man
denke nur an die farbigen Glasuren der Mingzeit (z. B. Taf. 125) — versehen. Und
hierzu gehört dann auch schließlich die Freude an den sich von selber einstellenden
farbigen Veränderungen der Glasuren im Feuer an, jenem mehrfach erwähnten,
lustigen Farbenspiel der Transmutation, dem yao-pien des Chinesen, das zwar anfangs, wie gezeigt (S. 51), diesen weniger angenehm gewesen zu sein scheint, später
jedoch d. h. seit dem 18. Jahrhundert (vgl. S. 152), nur um so beliebter ward, um
dann schließlich mit höchster Virtuosität ausgebildet zu werden. Nie hätte sich unsere europäische Industrie mit derartigen Ungleichmäßigkeiten zufrieden gegeben. Sie
wären ihr immer nur als grobe Fabrikationsmängel erschienen, indes der Chinese es
hier in wahrhaft verblüffender Weise verstanden hat, aus der Not eine Tugend zu
machen, und so Fehler in Vorzüge umzuwandeln. Er ist damit wieder Herr über
die Technik geworden.

Was aber soll man dann schließlich nach Aufzählung bereits so vieler künstlerischer Vorzüge des chinesischen Porzellans noch sagen, läßt man nun endlich die
vielfarbige Dekoration desselben allein auf seine Sinne spielen, prüft man, was der
Chinese hier als eigentlicher Farbendichter erreicht hat! Wahrlich, hier wird für den,
der wirklich Augen hat, zu sehen, gar bald ein Entzücken einsetzen, daß er von diesen
Erzeugnissen nicht wieder lassen kann und andere, die er bisher geschätzt, nun gar
nicht mehr recht daneben zu sehen vermag. Denn alle Farbtöne und alle Farbenverbindungen, sie erscheinen im chinesischen Porzellan fast immer so gut wie voll-

kommen, sie erscheinen als Zeugnisse eines Geschmacks, der niemals irrt, weil er sich auf jene besondere Naturbegabung stützt, die allen asiatischen Kulturvölkern eigen zu sein scheint, bei ihnen überall zu den wunderbarsten Farbenschöpfungen geführt hat. Wir kennen alle die klassische Farbenkunst der westasiatischen Teppiche, wir bewundern sie alle schon lange als Muster farbiger Dekorierung, wie wir noch niemals solche durch unsere eigene Kunst erreicht haben. Die chinesischen Porzellane reihen sich ihnen in dieser Beziehung würdig an, ja sie übertreffen sie vielfach noch bei weitem an Feinheit und Kompliziertheit der Töne, wie auch der Harmonien und sind schon deshalb ganz allgemein bewundernswerter, da doch die bei weitem schwierigere Technik der Keramik die Erzielung dieser Reize bedeutend schwieriger gemacht haben muß. Sicherlich werden die chinesischen Porzellane, die in dieser Beziehung noch viel zu wenig, ja eigentlich noch gar nicht entdeckt sind, noch einmal die wichtigsten Hilfsmittel für farbige Erziehung werden; sie werden in dieser Beziehung sich neben die orientalischen Teppiche stellen und an keiner Stätte, die der Kunsterziehung gewidmet ist, mehr fehlen dürfen.

Lebhaftigkeit der Farben, echt orientalische Lebhaftigkeit, daneben Reinheit und Klarheit der Töne sind hier auch im chinesischen Porzellan das erste Ziel dieser Kunst gewesen und in diesen hat man auch bisweilen, z. B. zu den Zeiten des Kaisers Kia-Tsing förmlich geschwelgt. Doch in der Regel erscheint hier alles in wunderbarer Mäßigung, die jede Brutalität der Einzelfarbe, jede banale Buntheit der Gesamtharmonien ausschließt und nur der Ausfluß einer wirklich feineren Kultur sein kann. In dieser Beziehung können schon die zahllosen Spielarten der farbigen Glasuren als völlig unerreicht gelten — nie wird man an ihnen in den guten Zeiten trotz ihrer Tiefe und Leuchtkraft irgendwie aufdringliche, schreiende Töne finden — dann auch die gleichfalls an Nuancen so reiche Unterglasurblaumalerei, die sich bald zu lichter Heiterkeit, bald zu tiefstem Ernst erhebt und ihre höchsten Triumphe in der Zeit des Kaisers K'ang-Hi gefeiert hat, hier alles an Kraft und Glanz übertreffend, was je die Porzellankunst auf diesem Gebiet unternommen hat. Doch der ganze, wunderbare, unerreichte Farbensinn dieses Volkes zeigt sich doch dort erst, wo man seinen polychromen Malereien gegenüber steht, wo man mit Farben hat schalten und walten können, so viel man nur immer gewollt. Da tauchen unglaublich feine Farbenharmonien auf, wie man sie kaum je gesehen, da tritt die Poesie der Farben in ihrer ganzen Kraft auf und tut ihre Wunder, daß unser Auge sich daran zu laben vermag, wie das Ohr an den Klängen und Harmonien der Musik. Und hier ist es die „grüne Gattung" der K'ang-Hi-Zeit, diese höchste Leistung der Hauptblütezeit des chinesischen Porzellans, die alles andere überstrahlt. Sie stellt sicherlich das Höchste dar, was die gesamte Keramik in koloristischer Beziehung bisher geleistet und wohl für lange Zeit erreichen wird. Wie ein grüner Garten breitet sich hier der farbige Schmuck über die Flächen — Blumen gleich leuchten die lebhafteren Farben rot, gelb, blau und violett aus ihm heraus —, wie ein wohl angebauter Garten mit klug berechneten Effekten[170]: nirgends ein Herausschreien, ein Sichvordrängen irgendeiner zu lebhaften Farbe, eines zu glänzenden Akkordes. Die einzelnen Farben aber sind alle rein und klar und voller Kraft und Gegensätze, doch indem überall die an sich schon immer so sanfte Farbe des Grüns dominiert, die lebhaften Farben nur in kleineren Flecken und Punkten dazwischen aufleuchten, wird trotz des ersichtlichen Farbenreichtums alle Buntheit, alle Härte, alle Brutalität vermieden, dafür an deren Stelle sanfte Milde über die ganzen Formen gebreitet, wie dies einem feineren Kulturprodukt zukommt. Es ist diese eigenartige Farbstimmung eine ganz andere, als man sonst an koloristischen Meisterwerken zu sehen gewohnt ist, eine ganz andere auch, als an den orientalischen Teppichen: die grüne Farbe, sonst auf dem Gebiete der Kunst nicht immer die begehrteste, hat wohl nie wieder in ihr eine so große Rolle gespielt. Sie mußte es aber wohl hier aus inneren Gründen, um nicht durch die von Natur aus so große Lebhaftigkeit der keramischen Schmelzfarben und vor allem der chinesischen, farbigen Glasflüssen gleichkommenden zu allzu starken Effekten zu führen. Es ist demnach sicherlich kein Zufall, daß es im chinesischen Porzellan eine „grüne Gattung" gibt, vielmehr das Resultat eines mehr oder weniger bewußten Empfindens, das fast instinktmäßig hier das Richtige geahnt hat, vielleicht auch geleitet, durch das so starke Naturempfinden dieses Volkes, das hier zu jener Harmonie führte, die ihm die ringsum grünende und blühende Natur wie von selber eingab. In der „Rosagruppe" aber hat man dann dies koloristische Prinzip wieder aufzuheben, die Hauptfarbe der bisherigen Stimmung, das Grün wieder in den Hintergrund zu drängen gesucht mittels anderer an sich lebhafterer Farben, vor allem durch jenes sanfte, milde Rosa, das dieser Gattung ihren Namen gegeben. Ist dies aber wirklich ein Fortschritt gewesen, hat diese neue Gattung wirklich einen vollgültigen Ersatz für die alte gegeben? Die Antwort hierauf ist schon früher gegeben. Raffiniertere, delikatere Dinge, wie mittels dieser Farbenskala hat die chinesische Porzellankunst nie geschaffen, vor allem, wie gezeigt, am Beginn des Aufkommens derselben, aber daneben auch so viele farbig schwächliche und auf der anderen Seite wieder bunte und schreiende, wie sie sonst die gesamte chinesische Keramik nicht aufzuweisen hat (vgl. S. 169), und mit der gesunden dekorativen Kraft der früheren Zeit ist es da bald vorbei gewesen. Dennoch gehören auch hier viele Stücke zu den erstaunlichsten Leistungen, die die chinesische Kunst hervorgebracht hat, Stücke, die immer noch so schön und kulturvoll erscheinen, wie sie die europäische Kunst auf diesem Gebiet kaum je hervorgebracht hat. Im übrigen liegt es ja in der Natur aller menschlichen Entwicklung, daß sie sich nicht immer auf gleicher Höhe bewegen kann.

Und wer dann noch nicht genug hat an diesen überreichen Reizen dieser Porzellane, der achte noch weiter auf die Zeichnung seiner Ornamentik, die getragen von der geschätztesten Kunst der Chinesen, der Kalligraphie, stets voller Leben, stets voller Schwung ist, selbst an den einfachsten Werken, und nichts von jener Steifheit und Korrektheit kennt, die unsere eigene Kunst nur zu oft bevorzugt, obgleich sie doch stets mehr ein Dokument von Fleiß und Sorgfältigkeit als von künstlerischem Vermögen ist. Der einfachste Arbeiter ist hier ein kleiner Künstler gewesen, der in dieser Beziehung dank der erstaunlichen Schulung der Chinesen auf diesem Gebiet mehr vermochte, als so mancher großer bei uns. Dadurch aber wird hier selbst dem Massenprodukt nur zu oft der Charakter der Fabrikware genommen, den es bei uns nur zu leicht erhält; es bekommt etwas Individuelles, Persönliches, von allem Trivialen Freies, weit überragt jedoch noch von jenen Werken, wie sie die Blütezeiten des chinesischen Porzellans geschaffen, in denen wirkliche Künstler auf dem zerbrechlichen Scherben ihr Höchstes geleistet haben. Hier gibt es Leistungen, die, ohne je, wie es sich bei Werken der dekorativen Kunst gehört, den richtigen dekorativen Charakter zu verlieren, dennoch eine weit persönlichere und höhere Kunst uns vorführen, als es sonst bei Werken dieser Kunst der Fall ist und die darum auch ganz andere und viel stärkere Empfindungen bei uns auslösen.

So aber vereinigt sich an diesen Produkten alles, um diese Kunst zu einer wirklich ganz erstaunlichen zu machen, zu einer, die wir mit Recht zu gleicher Zeit bewundern und beneiden dürfen. Die chinesische Porzellankunst aber erscheint damit i. d. T. als der letzte, frische Ausschlag an dem einst so starken und gesunden Baum der chinesischen Kunst, entstanden zu einer Zeit, da diese, erdrückt durch die Vorbilder einer allzu großen Vergangenheit, sonst eigentlich auf allen Gebieten erstarrt und zur Unfruchtbarkeit verdammt schien, ermöglicht vor allem, da für sie zu ihrem Heile diese lähmenden Vorbilder, als sie aufkam, noch völlig fehlten und so sich ihr hier ein noch völlig freies, bisher noch nie von ihr betretenes Neuland darbot, auf dem sie sich nach voller Herzenslust austummeln konnte. Da ist der einst so schöpferische Genius der Chinesen noch einmal erwacht, in langsamer Steigerung hat sie dies alles durch eine Zeit von weit über einem Jahrtausend vollbracht, bis alle Möglichkeiten erschöpft schienen. Dann hat auch sie in unserer Zeit ihr Ende erreicht. Was sie aber in jener Zeit an wahrer Kunst geschaffen, das hat sich, obwohl in einer gänzlich anderen Kulturwelt entstanden, nun auch seit langem die unsere erobert, ist das allgemeine Kulturgut der ganzen gebildeten Welt geworden und wird als solches nicht untergehen, so lange es wirklich kunstverständige Menschen gibt und so lange die Zeit es gestattet, sich ohne Vorurteile am Schönen zu erfreuen und es aus vollem Herzen zu genießen.

Anhang.

Die Datierungsmarken des chinesischen Porzellans.

Von Anfang an, d. h. sobald man überhaupt darauf ausging, die zu uns nach Europa gelangten Porzellane Chinas chronologisch einzuordnen, haben das wichtigste Hilfsmittel, ja anfangs das einzige zu diesem Zwecke die denselben so häufig beigegebenen Datierungsmarken[171] abgegeben, ohne die man wohl überhaupt nie zu ihrer zeitlichen Bestimmung und damit zu einer gesicherten Darstellung ihrer geschichtlichen Entwicklung gelangt wäre. Derartige Datierungsmarken gibt es jedoch, von wenigen früheren Ausnahmen abgesehen, erst seit der Mingzeit (1368—1644) und zwar folgende zwei verschiedene Arten:

I. Kaisermarken (Nien-hao).

Dieses sind Marken, die den Namen eines Kaisers enthalten, besser gesagt, den Adoptivnamen (nien-hao) desselben, den jeder chinesische Kaiser nach alter Sitte am Neujahrstage nach dem Tode seines Vorgängers anzunehmen pflegt. Sie sind gleich am Beginn der Mingzeit (1368—1644) aufgekommen, d. h. seit der Zeit, da es Gebrauch ward, daß die Kaiser während ihrer ganzen Regierungszeit nur einen und denselben Adoptivnamen führten, indes sie vordem ihn bei jedem wichtigeren Ereignisse zu wechseln pflegten. Vor dieser Zeit scheinen solche Marken nur ganz gelegentlich zur Anwendung gelangt zu sein (vgl. S. 49 u. 53) wie vor allem zur Zeit des Kaisers Tchen Tsung während seiner King-tê benannten Periode (1004 bis 1007), von welcher Marke sich jedoch bisher kein wirklich altes Beispiel erhalten zu haben scheint. Seit dem Beginn der Mingzeit jedoch wird diese Sitte allgemein und ist dann dem chinesischen Porzellan bis in unsere Zeit verblieben. Doch wurden keineswegs allen Porzellanen diese Marken beigegeben. Während der Ts'ingdynastie (1644—1912) scheint sogar der größte Teil derselben nicht mit ihnen versehen worden zu sein, ja der Kaiser K'ang-Hi (1662—1722) verbot sogar deren Anwendung völlig, da er nicht wollte, daß beim Zerbrechen eines mit seinem Namen versehenen Porzellans sein Name irgendwie entweiht würde.

Diese Kaisermarken sind die eigentlichen Datierungsmarken des chinesischen
Porzellans, neben denen die sonst diesem Zwecke dienenden fast ganz zurücktreten.

Abgefaßt sind die Kaisermarken in der Regel in zweierlei Schrift: entweder
in der gewöhnlichen, mehr oder weniger flott gehaltenen „Normalschrift" der jedesmaligen Zeit, K'ai-schu genannt (Taf. A), oder in der meist aus geraden Linien
und auch rechten Winkeln sich zusammensetzenden, altertümlichen Schrift, Tschuan
genannt, d. h. Siegelschrift (Taf. B oben), so benannt, weil sie in den letzten Zeiten
vornehmlich für Siegel verwandt ward, neben der dann auch ganz selten eine noch
altertümlichere Siegelschrift angewandt ward (Taf. B unten). Hierbei kann aber
als Regel gelten, daß die Siegelschrift erst seit dem dritten Kaiser der Ts'ingdynastie,
dem Kaiser Yung-Tschêng (1723—1735) verwandt worden ist, wohl weil dieser
überhaupt stark altertümlichen Neigungen ergeben war, woraus sich ergibt, daß alle
Stücke, die frühere Marken dieser Art führen, in höchstem Grade verdächtig sind,
d. h. mindestens nicht aus der vor der Regierung dieses Kaisers liegenden Zeit
stammen können.

Diese Kaisermarken setzen sich in den meisten Fällen aus sechs Schriftzeichen
zusammen und zwar:

    1. aus dem Schriftzeichen ta = groß,
    2. dem Schriftzeichen der betreffenden Dynastie,
    3. und 4. den beiden Schriftzeichen des Adoptivnamens (nien-hao) des be-
        treffenden Kaisers,
    5. dem Schriftzeichen nien = Periode,
    6. dem Schriftzeichen tschih = gemacht.

Bisweilen jedoch fehlen die beiden ersten (siehe Taf. A). Angeordnet sind
sie in der Regel in zwei Kolonnen zu drei resp. zwei Buchstaben untereinander. Sie müssen dann nach chinesischer Sitte von oben nach unten gelesen
werden und zwar die rechte Kolonne vor der linken:

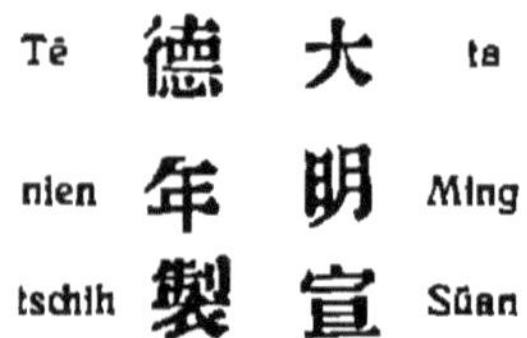

Seltener, und zwar, wie es scheint, ausschließlich in der Mingzeit, sind sie in
eine Reihe unter- oder nebeneinander gesetzt worden und dann von oben nach
unten, resp. von rechts nach links zu lesen.

Angebracht wurden die Kaisermarken in der Regel unter dem Boden der Gefäße, seltener — es scheint dies nur während der Mingzeit geschehen zu sein —
auf der Rückseite oder an dem Rande der Seitenwandungen, in letzterem Falle

meist ziemlich versteckt zwischen der Ornamentik, noch seltener schließlich bei Schalen innen am Grunde des Bodens. Geschrieben sind sie in der Regel in Unterglasurkobaltblau, selten auch, doch, wie es scheint, kaum vor dem 19. Jahrhundert, in Eisenrot, ganz selten schließlich in Schwarz. Alle diese Marken sind oft von zwei Kreisen eingeschlossen, bisweilen jedoch, und zwar wieder am Ende der Mingzeit, auch von reicherer Ornamentik. Daneben kommen auch eingestempelte Marken vor, doch wohl nicht vor Zeit des Kaisers Yung-Tschéng (1722 bis 1735). Es handelt sich in diesem Falle, wie erklärlich, in der Regel um die Marken in Siegelschrift.

*　　*　　*

Unaufgeklärt aber erscheint bis jetzt, welche Porzellane diese Kaisermarken erhielten und welche nicht. Tatsache ist, daß es nicht ausschließlich die Erzeugnisse der kaiserlichen Manufaktur (S. 77, 122) gewesen sind, wie man wohl angenommen hat und anzunehmen nahe lag, denen man solche gab, da in Europa viel zu viel minderwertige Porzellane aus alter Zeit vorhanden sind (z. B. in der Dresdner Porzellansammlung), die diese Marken tragen, die sich oft auch ganz unverkennbar als richtige Exportware kennzeichnen, weshalb sie niemals in jener Manufaktur hergestellt sein können. Eine feste Regel oder ein besonderes Prinzip scheint demnach bei ihrer Anbringung nicht erfolgt zu sein.

*　　*　　*

Bedauerlich jedoch ist, daß der wissenschaftliche Wert aller dieser Marken dadurch sehr beeinträchtigt ist, daß man -- wie es scheint, wieder seit dem Ende der Mingzeit, also in der Zeit, da man anscheinend mit der bewußten Nachbildung der Erzeugnisse früherer, besonders geschätzter Zeiten dieser Periode den Anfang machte (vgl. S. 103) — damit begann, Marken dieser Zeiten auf Erzeugnisse der eigenen zu setzen, eine Unsitte, die dann während der Ts'ingdynastie immer allgemeiner ward und die Festlegung der Chronologie des chinesischen Porzellans sehr erschwert hat. Nie kann daher ein chinesisches Porzellan allein auf Grund seiner Kaisermarke datiert werden. Es müssen immer noch stilistische, technische oder ähnliche Gründe hinzukommen, d. h. besondere Kennzeichen, die einem durch Vergleiche vieler Stücke mit gleichen Marken für die von der betreffenden Marke angegebenen Zeit charakteristisch zu sein scheinen (vgl. z. B. S. 75).

Merkwürdig aber ist, daß bei der Anbringung auch dieser alten Marken auf jüngeren Stücken kein für uns bis jetzt erkennbares System, vielmehr anscheinend wieder die reine Willkür geherrscht hat. Sie sind keineswegs immer auf Erzeugnissen angebracht, die im Sinne der Zeiten dieser Marken geschaffen sind, noch etwa auf solchen von irgendeiner besonderen Qualität, die man dann, wie man wohl annehmen könnte, durch eine besonders angesehene Marke hätte betonen wollen. Vielmehr zeigen größere Bestände, wie z. B. wieder die der Dresdner Porzellansammlung aus der K'ang-Hi-Zeit bezeugen, in auffälligster Weise die An-

wendung derselben sowohl bei ausgesprochenen Durchschnittsstücken, die bisweilen
sogar ersichtlich für den Export hergestellt worden sind, als auch bei solchen,
die ganz und gar den Stil ihrer eigenen Zeit und nicht im mindesten den der Zeit
der Marken aufweisen.

Es bleibt demnach sowohl das Prinzip der Auswahl der markierten, sowie
auch das der Verwendung älterer Marken bisher noch völlig in Dunkel gehüllt.

II. Periodenmarken.

Diese Marken geben ein Jahr jener Perioden von jedesmal sechzig Jahren an,
nach denen der Chinese seit dem Jahr 2637 vor Chr. seine Zeit zu berechnen pflegt
und zwar mittels der für die Angabe dieser Jahre üblichen Verbindung zweier
Schriftzeichen, von denen das eine den Namen eines der sogenannten „zehn
Stengel“, das andere den eines der „zwölf Zweige“, die den Zeichen des Tier-
kreises entsprechen, wiedergibt (Taf. C). Diese Marken sind äußerst selten und
für gewöhnlich, da sich aus ihnen nur das Jahr der Periode, nicht aber die Zahl
der letzteren erkennen läßt, so gut wie bedeutungslos. Sie können nur dann
eine wirkliche Datierung angeben (dann aber auch eine viel genauere, weil das
einzelne Jahr bezeichnend, als die Kaisermarken, wenn sich wieder durch irgendein
anderes Hilfsmittel, sei es Provenienz, Stil oder Technik des betreffenden Stückes,
die Zahl der Periode feststellen läßt, zu der sie gehören. Doch haben diese
Marken wegen ihrer großen Seltenheit bei der Datierung des .chinesischen Porzellans bisher so gut wie gar keine Rolle gespielt (vgl. Anm. 133).

*   *   *

Außer diesen Datierungsmarken besitzt das chinesische Porzellan noch eine
Fülle von anderen Marken, die aber alle zur Datierung des chinesischen Porzellans
kaum etwas beitragen können, so lange nicht durch ihre Zusammenstellung und
Vergleichen der Porzellane, die sie tragen, festgestellt worden ist, zu welchen
Zeiten sie im einzelnen verwandt worden sind[179]). Unter diesen Marken unter-
scheidet man:

1. Hallmarken (hall-marks), über deren Bedeutung noch keine volle Klarheit herrscht, die sich aber bald auf Werkstätten, bald auf Läden, dann
aber auch auf Bestimmungsorte der Porzellane zu beziehen scheinen.
Sie dürften in der Hauptsache erst während der Dynastie der Ts'ing
(1644—1912) aufgekommen sein.

2. Widmungs- oder Glückwunschmarken, die — wohl für den Emp-
fänger — Glückwünsche, Widmungen u. dergl. enthalten.

3. Empfehlungsmarken, die die Porzellane, die sie besitzen, besonders
zu empfehlen scheinen.

4. Symbolische Marken, die, der starken Neigung der Chinesen für solche
   Dinge entgegenkommend, bald die berühmten acht buddhistischen Symbole (Pa-kua), bald die Attribute der Taoisten, der Anhänger des Laotse,
   bald Embleme des Glückes, des langen Lebens usw. zeigen.

5. Künstlersignaturen, die freilich bisher sehr selten nachgewiesen sind
   (vgl. S. 156). Sie befinden sich, wie alle die eben angegebenen Marken,
   unter dem Boden der Gefäße. Dagegen bleibt noch zu untersuchen,
   ob die Signaturen, die seit der K'ang-Hi-Zeit bisweilen neben den Malereien der Porzellane stehen (vgl. S. 141 und Taf. 93 u. 95), solche von
   Porzellanmalern oder von Malern, nach deren Gemälden diese gearbeitet
   haben, darstellen[179]).

Verzeichnis der wichtigeren Werke und Arbeiten über das chinesische Porzellan.

Übersetzungen chinesischer Quellenschriften.

Julien, St., Histoire et fabrication de la porcelaine chinoise, ouvrage traduit du Chinois, accompagné de notes et d'additions, par A. Salvétat. Paris 1856 (siehe S. 3).

Bushell, St. W., Description of Chinese pottery and porcelain being a translation of the T'ao Shuo. Oxford 1910 (siehe S. 5).

Chinese Porcelain, sixteenth-century coloured illustrations with Chinese Ms. Text by Hsiang-Yuan - P'ien, translated and annotated by Stephen W. Bushell. Oxford 1908 (siehe Seite 4).

Allgemeines.

Lettre du Père d'Entrecolles, Missionaire de la Compagnie de Jésus au père Orry de la même Compagnie. A Yao tcheoû, le 1. Sept. 1712 (Lettres édifiantes et curieuses, écrites des Missions étrangères par quelques Missionaires de la Compagnie de Jésus. XII. Bd. Paris 1717. S. 253 (siehe S. 2).

Lettre du Père d'Entrecolles, Missionaire de la Compagnie de Jésus au P .... de la même Compagnie. A Kim te tchim le 25. Janvier 1722 (Lettres édifiantes et curieuses, écrites des Missions étrangères par quelques Missionaires de la Compagnie de Jésus. XVI. Bd. Paris 1724. S. 320 (siehe S. 2).

Du Sartel, La Porcelaine de Chine. Paris 1881 (siehe S. 15).

Paléologue, M., l'Art Chinois, Paris 1887.

Grandidier, E., La céramique Chinoise, avec 42 héliogravures. Paris 1894 (siehe S. 15).

Bushell, St. W., Oriental ceramic Art, illustrated by examples from the collection of W. T. Walters with 116 plates in colors and 400 reproductions in black and white. New-York 1897 (siehe S. 15).

Bushell, St. W., Chinese Art II vol. (Board of education, South Kensington, Victoria and Albert Museum) London 1906 (siehe S. 16).

Monkhouse, Cosmo, A history and description of Chinese Porcelain, London, Paris, New-York, Melbourne 1901 (siehe S. 16).

Hippisley, A. E., A sketch of the history of ceramic Art in China, with a catalogue of the Hippisley collection of Chinese porcelain (Smithonian Institution, United States National Museum) with 22 plates. Washington 1902 (siehe S. 16).

Gulland, W. G., Chinese Porcelain with 411 illustrations, London; vol. I 1899, vol. II 1902 (siehe Seite 16).

Brinkley, F., China, its history, Arts and Literature, London 1904. Vol. IX. Ceramic Art (siehe Seite 16).

Dillon, E., Porcelain. London 1904.

Bahr, A. W., Old Chinese Porcelain and Works of Art in China, being description and Illustrations of articles selected from an exhibition held in Shanghai, November 1908. London, New-York, Toronto and Melbourne 1911 (siehe Anm. 12).

Blacker, J. F., Chats on Oriental china. London 1908.

Mew, E., Old Chinese porcelain. London 1909.

Rackham, B., A book of Porcelain. Fine Examples in the Victoria and Albert Museum. 1910 Sect. 1 Chinese Porcelain with 9 plates.

Gorer, E., and Blacker, J. Old Chinese Porcelain und Hard Stones. 2. Vol. with 254 plates in natural colours. London 1911 (siehe Anm. 12).

Münsterberg, O., Chinesische Kunstgeschichte. Eßlingen 1912. Bd. II (siehe Anm. 12).

Hogdson, W., How to Identify old chinese Porcelain with forty illustrations. London 3. ed. 1912 (siehe Anm. 12).

Gerspach, Notes sur la céramique chinoise, Paris, Quantin 1877.

Orient, Sammlung keramischer Objekte aus dem nahen und fernen Orient, mit einleitenden Bemerkungen von O. d. Sartel, L. Gonse und J. Karabacek, herausgegeben vom Orientalischen Museum, mit 58 Tafeln, Wien 1885.

Einzelne Gebiete.

Bushell, St. W., Chinese Porcelain before the Present Dynasty, Peking 1886 (Journal of the Peking Society).

Hirth, F., Ancient Porcelain, a study in Chinese Mediaeval Industry and Trade. Leipzig and Munich 1888.

Hirth, F., Die chinesische Porzellanindustrie im Mittelalter (Chinesische Studien, München und Leipzig 1890).

Holcombe, Sh.. Ancient Porcelain, belonging to G. A. Hearn, New York 1894.

Hobson, R. L., Wares of the Sung und Yuan Dynastles (Burlington Magazine Bd. XV u. XVI 1909 u. 1910, siehe S. 17 u. 35).

Hobson, R. L., On some Old Chinese Pottery (Burlington Magazine Bd. XIX 1911).

Exhibition of early Chinese Pottery and Porcelain 1910 (Burlington Fine Arts Club) London 1911 (siehe S. 17 u. 35).

Laufer, B., Chinese Pottery of the Han Dynasty. Leiden 1909 (Publication of the east asiatic Committee of the American Museum of Natural History).

Meyer, A. B., Lung-ch'üan-yao oder altes Seladon-Porzellan nebst einem Anhange über damit in Verbindung stehende Fragen (Abhandl. u. Ber. d. kgl. zoolog. u. anthropolog.-etnograph. Museums zu Dresden 1888/89). Berlin 1889.

Bushell, St. W., Chinese Eggshell (Burlington Magazine. Bd. IX, 1906).

Bushell, St. W., A Ming bowl with silver-gilt Mounts of the Tudor Period (Burlington Magazine Bd. XIII, 1908).

Bushell, St. W., Chinese eggshell Porcelain with Marks from the collection of the late Hon Sir Robert Mende (Burlington Magazine Bd. IX 1906.

Bushell, St. W., Chinese Figure of Kuan-yin, painted with coloured enamels of the K'ang-hi Period (Burlington Magazine Bd. XII 1907/8.

Münsterberg, O., Bayern und Asien im XVI., XVII. u. XVIII. Jahrhundert mit 2 Heliogravüren und 28 Textillustrationen. Leipzig 1895.

Chavannes, Objets Chinois (Bulletin des Musées de France. 1908 No. 4).

Hulsh, M. B., Chinese snuff bottles. London 1893.

Percynski, F., Towards a grouping of Chinese Porcelain (Burlington Magazine Bd. XVIII 1910, 1911, XXII 1913).

Dillon, E., Some notes on the origin and the development of the enamelled Porcelain (Burlington Magazine Bd. XIII 1908).

Dillon, Early Chinese Pottery and Porcelain at the Burlington Fine Arts Club (Burlington Magazine Bd. XVII 1910).

Fry, R., The Richard Bennett Collection (Burlington Magazine Bd. XIX 1911).

Jones, A., Old Chinese Porcelain, made from English Silver models (Burlington Magazine Bd. XX 1911/12).

(Crisp, F. A.), Examples of Armorial China (privately printed) 1887.

Jones, E., Old Chinese porcelain, made from English Silver Models (Burlington Magazine Bd. XX 1911).

Zimmerman, E., Wann ist das chinesische Porzellan erfunden und wer war sein Erfinder? (Orientalisches Archiv Bd. II 1911).

Kataloge.

Franks, A. W., Catalogue of a Collection of Oriental Porcelain and Pottery (Science and Department of the Committee of Council on Education, South Kensington, London 1878) 2. Bd. London 1878.

A catalogue of Blue and White Nankin Porcelain, forming the collection of Sir Henry Thompson, illustrated by the Autotypie Process from Drawings by James Whistler. London 1878.

Verzeichnis alter keramischer Gegenstände, in China gesammelt von Prof. Dr. Friedr. Hirth. Berlin 1890.

Ancient Chinese Porcelains and other Curios, belonging to Mr. G. A. Hearn 1894.

(Monkhouse) Catalogue of Blue and White Oriental Porcelain (Burlington Fine Arts Club) London 1895.

(Monkhouse) Catalogue of coloured Chinese Porcelain (Burlington Fine Arts Club) London 1896

Führer durch die Ohlmerssche Sammlung, zurzeit aufgestellt im Römer-Museum, Hildesheim. Hildesheim 1898.

Révillot de Muralt, A., Catalogue de la collection de porcelaines anciennes de la Chine et du Japon, appartenant à Mr. R. de M. Genève 1901.

Bushell, W. H., A collection of powdered blue Chinese porcelain in the possession of Bennett (Burlington Art Magazine, Bd. V, 1901).

(Dedekam, H.) Kinesisk Porcellaen i Kristiania Kunstindustri-Museum. Kristiania 1905.

Bushell, St. W. and Laffan, W. M., Catalogue of the Morgan Collection New York, Metropolitan Museum of Art, New York 1895.

Getz, J., Handbook of a collection of Chinese Porcelain, loaned by A. Garland, Metropolitan Museum of Art, New York 1895.

Getz, J., Catalogue of the Macomber Collection of Chinese Pottery 1909.

Fry, R., Richard Bennet Collection of Chinese Porcelain (Burlington Magazine, Bd. XIX, S. 1911).

Ricci, Seymour de, Catalogue of a Collection of mounted Porcelain, belonging to E. M. Hodgkins Paris 1911, with 24 autotypes in Black and Colour.

Exhibition of early Chinese Pottery and Porcelain. Burlington Fine Art Club. London 1910 (siehe S. 17 u. 35).

Technik.

Ebelmen, J. J., et Salvétat, A. Recherches sur la composition des matières employées dans la fabrication et la décoration de la porcelaine en Chine, exécutées à la Manufacture Nationale de Sèvres et présentées à l'Academie des Sciences. Paris 1852.

Vogt, G., Recherches sur les porcelaines chinoises. Études faites sur les matières recueillies à Kin-Te-Tschen, et envoyées à la Manufacture de Sèvres par Mr. F. Scherzer, Paris 1900 (Bulletin de la Société d'Encouragement No. 4, Tome V, 5. série).

Kunst

Zimmermann, E., Chinesische Porzellankunst (Kunst und Künstler. Bd. IV, 1905).

Anmerkungen.

¹) Hirth, Ancient porcelain a study in chinese mediaeval industry and trade. 1888. S. 7.

²) Hobson, Wares of the Sung and Yuan dynasties (Burlington Magazine). XV. S. 23.

³) Drach, Ältere Silberarbeiten in den kgl. Sammlungen zu Cassel. Marburg 1888. (Vgl. auch Anm. 77.)

⁴) Siehe S. 71.

⁵) Vgl. meinen Aufsatz: Entstehung und Bedeutung der Dresdner Porzellansammlung in der Sonntagsbeilage des Dresdner Anzeigers. 1910. Nr. 21.

⁶) Diese Wertschätzung der Dresdner Sammlung ist jetzt selbst von chinesischer Seite aus bestätigt worden.

⁷) Die wichtigsten englischen Privatsammlungen, die keramische Erzeugnisse der Sung- und Mingdynastie enthalten, finden sich auf einer der ersten Seiten der großen Publikation der im Jahre 1911 vom Burlington Fine Arts Club veranlaßten Exhibition of early Chinese Pottery and Porcelain 1910 (London 1911) angeführt (siehe das Literaturverzeichnis am Ende vorliegenden Werkes). Dagegen sind wirklich große Privatsammlungen von chinesischen Porzellanen der Blütezeit mir kaum bekannt geworden, mit Ausnahme der freilich sehr bedeutenden von J. S. Benett und der von Falck in London, die inzwischen jedoch beide verkauft worden sind.

⁸) Diesen großen, bisher völlig unbekannten und verborgenen Schatz näher zu untersuchen und seine wissenschaftliche Bedeutung festzustellen, erhielt der Verfasser im Herbst 1910 von der türkischen Regierung den ehrenvollen Auftrag, nach Konstantinopel zu kommen. Er hat dort sämtliche vorhandenen Stücke zu sehen bekommen, wenn auch wohl nicht lange genug, um ihren wissenschaftlichen Wert auch immer im einzelnen zu erschöpfen und hierüber dann im III. Jahrgange der Kunstzeitschrift Cicerone S. 496 ff. ausführlicher berichtet, im übrigen die gewonnenen Resultate dieser Darstellung eingereiht. Ein kleiner Teil der allerbesten Stücke wurde zur Aufstellung in der Schatzkammer ausgewählt an Stelle der bisher dort aufgestellten, vielfach recht minderwertigen. Der übrige Teil und damit der Hauptbestand mußte dann freilich wieder aus Platzmangel in den unterirdischen Gemächern aufgestapelt werden, wo er wohl schwerlich so bald wieder von irgend jemanden wird studiert werden können.

Außer den im Text angeführten Beständen gibt es dann in Amerika noch größere im Museum von Boston, in Europa in denen von Christiania und Stockholm und im Musée Cinquentenaire in Brüssel. Dann sollen sich solche auch in den kaiserlichen Schlössern in und um St. Petersburg befinden, darunter auch viele größere Vasen.

⁹) Siehe die Abbildungen in: Sarre; Denkmäler der persischen Baukunst.

¹⁰) Die Urteile über diese Schätze lauten bisher sehr verschieden. Überschwenglichen stehen

sehr zurückhaltende gegenüber. Im allgemeinen scheint es sich jedoch in der Hauptsache um Erzeugnisse des 18. Jahrhunderts zu handeln, unter denen vor allem die Fülle der Porzellane mit der kaisergelben (vgl. S. 49) und der so geschätzten pfirsichblütenfarbenen (vgl. S. 133) und des Porzellans mit sang-de-bœuf-Glasur (vgl. S. 132) auffallen soll.

[11]) Vgl. den Anhang: Die Datierungsmarken des chinesischen Porzellans.

[12]) Inzwischen ist dann auch das große Tafelwerk: Gorer and Blacker, Chinese Porcelain and Hard Stones, illustrated by. 254 pages of gems of Chinese Ceramic and Glyptic. London 1911, 2 Bde., erschienen, das in z. T. erträglich gelungenen Farbentafeln eine Auswahl der allerschönsten chinesischen Porzellane, aber freilich fast nur aus der Zeit des 18. Jahrhunders wiedergibt. Ein wissenschaftlicher Wert kommt daher dieser Auswahl ebensowenig zu wie dem dürftigen, gar nichts Neues bringenden Texte. Wissenschaftlich interessanter ist dagegen das neu erschienene Werk: A. W. Bahr, Old Chinese Porcelain and Works of Art in China, being Description and Illustrations of Articles selected from an Exhibition held in Shanghai, Novemrer 1911, Cassell and Company, limited, 1911, da es zum ersten Male auch chinesische Porzellane aus dem Besitz chinesischer Sammler abbildet, die zugleich beweisen, daß diese keine anderen Stücke besitzen als wir, und daß auch in den meisten Fällen die in China übliche chronologische Einordnung derselben der hier in vorliegendem Werke gegebenen entspricht.

Dagegen ist mit Hodgson's oberflächlichem Werke How to identify old Chinese Porcelain London 1913, III. Aufl., nicht allzuviel anzufangen, ebensowenig wie mit dem die chinesische Keramik enthaltenden Kapitel des II. Bds. von Münsterberg, Chinesische Kunstgeschichte, in dem, wie in seinen Arbeiten immer, ein reiches Material in flüchtigster Bearbeitung voller Lücken und Irrtümer dem Leser vorgeführt wird.

[13]) Vgl. hierüber meinen Aufsatz „Wann ward das chinesische Porzellan erfunden und wer war sein Erfinder" im Orientalischen Archiv II 1911/12. S. 30.

[14]) Laufer. Chinese Pottery of the Han Dynastie. Leiden 1909. S. 10 ff.

[15]) Vgl. Börschmann, Ein vorgeschichtlicher Fund aus China (Provinz Schantung). Zeitschrift für Ethnologie. 43. Jahrg. 1911. S. 153.

[16]) Vgl. Laufers grundlegendes Werk: Chinese Pottery of the Han Dynastie, Leiden 1909 und die Publikation des Burlington Art Club: Exhibition of early Chinese Pottery and Porcelain 1910, London 1911, woselbst auch einige datierte Stücke aufgeführt werden. Inzwischen haben sich die dort angeführten, bereits schon recht reichen Bestände beträchtlich vermehrt und sich auch an anderen Stellen in Europa angesammelt, vor allem im Louvre durch Chavannes, sowie in Pariser (Slg. Potter) und englischen (Slg. Eumorfopoulos) Privatsammlungen. In Deutschland finden sich solche vor allem im Museum für Kunst und Gewerbe in Hamburg, sowie in der Dresdner Porzellansammlung.

[17]) Vgl. Zeitschrift für Ethnologie 1911. S. 160.

[18]) Freilich muß hier gleich darauf hingewiesen werden, daß es für diese Zeit wie auch für die nächstfolgende nicht immer möglich ist, zu bestimmen, ob derartige Gegenstände damals grün oder blau gewesen sind, da die Chinesen damals für diese beiden Farben nur einen Ausdruck hatten, worauf zuerst Hirth in seiner in Anmerkung 20 erwähnten Schrift aufmerksam gemacht hat, indem er zugleich darauf hinwies, daß Julien in seiner „Histoire et fabrication de la porcelaine chinoise" (Paris 1856) dies nicht beachtet hat und darum für diese frühen Zeiten irrtümlicherweise fast immer diesen Ausdruck mit Blau übersetzt hat.

[19]) Merkwürdigerweise sind diese frühen Anfänge der chinesischen Porzellanindustrie gerade von diesem Orte, der später auf diesem Gebiete die allergrößte, ja eine ganz beispiellose Rolle spielen sollte, bisher ganz übersehen worden, obwohl Julien in seiner Übersetzung S. 81 sie doch deutlich genug erkennen läßt.

[20]) Vgl. Hirth. Ancient Porcelain, a study in Chinese mediaeval industry and trade 1883. Seite 4.

[21]) Vgl. hierüber meine Arbeit: Wann ward das chinesische Porzellan erfunden und wer war sein Erfinder? im Orientalischen Archiv II S. 30.

[22]) Vgl. Anmerkung 18.

[33]) Relation des Voyages faits par les Arabes et les Persans dans l'Inde et de la Chine dans la IXe siècle et l'ère chrétienne, par M. Reinach, Paris 1845.

[34]) Vgl. Burlington fine Arts club. Exhibition of early Chinese Porcelain and Pottery 1910. London 1911, S. XXIV und die betreffenden Abbildungen.

[35]) Letztere sind z. T. veröffentlicht in der kürzlich in Japan veröffentlichten Publikation über dies Gebäude. Vgl. auch Brinckley „China, its history Arts and Literature" Bd. IX S. 16. Ihr chinesischer Ursprung dürfte jedoch noch keineswegs feststehen, da Prof. Sarre bei Ausgrabungen in dem im 9. Jahrhundert zerstörten Samarra in Persien fast die gleichen Erzeugnisse, aber unverkennbar aus dortigem Ton bestehend, unter den Trümmern dieser Stadt aufgefunden hat. Sind doch auch sonst frühe persische Arbeiten in Japan aufgefunden.

[36]) Brinkley China, Its History Arts and Literature. London 1904, S. 16.

[37]) Es scheint nach den Aussagen älterer japanischer Schriftsteller, als wenn das Blau dieser Erzeugnisse leicht ins Grünliche gespielt hätte (vgl. Brinckley a. a. O. S. 19], ein Ton, der sich freilich mit einem „Blau nach dem Regen" schwer vereinigen läßt.

[38]) Die Farbe dieses Produkts ist früher freilich bei uns oftmals für blau angesehen worden. Der Vergleich derselben aber mit Jade in Verbindung mit den Berichten der alten chinesischen Quellen, daß der Tee in ihm eine grünliche Farbe annahm, beweist zur Genüge, daß diese Annahme nicht richtig sein kann.

[39]) Aus diesem Grunde allein erklären sich daher die vielen Porzellane in Bronzeform im Album Hiangs, nicht aber etwa, wie man mehrfach gemeint hat, daraus, daß der Urheber dieses Albums die Liebhaberschrulle gehabt hat, nur alten Bronzen nachgebildete Stücke für schön und sammelnswert zu halten. Wie vermag man z. B. mit solcher Ansicht die Tatsache in Verbindung zu bringen, daß von den Porzellangattungen, von denen er kaum noch Beispiele damals vorfand, z. B. vom Ju-yao, diese alle sich als Bronzenachbildungen darstellen?

[40]) Über die Schwächen dieser Abbildungen vgl. S. 5.

[41]) Demgegenüber ist merkwürdig, daß Bushell in seinem „Oriental ceramic Art" S. 98 berichtet, daß nach einer aus dem Jahre 1808 stammenden Liste der Porzellanschätze eines der kaiserlichen Paläste in diesem damals noch mehrfache Beispiele der berühmtesten Gattungen dieser Zeit vorhanden gewesen sein sollen, so Ju-, Kuan-, Ting-, Tung-, Kien-, Ko- und Kün-yao. Handelt es sich da aber vielleicht nicht nur um spätere Nachbildungen, die mit diesen Bezeichnungen belegt wurden?

[42]) Vgl. hierüber J. Getz, Catalogue of the Macomber collection of Chinese Pottery. Boston 1909. Die mit vollster Sicherheit hier gegebenen zeitlichen und örtlichen Bestimmungen sind freilich von einer erstaunlichen Kühnheit, von der man leider nicht weiß, worauf sie eigentlich fußt.

[43]) Vgl. Anmerk. 31.

[44]) Ich sehe aber durchaus keinen Grund ein, anzunehmen, daß die Masse rot war, wie es Hobson tut. Einerseits nennt es die T'ao schuo S. 41 auf Grund einer Quelle der Mingzeit ausdrücklich weißlich, andrerseits bedeutet der Vergleich bei Julien S. 64 mit Kupfer, vielleicht nur, daß es so leuchtete, wie dieses.

[45]) Brinckley (a. a. B. S. 33] hat daher ganz irrtümlich angenommen, daß auch hier Julien wieder das sowohl Grün wie Blau bedeutende chinesische Wort ts'ing (vgl. Anm. 18) fälschlich mit Blau übersetzt hat. Der einzige Umstand, der für eine grünliche Farbe sprechen könnte, ist der, daß dies Erzeugnis mehrfach mit dem später zu erwähnenden, immer grünen Ko-yao verglichen wird. Doch kann dabei niemals erkannt werden, in welcher Beziehung dieser Vergleich stattfindet: er kann sich z. B. auch auf die Haarrisse der Glasur beziehen, die in der Tat mit der des Ko-yao bisweilen große Ähnlichkeit gehabt haben müssen.

[46]) Um so merkwürdiger ist, daß Bushell „Oriental ceramic arts" wieder welche in dem Anmerkung 31 erwähnten Verzeichnis eines der kaiserlichen Paläste von 1808 als noch vorhanden erwähnt.

[47]) Wofern nämlich das auf S. 57 der Julienschen Übersetzung Berichtete noch für das Jahr 1823 gilt, in dem das Exemplar erschienen ist, das er übersetzt hat.

[38]) Vgl. T'ao schuo p. 42: of fine transparent paste.

[39]) Vielfach ist auch von diesem Produkt wieder die Hauptfarbe der Glasur als Grün bezeichnet worden. So früher von Hirth (a. a. O. S. 19) und vor allem von Brinckley, während Bushell zwar anfangs derselben Meinung war, in seinen letzten Publikationen jedoch (wobei freilich zu beachten, daß die nach seinem Tode herausgegebene Übersetzung der T'ao schuo eine frühere, von ihm später wohl nicht wieder durchgesehene Arbeit darstellt) doch auch ohne Einschränkung die Hauptfarbe derselben als blau oder bläulich bezeichnet. In Wahrheit lassen die Beschreibungen Hiangs in seinem Album keine Frage, daß die Grundfarbe dieses Erzeugnisses bläulich war. Wie sollte man sich auch sonst z. B. vorstellen, daß sie ins Purpurne spielte.

[40]) Übrigens erwähnt T'ao schuo p. 43 auch einmal eine schwarze Glasur.

[41]) T'ao schuo p. 47 erwähnt dies in dem Kapitel, das über das Lung-tsüan-yao handelt.

[42]) T'ao schuo p. 42. Daß aber die Porzellanmasse einmal als braun bezeichnet wird, scheint doch wohl ein Irrtum zu sein, hervorgerufen durch die auch hier wieder wegen ihres Eisengehaltes roten oder braunroten Füße und Ränder dieser Gegenstände.

[43]) Über die Zuschreibung der in England befindlichen Stücke vgl. Hobsons Aufsatz: Wares of the Sung and Yuan Dynastie im Burlington Magazine 1909 S. 82 und die Einleitung p. XIX zum Katalog der Ausstellung des Burlington fine Arts Club im Jahre 1909.

[44]) Vgl. auch S. 190.

[45]) Hierüber d. h., daß das beste Ting-yao dieser Zeit, weiß gewesen ist, kann für den, der ganz unbefangen die chinesischen Quellen studiert, nicht der geringste Zweifel bestehen, da dies in diesen fortgesetzt behauptet wird. Es wird auch nicht ein einziges Mal eine Andeutung gemacht, daß es, wie bisher merkwürdigerweise ganz allgemein angenommen worden ist, irgendwie gelblich gewesen ist, es sei denn, daß man eine solche in den häufigen Vergleichen seiner Glasur mit gefrorenem Hammelfett sehen möchte, was aber ebenso gut auf seine Struktur wie auf seine Farbe gehen kann. Dagegen sagt z. B. Hiang in seinem Sammleralbum im Text zu Tafel 21 ausdrücklich, daß das Ting-yao das Vorbild für das schönste Porzellan der Mongolenzeit, das Schu-fu-yao gewesen ist, das seinerseits wieder das für „das rein weiße“ Porzellan der Zeiten der Kaiser Yung-Lo und Süan-Tê gewesen, bei denen kein Mensch je an gelbliche Tönung gedacht hat.

[46]) Derartiges Ting-yao wird allerdings bisher allein an einer einzigen Stelle der T'ao schuo (a. a. O. S. 123) erwähnt.

[47]) T'ao schuo a. a. O. S. 123.

[48]) Vgl. Hobson, Burlington Magazine Bd. XV. 1909 S. 298.

[49]) Vgl. Hobson, Burlington Magazine Bd. XV S. 207 und Hobson, Exhibition of early chinese Pottery and Porcelain 1910 S. XXXI.

[50]) Neben diesen sich schon zu wirklichen Typen zusammenschließenden Stücken gibt es noch manche sehr merkwürdige bisher aber nur vereinzelt auftretende. Erwähnen möchte ich von diesen nur noch eine bisher unbeachtete, außerordentlich schöne Vase im Schatz von S. Marco in Venedig. Sie zeigt unter einer dicken, unebenen Glasur einen großen Reichtum von stilisierten Ranken und Schilfblättern in zartem Relief. Die Masse ist wieder etwas gelblich.

Dann sei auf die auf S. 83 (1. Absatz) erwähnte Schale der Dresdner Porzellansammlung hingewiesen, die gleichfalls vielleicht schon der Sungzeit angehört, die aber, da, wie ich inzwischen erfahren habe, ganz ähnliche Stücke in großer Anzahl im Museum zu Seoul sich befinden, dann nicht ganz ohne Grund als koreanisch angesprochen werden kann. Ihre Masse stellt ein ganz besonders feines, durchsichtiges Porzellan vor. Die Ornamentik ist sehr flott, doch sind die Motive nur andeutend in den Scherben geritzt.

[51]) Vgl. Laufer a. a. O. S. 313.

[52]) Vgl. Hobson a. a. O. (Burlington Magazine LXXII. 1909 S. 303, woselbst auch noch weitere Datierungsversuche.

[53]) Hobson in dem Anm. 52 erwähnten Aufsatz S. 303.

[54]) Laufer, Chinese pottery of the Han Dynastie, Leiden 1909, S. 316.

[55]) Vgl. T'ao schuo S. 52. Diese Tatsache scheint bisher ganz übersehen zu sein.

[56]) Vgl. T'ao schuo S. 54.

[57]) Auch die durch Bushell ins Brit. Museum gelangten, in Peking ausgegrabenen Fragmente von solchen Stücken können, da sie nicht genau zu datieren sind, zur Grundlage für die Datierung dieser Gruppe doch kaum ohne weiteres verwandt werden.

[58]) In den alten Schriftquellen ist immer nur von derartigen Haarrissen die Rede. Dagegen zeigt das einzige im Sammleralbum abgebildete Stück Ko-yao jene Form, die der Chinese mit geborstenem Eis (vgl. Taf. 62 Mitte) zu vergleichen pflegt.

[59]) Vgl. über diese aus China exportierten Seladone A. B. Meyer, Lung-ts'üan-yao oder Altes Seladon Porzellan (Abhandlungen u. Berichte des königl. zoologischen usw. Museums zu Dresden 1889 und Alfred Maaß, Altes chinesisches Porzellan in Zentral-Sumatra, Berlin 1910).

[60]) Ausdrücklich berichtet dies Tschao Ju Kua am Anfang des 13. Jahrhunderts. Vgl. Hirth a. a. O. S. 47. Im Schatzhaus zu Konstantinopel hat sich in der Tat ein freilich sehr unbedeutendes Stück der Tu-ting-Gattung des Ting-yao erhalten.

[61]) Siehe Taf. 19 rechts.

[62]) Dieselben sind von mir — und damit wohl zum ersten Male von einem Europäer — im Jahre 1910, als ich von der Generaldirektion der kaiserlich ottomanischen Museen in Konstantinopel den Auftrag erhielt, diese sowie die im dortigen Museum befindlichen wissenschaftlich zu bearbeiten, sämtlich durchgesehen worden. Vgl. Anm. 8.

[63]) Brinckley a. a. O. S. 79.

[64]) Hirth a. a. O. S. 68, Brinckley a. a. O. S. 76.

[65]) Siehe S. 76.

[66]) Hobson, Burlington Magazine 1909, S. 163.

[67]) Bushell, Chinese Art. London 1906. II. S. 13.

[68]) Dies Stück ist vor etwa 20 Jahren in China von einem Gönner der Dresdner Sammlung gekauft und dieser mit mehreren anderen Sungstücken verehrt worden. Sein exzeptioneller Charakter ist von vielen Kennern dieses Gebietes anerkannt worden.

[69]) Es ist mir gänzlich unklar, wie A. B. Meyer in seiner Arbeit „Lung-ts'üan-yao oder altes Seladonporzellan" (Abhandlungen u. Berichte des kgl. zoolog. usw. Museums zu Dresden. 1889. Nr. 3 S. 7) annehmen konnte, daß diese Rotfärbung durch den Eisengehalt der Glasur und nicht, wie sonst immer angenommen wird, den der Masse erfolgte, da doch aus seiner eigenen Arbeit hervorgeht, daß die Masse der Seladone viel eisenhaltiger war, als ihre Glasur.

[70]) Vgl. Crawfurd, A descriptive Dictionary of the Indian Archipelago an the Adjacent Countries. London 1856, p. 359—360. Leider fehlt aber eine genauere Beschreibung. Interessant und wichtig ist aber auch, daß Prof. Sarre in Berlin, wie er mir freundlichst mitgeteilt hat, einen derartigen, freilich wohl etwas roheren Seladonscherben in einem dem 9. Jahrhundert angehörenden Haus in Samarra, der früheren nördlich von Bagdad gelegenen Kalifenresidenz gefunden, über den er später weiteres berichten wird.

[71]) Vgl. über die damaligen Nachahmungen: Hirth ancient porcelain S. 73.

[72]) Vgl. über alle diese koreanischen Erzeugnisse meine Arbeit: Koreanische Kunst, Hamburg, C. Griese, 1895; A. Fischer, Über koreanische Kunst (im Orientalischen Archiv 1911 S. 149); J. Platt, Ancient Korean Tomb Wares (Burlington Magazine 1912 S. 222).

[73]) Dies kann wohl auch schwerlich mit jenen geschehen, die die Japaner angefertigt haben. Wenigstens geben sich alle, die ich gesehen, entsprechend dem erst so späten Beginn des japanischen Porzellans als bedeutend jüngere Erzeugnisse, die auch ohne besondere Qualität sind.

[74]) Vgl. den Katalog der Ausstellung von Meisterwerken Muhammedanischer Kunst. München 1910.

[75]) Die Zeichnung dieses merkwürdigen Stückes ist abgebildet in Gazette des beaux arts XXXIX Bd. 17. 1897. S. 53. Mazarolle. Un Vase oriental en Porcelaine. Das Stück wird dort freilich ganz irrtümlich für ein persisches Fabrikat angesehen. Es ist inzwischen leider völlig verschollen.

⁷⁶) Außer diesen beiden Stücken dürfte sich wohl nur noch das in Anmerkung 50 erwähnte Ting-yao in der Schatzkammer von S. Marco in Venedig aus alter Zeit in Europa erhalten haben.

⁷⁷) Nach Drach, Ältere Silberarbeiten der kgl. Sammlungen zu Cassel, Marburg 1888, S. 5, wäre die Fassung des in Cassel befindlichen Stückes auf Grund der an dieser angebrachten Wappen etwa in die Zeit zwischen 1435—1453 zu setzen.

⁷⁸) Die Fassung dieses Stückes wird um die Zeit um 1550 gesetzt. Vgl. Exhibition of early China Pottery and Porcelain 1910 (Burlington fine Art Club 1911) S. 45, in welchem Werk dasselbe auf Tafel XXXI abgebildet ist.

⁷⁹) Von derartigen alten chinesischen Seidengeweben konnte man eine ganze Reihe im vorigen Jahre in der im Berliner Kunstgewerbemuseum veranstalteten Ausstellung mittelalterlicher kirchlicher Gewänder sehen, von denen die besten abgebildet sind in dem Katalog derselben sowie in dem diese behandelnden Aufsatz im Cicerone 1912, S. 1 ff.

⁸⁰) Daß daneben aber auch an dieser Stelle damals mit kobaltblauer Malerei verziertes Porzellan bisweilen hergestellt sein muß, beweist eine (abgebildet bei Percynski, Towards a grouping of Chinese Porcelain, Burlington Magazine, Bd. XVIII S. 30 Taf. 1) sicherlich der Mingzeit angehörende Vase im Britischen Museum, mit der Inschrift:

„hergestellt an den Grenzen von Fukien", d. h. jener Provinz, in der sonst in der Sungzeit das Kien-yao zu Kien-yang und Kien-ngang (vgl. S. 63) sowie seit der Mingzeit das Kien-tzu zu Tê-Hua (vgl. S. 77) erzeugt ward, welche Orte jedoch beide nicht an der Grenze dieser Provinz liegen. Auch stellt dies Stück ein von allen übrigen Erzeugnissen dieser Zeit sehr abweichendes, recht plump und ungeschickt gearbeitetes Stück vor, zu dem Seitenstücke bisher noch nicht gefunden sind.

⁸¹) Maaß, Altchinesisches Porzellan in Sumatra. Berlin 1910.

⁸²) Vgl. den Anhang: Die Datierungsmarken des chinesischen Porzellans.

⁸³) Eine wirklich eingehende Darstellung der Entwicklung des Porzellans in dieser Zeit gab es bisher nicht, auch keinen richtigen Versuch, die aus dieser Zeit anscheinend erhaltenen Porzellane ihr einzureihen. Nur Percynski hat im Burlington Magazine (1910 S. 28 u. 169) in seinem Aufsatz „Towards a grouping of Chinese Porcelain" dies mit den blau bemalten zu tun versucht, doch noch ohne wirkliche Übersicht und Beherrschung des Materials und auch mit zu viel gewagten Hypothesen.

⁸⁴) Ausdrücklich wird diese Tatsache, die bisher ganz übersehen zu sein scheint, für die Bestimmung der aus der Mingzeit erhaltenen, dünnwandigen Porzellane aber sehr wichtig ist, erwähnt bei Julien (a. a. O. S. 262) in dem Kapitel, das über Eierschalenporzellane handelt.

⁸⁵) Auch hier hat Brinckley wieder etwas von einer Art „Weichporzellan" gefabelt, das noch gar nicht das richtige chinesische Porzellan gewesen sein soll, dafür aber eine sehr feine, haarrissige Glasur besessen hätte. Es ist mir leider auch hier nicht möglich gewesen, in den chinesischen Quellen auch nur irgendeine Stelle aufzufinden, durch die diese Behauptung nur irgendwie bestätigt würde (auch in dem Album des Hiang findet sich in dem Text zu den auserwählten Stücken dieser Zeit nicht die geringste derartige Angabe) und so hat auch hier Brinckley wohl wieder zu eifrig den Worten japanischer Kenner gelauscht.

⁸⁶) Diese Schale ist vor einigen Jahren aus altadligem Besitz aus Venedig in die Dresdner Sammlung gelangt, welcher Umstand gerade für das hohe Alter derselben sprechen kann, da in dieser Stadt am Ende des 15. Jahrhunderts ja ganz bestimmt wirkliche chinesische Porzellane mit durchscheinender Masse vorhanden gewesen sein müssen, da man sonst dort niemals um diese Zeit schon (vgl. Davillier les origines de la porcelaine 1882 S. 27) Porzellannacherfindungsversuche gemacht haben würde. Mit den von Perzynski in seinen im Burlington Magazine, Bd. XVIII, S. 34 und Bd. XX S. 310 ff. angegebenen Stücken der Wan-Li-Zeit, zu denen sich in der Dresdner Sammlung gleichfalls mehrere Seitenstücke befinden, hat diese Schale dagegen nichts zu tun. Die Zeichnung auf letzterer ist viel feiner und geistreicher, das Blau wie auch die Masse gänzlich anders.

⁸⁷) Mit Unrecht hat man dagegen dieser Farbe infolge einer falschen Übersetzung der chinesischen Bezeichnung den Namen „Rot nach der Sonne" gegeben. Vgl. Jullen a. a. O. S. 316.

⁸⁸) Zahlreiche weitere Abbildungen von z. T. besonders schönen Arbeiten u. a. in Exhibition of early Chinese Pottery and Porcelain 1910 (Burlington fine Art Club, London 1911) Tafel XLII—LI.

⁸⁹) Überhaupt herrscht über die farbigen Glasuren der Mingzeit noch ziemliche Unsicherheit und z. T. wohl auch noch große Irrtümer. Viele der dieser Zeit heute noch zugeschriebenen gehören wohl erst der folgenden Zeit an. Das aber dürfte wohl schon jetzt feststehen, daß die Zahl der Glasuren damals keineswegs eine sehr große gewesen ist und daß sie sich auch meist wohl nicht mit denen der folgenden Periode an Schönheit und Originalität der Töne haben messen können.

⁹⁰) Vgl. S. 5 u. Anm. 2.

⁹¹) Hippisley, a Sketch of the History of ceramic Art in China with a Catalogue of the Hippisley collection of Chinese Art in the Smithonian Institute. Washington 1902. Nr. 296—303.

⁹²) Abgebildet in dem Katalog der Sammlung S. 56.

⁹³) Vgl Anm. 8.

⁹⁴) Davilier. Les origines de la porcelaine en Europe. Paris u. London 1882. S. 18 ff.

⁹⁵) Von diesen hat Prof. Sarre in Berlin auf einer seiner Reisen durch Persien Aufnahmen gemacht, die abgebildet sind in seinem großen Werke „Denkmäler persischer Baukunst". Vergrößerungen dieser Aufnahmen sind in der Dresdner Porzellansammlung ausgestellt.

⁹⁶) Siehe die Abbildungen bei Maaß, Altchinesisches Porzellan in Sumatra. Berlin 1910.

⁹⁷) Sammlungen von solchen Schalen aus diesen Gegenden sind mir kürzlich von einem deutschen Kaufmann vorgelegt worden.

⁹⁸) Münsterberg. Bayern und Asien im XVI. u. XVIII. Jahrhundert. Leipzig 1895. S. 8.

⁹⁹) Diese auf den holländischen Bildern des 17. Jahrhunderts abgemalten Schalen werden jedoch noch meist, wie viele Galeriekataloge zeigen, ganz irrtümlich für Delfter Fayencen gehalten.

¹⁰⁰) Aus diesen gefaßten Stücken wird im allgemeinen sehr viel Wesens gemacht, weil man sie für wissenschaftliche Dokumente ersten Ranges zum Zwecke der Bestimmung der Chronologie des chinesischen Porzellans hält. Doch ganz mit Unrecht. Fast alle diese Stücke stammen aus der Zeit um die Wende des 16. Jahrhunderts, also eben aus der Zeit des Kaisers Wan-Li und was sie in der oben angegebenen Richtung bezeugen, hat sich längst durch andere ungefaßte Stücke oder sonstige wissenschaftliche Hilfsmittel feststellen lassen. Ganz dasselbe gilt auch von den auf den Holländischen Stilleben des 17. Jahrhunderts dargestellten chinesischen Porzellanen (vgl Anm. 99).

¹⁰¹) Vgl. hierüber Alfred Maaß, Durch Zentral-Sumatra. Berlin 1910.

¹⁰²) Bushell, Oriental ceramic art p. 137, berichtet freilich, daß die Chinesen außerdem dieser Zeit noch einige recht gut in Kobaltblau oder mit Schmelzfarben bemalte Krüge zuschreiben, die mit der Inschrift T'ien versehen sind, da sie annehmen, daß diese Inschrift, die „Himmel" bedeutet, das Nien-hao des Kaisers T'ien-K'i enthalte. Doch dürfte eine solche Zuschreibung doch auf zu leerer Vermutung beruhen, als daß sie hier zur allgemeinen Charakterisierung des Porzellans dieser Zeit benutzt werden kann.

¹⁰³) Sarre. Denkmäler persischer Baukuust. Berlin 1910. S. 34.

¹⁰⁴) So berichtet 1670 Montanus. Vgl. Münsterberg, Japanische Kunstgeschichte. III. Seite 55.

¹⁰⁵) Diese 1642 datierte Fassung findet sich auf dem hier Tafel 54 rechts abgebildeten Stück des Hamburger Kunstgewerbemuseums. Dagegen sprechen die von Percynski in seinen Aufsätzen „Towards a Grouping of Chine Porcelain" (Burlington Magazine Bd. XVIII S. 175 und Bd. XX. S. 310) angeführten und abgebildeten Stücke ebensogut für einen früheren, wie späteren Ursprung dieser Gruppe, besagen also nichts. Übrigens geht es anderen, die sich mit der Entwicklung des chinesischen Porzellans eingehend beschäftigt haben, ebenso wie dem Verfasser, daß ihnen diese Gruppe als aus der Mingzeit stammend aus gleichen Gründen kaum erscheinen will.

[106]) So Bushell S. 156. Ich selber habe bisher nur zwei mit dem Nien-hao dieses Kaisers versehene Schalen mit Blaumalerei im etnographischen Museum in Berlin gesehen. Doch ist die Masse und das Blau des Kobalts so vorzüglich, daß ich mir kaum vorstellen kann, daß dies Stück wirklich aus dieser Zeit stammen kann. Das Blau übertrifft bei weitem das der oben S. 143 geschilderten frühesten Erzeugnisse der grünen Gattung der K'ang-Hi-Zeit.

[107]) Später als in diese Zeit jedoch dürfen sie nicht gesetzt werden, auf Grund eines im Städelschen Institut zu Frankfurt befindlichen mit 1658 datierten Stillebens von de Heem, auf dem sich eine Henkelkanne abgebildet findet, die nur ein Stück der hier besprochenen Gruppe zum Vorbild gehabt haben kann.

[108]) Gulland a. a. O. II. S. 307.

[109]) Auch Du Halde berichtet in seiner 1735 erschienenen Description géographique, historique usw. von Porzellan, das zu Canton (in der Provinz Fukien) damals hergestellt worden wäre. Aber seine Angaben sind ersichtlich d'Entrecolles Briefen entnommen und nur ausgeschmückt worden und deshalb ohne besonderen Wert. Übrigens weiß auch Bushell nichts von einem derartigen Porzellan.

[110]) Siehe S. 168.

[111]) Wenigstens werden nur verhältnismäßig selten jetzt von dort aus Porzellane aus dieser Zeit zu uns gebracht. Auch die großen Bestände in Konstantinopel stellen in der Hauptsache nur Seladone und Erzeugnisse der Mingzeit dar. Daneben weiß man auch, daß die Chinesen, die, wie erwähnt, im Jahre 1637 in Ardebil ihre eigene Karawanserei besaßen, eine solche im Jahre 1703 dort nicht mehr hatten. Sarre, Denkmäler persischer Baukunst. 1903. S. 34.

[112]) Dies ist jetzt auch von chinesischen Kennern, die die Dresdner Sammlung besucht haben, zugestanden.

[113]) Vgl. Anm. 162.

[114]) Angeblich soll dieser Kaiser die Anbringung seines Nien-hao auf Porzellan verboten haben, damit nicht, wenn Porzellanarbeiten in Scherben gingen, auf diese zufällig getreten und sein Name dadurch entweiht würde.

[115]) Wenigstens wird eine bestimmte Gruppe von japanischen Porzellanen, nämlich die bekannte mit dem lebhaften dick aufliegenden Schmelzblau am Anfang des 18. Jahrhunderts häufig (so auch im ersten Inventar der Dresdner Sammlung) als „Altindianische" bezeichnet, ja Gersaint, der bekannte Pariser Kunsthändler aus der Mitte des 18. Jahrhunderts behauptete sogar damals in dem bekannten 1747 erschienenen Auktionskatalog der Sammlung des Vicomte de Fonspertuis daß erst seit wenigen Jahren vielfarbige Porzellane nach Europa gekommen wären.

[116]) Dagegen ist es ein völliger, wenn auch weit verbreiteter Irrtum, daß schon Kaiser Karl V. sich in China ein Porzellanservice mit seinem Wappen und Namenszug hätte machen lassen. Denn die in der Dresdner Sammlung befindlichen chinesischen Teller, auf die sich diese Annahme allein stützt, zeigen nicht das Wappen Kaiser Karl V., sondern Karl VI. (1711—1740), des Zeitgenossen König August des Starken von Polen und ihre Bemalung ist ersichtlich nicht einmal in China, sondern in Holland erfolgt (vgl. Anm. 118). Über Porzellane mit in China gemalten europäischen Wappen siehe (Crisp) Examples of Armorical China (privately printed) 1887.

[117]) So erblickt man z. B. auf einer der großen Vasen der Dresdner Porzellansammlung durch das Tor eines schon an sich gar nicht chinesisch vielmehr recht muhamedanisch ausschauenden Gebäudes in einen Raum, dessen Seitenlinien alle ziemlich nach einem Punkte zusammenstreben.

[118]) Die Behauptung, daß diese so viel verbreiteten und so unschönen Arbeiten in Holland ausgeführt sind, beruht auf Angaben, die Gersaint, der bekannte französische Kunsthändler aus der Mitte des 18. Jahrhunderts in seinem Auktionskatalog der Sammlung des Vicomte de Fonspertuis gegeben hat. Vgl. Du Sartel, La porcelaine de Chine. S. 128.

[119]) So behauptet Bushell, Oriental ceramic Arts. S. 161.

[120]) Hinsichtlich der Berechtigung, die hier und im folgenden genannten Glasuren dieser Zeit zuzuschreiben, muß gesagt werden, daß dies in den wenigsten Fällen mit Hilfe von Datierungsmarken erfolgen kann, da derartige Stücke, wie überhaupt die Porzellane dieser Zeit fast niemals derartige zeigen. Dagegen besitzt die Dresdner Porzellansammlung noch ein aus den Jahren

1721—1727 stammendes Inventar, in dem alle Porzellane, die damals in derselben bereits vorhanden waren oder zu derselben hinzukamen, genau aufgezeichnet worden sind, wodurch allein schon, da die Sammlung Stücke aus der Mingzeit in ihrem alten Bestande in nur ganz verschwindendem Maße besitzt, dagegen so gut wie alle die oben aufgeführten Glasuren sich in ihr in großer Zahl befinden, ihr Ursprung aus dieser Zeit genügend dokumentiert wird. Überhaupt stellt die Dresdner Sammlung dank diesem Inventare ein einziges großes Dokument zur Datierung der in der K'ang-Hi-Zeit hergestellten Porzellane dar.

[121]) So wenigstens sagt Bushell a. a. O. S. 169. Trotzdem erwähnt Père d'Entrecolles diese Malerei ausdrücklich.

[122]) Gulland a. a. O. S. 307.

[123]) Es hat daher wohl nicht allzuviel Sinn, wenn man, wie es Perzynski in einem Aufsatz des Burlington Magazine, Bd. XVIII S. 343 getan hat, das Blauporzellan nach seiner Ornamentik in einzelne Klassen teilt und daraus weitere Schlüsse zu ziehen.

[124]) Vgl. S. 156.

[125]) Ich habe mehrfach bezeichnete echte Stücke dieser Art gesehen (z. B. Hamburg, Mus. für Kunst und Gewerbe.

[126]) Viele Beispiele dieser Art, an denen man auch die Unsicherheit dieser Technik studieren kann, in der Dresdner Porzellansammlung.

[127]) Der Grund, weshalb ich diese Vasen in relativ frühe Zeit setzen möchte, ist die Einfachheit, Größe und Kraft ihres Stils, die vor allem der ersten Zeit des Kaisers K'ang-Hi entsprechen (vgl. S. 127). Dagegen scheint freilich die Tatsache des gelegentlichen Vorkommens von Überglasurblau zu sprechen, das, wie oben gezeigt werden wird (vgl. S. 143), erst in der späteren K'ang-Hi-Zeit hergestellt werden konnte. Doch dürften diese Vasen auch nicht alle zur selben Zeit entstanden sein, wie jene ohne diese Farbe, da auch ihre übrigen Farben stark von denen der letzteren abweichen, wie z. B. eine derartige Vase der Sammlung Salting im Vict. u. Alb.-Museum aufs deutlichste bekundet.

[128]) Diese Behauptung stützt sich einmal auf das am Schluß von Anm. 115 Gesagte, dann auch darauf, daß der mehrfach erwähnte Jesuitenpater Lecomte noch nichts von solchen in China zu berichten weiß.

[129]) Daß aber Werke wie die oben angegebenen wirklich aus dieser Zeit noch stammen und nicht, wie man oft angenommen, erst aus der folgenden, zu deren Grundcharakter sie im allgemeinen besser zu passen scheinen, geht wieder aus dem Anm. 120 genannten alten Inventar der Dresdner Sammlung hervor, in dem sie schon im Jahre 1721 als in Dresden vorhanden angeführt werden.

[130]) Daß aber derartige Porzellane damals in erster Linie für Persien angefertigt worden sind, wie es bis vor kurzem noch der allgemeine Glaube war, dafür fehlt jede Begründung. Ich kenne kein Stück dieser Art, das je aus Persien zu uns gelangt ist.

[131]) Doch sind diese von den chinesischen Porzellanen gar nicht schwer zu unterscheiden. Schon die Masse ist bei letzterem viel feiner, kristallinischer, desgleichen die Glasur reiner, glänzender, dann aber ist auch das Blau leuchtender, strahlender usw. Es sind dies Unterschiede, die das chinesische und japanische Porzellan damals überhaupt unterscheiden.

[132]) Vgl. Bushell a. a. O. S. 334, der aber diesen Ausdruck dort ersichtlich ganz irrtümlich auf einen anderen Typus des japanischen Porzellans bezieht.

[133]) Diese Zuschreibung beruht in erster Linie auf der Taf. 105 oben abgebildeten Schale des Britischen Museums mit der Periodenmarke (siehe den Anhang): „das sich wiederholende Sintsch'ou-Jahr", die sich nur auf den Kaiser K'ang-Hi beziehen kann, unter dessen Regierung allein sich dieses Jahr (1721) wiederholt hat (vgl. Burlington Magazine Bd. IX S. 394). Bushell behauptet, noch einige andere Stücke dieser Art, mit der Marke dieses Kaisers versehen, in China gesehen zu haben und tatsächlich finden sich in Bahr, Old Chinese Porcelain and Works of Art in China (being Description and Illustrations of Articles selected from an Exhibition held in Shanghai 1908) London 1911 auf Tafel Pl. LXXXI zwei kleine mit diesen Farben bemalte Schalen aus einer chinesischen Sammlung ab. Daneben ist aber auch noch darauf hinzuweisen, daß in den von

Bushell (a. a. O. S. 204) veröffentlichten Listen von Porzellanen, die für den nachfolgenden Kaiser Yung-Tschêng ausgeführt worden sind, die dieser Gruppe angehörenden Porzellane damals ausdrücklich als: new copies of the western style of painting on enamels bezeichnet worden. Es muß mithin auch derartig bemalte Porzellane vor dessen Regierungszeit gegeben haben.

[134]) Abgebildet bei Bahr, Old Chinese Porcelain and Works of Art in China. 1911, Tafel LXXXI.

[135]) Veröffentlicht von Bushell, Oriental ceramic Art. New-York 1897, S. 195.

[136]) Allerdings pflegen die Chinesen selber T'angs Namen immer erst mit dem unter dem Nachfolger Yung-Tschêngs K'ien-Lung hergestellten Porzellanen in Verbindung zu setzen und sogar ganz ausdrücklich nur von einem K'ien-Lung-nien-T'ang-yao zu sprechen. Doch glaube ich, wird T'ang wirklich schöpferisch nur zu der Zeit gewesen sein, als er in Kin-tê tschen selber, d. h. zur Zeit des Kaisers Yung-Tschêng, wenn auch noch in untergeordneter Stellung, lebte und nicht in der folgenden, da er sie nur von ferne beaufsichtigte und leitete. Keramische Arbeit läßt sich nicht per Distanz machen, das weiß jeder Keramiker. Die Chinesen haben bei obiger Bezeichnung dann mehr an seine Beamtenschaft als an seine wirkliche Tätigkeit gedacht.

[137]) Mir ist wenigstens nicht ein einziges Stück im ausgesprochenen K'ang-Hi-Stil bekannt, das die Marke dieses Kaisers trägt.

[138]) Sehr interessant und lehrreich betreffs der Datierung der farbigen Glasuren dieser Zeit ist eine Sammlung gleicher kleiner Schalen mit den verschiedensten Glasuren der Sammlung Pander im etnographischen Museum zu Berlin, die mit den verschiedenen Nien-haos dieser Zeit bis zur Gegenwart versehen sind. Doch fragt es sich sehr, ob diese Nien-haos nicht bisweilen auch auf spätere Erzeugnisse gesetzt worden sind.

[139]) Vielfach ist die seltsame Ansicht ausgesprochen worden, daß die Porzellane der Rosagattung eigentlich nur für Europa angefertigt worden sind. Dem widerspricht, daß sie in den erhaltenen Listen der damals an den kaiserlichen Hof gesandten Porzellane ausdrücklich erwähnt werden, dann auch, daß sie in der folgenden Periode (vgl. S. 161) in China ja geradezu Mode wurden.

[140]) Vgl. Burlington Magazine IX S. 393.

[141]) Vgl. Bushell, Chinese Eggshell Porcelain with Marks (Burlington Magazine 1906. IX. Seite 324, 393.

[142]) Abgebildet bei Gulland a. a. O. II. Abb. 664, 665 u. 666.

[143]) Wenigstens sind nach dem erwähnten Inventar der Dresdner Porzellansammlung vom Jahre 1721 derartige Stücke in ihr noch nicht vorhanden gewesen (vgl. Anm. 120).

[144]) In den Anm. 135 erwähnten, von Bushell veröffentlichten Listen.

[145]) Dies bekannte Stück der Dresdner Porzellansammlung hat bisher viel Kopfzerbrechen verursacht. Ich glaube, daß dies von Meißen später aufgenommene Schneeballenmotiv chinesischen Ursprungs ist, da die Schneeballenblüte ja ein recht altes chinesisches Dekorationsmotiv ist (wenn auch sonst mehr ein gemaltes) aber bis dahin nie ein europäisches. Die Idee aber, diese plastisch Porzellanen aufzulegen, ward in China vielleicht durch frühe Meißner Tassen, bei denen sich plastisch aufgelegte Blumen (zwar nur in Verbindung mit Zweigen häufig finden) angeregt.

[146]) Von den so überaus zahlreichen Spielarten der farbigen Glasuren dieser ganzen Zeit haben die wichtigsten, d. h. am häufigsten vorkommenden, bei uns besondere Namen erhalten, die, meist von Sammlern und Händlern gegeben, natürlich wissenschaftlich keinen besonderen Wert besitzen, doch zur Klärung und Trennung dieses so reichen Gebietes dienen können. Deshalb seien die wichtigsten hier gegeben:

    Rote Glasuren: Sang-de-bœuf-, Karmin-, zerquetschtes Erdbeer- (crushed strawberry), leberrote.

    Braune Glasuren: Chokoladen-, Kastanien-, Bronze-, Kapuziner-, Kaffee-, Kaffee mit Milch- (café-au-lait), Gemsen-, trockenes Laubbraune, Bronzefarbene.

    Grüne Glasuren: dunkel- (gros vert), apfel-, gurken-, smaragd-, erbsengrüne.

Blaue Glasuren: dunkel- (gros bleu), saphir-, himmel-, türkis-, Pfauenblaue.

Gelbe Glasuren: kaiserlich-, zitronen-, schwefelgelbe, senffarbene.

Dazu kommen noch die Schattierungen des Eisenrots, das ja aber keine Glasur darstellt: Zinnober-, korallen-, tomatenrote, sowie die Abschattierungen der „Rosagruppe", vor allem des Rosa selber, das bald Rubin-, bald Nelkenrot, oder auch in Anlehnung an Sèvresporzellane Rose-du-Barry genannt wird.

¹⁴⁷) Vgl. Julien a. a. O. S. 260.

¹⁴⁸) Tao Schuo S. 6.

¹⁴⁹) Vgl. hierüber meinen demnächst in Cicerone erscheinenden Aufsatz.

¹⁵⁰) Wenigstens scheinen sich auch aus dieser Zeit keine Porzellane mehr dort zu finden.

¹⁵¹) Ein großer Bestand davon im Schatzhaus und Museum in Konstantinopel (vgl. Anmerkung 8).

¹⁵²) Jacquemart, Histoire de la Porcelaine. Paris 1862. S. 31 u. 33.

¹⁵³) Gutzlaff, Geschichte des chinesischen Reichs. 1847. S. 750.

¹⁵⁴) Hippisley a. a. O. S. 340.

¹⁵⁵) So berichtet im Jahre 1792 Lord Macartney, der zugleich Gesandter an den Kaiser von China. Chaffers Keramic Gallery. 1872. S. 110.

¹⁵⁶) So berichtet Breton, China, its costums etc. 1813. S. 55.

¹⁵⁷) Vgl. Breton a. a. O. S. 49.

¹⁵⁸) Vgl. die Angabe Scherzers, der in diesem Jahre Kin-tê tschen besuchte in Vogt, Recherches sur les porcelaines chinoises (Bulletin de la société d'encouragement pour l'industrie nationale. Paris 1900. S. 532).

¹⁵⁹) Vgl. Scherzer a. a. O. S. 531.

¹⁶⁰) Daß man auf solchen Betrug aber in China selber schon früh in dieser Periode ausging, beweist Breton (China its costumes etc. 1813, S. 55), der berichtet, daß die Chinesen zu diesem Zweck oft Porzellane einen Monat und mehr in den schmutzigsten Boden eingruben. In der Tat besitzt das Britische Museum in London einen Teller ganz im Stil der S. 143 charakterisierten frühen Porzellane der grünen Gattung der K'ang-Hi-Zeit, der, mit dem Nien-hao des Kaisers Kia-K'ing versehen, wohl nicht von seinem alten Vorbild zu unterscheiden ist.

¹⁶¹) Über die Natur des chinesischen Porzellans sind wir ganz ausschließlich durch die Arbeiten von französischen Chemikern aufgeklärt worden und zwar vor allem durch die der Techniker der Sèvresmanufaktur. Die ersten Arbeiten waren die von Ebelmen und Salvétat in den Annales de Chémie et de Physique 1850 3. série t. XXXI p. 257, sowie des letzteren Abhandlung in Juliens Histoire et Fabrication de la porcelaine chinoise. Ihnen folgte die wichtige Arbeit von Vogt, Recherches sur les porcelaines chinoises 1900 im Bulletin de la société d'encouragement pour l'industrie nationale. Tome V serie 5. No. 4 S. 530.

Über die Technik des Porzellans wissen die chinesischen Quellen vieles zu berichten. Vgl. Julien a. a. O. S. 116—274, Tao Schuo a. a. O. 65—76. Außerdem noch manches bei Bushell, Oriental ceramic Art. Vgl. auch meinen Aufsatz: Die Technik des chinesischen Porzellans. Keramische Rundschau 1913, Nr. 6, 7, 8.

¹⁶²) Leider besteht heute noch immer unter den Vertretern der keramisch-technischen und Kunstwissenschaft ein großer Unterschied betreffs der Anwendung des Wortes „Weichporzellan". Während erstere dasselbe in obigem Sinne anwenden, dient es für letztere lediglich zur Bezeichnung jenes bekannten sogenannten Frittenporzellans, das im 18. Jahrhundert vor allem in Frankreich und England hergestellt worden ist, aber gar kein wirkliches Porzellan, sondern nur eine Art Glasmasse darstellt. Da diese Abweichung in der Bezeichnung bereits zu großen Irrtümern geführt hat, wäre es sehr erwünscht, wenn auch die Kunstwissenschaft Frittenporzellan nicht mehr als Weichporzellan bezeichnen würde.

¹⁶³) Vgl. Anm. 162.

¹⁶⁴) So wenigstens übersetzt dies Wort Julien a. a. O. S. 116. Ursprünglich jedoch heißt Tun kleiner Hügel oder auch Baumstumpf.

¹⁶⁵) Daß d'Entrecolles seiner Zeit wirklich sich gänzlich geirrt hat, als er behauptete, der

unschmelzbare Bestandteil des Porzellans hieße in China Kaolin, und wir dadurch seit nun schon fast zwei Jahrhunderten zu einem völlig falschen Gebrauch dieses chinesischen Wortes gelangt sind, hat schon Salvétat, der Chemiker der Sèvres-Manufaktur, der Juliens Übersetzung mit technischen Anmerkungen versehen hat, angedeutet. Doch ist sein Hinweis bisher ganz unbeachtet geblieben. In der Tat kann für den, der die die Technik des chinesischen Porzellans behandelnden Teile von Juliens Übersetzung aufmerksam liest, bald nicht mehr der geringste Zweifel darüber bestehen, daß der Kaoling ein dem Tun und nicht der eigentlichen Porzellanerde verwandter Stoff gewesen ist. Immer ist von ersterem nur dort die Rede, wo auch der Tun abgehandelt wird (S. 118 u. 250). Er wird einmal (S. 250) ausdrücklich eine Erde genannt, propre à faire du Tun, weiter (S. 129 u. 130) dabei deutlich einer anderen Erde (aus der mit Hilfe des Kaoling das Porzellan gemacht wird) gegenübergestellt, von denen die erste mit *riz glutineux* (klebrig), der Kaoling dagegen mit *riz non glutineux* (d'une nature forme et dure) verglichen wird usw. Und diese Beispiele ließen sich noch beträchtlich vermehren.

[166]) So berichtet Richthofen in seinem großen Werke über China. 1877—1883.

[167]) Julien a. a. O. S. 254 ff.

[168]) Vogt, Recherches sur les porcelaines chinoises. Bulletin de la société d'encouragement pour l'industrie nationale 1900. Tome V. 5. Série No. 4 S. 586.

[169]) Julien übersetzt: „colle de peau".

[170]) Daß den Chinesen bei ihrer Dekoration wirklich etwas derartiges vorschwebte, geht aus der Vorschrift des früher (vgl. S. 148) genannten T'ang Ying hervor, daß die Farben des Porzellans von einem Garten genommen werden sollten, den man zur Frühlingszeit von einem Gartenpavillon aus betrachtet (siehe Bushell, Oriental ceramic Art, S. 230).

[171]) Die chinesischen Marken sind zuerst in größerem Stil gesammelt, übersetzt und geordnet worden durch A. W. Franks in dem Katalog zu seiner damals im Bethnal Green Museum, später im Britischen Museum ausgestellten, dann diesem geschenkten Sammlung von chinesischen und japanischen Arbeiten (Catalogue of a collection of oriental Porcelain and Pottery, London, 1. Auflage 1876, 2. Auflage 1878). Neue sind vor allem noch durch Bushell in seinem Hauptwerke Oriental ceramic zusammengetragen worden. Auf diesem Material fußen die beiden Markenbücher Burton und Hobson, Handbook of Marks on Pottery and Porcellan, London 1912 und Graesse, Führer für Sammler von Porzellan und Fayence, Steinzeug, Steingut usw., neu herausgegeben von E. Zimmermann, Berlin 1910.

[172]) Beispiele dieser Marken finden sich in den Anm. 171 erwähnten Werken.

[173]) Hinzuweisen wäre hier auch noch auf die S. 51 und 54 erwähnten, den Erzeugnissen der Kün-yao-Gruppe vielfach eingeprägten chinesischen Zeichen der Zahlen. Es hat sich inzwischen herausgestellt, daß diese nichts weiter angeben, als die Größe der betreffenden Stücke. Für die Datierung besagen sie also gleichfalls nichts, zumal sie sich auch auf späteren Nachbildungen zu finden scheinen.

Register.